现代办公信息设备应用与维护

麻信洛　胡　洁　廖　勇　章诗芳　编著

科学出版社

北　京

内 容 简 介

全书共分为七部分，以办公信息的输入/输出、处理、传送为主线，涵盖了计算机、网络、数码产品、通信设备、视音频设备、资料输入输出设备、监控系统、车载设备等众多的现代办公所必需的信息处理设备。对于每一类设备，都尽可能地介绍到主流产品、基本原理、核心部件、关键技术和应用维护特点。全书体系完整、分类合理、内容较全面，含有丰富的示意图、框图、实物图及表格。

本书可作为各类工科院校计算机信息、电子信息工程、文秘、经济管理、电子商务等相关专业的辅助教材，也可供各类培训班及从事办公自动化工作的人员参考使用。

图书在版编目(CIP)数据

现代办公信息设备应用与维护/麻信洛，胡洁，廖勇，章诗芳编著.
—北京：科学出版社，2009
ISBN 978-7-03-023560-2

Ⅰ.现… Ⅱ.①麻…②胡…③廖…④章… Ⅲ.①办公室-设备-使用 ②办公室-设备-维护 Ⅳ.C931.4

中国版本图书馆 CIP 数据核字(2009)第 190756 号

责任编辑：刘红梅 杨 凯 / 责任制作：董立颖 魏 谨
责任印制：赵德静 / 封面设计：李 力
北京东方科龙图文有限公司 制作
http://www.okbook.com.cn

科学出版社 出版
北京东黄城根北街16号
邮政编码:100717
http://www.sciencep.com
双青印刷厂 印刷
科学出版社发行 各地新华书店经销

*

2009 年 4 月第 一 版 开本：B5(720×1000)
2009 年 4 月第一次印刷 印张：25 1/2
印数：1—4 000 字数：523 000

定 价：45.00 元
(如有印装质量问题，我社负责调换)

前 言

现代办公消费类电子设备种类繁多，在功能上均围绕着办公信息的输入/输出、处理和传送。虽然许多办公人员能够理解日常办公设备的基本原理，但对其系统构成、应用维护了解得不够全面。因此，编写一本能够全面介绍各种办公信息设备基本原理、技术特点、应用维护及最新发展的书籍，有其必然的技术价值，并可提高广大办公人员掌握现代化办公设备的水平、促进工作效率，有着积极的社会效应。

经互联网检索，我们发现国内外综合介绍消费类电子设备或办公信息设备的书籍比较少，而且多为专门介绍消费类电子设备电路原理的书籍，并且内容相对陈旧。本书将现代办公的概念与消费类电子设备结合起来，并对现代办公信息设备进行了系统的分类，较为详细地介绍了其中一些电子设备的基本结构、应用特点和维护实践。本书将现代办公信息设备的应用特点概括为：以计算机和网络、通信系统为重心，大量运用数码设备和影音设备。本书的写作特点为：内容全面丰富、图文并茂、实例丰富，既有比较简明的原理性介绍，也有实际应用和维护方面的知识。

全书分为七大部分：第一部分综合介绍台式计算机、笔记本电脑、微机系统外部设备及微机系统的维护；第二部分较详细介绍有线/无线局域网的组建及应用，以及互联网的服务；第三部分介绍掌上电脑、数码相机、数码摄像机、移动存储设备等数码产品；第四部分介绍有线/无线通信系统，包括固话系统、移动通信设备和传真机等；第五部分介绍现代办公常用的多媒体视/音频系统；第六部分介绍办公资料的输入、输出设备，如扫描仪、打印机、投影仪、复印机、一体化速印机等；第七部分简要介绍了对讲设备、闭路电视监控系统、考勤设备和车载电子装置。

本书第一、二部分由麻信洛编写，第三部分由廖勇、齐俊杰编写，第四部分由章诗芳编写，第五部分由胡洁编写，第六部分由霍玲玲、徐文军编写，第七部分由马鑫编写，全书由麻信洛负责统稿。张景生高级工程师审阅了本书提纲并给出了详细的指导意见。另外，葛长涛、周德松、赵军玉、张晓华、周经凯、郑刚、马红召、陈昆、谢红军、唐齐飞等同志也参与了本书的资料整理和排版工作，在此一并致以真挚的谢意。

本书涉及了近百种办公信息设备，我们希望把这本书打造成一本关于现代办公信息设备的“小百科全书”，但囿于篇幅、时间及水平，书中疏漏及不完善之处势所难免，欢迎广大读者批评指正。

本书编著人员
2008 年 11 月于北京

目　录

第 1 部分　微机系统及其外设

第2部分 计算机网络

第3部分 数码设备

第 4 部分 有线/无线通信系统

第 5 部分 多媒体视/音频系统

第 6 部分 资料输入、输出和复制设备

第7部分 其他办公信息设备

第1部分 微机系统及其外设

第 1 章　台式计算机

台式计算机系统可分为主机系统和外部设备两大部分。主机系统主要包括主板、CPU 和内存,外部设备主要包括键盘、鼠标、硬盘、光驱、显示器、音箱、主机箱、各类扩展卡(声卡、显卡、网卡等)以及电源等。本章主要介绍台式机主机系统的几个主要部件。

1.1　台式机主板

主板(Mainboard)是台式机中最大的一块电路板,上面布满了各种电子元件、插槽、端口等。它既为 CPU、内存和各种扩展卡提供安装插座(槽)、接口,也为各种外部存储设备(磁盘、光盘)、I/O 设备(打印机、扫描仪等)、多媒体和通信设备(数码相机、摄像头、Modem 等)提供端口。台式机在正常运行时对系统内存、存储设备和其他 I/O 设备的操控都必须通过主板来完成,主板决定着台式机的整体性能。

1.1.1　主板基本组成

图 1.1 所示是一块台式机主板的图示,各部分的简要说明如下:

(1) PCB(印制电路板):如果将主板上的零件全部删除,剩下的那块布满细密电路的板子就是印制电路板(PCB)。台式机主板为多层 PCB,少则四层,多则七层,层数越多,占用的空间就越小,电路的干扰也越少。

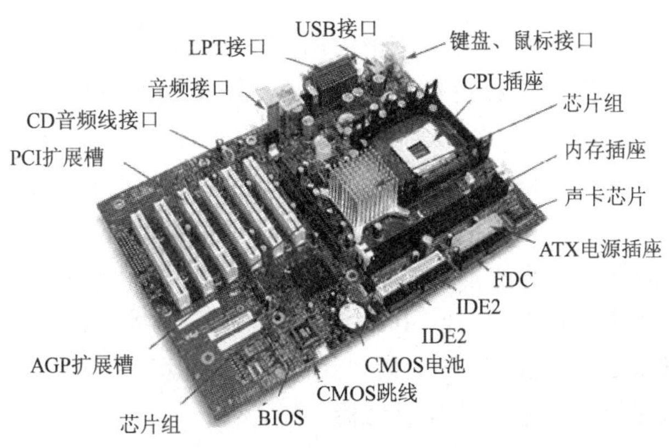

图 1.1　台式机主板基本构成

(2) 芯片组：芯片组(Chipset)是主板的核心组成部分，通常是主板上最大的芯片。芯片组几乎决定了主板所有的功能，包括支持CPU的类型，主板的系统总线频率，内存类型、容量和性能，显卡插槽规格、扩展槽的种类与数量，通信接口的类型和数量，等等。传统的芯片组由North Bridge(北桥)芯片和South Bridge(南桥)芯片组成。北桥是CPU与外部设备之间的联系纽带，AGP、DRAM、PCI插槽和南桥等设备通过不同的总线与它相连。由于北桥的功能越来越强、速度越来越快，集成的晶体管也就越来越多，发热量自然就会大幅增加，所以多数厂商在北桥上加装了散热片或风扇，以免其在高速运行时因过热而损坏。南桥主要连接ISA设备和I/O设备，负责管理中断及DMA通道，其作用是让所有的数据都能有效传递。自Intel的i810和i815系列开始，芯片组不再以南、北桥划分，而是由GMCH(Graphics & Memory Controller Hub)芯片、ICH(I/O Controller Hub)芯片和FWH(Firm Ware Hub)芯片组成。

(3) BIOS芯片：BIOS(Basic Input Output System，基本输入输出系统)芯片是主板上的一个底层控制中心，负责硬件的沟通运行和软件的底层调用。

(4) CPU插座：CPU插座是用来安装CPU的，主要包括Socket和Slot两大类。

(5) CPU速度设置跳线(Jumper)：一款主板通常至少能够支持2～3种CPU，例如可以同时支持Pentium 4/1.8GHz或Pentium 4/2.4GHz。由于每种CPU的工作参数不同，因此就需要在主板上为各种不同的CPU设置适当的跳线，让CPU在正确的工作参数下运行。CPU速度设置通常有跳线方式(Jumper)、DIP开关方式(Switch)、BIOS设置方式三种。

(6) 内存插槽：用于安装内存条，其规格取决于所支持的内存条类型，如EDO、SDRAM、RDRAM和DDR等。不同内存插槽的引脚数量、额定电压和性能也不尽相同。

(7) 扩展槽：主板上的扩展槽是主板上系统总线或局部总线的延伸(如EISA系统总线、PCI或AGP局部总线)，又称为总线扩展槽。连接外部设备的板卡都要插在扩展槽上才能够和主板沟通。

(8) 电源插座：用于连接电源。主板的用电由机箱内的电源箱提供。

(9) 主板供电电路：在主板电源接口和CPU插座的周围有一些整齐排列的大电容和大功率的稳压管，再加上滤波线圈和稳压控制集成电路，共同组成了主板的电源部分。设计合理的电源电路可以让主板工作更稳定，减少死机现象。

(10) 电池：电池提供主板实时时钟(Real Time Clock，RTC)所需的电源，让主板在关机状态下也能保持准确的系统时钟。此外，电池还负责为保存BIOS设置结果的CMOS芯片提供所需要的电源，让BIOS设置结果不会因关机而丢失。

(11) 硬盘接口和软驱接口：硬盘接口用来连接硬盘和光驱，通常为ATA或SATA接口；软驱接口则用来连接软盘驱动器。

1.1.2　主板常见故障分析

1. 检查主板故障的原则

以 I/O 插槽中重要信号为线索进行故障点查找是维修主板致命性故障的关键。不同总线的 I/O 槽中信号排列有所差别，熟悉 I/O 槽中重要信号是查找因总线类故障而导致系统死机、屏幕无显示等严重故障的前提。

对死机类故障，首先区分故障原因是由 I/O 设备故障引起还是主板本身故障引起。确诊故障在主板后，可检测主板 I/O 槽中地址总线或数据总线的脉冲状态，初步判断系统故障部位：若所有地址总线或数据总线均无脉冲，则可能是 CPU 未工作；若个别地址总线或数据总线为恒定电平而其余位为脉冲，则可能是总线故障。

由于 CPU 本身故障率较低，因此检查 CPU 未工作的原因应从 CPU 工作的输入信号是否正常入手。CPU 的基本工作条件有三个：即系统复位信号 RESET、系统时钟信号 CLK、CPU 就绪信号 READY。

2. 主板 BIOS 设置不当引起的故障

计算机中的每个硬件都有自己默认或特定的工作参数，如果在 BIOS 设置过程中设置了不正确或与当前硬件不匹配的工作参数，将会导致机器故障。例如，如果硬盘参数设置不当会使系统无法启动。再例如，对于一块只能支持到 DDR 266 的内存条，在 BIOS 设置中将其设为 DDR 333 规格，系统将会因为硬件达不到要求而产生不稳定的情况。还有，如果在 BIOS 设置中盲目地对机器进行超频（强行将 CPU、PCI 设备等的工作频率设置为较高的参数），往往会导致硬盘出现读写错误、声卡不能正常发声、网卡无法使用、系统显示不正常等现象。

对于因 BIOS 设置不当而导致的故障，可以在机器启动时按 Del 键进入 BIOS 设置，从主菜单中选择 Load Default BIOS Setup 选项，将主板的 BIOS 恢复到出厂时默认的初始状态。

3. BIOS 升级失败的处理

升级主板 BIOS 是解决主板兼容性、稳定性等问题的主要手段。但是，在升级 BIOS 过程中人们往往也会遇到一些意外情况，如升级过程中突然断电、升级时用错了升级文件、升级文件的版本不正确、升级文件感染了病毒等，这些意外情况都会导致 BIOS 升级失败，不仅没有实现系统性能的提升，反而造成主板完全“瘫痪”。

BIOS 升级失败并非不可挽回，通常可以利用 BIOS Boot Block（BIOS 引导块）进行恢复。正常情况下，BIOS 中会有一个名为 Boot Block 的保留部分在升级过程中不会被刷新。也就是说，即使 BIOS 刷新失败，Boot Block 还是能够控制 ISA 显卡与软驱。我们可以将 BIOS 升级程序和 BIOS 文件拷贝到一张 DOS 启动盘中，然后重建一个 Autoexec. bat 文件，其内容是用于执行自动升级 BIOS 的命令（对于 Award BIOS，应执行“Awdflash BIOS 升级文件名/SN/PY”命令；对于 AMI BIOS，应执行“Amiflash BIOS 升级文件名/A”命令）。

将制作好的软盘插入BIOS升级失败的计算机的软驱中，打开计算机电源，系统就会使用软盘上的操作系统启动，并自动执行BIOS刷新操作(此时屏幕上不会显示任何内容，因为系统BIOS处于失效状态)。操作成功后重启机器即可。

如果BIOS升级失败后Boot Block也被破坏了，可以将主板送到专业维修点，用EPROM写入器对BIOS芯片进行重写。

4. 主板CMOS故障

如果开机自检过程中屏幕提示CMOS checksum error-Defaults loaded，并且此时必须进入BIOS程序加载默认的BIOS设置参数才能正常开机，通常是因为主板上负责给CMOS供电的电池电压不足。如果更换电池后故障依旧，则可能是CMOS存储器自身有问题，需要更换CMOS或将主板送修。

如果开机后屏幕提示CMOS Battery State Low，机器有时可以启动、但使用一段时间后死机，这种现象大多是由CMOS供电不足引起的。对于不同的CMOS供电方式，可采取不同的措施：

(1) 焊接式电池：用电烙铁将旧电池焊下，然后重新焊上一颗新电池即可。

(2) 纽扣式电池：直接更换。

(3) 芯片式电池：采用相同型号的芯片电池替换。

如果更换电池后不久又出现同样现象的话，则极有可能是主板漏电，可检查主板上是否有损坏的二极管或电容，或是使用外接电池的方法来解决。

5. 主板元器件及接口损坏

主板上布满了插槽、芯片、电阻、电容等，其中任何元器件的损坏都会导致主板无法正常工作。

以芯片组为例，非集成主板的芯片组包括两个芯片：南桥芯片和北桥芯片。如果北桥芯片出现问题，CPU将无法与整个系统正常联络；如果南桥芯片出现问题，磁盘控制器功能将失效，系统将无法访问硬盘。集成主板的芯片组只有一个芯片，集南、北桥的功能于一体，该芯片一旦损坏就意味着主板濒临报废。

主板上CPU插槽的周围通常有若干个铝质电解电容，其内部的电解液会由于时间、温度、质量等方面的原因而逐渐“老化”，情况严重时就会导致主板抗干扰指标下降，使机器无法正常工作。遇到此类故障，可以用相同型号的电容进行替换。

如果电源质量不好，或是机器中的其他配件发生短路，往往会造成主板上电阻等元件的烧毁。对于这种故障，需要反复、仔细地检查，如各插头、插座是否歪斜，电阻、电容引脚是否相碰，PCB板表面是否烧焦，芯片表面是否开裂，主板上的铜箔是否被烧断等。也可以用手触摸一些芯片的表面，如果非常烫手，可换一块芯片试试。

不恰当的带电热拔插往往会造成主板接口的损坏。比如，带电热拔插打印机往往会造成并口损坏。

6. 主板随机性故障

主板随机性故障又称为不稳定性故障，其故障现象不固定，故障原因较复杂，通常有以下几种：

(1) 芯片或设备用接插件方式连接时存在接触不良。

(2) 时序控制电路偶尔发生时序信号漂移。

(3) 元器件性能变差。

(4) 芯片之间的电平匹配及时序匹配不好(例如某些内存条上的内存芯片读写速度不一致)。

(5) 电路板布线不合理或其他原因使得主板上芯片引脚之间产生电容或电感等。

(6) 主板散热不良导致系统运行不稳定。例如，主板上的芯片组、Cache 等过热或散热不良就会导致此类故障。

主板随机性故障的具体表现方式多种多样，如内存读写错、内存校验错、键盘输入死机、读写软盘出错、打印操作不能顺利完成等。

在检查随机性故障时，重点可从如下电路信号入手：

(1) 系统控制电路，如 ALE 地址锁存信号。

(2) 系统内存电路，如 RAS、CAS 行列选通信号，ADDRSEL 行列地址转换控制信号，内存数据读出驱动信号，内存芯片速度匹配关系等。

(3) 系统地址总线和数据总线芯片。

(4) 系统各种时钟信号，如 SYSCLK、PCLK、DMACLK。

特别要注意的是内存芯片、内存条速度匹配关系。

7. 主板不能识别 PS/2 接口键盘或鼠标

一般主板上的 PS/2 键盘/鼠标接口、9 针串口、25 针并口、GAME 口等都是由外围设备控制芯片 IT8702F-A 或 W83977EF-AW 等控制，有些主板是直接由北桥控制。当主板不能识别上述设备时，要首先检查给键盘、鼠标供电的+5V 电源是否正常，如果不正常，再检查供电电路中的保险电阻是否熔断，如果保险电阻呈高阻状态，可用细导线直接连通，如果供电正常，通常故障原因就是上述两种芯片因用户的热拔插而损坏，可通过更换控制芯片解决。

1.1.3 主板维修实例

1. CMOS 电池失效导致开机异常

【故障现象】 某台式机每天第一次开机都会报告 CMOS Check SUM Error，且不能识别硬盘。进入 BIOS 重新设置并保存结果后启动，机器能正常启动系统，但第二天又重复出现该问题。

【分析与解决】 不能保存 BIOS 设置信息而导致的开机异常问题，多半是由于主板上给 CMOS 芯片供电的锂电池失效所致。打开机箱用万用表测量，发现该机主板上给 CMOS 供电的电池电压仅为 2.1V，正常情况下应该在 3V 左右。更换新锂电池后，问题得到解决。

2. 主板CMOS存储器出错

【故障现象】 某台式机设置了开机密码，但开机输入密码时屏幕无反应(无回显)。

【分析与解决】 一开始以为故障出在键盘或键盘接口，但经替换法确认后，可以肯定键盘及键盘接口均无问题。既然键盘没有问题，故障又发生在开机阶段，初步怀疑是主板上的BIOS发生了问题。

重新开机，在屏幕无回显的情况下试着输入正确的开机密码并按回车键，系统能够正常启动。这表明：键盘是可以正常输入的，只是输入时屏幕不能显示输入的密码。由于此时操作系统还没有启动，可以排除操作系统、驱动程序及病毒等原因。此时唯一工作的程序是BIOS，这就说明故障肯定与BIOS有关。由于系统能够正常自检，说明BIOS程序本身没有问题，那么剩下的只有存储BIOS设置结果的CMOS存储器了，也就是说，可能是CMOS存储器中的数据发生了错误。

在关机状态下给CMOS存储器放电，然后重新启动，故障排除。

3. CMOS电路虚焊造成机器启动困难

【故障现象】 某台式机冷启动困难，从通电到显示器有图像需要20秒左右。该机基本配置为：Intel P4 1.7GHz CPU、技嘉845D主板、HY256MB DDR内存。

【分析与解决】 打开机箱，在扩展槽中插入POST诊断卡，加电测试，诊断卡显示故障代码C1(内存自检失败)，但20秒左右后系统仍可以启动。关机后，如果短时间内再次启动比较顺利，但关机超过半小时后再次启动就比较困难。

从故障现象和诊断结果来看，该故障与CMOS电池失效很相似。拆下CMOS电池用万用表测量其电压值，属正常范围。将CMOS电池重新安装好，开机进入BIOS设置，检查各项设置参数，没有发现异常，但在退出CMOS设置程序时却发现CMOS设置不能保存。看来，故障原因仍与CMOS有关。

接下来，重点检查主板上的CMOS电路，经测量，电路中的电容、三极管都正常，但发现CMOS电池旁的一个贴片二极管的焊点有些裂痕，用电铬铁重新补焊该焊点。再次开机，机器能够非常顺利地启动，故障现象完全消失。

4. AGP插槽短路

【故障现象】 某台式机在进行内部清洁后，启动时黑屏并伴有一长两短报警声。

【分析与解决】 从故障报警声来看，这是典型的显卡故障。重新插接该机的AGP显卡，但故障依旧，因此怀疑显卡插槽内部有短路现象。经检查发现，有两根簧片已经变形，用镊子矫正。再仔细检查显卡，没有发现元件爆裂或烧焦痕迹。将显卡再次小心装入后，开机恢复正常。

5. 主板降压管损坏

【故障现象】 某台式机持续开机近10个小时，突然黑屏并死机，再次开机时机器无反应。

【分析与解决】 打开机箱检查,发现按下电源开关后电源风扇、CPU风扇都能转动,这说明电源供电没有问题。利用最小系统法逐一拔除各个外部设备,故障现象依然,初步断定故障发生在主板上。

考虑到该机器在发生故障前曾连续工作较长时间,很可能是主板上某个大功率元件因过热而烧毁。将主板取下,经仔细检查,发现一个装有散热片的三极管比较烫手,并且引脚附近有发黄的痕迹,根据元件型号查出它是一个降压管。将该三极管与主板断开,用万用表测量发现其中有两个引脚已经短路。

用一个同样型号的三极管替换损坏的降压管,为保险起见,为新降压管重新更换了一个较大的散热片,重新开机后,系统正常启动,故障排除。

6. 主板电容爆浆导致系统频繁死机

【故障现象】 某台式机的操作系统为Windows 2000 Server,在使用过程中经常出现随机性死机,有时在系统启动过程中死机,有时在“锁定计算机”状态下无法唤醒,有时在长时间不操作的状态下也会死机。

【分析与解决】 起初以为是病毒的原因,用最新版的正版杀毒软件进行全面查杀,虽然在系统中发现并清除了一些计算机病毒和木马程序,但系统还是经常无故死机。

将该机的显卡、内存、硬盘等替换到其他台式机上进行测试,这些设备均没有问题。将该机电源接到其他计算机上,也能够正常工作。将主板从机箱中拆下,清洁主板上的灰尘并用观察法检查主板上的元件,发现CPU附近的有四个标志为E27、E28和E37、E38的GSC蓝色电解电容已发生爆浆。用四个新电容换上,开机测试,系统能够顺利启动。让机器连续运行和工作几个小时,故障现象也没有再出现过。

7. 主板电容老化

【故障现象】 一台采用硕泰克主板的台式机,使用两年多后突然再现开机故障,具体表现为:打开电源开关后,电源风扇、CPU风扇能运转,但是光驱、硬盘没有反映,需要等上几分钟后机器才开始正常加电启动,启动后一切正常,重新启动也没有问题,但只要关闭电源,再次开机就又需要等上几分钟。

【分析与解决】 开始以为是电源问题,替换后故障依旧。更换主板后一切正常,说明是主板有问题。

从故障现象来看,主板在加上电后可以正常工作,说明主板芯片组是好的,问题可能出在主板的电源部分。为进一步查明故障,将机器加电运行几分钟后断电,用手触摸主板电源部分的电容、电感、稳压IC等元件,发现CPU旁边的几个电解电容温度极高。根据维修经验,电解电容长期在高温下工作会造成电解质变质,进而导致容量发生变化。将这些电容与主板断开,用万用表测量发现它的实际容量值与标称值相差较多。换上同型号的新电容后,再次加电测试,故障现象消失。

8. 主板供电电路故障

【故障现象】 一台采用精英865PE主板的台式机,按下电源开关,机箱面板的电源指示灯闪亮几秒钟后，机器便没有任何反应，没有屏幕提示、也没有喇叭报警声。

【分析与解决】 打开机箱，重新按下电源开关，仔细观察电源指示灯闪烁的几秒钟内各硬件的反映，发现CPU风扇在开机瞬间转动了几秒。经测试发现，CPU风扇在开机瞬间的工作电压为+7V(正常值应为+12V电压)，持续一二秒钟后，又急剧下降到+0.5V。

初步怀疑是电源的问题。用替换法将电源接至其他机器，发现电源是正常的。接下来，采取最小系统法，将光驱、硬盘、显卡等部件逐一取下，故障现象依旧。由此，问题集中到了主板上。

考虑到此类故障与主板的供电密切相关，首先重点检查主板的供电电路。用一个万用表监测主板的+12V电压，打开电源后发现主板的+12V电压在接通电源的瞬间由+12V急剧下降至+5V，持续约二秒钟后电压又突然消失。由此可见，主板的供电电路可能出现了较严重的短路故障。根据维修经验，一般在短路情况下电流会集中到某个电子元件上，并使得这个电子元件的温度会变得非常高，一旦出现瞬间内的高温便会烧毁元件。于是，采用触摸法(在用手接触主板上的电子元件前应先摸一下能够接地的金属物如暖气片等，以释放掉身上的静电，否则人身上的静电产生的瞬间高压可能会击穿电子元件)依次检查主板上的重要元件。

在触摸检查过程中，发现CPU供电路旁的一个三极管明显温度偏高。关闭电源，将万用表调到电阻挡测试该三极管的对地电阻值，发现仅为0.4Ω左右。用电烙铁将该三极管焊下，仔细测量后可以确认该三极管已经损坏。为了彻底排除潜在的问题，又继续对该三极管的集电极对地电阻进行测量，得到的电阻值仅为0.4Ω左右，这表明主板上与该三极管相关的地方还有短路的地方。

接下来，重点测量CPU供电电路中的其他三极管和电解电容。经过仔细的测量与排查，发现供电电路中一个标称容量为1500μF电解电容两端的电阻值接近于零。焊下后用万用表测量其充放电电阻，发现该电容已无充放电现象，并且电阻也仅为4Ω左右，表明该电容已经损坏。在该电容旁边还有一个同型号的电容，经测量，也存在同样的问题。

至此，在该主板上总共查找出三个已损元件：两个电解电容和一个三极管。利用相同型号的元件进行替换，再将机器重新组装好，重新开机后故障消失。

9. 主板北桥芯片散热不良导致频繁死机

【故障现象】 某台式机基本配置包括：Intel Celeron 2.4G CPU、金士顿256MB DDR内存、GeForce2 MX440显卡，在使用过程中经常突然死机。

【分析与解决】 起初以为系统感染了病毒或操作系统受损，但经查杀病毒和重新安装系统后，故障现象依然，看来该问题很可能属于硬故障。

根据维修经验，系统频繁死机并且又是硬故障，那么故障部位通常为主板、内存或CPU，并且以接触不良或散热不良情况居多。打开机箱，经仔细检查，发现该机主板为杂牌i845EP主板，做工较差并且北桥芯片没有散热风扇。开机加电运行几分钟后，用手触摸北桥芯片感觉很烫。由此判断，极可能是北桥芯片散热不良导致主板过热。

为北桥芯片加装一个散热风扇后，故障消失。

10. 主板晶振损坏导致主板无法加电

【故障现象】 某台式机基本配置为：Intel P4 2.0G 处理器、微星 845PE 主板、七彩虹 RX9550 显卡、现代 DDR333 512MB 内存、世纪之星 220W 电源。加电后该机无反应，黑屏且无任何报警提示。

【分析与解决】 既然机器加电后无任何反应，可能的故障部位往往是主板、CPU 或电源这几处。首先检查机箱电源，将电源各输出插头拔下，外接负载，加电后检查，发现电源输出正常。

接下来采用最小系统法和替换法，经检查，硬盘、内存、显卡、CPU 等部件均正常。综合故障现象和上述检查结果，可以断定，故障出自主板。

将主板拆下仔细观察，该主板自购机以来一直未做清洁，电路板及各元件上积满灰尘。对主板进行一次彻底的清洁后，安装一些基本的硬件进行最小系统启动，但故障现象依然。

根据维修经验，对于主板加电无反应这种故障，通常应重点检查主板时钟电路和主板供电电路。经仔细查看，没有发现该主板有电容爆浆、电路板烧焦等现象，于是决定先检查时钟电路

在主板时钟电路中，较容易损坏的元件包括贴片电容、贴片二极管或晶振。对系统加电，用示波器依次测量主板时钟电路中的相关元件，在测量到一个标志为 Y3 的晶振时，发现其一只引脚无任何波形，另一脚上虽然有波形但波幅较正常形状明显偏小。这表明，可能是该晶振损坏或是与该晶振相连的电路中电容等元件有问题。将该晶振焊下，再安装上一个新的、同型号的 Y3 晶振，重新安装好机器，加电后系统正常自检并启动，故障现象消失。

11. 非法插拔鼠标导致主板 PS/2 鼠标口损坏

【故障现象】 某台式机在正常运行过程中被使用者直接拔下 PS/2 鼠标，插上一个新鼠标后无法使用，重新开机后鼠标仍无法正常使用。

【分析与解决】 显然，该故障是由于使用者的误操作所致。PS/2 接口的鼠标和键盘都是不支持热插拔的，如果在开机状态下强行拔下或插入，都会对主板造成损害。也就是说，在该例故障中，很可能是使用者的误操作导致主板上的 PS/2 鼠标接口烧毁。

根据主板结构，所谓 PS/2 接口烧毁，通常就是 PS/2 接口电路中的保险电阻被烧毁。在主板上，PS/2 键盘接口和 PS/2 鼠标接口的旁边各有一个小小的长方块，其上面的标号以 F 开头，就是 PS/2 接口的保险电阻。根据相关材料介绍，该保险电阻可用一个 1Ω/0.5W 的小电阻代替。由于维修时没找到相应的配件，只好直接将损坏的保险电阻短路，即用导线把保险电阻的两端连接起来并用烙铁焊住。这样处理后，虽然鼠标能够正常使用，但如果再对该接口进行热插拔，则很可能对主板造成较大的伤害。

12. 主板USB接口供电电路损坏

【故障现象】 某台式机在接插USB移动硬盘的过程中，系统突然黑屏幕，机箱散发出一股刺鼻的焦味并隐约冒出一丝青烟。随即，机器自动重启，并能顺利启动系统。但是，USB移动硬盘无法使用，重新拔插后依然无法使用。

【分析与解决】 将USB移动硬盘接插到其他机器中，能被正常识别和使用，表明故障出在该台式机上。找来一个U盘插在USB接口中，无任何反应。但令人奇怪的是，将USB接口喷墨打印机接插在USB接口中却能正常工作。

为彻底解决问题，将机箱打开并拆下主板，经仔细检查，在主板PCB板的正面发现向板载USB插座供电的铜箔被烧断了一段，将主板翻过来查看，与正面对应的部位也有一段铜箔被烧断，并且二者属于同一根线路。看来，发生故障时机箱中冒出的一缕青烟就是从这里产生的。由此推断，由于主板USB接口的供电电路被烧断，导致需要USB接口供电的U盘、USB移动硬盘不能正常使用。之所以USB打印机仍能正常使用，是因为USB打印机只是通过USB接口与系统交换数据，而无须USB接口提供电源。

由于手工维修很难在PCB板上将被烧断的铜箔补好，只好采用飞线的方式。经用万用表测量确认，与被烧断的铜箔相连的是电源的正极，经过一个孔从主板的反面连接到正面，再送进USB插座中。因此，只需在主板反面找到电源正极的出处，用电线与USB插座的正极连起来就行了。用一根长约5cm的细电线，剥掉两头的绝缘外皮，用电烙铁烫上锡，然后拔掉电烙铁的电源插头(防止静电损坏主板)，把准备好的细导线的两端分别焊接在主板上相应的位置，最后用无水酒精清理掉焊接产生的碎屑。

1.2 台式机CPU

自从Intel公司1971年设计制造出4位微处理器芯片以来，迄今为止，CPU从Intel 4004、8088/8086、80286、80386、80486发展到Pentium、Pentium II、Pentium III、Pentium 4；CPU的字长从4位、8位、16位、32位发展到64位；主频从MHz发展到GHz；CPU芯片里集成的晶体管数由2000多个跃升到千万以上；半导体制造技术的规模由SSI(小规模集成电路)、MSI(中规模集成电路)、LSI(大规模集成电路)、VLSI(超大规模集成电路)发展到VLSI(甚超大规模集成电路)；封装的输入/输出引脚从几十根、几百根发展到上千根。

从外观上看，CPU就像一块矩形固状物体，通过密密麻麻的众多针脚与主板相连。但这只是CPU的外壳，又称为CPU的“封装”。CPU的内部核心通常是一片大小约1/4in的薄薄的硅晶片，其上布满了数以百万计的晶体管。

1.2.1 CPU的封装技术和安装接口

所谓封装是指安装半导体集成电路芯片用的外壳，它不仅起着安放、固定、密封、保护芯片和增强导热性能的作用，同时还负责芯片内部电路与外部电路的沟通。芯片上的接点用导线连接到封装外壳的引脚上，这些引脚又通过印制电路板上的导线与其他器件建立连接。因此，封装对于CPU和其他大规模集成电路的制造都是十分重要的。每一种新型CPU的出现常常伴随着新的封装形式的问世。

CPU的封装技术已经历了多次变迁，从DIP(Dual In-line Package，双列直插式封装)、QFP(Quad Flat Package，四边引出扁平封装)、BGA(Ball Grid Array Package，球栅阵列封装)到CSP(Chip Size Package，芯片尺寸封装)，直到新近的MCM(Multi Chip Model，多芯片组件)，技术指标一代比一代先进，芯片面积与封装面积之比越来越接近于1，适用频率越来越高，耐温性能越来越好，引脚数越来越多、引脚间距不断减小，重量不断减小，可靠性不断提高，使用更加方便。

以MCM封装为例，MCM封装是指将高集成度、高性能、高可靠的CSP芯片和专用集成电路芯片(ASIC)在高密度多层互联基板上用表面安装技术(SMT)组装成多芯片电子组件或子系统。MCM封装的问世对现代计算机、自动化、通信等领域产生了重大影响，其特点包括：封装延迟时间缩小，易于实现组件高速化；缩小整机/组件封装尺寸和重量，一般体积减小1/4，重量减轻1/3；可靠性大大提高。

CPU的安装接口决定了CPU安装到主板上的方式，主要分为两类：一类是插针式接口，包括Socket 7、Socket 370、Socket A、Socket 423、Socket 478 、Socket T(LGA775)等；另一类是单边接触插槽式接口，如Slot 1、Slot A、Slot 2等。

目前，Intel的64位CPU已全部统一到LGA775平台上，32位的Socket 478平台已不再是主流。LGA的全称是Land Grid Array(栅格阵列)，采用LGA775安装接口的CPU如图1.2所示，它全部采用触点式设计，共775个引脚，与针式设计相比，其最大的优势是无须再担心CPU针脚折断的问题，但它对CPU插座的要求比较高。LGA775支持的CPU类型包括：Intel Pentium 4 540(3.20 GHz)、Intel Pentium 4 550(3.40 GHz)、Intel Pentium 4 560(3.60 GHz)、Intel Celeron D等。

图1.2 LGA775安装接口

采用LGA775接口的CPU在安装方式上也与以前的产品不同，由于不能再利用针脚固定接触，因此需要一个安装扣架固定，让CPU可以正确地压在CPU插座上突起的具有弹性的触须上，其原理与BGA封装一样，只不过BGA是用锡焊死，而LGA则可以随时解开扣架更换芯片。

1.2.2 CPU技术指标及术语

(1) 位和字长：CPU在单位时间内能一次处理的二进制数的位数称为CPU的“字长”。例如，能同时处理32位二进制数的CPU字长为32。

(2) 主频、倍频和外频：外频是主板系统总线为CPU提供的基准时钟频率。在Pentium时代，CPU的外频一般是60/66MHz。从PentiumⅡ350开始，CPU的外频提高到100MHz。由于正常情况下CPU总线频率和内存总线频率相同，所以当CPU外频提高后，与内存之间的交换速度也相应得到了提高。人们通常所说的“某款计算机的频率是多少"一般是指 CPU 的主频,即 CPU 内部运算时的工作频率。倍频系数是指 CPU 主频和外频之间的相对比例关系,即"倍频系数=主频/外频"。例如,当某 CPU 的倍频系数是 3、外频为 100MHz 时,CPU 的主频就是 300MHz。

(3) 地址总线宽度:地址总线宽度决定了 CPU 可以访问的物理地址空间。以 80386 为例,其地址总线的宽度为 32 位,最多可以直接访问 4096MB(4GB)的物理空间。

(4) 数据总线宽度:数据总线宽度决定了 CPU 与 L2 Cache(二级高速缓存)、内存以及输入/输出设备之间一次数据传输的信息量。

(5) 内存总线速度(Memory-Bus Speed):CPU 处理的数据都是由内存提供的。通常,放在外存(如硬盘)中的数据都要载入内存才能由 CPU 进行处理,因此,CPU 与内存之间的通道——内存总线的速度对整个系统性能就显得尤为重要。由于内存和 CPU 之间的运行速度或多或少会有差异,因此便出现了二级高速缓存(L2 Cache)来协调两者之间的差异,而内存总线速度就是指 CPU 与 L2 Cache 和内存之间的通信速度。

(6) L1 Cache:L1 Cache 即一级高速缓存,是集成于 CPU 内部的高速缓存。内置的 L1 Cache 的容量和结构对 CPU 的性能影响较大。不过,高速缓冲存储器均由静态 RAM 组成,结构较复杂,在 CPU 管芯面积不能太大的情况下,L1 Cache 的容量不可能做得太大。

(7) MIPS:MIPS(Millions of Instructions Per Second,每秒百万条指令)是衡量处理器速度的一个通用指标,以"百万条指令/秒"为单位。例如,Intel 8088 的 MIPS 值为 0.3~1.1,Intel Pentium Pro 的 MIPS 值为 700。

(8) CPU 的工作电压:从 Pentium 开始,CPU 的工作电压分内核电压和 I/O 电压两种。其中内核电压根据 CPU 生成工艺而定,一般微米数值越小,内核工作电压越低。I/O工作电压一般都在 3V 左右,具体数值根据各厂家具体的 CPU 型号规格确定。

(9) 超标量(Superscalar)设计:"超标量"的含义是指通过一个内部的调度程序,使微处理器在一个机器时钟内可执行多条指令。该调度程序监视指令流队列,从中找出是否有彼此相互矛盾或同时需要某种特定服务的一组指令,如果有,就把这一组指令传送至执行部件一起执行。

(10) CPU 附加指令集:附加指令集是指为了提高 CPU 处理多媒体和 3D 图形等数据的能力而增加的指令集合,目前主要有 Intel 的 MMX、SSE、AMD 的 3D Now! 等。

(11) 双核:双核是指将两个计算内核集成在一个处理器中,在不增加能耗负担的情况下,通过完美互联、高速通信、高效协作和有效利用资源,进一步提升系统的运算性能。以双核处理器带来的强大硬件性能作为保障,高清视频播放、数字音乐欣赏以及大型 3D 游戏等应用需求均可在普通家用 PC 中轻松实现。主流的 64 位双核微处理器主要有 Intel Core 2 Duo(酷睿 2)E6600、Intel Pentium D930、AMD Athlon(速龙)3600+等。

1.2.3　CPU常见故障分析及解决

CPU是一个高集成度、可靠性很强高的部件，因而在正常使用计算机的过程中出现CPU损坏或烧毁的几率是很低的。有相当一部分CPU故障是由于其他部件（如散热器、CPU插座）或人为因素引起的。

当台式机出现通电后不能正常开机、运行时频繁重启或死机等现象时，如果不是电源、主板及内存方面的故障，可以考虑故障是否与CPU有关。常见的CPU故障有以下几种：

1. 散热不良导致频繁死机

CPU、显卡和电源都是台式机内部的主要发热源。散热情况不好通常是导致CPU故障的头号杀手，这种故障多表现为开机运行一段时间后系统频繁死机或者重新启动。

要解决好CPU散热问题，不仅要根据CPU的发热情况购买符合规定的散热风扇，比如纯铜涡轮风扇、高速滚珠风扇等，还要注意散热风扇的正确安装使用。由于风冷散热系统的散热效率有限，人们开始重视使用导热介质。再好的散热片在CPU接触时总难免有空隙，而导热介质能够填充CPU与散热片之间的空隙并传导热量。据统计，使用合格的导热硅脂，可使散热效果提高一倍。

应经常检查CPU风扇的运行情况，定期清洁并添加润滑油。另外，还要注意机箱的散热情况。应采用体积宽大、散热设计合理的机箱，有条件的话还可以添加机箱风扇。

2. CPU与插座接触不良

目前主流CPU大多采用Socket类安装接口，在安装时必须把CPU按正确方向放进插座，使CPU每个针脚插到相应的孔里。如果安装时不够仔细，可能会造成CPU针脚弯曲甚至折断，导致CPU与插座接触不良，引发死机故障。一旦出现CPU针脚折断的问题，一般用户自己很难处理，经销商也会拒绝更换，应送到专业维修点采用特殊的焊接处理方法进行修复。

目前AMD CPU的安装接口主要有Socket 754和Socket 939两种，Intel CPU的安装接口主要有Socket 478针和LGA775两种。主板上的CPU插槽都设计有精确的定位机构，如果CPU安装不到位则无法将主板上的CPU插座的压杆压下，因此在安装时一定要细心，不能用蛮力，以免安装不到位或弄折CPU的针脚。

3. CPU损坏

CPU损坏意味着CPU内部电路被烧毁，故障原因通常是CPU散热不良。CPU损坏将直接导致机器无法启动，按下电源开关后机器无任何响应，此时可以利用替换法来确定是否是CPU的问题。CPU损坏后无法进行修复，只能更换新的CPU。

另外，如果CPU内部只是部分电路被烧毁，机器加电时屏幕上可能会有图像显示，但无法通过自检或是无法加载系统。如果只是CPU内部的二级缓存部分损坏（这是一种比较常见的情况),机器在运行过程中会频繁死机或只能进入安全模式,对于这种情况可以在BIOS设置中屏蔽CPU二级缓存,以牺牲机器性能来避免更换CPU。

1.2.4 CPU故障实例

1. CPU与插座接触不良

【故障现象】 某台式机经内部除尘之后,开机黑屏,既听不见"嘟"的一声开机喇叭响,也没有任何报警声,但机箱内电源风扇正常运转、主板灯亮。

【分析与解决】 先按最小系统法进行检修,依次拔下硬盘、显卡、内存,再开机时故障依然,且仍无报警声。由此看来,问题出在主板或CPU上。

卸下CPU风扇及散热片,取出CPU仔细检查,发现有一根针脚弯了,用细针小心把针脚拔正,重新安装,故障排除。

2. CPU温度过高引起死机

【故障现象】 一台联想天麟4540台式机,基本配置为:Intel P4 1.7GHz CPU、256MB DDR内存、40GB硬盘。故障现象为开机后不定时死机。

【分析与解决】 由于故障现象不稳定,初步断定为热稳定性故障。为了证实该判断,利用主板测温软件SpeedFan进行测试,发现死机时CPU的温度高达62℃。打开机箱,发现主板上、CPU风扇中积淀了许多灰尘。对主板进行清洁,将CPU风扇拆下并清洗干净、烘干,在散热片与CPU核心的结合部涂一些散热硅脂。将机器重新装好并加电开机,再用SpeedFan进行测试,发现CPU温度降低至54℃。

经过一段时间的运行和使用,系统没有再发生死机现象。显然,该例故障是因灰尘引起CPU风扇的散热效能下降,从而导致CPU温度过高,最终造成系统经常死机。

3. CPU风扇功率不足

【故障现象】 某台式机频繁死机,即使在BIOS设置过程中也会出现死机现象。

【分析与解决】 在BIOS设置时发生死机现象,一般为主板或CPU有问题,特别是主板上的Cache或主板的散热系统。经检查,该机死机后CPU及其周围的主板元件温度非常高,而且烫手。更换大功率风扇之后,死机故障得以解决。

4. 散热器与CPU接触不良

【故障现象】 某台式机基本配置为Intel Celeron II850、捷波i815EP主板,在对机箱内部进行清洁后,开机出现报警声并且很快死机。

【分析与解决】 由于该主板内置CPU过热保护装置,因而怀疑是在清洁过程中操作不正确所致。拆开机箱检查,CPU风扇运转正常且散热片温度不高。通过开机能工作的短暂时间进入BIOS查看,发现CPU温度检测高达85℃。拆下CPU散热器后,发现散热片没有完全扣在CPU的内核上,而是搭在了CPU插槽的突起部分。究其原因,可能是用户在清洁机箱过程中没有将散热器安装好。将散热器正确安装好,故障排除。

5. CPU缓存设置不当导致机器性能下降

【故障现象】 某台式机基本配置为Intel P4 1.6GHz CPU、技嘉i845G主板、微星GeForce4 Ti 4200显卡、128MB内存，操作系统为Windows 98。该机平时运行正常，但有一天突然变得非常慢，启动操作系统就需要3分钟时间。

【分析与解决】 初步怀疑是感染了计算机病毒，经查杀病毒后故障依旧。对硬盘重新格式化并安装操作系统，在复制文件过程中机器的运行速度极慢。操作系统安装成功后，重新启动时故障现象依旧存在。

经仔细检查和思考，该机没有明显的硬故障症候，系统自检过程中也没有发出报警提示声，并且在启动后运行稳定，只不过速度比原先慢得多。既然不是硬件故障，并且又重新安装了操作系统，那么影响机器运行的主要因素就只有BIOS设置了，会不会是某些BIOS参数设置不当呢?

重新启动机器并进入BIOS设置，逐项检查各项参数，发现其中一项CPU L1&&L2 Cache被设为Disabled。也就是说，在BIOS设置中CPU的一、二级缓存被关闭了！将该参数重新设置为Enabled，机器顺利启动，故障现象消失。

1.3 台式机内存

1.3.1 台式机内存的种类

按照接口形式的不同，台式机内存可分为DIP芯片、SIMM接口内存条和DIMM接口内存条等几种。

DIP是指普通的双列直插式内存芯片，多用于早期的PC/XT、AT机中，其主板上仅提供了用于插入内存芯片的插槽，可插入若干片64KB或256KB的DRAM芯片。

SIMM(Single-In Line Memory Module，单边接触存储模块)内存条是一小块焊接了多片内存芯片的印刷线路板，是286至486微机中常用的内存接口方式。SIMM按照引线标准可分为30线、72线两种。30线内存条的常见容量有256KB、1MB、4MB;72线内存条的常见容量有4MB、8MB和16MB。

DIMM(Dual In-Line Memory Module，双列直插式存储模块)内存条的两边都有数据接口触片，这是目前应用最广泛的内存条接口形式。

1. EDO-RAM

EDO-RAM(Extended Data Out RAM，扩展数据输出随机存储器)取消了扩展数据输出内存与传输内存两个存储周期之间的时间间隔，在把数据发送给CPU的同时去访问下一个页面，故而速度要比普通DRAM快15%～30%。EDO-RAM的工作电压为一般为5V，接口方式多为72线的SIMM类型，但也有168线的DIMM类型。

2. SDRAM

SDRAM(Synchronized Dynamic RAM，同步动态随机存储器)的工作原理是用与

CPU 相同的时钟频率来控制 RAM，使 RAM 和 CPU 的外频同步，彻底取消等待时间。SDRAM 的速度比 EDO-RAM 提高近 50%，因而得到了极为广泛的应用。SDRAM 的工作电压一般为 3.3V，接口为 168 线的 DIMM 类型，数据带宽为 64 位。

在 SDRAM 的发展应用过程中，随着技术的进步和 CPU 外频的提高，SDRAM 又衍生出 PC66、PC100 和 PC133 等几种规范。

3. RDRAM

RDRAM(Rambus DRAM)最早是 Rambus 公司提出的一种内存规格，以前主要应用于高档游戏机中。RDRAM 采用了与 SDRAM 不同的架构，被称为"新一代高速简单内存架构"，它采用一种类似于精简指令集计算机(RISC)的理论，这个理论可以减少数据的复杂性，使得整个系统性能得到提高。

RDRAM 使用 400MHz 的 16 位总线，在一个时钟周期内，可以在上升沿和下降沿同时传输数据，这样它的实际速度就可以达到 400MHz×2=800MHz，理论带宽为(16bit×2×400MHz/8)=1.6GB/s，相当于 PC100 的两倍。另外，RDRAM 也可以储存 9 位字节，额外的一位属于可以作为 ECC 校验位。

RDRAM 只使用 30 条铜线连接内存控制器和 RIMM(Rambus In-line Memory Modules，内嵌式内存模块)，由于减少了铜线的长度和数量，因而能够降低数据传输中的电磁干扰，快速地提高内存的工作频率。不过，较高的工作频率也导致发热量大，因此第一款 RDRAM 内存甚至需要自带散热风扇。

为了解决 RDRAM 的散热问题，Intel 采取了一种折中方案，把 RDRAM 设计成 4 种能耗模式：激活、待命、打盹和关闭。在激活模式下，RDRAM 在 2.2V 电压下全速工作。当数据传输完毕后，它会自动进入待命模式，把电压降低为仅可保持数据及响应的幅度。当下一次数据来临时，RDRAM 用 100ns 的时间回复到激活状态。当然在恢复过程中，损失的时间势必会减弱内存子系统的性能，其带宽此时下降为100MB/s，只有理论值的 1/16。

RDRAM 遇到最大的问题是其生产成本过高。因为 RDRAM 芯片工作于非常高的频率(600MHz～800MHz)，所以在生产过程中需要非常精密的设备来检测，以确保产品的品质与稳定度。在 RDRAM 的 9 个生产步骤中，有 4 步是在执行检测，这相当耗费人力和物力。另外，RAMBUS 公司还要收取生产厂商的专利费，这也是阻碍 RDRAM 进一步扩展市场的重要原因。目前 RAMBUS 内存已淡出市场，被性价比更高的 DDR 内存取代。

4. DDR SDRAM

DDR SDRAM(Dual Date Rate SDRAM，双倍速率 SDRAM)简称 DDR，与传统的 SDRAM 相比，DDR 最重要的改变是数据的传输接口。DDR 在时钟信号上升沿与下降沿各传输一次数据，这使得 DDR 的数据传输速率为传统 SDRAM 的两倍。由于只是多采用了下降沿信号，因此并不会造成能耗增加。至于定址与控制信号则与传统 SDRAM 相同，仅在时钟上升沿传输。

DDR的另一个明显改变就是增加了一个双向的数据控制引脚。当系统中某个控制器发出一个写入命令时，一个DQS信号便会由内存控制器送出至内存。而传统SDRAM的DQS引脚则用来在写入数据时做数据遮罩(DM,Data Mask)用。由于数据、数据控制信号与数据遮罩同步传输，不会出现数据传输时快时慢的情况。

在内存内部架构上，传统的SDRAM属于8组态(Organization)，其内存核心中的I/O寄存器有8位数据，而DDR内存核心中的I/O寄存器却是16位的，一次可传输16位数据，在时钟信号上升沿输出8位数据、在下降沿再输出8位数据，从而提高传输效率。

为了保持较高的数据传输率，DDR改为支持电压为2.5V的SSTL2信号标准。DDR内存在型号上可分为两种：一种名为PC1600，峰值数据传输率可达1.6GB/s，是100MHz SDRAM的两倍；另一种名为PC2100，峰值数据传输率可达2.6GB/s。

综合以上技术特性，再加上DDR内存的技术规格免费公开，因此DDR内存得到众多厂商的广泛支持，成为当前PC内存的主流。

5. 双通道DDR(Dual DDR)

双通道内存技术早期一直应用于服务器和工作站系统中，近几年开始应用到普通PC中。双通道内存由两条同等规格内存组成，能使内存带宽成倍增长。作为一种内存控制和管理技术，双通道技术能为系统带来一定程度的性能提升，但幅度并不是特别大。

简单来说，双通道内存技术是指芯片组可以在两个不同的数据通道上分别寻址、读取数据。这两个相互独立工作的内存通道依附于两个独立并行工作的、位宽为64bit的内存控制器，从而使普通的DDR内存可以达到128bit的位宽。例如，如果使用DDR333内存构造双通道DDR，就可以达到DDR667的效果，内存带宽增加一倍。

双通道技术的实现与内存自身无关，而与主板芯片组密切相关。只要厂商在芯片组内部集成两个内存控制器，就可以构成双通道DDR系统。而主板厂商只需要按照内存通道将DIMM分为Channel 1与Channel 2，用户也只需成双成对地插入同等规格的内存，就可以使用双通道DDR内存了。当然，如果只插入一条内存，那么两个内存控制器中只会有一个工作，也就没有了双通道的效果。

1.3.2　内存常见故障分析及解决

通常，如果微机经常出现死机、蓝屏(Windows系统)、无法正常启动、启动后无法进入操作系统等现象时，故障部位大多存在于主板、显卡等硬件设备。当然，由于软件设置不当或系统受到计算机病毒的感染也可能引起类似故障。但一般情况下，内存故障是引发上述问题的最常见原因，包括内存损坏、内存不兼容或内存接触不良等。

1. 开机无显示，机器发出报警声

如果是内存条故障造成开机无显示，主机扬声器一般都会“嘀嘀嘀...”响个不停(针对Award BIOS而言)，并且显示器上也没有图像显示(黑屏)。这种情况多数时候

是因为机器的使用环境不好、湿度过大，内存条金手指在长时间使用过程中表面氧化，造成内存条金手指与内存插槽的接触电阻增大、阻碍电流通过，导致内存条与主板内存插槽接触不良。

此类故障的处理方法很简单，可以将内存条取下，用橡皮来回擦拭内存条两面的金手指（不要用酒精等清洗），再插回内存插槽就可以了。要注意的是，在擦拭金手指过程中，避免用手直接接触金手指，因为手上的汗液会附着在金手指上，在使用一段时间后会再次造成金手指表面氧化。

2. 开机后显示ON BOARD PARLTY ERROR（板上奇偶校验错）

可能导致此类问题的原因有三种：

(1) 在BIOS设置中内存奇偶校验被设为Enable，而内存条上没有奇偶校验芯片。

(2) 主板上的奇偶校验电路有故障。

(3) 内存条损坏或接触不良。

可以先在BIOS设置中检查相关选项，然后利用插拔法、替换法试一试，如果故障仍不能排除，则是主板上的奇偶校验电路有故障，需换主板。

3. 随机性死机

此类故障一般是由于机器中有几种不同型号或品牌的内存条混插所致。由于电气性能的差别，不同品牌的内存条之间有可能会产生兼容性问题，各内存条由于速度不同产生一个时间差，进而导致死机。对于这种情况，可在BIOS设置中降低内存速度来试着解决问题。如果不行，只有使用同型号内存。还有一种可能就是内存条与主板不兼容，或是内存条与主板接触不良引起随机性死机。

4. Windows在启动过程中提示某些内存地址有问题

此类故障可能是由于内存条的某些芯片损坏造成，一般也只有更换。如果条件允许，可用烙铁将内存条一侧的内存芯片焊下，看能否解决问题；若不行再换卸另一边的芯片，直到成功为止。采用此法后，因为已将内存一侧芯片卸下，所以内存只有一半可用，如256MB还有128MB可用。因此，对于小容量内存就没有维修的必要了。

5. 内存短路导致主机无法加电

这是一种内存条损坏比较严重的情况，但通常内存芯片表面、金手指、阻容元件等并没有明显的烧灼痕迹，表面上看起来和完好的内存条一模一样。但将这种内部有短路故障的内存条插入主板后，开机时主板将无法加电，CPU风扇和电源风扇都不工作，电源指示灯也不亮。

利用替换法和最小系统法可以很快地定位此类故障。第一步是排除电源故障的可能性，如果手中有其他正常电源可直接替换。如果没有，可将电源取下，用导线直接短路绿线和黑线，观察电源风扇是否工作，并仔细聆听电源内部是否有吱吱的异响，如果有则说明电源有问题，质量不稳定，需要更换。

第二步是将声卡、网卡、硬盘、光驱、软驱、显卡、内存、CPU全部拔下，只留下CPU风扇，再插入POST卡（如果没有，可重点观察CPU风扇和电源风扇是否转动），然后开始对主板加电并观察POST卡的指示灯和数码管的指示。接下来，依次插入CPU、内存及其他部件，每插入一个部件就重新进行加电试机，如果在插入某一个部件后试机时出现上述故障现象，就说明该部件有问题，需要更换或维修。

6. 内存故障的定位和排查

发生可能与内存有关的故障时，可以通过替换法或内存测试软件确定是否是内存部分发生了问题。一旦确定，就需要进一步准确地判断出故障源自哪一条内存或哪一个内存插槽。

(1) 如果系统中只有一条内存，可以将内存条换个插槽重新测试一下。如果故障现象依然，那么内存模块有问题的可能性便很大。然后可将该条内存插到其他工作正常的机器中测试一下，如果导致其他机器也发生同样的故障，就表明该内存条已损坏了。

(2) 如果系统中有多条内存，需要根据具体的情况进行判断。例如，如果近期刚升级过内存或增加了一条内存，那么问题很可能出在新更换的内存或新增加的内存上。如果近期内存并无变动，就需要对各个内存条、内存插槽逐一进行测试。

7. 内存条的基本维修方法

如果是内存条的PCB板损坏，可将内存芯片全部焊下来，然后找一片PCB板把芯片重新全部焊上（在焊接之前，还应检查是否存在损坏的内存芯片）；如果是内存芯片损坏，可找一块相同型号的芯片替换上。

1.4 微机系统常用接口

微机系统中有许多标准接口，这些接口表现为主板和某类外设之间的适配电路，其功能是解决主板和外设之间在电压等级、信号形式和传输速度上的匹配问题。接口在概念上包括硬件和软件两部分，接口设备是硬件，接口信号规范标准是软件。

微机系统中常用的标准接口有串口、并口、IDE(ATA)、USB等，分别应用于数据通信及连接各种外部设备。

1.4.1 串行接口(COM)

串口的数据和控制信息是一位(Bit)接一位地传送出去的（串行），虽然这样速度会慢一些，但传送距离比并口长。早期的微机系统通常提供两个串口，一个是25针的DB-25，另一个是9针的DB-9。由于USB接口的普及，目前的微机系统一般只配置一个符合RS-232标准的DB-9串口。DB-9串口在主机后背板上表现为一个9针插座，如图1.3所示。RS-232标准的DB-9串口的引脚定义见表1.1。

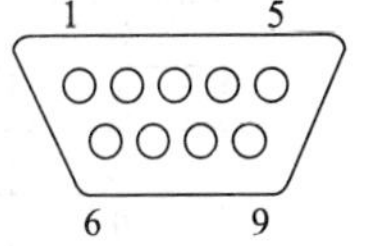

图1.3 DB-9串口外观

表 1.1 RS-232 标准 DB-9 串口引脚定义

引 脚	名 称	方 向	说 明
1	CD	←	Carrier Detect(载波检测)
2	RXD	←	Receive Data(接收数据)
3	TXD	→	Transmit Data(传送数据)
4	DTR	→	Data Terminal Ready(数据终端准备好)
5	GND	—	System Ground(信号地线)
6	DSR	←	Data Set Ready(数据准备好)
7	RTS	→	Request to Send(请求发送)
8	CTS	←	Clear to Send(清除发送)
9	RI	←	Ring Indicator(振铃指示)

1.4.2 并行接口(LPT)

并行接口主要作为打印机端口,接口形式为 25 针 D 形双排针插座。所谓"并行",是指多位二进制数据同时通过并行线缆进行传送,这样数据传送速率比较高。但由于采用了并行的信号线,线路的长度则受到限制,因为线路长度增加,信号间的干扰也会增加。

目前有 5 种常见的并口形式:4 位、8 位、半 8 位、EPP 和 ECP,特点如下:

(1) 4 位并口一次只能输入 4 位数据,但可以输出 8 位数据。

(2) 8 位并口可以一次输入或输出 8 位数据。

(3) EPP 并口又称"增强并行口",由 Intel 等公司开发,允许 8 位双向数据传送,可以连接各种非打印机设备,如扫描仪、LAN 适配器、磁盘驱动器和 CD-ROM 驱动器等。

(4) ECP 并口又称"扩展并行口"(Extended Capabilities Port),由 Microsoft、HP 等公司开发,能支持命令周期、数据周期和多个逻辑设备寻址,在多任务环境下可以使用 DMA(直接存储器访问)。

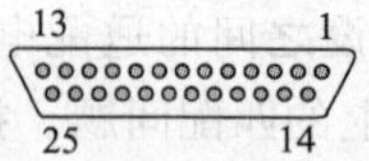

图 1.4 ECP 并口外观

ECP 并口在外观上与普通并口是一样的,在主机后背板上表现为一个 D 形 25 针插座,如图 1.4 所示。ECP 并口的引脚定义见表 1.2。

表 1.2 ECP 并口引脚定义

引 脚	名 称	方 向	说 明
1	nStrobe	→	Strobe
2	data0	↔	Address, Data or RLE Data Bit 0
3	data1	↔	Address, Data or RLE Data Bit 1
4	data2	↔	Address, Data or RLE Data Bit 2
5	data3	↔	Address, Data or RLE Data Bit 3
6	data4	↔	Address, Data or RLE Data Bit 4
7	data5	↔	Address, Data or RLE Data Bit 5

续表 1.2

引　脚	名　称	方　向	说　明
8	data6	↔	Address, Data or RLE Data Bit 6
9	data7	↔	Address, Data or RLE Data Bit 7
10	/nAck	←	Acknowledge
11	Busy	←	Busy
12	PError	←	Paper End
13	Select	←	Select
14	/nAutoFd	→	Autofeed
15	/nFault	←	Error
16	/nInit	→	Initialize
17	/nSelectIn	→	Select In
18	GND	—	Signal Ground
19	GND	—	Signal Ground
20	GND	—	Signal Ground
21	GND	—	Signal Ground
22	GND	—	Signal Ground
23	GND	—	Signal Ground
24	GND	—	Signal Ground
25	GND	—	Signal Ground

1.4.3　IDE(ATA)接口

IDE(Integrated Drive Electronics,集成驱动电子设备)接口最初由 Compaq、CDC 和 Western Digital 联合开发,后于 1989 年经美国国家标准协会(ANSI)制定标准后正式定名为 ATA(AT bus Attachment)接口。IDE 接口的本意是指把控制器与盘体集成在一起的硬盘驱动器。虽然 IDE 接口存在着速度慢、只适用于内置驱动器以及接口电缆不宜过长等缺点,但由于它价格低廉、兼容性好、使用方便,获得了极为广泛的应用。

IDE 接口的发展经历了 ATA-1(IDE)、ATA-2(Enhanced IDE/Fast ATA)、ATA-3(FastATA-2)、Ultra ATA、Ultra ATA/33、Ultra ATA/66、Ultra ATA/100 及 Serial ATA 等类型。除了 Serial ATA 的数据传输是串行的之外,其他 ATA 接口的数据传输都是并行的。标准的并行 ATA 接口在设备和主板侧的外观为 40 脚插针,如图 1.5(a)所示;并行 ATA 接口电缆(排线)两端的外观为 40 针插座,如图 1.5(b)所示。

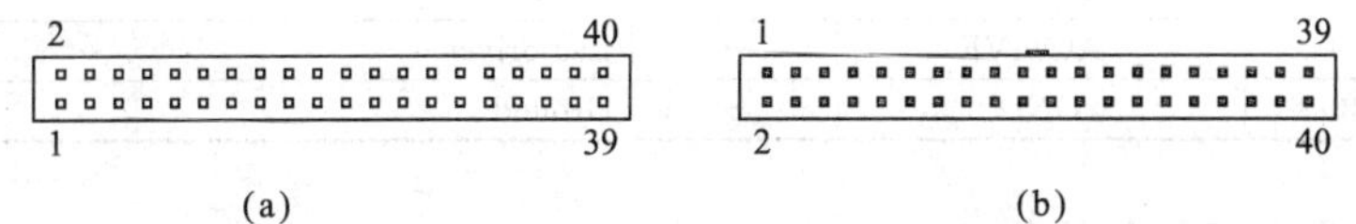

图 1.5　并行 ATA 接口外观。

并行 ATA 接口的引脚定义见表 1.3。

表 1.3 并行 ATA 接口的引脚定义

引 脚	名 称	方 向	说 明
1	/RESET	→	Reset
2	GND	—	Ground
3	DD7	↔	Data 7
4	DD8	↔	Data 8
5	DD6	↔	Data 6
6	DD9	↔	Data 9
7	DD5	↔	Data 5
8	DD10	↔	Data 10
9	DD4	↔	Data 4
10	DD11	↔	Data 11
11	DD3	↔	Data 3
12	DD12	↔	Data 12
13	DD2	↔	Data 2
14	DD13	↔	Data 13
15	DD1	↔	Data 1
16	DD14	↔	Data 14
17	DD0	↔	Data 0
18	DD15	↔	Data 15
19	GND	—	Ground
20	KEY	—	Key (Pin missing)
21	DMARQ	?	DMA Request
22	GND	—	Ground
23	/DIOW	→	Write Strobe
24	GND	—	Ground
25	/DIOR	→	Read Strobe
26	GND	—	Ground
27	IORDY	←	I/O Ready
28	SPSYNC:CSEL	?	Spindle Sync or Cable Select
29	/DMACK	?	DMA Acknowledge
30	GND	—	Ground
31	INTRQ	←	Interrupt Request
32	/IOCS16	?	IO ChipSelect 16
33	DA1	→	Address 1
34	PDIAG	?	Passed Diagnostics
35	DA0	→	Address 0
36	DA2	→	Address 2
37	/IDE_CS0	→	(1F0-1F7)
38	/IDE_CS1	→	(3F6-3F7)
39	/ACTIVE	→	Led driver
40	GND	—	Ground

1. ATA-1、ATA-2

ATA-1(IDE)接口正式确立于 1988 年，最多只能连接两个硬盘，每个硬盘的容量不超过 528MB(受限于 PC/AT 的系统 BIOS)，不支持除硬盘以外的其他外部设备，排线长度不超过 0.46m，最大数据传输速率为 4.1MBps，传输方式为 PIO（Programmed I/O，可编程输入/输出）。

ATA-2 即 E-IDE（Enhanced IDE，增强型 IDE）接口，它采用 LBA 寻址方式解决了原有 IDE 接口无法支持容量高于 528MB 硬盘的问题。与此同时，用于连接光驱、磁带机等非硬盘设备的 ATAPI（ATA Packet Interface，ATA 封包式接口）规格也诞生了。E-IDE 接口的问世为 IDE 接口存储设备的普及提供了技术保证。

自 ATA-2 之后，IDE 接口及装置开始支持 DMA（直接内存访问）模式，从而使数据传输率达到 16.6MBps。

2. Ultra ATA/33、Ultra ATA/66、Ultra ATA/100

1996 年，Quantum 和 Intel 合作开发了 Ultra ATA/33 接口。该接口标准将 PIO-4下的最大数据传输率提高到了 33Mbps。

1999 年，Quantum 又推出了 Ultra ATA/66 接口，最高传输率为 Ultra ATA/33 的两倍，约 66.7Mbps。在提高传输速率的同时，Ultra ATA/66 还通过改进信号的时钟边沿特性及使用 CRC 循环冗余纠错技术，以保证高速传输过程中数据的完整性。

Ultra ATA/66 与 Ultra ATA/33 及以前的接口有一个很大的不同，即其接口电缆为 80 芯而非传统的 40 芯。Ultra ATA/66 比以前的 ATA 接口多了 40 条地线，目的是为了减小信号在高速传输下的电磁串扰。如果支持 Ultra ATA/66 接口的硬盘接在了 40 芯的老式电缆上，硬盘能够自动以 Ultra ATA/33 模式工作。

Ultra ATA/100 在技术与 Ultra ATA/66 相比并没有太大的区别，它只是将数据传输率的理论最大值提高到了 100Mbps。

3. Serial ATA(SATA)

上述几种并行 IDE（ATA）接口存在这样几个缺点：

(1) “主/从”式的工作模式限制了扩展能力。

(2) 并行信号间的电磁串扰严重。

(3) Ultra ATA /66、Ultra ATA /100 所使用的 80 芯数据线成本高且消耗机箱空间。

2001 年，由 Intel、APT、Dell、IBM、希捷、迈拓几大厂商组成 Serial ATA（串行 ATA）委员会，正式确立了 Serial ATA 1.0 规范，2002 年又确立了 Serial ATA 2.0 规范。

SATA 接口以连续串行的方式传送数据，只需四根连线，具有结构简单、支持热插拔等优点。在速度上，SATA 1.0 版规范中规定的数据传输率为 1.5Gbps（相当于并行 ATA 的 150Mbps），比 Ultra ATA/100 要高 50%。SATA 2.0 的数据传输率可达 3Gbps 至 6Gbps（相当于并行 ATA 的 300MBps 和 600Mbps）。

SATA 总线使用嵌入式时钟信号，纠错能力更强，能对传输指令、数据进行检查并自动纠正错误，在很大程度上提高了数据传输的可靠性。如图 1.6 所示是采用 SATA 接口的硬盘产品。

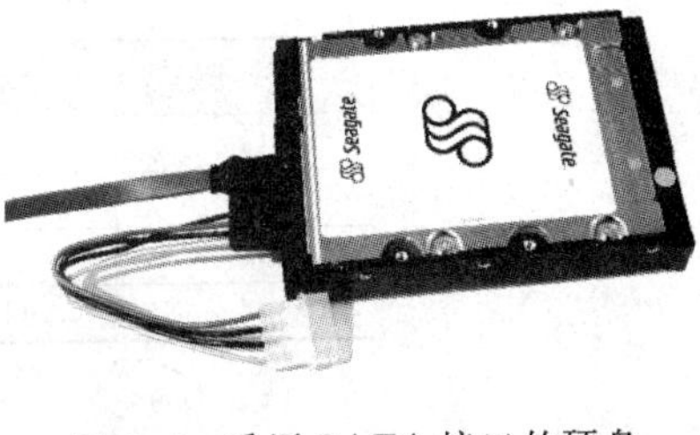

图 1.6　采用 SATA 接口的硬盘

1.4.4 USB接口

1993年，Intel、NEC、Compaq、DEC、IBM、Microsoft、Northern Telecom等公司共同设计了USB(Universal Serial Bus，通用串行总线)接口规范，旨在代替计算机中已有的、速度较慢的串行接口和并行接口。USB提供了一种可供多种设备共享的高速接口，以满足众多外设的连接需要。USB需要主机硬件、操作系统和外设三个方面的支持才能工作。

USB规范将USB分为五个部分：控制器、控制器驱动程序、USB芯片驱动程序、USB设备以及针对不同USB设备的客户驱动程序。另外，根据具体设备对系统资源需求的不同，USB规范还规定了四种不同的数据传输方式：等时传输方式(Isochroous)、中断传输方式(Interrupt)、控制传输方式(Control)和批传输方式(Bulk)。这些传输方式各有特点，分别用于不同的场所。

USB接口遵循分层星形拓扑结构，其内部有一个集线器(USB Hub)，允许多个USB设备级联使用。一个USB接口最多可以支持127个设备，所有设备共享同一带宽。USB接口支持"热插拔"和"即插即用"。USB接口还允许设备从USB接口本身或是外部电源获得供电(USB接口本身可提供5V电压)。

USB1.0标准最早发布于1996年，因其本身性能一般，再加上当时Windows 95尚不支持USB功能，因此多数硬件厂商都持观望态度。1998年9月，USB1.1标准和Windows 98操作系统同时推出，此后，USB接口逐渐成为PC机的标准接口。USB1.1的最高数据传输速率为12Mbps，仅略高于10M网卡。当计算机只连接一个USB外设时，USB1.1接口的性能表现还可以，但连接多个USB外设时，数据传输速度就会变得相对慢起来。另外，USB1.1对数据线的长度也有限制，最多不能超过5m。

USB2.0规范问世于2000年4月，它将数据传输率提高到480Mbps(高速模式)，是USB1.1的40倍，并且能够全面兼容USB1.1标准的设备。USB2.0提高数据传输率的技术关键在于数据传输的最小单位：USB1.1的数据传输单位是1毫秒，而USB2.0的数据传输单位为125微秒，仅是USB1.1的1/8，大大提高了数据的发送频率。另外，USB2.0特别定义了微帧结构，不仅特别适合于视频处理设备，也使得USB2.0设备在小缓存的情况下依然能够高速率的传送数据。

USB接口在计算机一侧表现为4针公插头，在设备一侧表现为4针母插座。各引脚的具体定义见表1.4。

表1.4 USB接口引脚定义

引 脚	名 称	说 明
1	VCC	+5 VDC(电源正极)
2	D	Data −(数据端负)
3	D	Data +(数据端正)
4	GND	Ground(地线)

第 2 章　笔记本电脑

笔记本电脑本质上就是便携式电脑，又称便携机。便携式电脑的发展经历了手提式、膝上型、笔记本、超移动便携笔记本四个阶段。“笔记本电脑”的概念诞生于 1992 年，当时便携式电脑的体积发展到和 16 开的笔记本大小差不多，因此被称为笔记本电脑。此后，人们开始用笔记本电脑这一称呼来代替便携式电脑。

1996 年，Intel 正式开始研制笔记本电脑专用 CPU，旨在减少笔记本电脑的能耗。对于 75MHz 以上的 Pentium CPU，Intel 采用了 SL 技术和 VRT 技术。SL 技术允许 CPU 在休闲状态下关掉 CPU 时钟和其他某些可以关掉的部分，VRT 技术则是让 CPU 内部以 2.9V 电压运行、在外部以 3.3V 电压运行。与此同时，Intel 也开始对笔记本电脑 CPU 采用 TCP 和 MMC 等封装技术，以促使笔记本电脑向超薄化发展。

在近两年的市场上，一些名为“超移动便携笔记本电脑”的概念或产品纷纷出现，例如微软倡导的 UMPC（Ultra Mobile PC，超便携个人电脑）、Intel 倡导的 MID（Mobile Internet Devices，移动互联网设备）、台湾提出的 UMD（Ultra Mobile Devices，超移动设备）等，它们的总体特点是：硬件设计小巧轻便、随时随地进行连接和通信、随时随地处理各种任务并享受娱乐功能。

2.1　笔记本电脑的技术特点

虽说笔记本电脑是在台式 PC 的基础上发展而来的，但它的设计初衷与台式 PC 存在着很大的差异。“能移动、会移动、好移动”是笔记本电脑的发展目标。经过了二十多年的发展，笔记本电脑已经形成了自己的一整套独特技术，主要表现在节能和电池技术、轻薄化技术、移动 CPU 技术、无线传输技术、数据安全防护技术、液晶显示技术等方面。

(1) 节能和电池技术：笔记本电脑的续航时间（即电池使用时间）是衡量笔记本电脑性能的重要指标之一，同时也是限制笔记本电脑发展的重要因素之一。笔记本电脑电源系统包括电源适配器、充电电池和电源管理系统等。为了实现长时间的电池供电，笔记本电脑除采用高效锂离子电池和节电元器件外，还应用了电源管理程序，由系统来管理各部件的电源状态。对暂时不工作的部件，系统将在一定时间后减少或停止供电，以节约电能。笔记本电脑的续航时间虽然随着技术的发展有所延长，但至今仍不能充分满足人们的需求。目前，笔记本电脑的平均续航时间为 5～6 个小时，少数产品能达到 8 个小时以上。

(2) 轻薄化技术：轻薄化、时尚化和便于携带已成为广大消费者对笔记本电脑的基本要求。因此，在不影响笔记本电脑性能的情况下，各制造商们一直在轻薄化和时尚化方面做着不懈的努力，并取得了非常好的成绩。

(3) 移动CPU技术：与台式机CPU相比，笔记本电脑CPU的体积应做得更小，同时还要保证CPU性能不降低，这就需要更高的制造工艺。为了保证笔记本电脑的可移动性，在电池能量一定的情况下，笔记本电脑CPU必须采用多种技术降低电池的耗电量，还要减少笔记本电脑CPU的发热量，以保证笔记本电脑的稳定性能。

(4) 无线传输技术：无线传输技术是增强笔记本电脑移动性的重要手段。从最初的红外连接发展到现在的蓝牙、GPRS及无线宽带技术，笔记本电脑的无线传输功能得到极大的增强。

(5) 数据安全防护技术：在享受笔记本电脑便捷特性的同时，笔记本电脑的数据安全问题也逐渐显露。现在，笔记本电脑制造商都在发展各自的数据安全体系，一系列数据安全防护技术也应运而生。比如Smart Card(保全卡)、U锁、i-Key加密、指纹加密技术，"嵌入式安全子系统"芯片技术等等。

(6) 液晶显示技术：液晶屏是笔记本电脑中最昂贵的部件，约占计算机总成本的30%。笔记本液晶显示器经历了单色显示器、DSTN彩色显示器、TFT彩色显示器、LTPS TFT(低温多晶硅)等发展历程，现在正处于由TFT向LTPS TFT发展的过渡阶段。

2.2 迅驰平台

Intel一直是移动处理器领域的领跑者，其代表性产品是迅驰移动计算平台。2003年3月，Intel正式发布了迅驰移动计算技术，并打破以往的处理器、芯片组等单一产品形式，提出了一个平台化的概念。迅驰平台由三部分组成：移动处理器、对应芯片组以及802.11无线网络功能模块。

迅驰平台的发展经历了Carmel、Sonoma、Napa/Napa Refresh和Santa Rosa四个阶段，即俗称的迅驰1代、迅驰2代、迅驰3代、迅驰4代。与迅驰平台相对应，Intel分别发布了代号为Banias、Dothan、Yonah/Merom以及Merom/Penryn的移动处理器。2008年7月Intel又发布了新一代迅驰平台Montevina，但新产品并未如人们所期望的那样被命名为迅驰5代，其新名称为"Centrino 2——迅驰2"，Montevina的处理器代号为Penryn。

Intel从Dothan核心的Pentium M移动处理器开始，放弃了用频率来标注CPU，而是使用数字来命名。Intel之所以这样做，目的是希望消费者不要总将注意力集中在CPU的工作频率上。

Dothan：Intel从Dothan移动处理器开始，使用三位数字的方法来命名产品。这三位数字的规律是：从左向右数的第一位数字，若是7则代表是Pentium M，若是3则代表赛扬M；第二位数字代表相对频率的高低；最后一位数字代表处理器的前端总线和电压的信息。其中，以7开头、0结尾的代表前端总线为533MHz的Pentium M；以7开头、5结尾的，代表前端总线为400MHz的Pentium M；以8结尾表示是低电压版处理器;以3结尾则表示是超低电压版产品。例如:PM715代表Pentium M,其前端总线为400MHz;PM738代表低电压版Pentium M,前端总线为400MHz;PM723代表超低电压版Pentium M。

Yonah:从Yonah开始,Intel移动CPU启用Core命名,双核产品被称为Core Duo,单核产品则被称为Core Solo。在具体产品命名上,Intel改变了上一代Pentium M所采用的三位数字命名方法,而开始采用一个由字母开头,后接四位数字的命名方法。打头的字母有T、L(LOW)和U(ULTRA LOW)三种,分别代表标准电压版、低电压版和超低电压版处理器。四位数字中从左往右数的第一位,若是“1”就代表单核产品、“2”则代表双核产品。第二位数字代表了同系列产品中相对频率的高低,数字越大则频率越高。例如T2300,就表示这款产品是双核的标准电压处理器,“3”是它的相对频率,实际频率为1.66GHz。

同频率的Yonah处理器,双核要比单核的功耗大一些。而单核的U系列Yonah,功耗只有5.5W,非常适合用来制造超移动便携式笔记本电脑。

Merom:Merom的命名规则和Yonah相似,也是以字母T、L和U打头,只不过后面所跟的数字不同。

2.2.1 迅驰1代——Carmel平台

1. Banias处理器

第一代Pentium M处理器的核心代号为Banias,其主频有标准1.6GHz,1.5GHz,1.4GHz,1.3GHz,低电压1.1GHz,超低电压900MHz。为了在低主频得到高效能,Banias采用了指令优化技术,使每个时钟所能执行的指令数目更多,并通过高级分支预测来降低错误预测率。Banias与此前的Pentium系列CPU相比最突出的改进就是L2高速缓存增至1MB,而P3-M和P4-M都只有512KB。

此外Banias还有一系列与减少功耗有关的设计:

(1) 增强型Speedstep技术:拥有多个供电电压和计算频率,从而使性能可以更好地满足应用需求。

(2) 智能供电分布:可将系统电量集中分布到处理器需要的地方,并关闭空闲的应用。

(3) 移动电压定位(MVP IV):可根据处理器活动动态降低电压,从而支持更低的散热设计功率和更小巧的外形设计。

(4) 微操作指令融合技术(Micro-ops fusion):在存在多个可同时执行的指令的情况下,将这些指令合成为一个指令,以提高性能与电力使用效率;

2. 芯片组

Intel规定与Banias处理器搭配的芯片组是Intel 855系列。855芯片组不支持双通道内存、不支持SATA硬盘、不支持PCI-E显卡、不支持最新的HD Audio等等。不过855芯片组的性能表现稳定,功耗也非常小,对第一代迅驰的推广功不可没。

Intel 855 共有三种芯片组，分别是 855GM、855PM 及 855GME，前两者的差别在于 855PM 并不集成显示核心，而是采用 AGP 4x 和显示芯片相连，855GM 则整合了 Intel 自己的显示芯片。三款芯片组都支持 DDR 内存，支持 400MHz FSB。855GME 不但支持 DDR 333 内存，还提高了核心频率，达到 250MHz。和前一代 845MP/MZ 芯片组相比，855 系列提升了内存的扩充上限（1GB～2GB），也把内存的频率从 DDR200/266 拉到 DDR266/333。此外 845MP/MZ 搭配的南桥芯片是 ICH3-M，855 则是使用 ICH4-M，后者追加了迅驰中不断强调的无线网络芯片控制，并配合上新的第三代 SpeedStep 电源管理技术，能充分地把 Pentium-M 低耗电的优势发挥出来。

3. 无线网络模块

迅驰 1 代中 Intel Pro/Wireless 无线网络模块组的原始代号是 Calexico，一开始仅有单频的 802.11b 产品 Intel PRO/Wireless 2100，后来推出同时支持 802.11a/b 的产品 Intel PRO/Wireless 2100A。

随着 802.11g 无线标准的普及，Intel 也推出了可支持 802.11g 的 Intel PRO/Wireless 2200BG 无线网络模块组。

2.2.2 迅驰 2 代——Sonoma 平台

1. Dothan Pentium M 处理器

Dothan 核心的 Pentium M 处理器问世于 2004 年 5 月，它在 Banias 的基础上引入了较为成熟的 NetBurst 架构中的诸多特点，并增加了 Enhanced Data Prefetcher（高级数据预取）和 Enhanced Register Data Retrieval（高级记录数据重获）两项新技术。

同 Banias 内核产品相比，Dothan 处理器主要有三个方面的变化：首先生产工艺从 130nm 提升到了 90nm；其次，Dothan 采用了新的“应变硅”材料技术，应变硅中的电子流动速度比其他硅材料的电子快很多，使 Dothan 的主频得到了较大提升；第三，Dothan L2 Cache 提升到 2MB，在保持能耗大致相同的情况下，相对于原先的同频 Banias Pentium-M 处理器性能提升了 20%左右。

2. 芯片组

915GMS 高速芯片组集成了图形媒体加速器（GMA）900 组件，具备出色的显卡性能和能力可扩充性，其主要特性包括 DirectX 9 硬件加速、Pixel Shader 2.0、133～320 MHz 主频、4 条像素管道和高达 214 MB 的显存。同时它还支持诸多下一代特性，包括 DDR2 内存、SATA、PCI Express、Intel 高清晰度音频和 ExpressCard 等。

3. 无线网络模块

伴随迅驰 2 代的发布，Intel 推出了 Calexico 2 无线模块。作为 Calexico 2 的代表，Intel Pro/Wireless 2915ABG 无线网卡能够支持 IEEE802.11a/b/g 三种无线局域网标准。

2.2.3 迅驰3代——Napa/Napa Refresh平台

1. Yonah Pentium M 处理器

Yonah Pentium M 双核是 Intel 第一款在移动处理器产品里面引入双核技术的产品，它在一个处理器里面植入了两个核心单元，通过 SmartCache 技术共享 2MB L2 Cache，根据处理任务的负荷程度，在两个核心处理单元之间进行协调，然后同时进行指令运算，从而达到更高效的处理能力。双核技术较好地提升了并发多任务运行时的整体性能。

Yonah Pentium M 处理器采用 65nm 工艺制造，芯片安装接口为 Socket 479 针脚，前端总线速率提升至 667MHz，使用了新一代电源管理技术，开始支持 SEE3 多媒体指令集。其内部结构如图 2.1 所示。

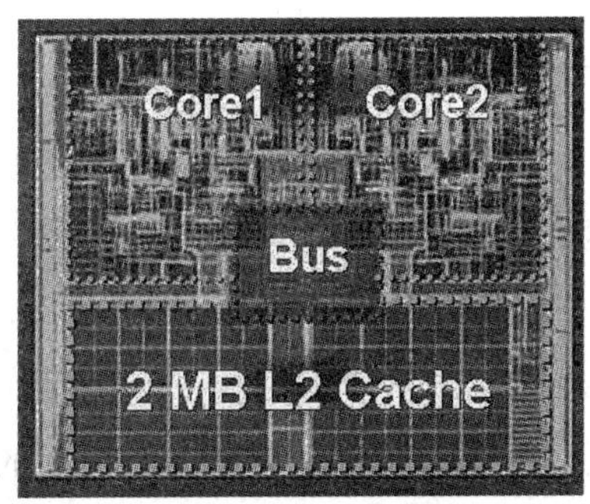

图 2.1 Yonah Pentium M 双核处理器内部结构

Yonah 处理器引入了 Intel Digital Media Boost 技术，增加了 Yonah 处理器在多媒体应用方面的性能，比如在视频剪辑、视频播放等方面的应用。

2. Merom Pentium M 处理器

2006 年 7 月，Intel 正式发布 Merom 双核处理器，并将其应用于 Napa 平台。Merom CPU 采用了全新的 Core 架构，这种架构甚至扩展到了桌面和服务器领域，可以说是 Intel CPU 发展史上的一次革命。由 Core 架构开始，Intel 彻底改变了几十年来追求高频率带来高性能的模式，而是转为更加注重 CPU 效能，这将对整个计算机产业产生重要和深远的影响。

3. 芯片组

Napa 平台的主板芯片组代号为 Calistoga，在具体命名上则有 i945PM、i945GM 和 i945GT。顾名思义，i945PM 是不集成显示核心的版本，i945GM 和 i945GT 都是集成显示核心的版本，这两者的区别在于集成显示核心的频率有所区别：i945GM 核心频率为 250MHz，而 i945GT 为 400MHz。

Calistoga 中的图形核心被命名为 Graphics Media Accelerator 950(GMA950)。随着高清标准的逐渐流行，GMA950 强调了对 HDTV 的支持，并且支持 ADD2＋子卡

(即 Advanced Digital Display 2＋)。ADD2＋其实是一个扩展功能子卡，子卡上提供 DVI、S-Video、色差输出接口以及 S-Video、色差和 RF 等输入接口，提供电视卡甚至部分视频编辑卡的功能。

4. 无线网络模块

Golan 是 Intel 第一款支持 PCI-E 接口的无线网络模块，同样支持 IEEE 802.11a/b/g 标准，被命名为 3945ABG。在与 Cisco 无线 AP 联机使用时，假如不同的笔记本同时使用一个单独的 AP，该模块具备负载均衡的功能，可以增加资料流通量(Data Throughput)。

Golan 内部设计了干扰控制电路，可以降低外部干扰的产生。Golan 将天线、RF 收发器等高频元件进行模块化设计，避免因采用多频段而导致高频元件增多、封装成本增高以及封装面积增大等问题。

2.2.4 迅驰 4 代——Santa Rosa 平台

Santa Rosa 平台包含四大组件，分别是 Merom＋处理器、Intel 965M 系列芯片组、Intel 4965AGN 无线模块和 Intel Turbo Memory 模块。其中 Intel Turbo Memory 为可选模块。

1. Merom＋处理器

尽管同为 Merom 核心，但 Santa Rosa 平台中所采用的 Merom 处理器在规格以及特性上与以前的 Merom 处理器相比均有所变化，因此被称为 Merom＋。Merom＋处理器 FSB 总线速率提升到 800MHz，缓存容量提升到 4MB，并且 CPU 安装接口也由之前的 Socket 479 转变为 Socket P(478 针)。在二级缓存方面，依旧有 2MB 和 4MB 两种级别可供选择，新增了 Intel Dynamic Acceleration(IDA)技术，对于单线程任务或者大范围非并行指令的多线程任务，IDA 技术能够更好地进行任务的分配，只由一个核心来处理，同时使其他空闲的核心能够进入 C3 或者更深的休眠状态，降低处理器的能耗。

2. 芯片组

开发代号为 Crestline 的 Intel 965 移动芯片组共包含三种不同的规格：GM965、PM965 和 GL960。

Intel 965 系列芯片组全部采用了新的命名方式：以前采用的是"数字＋字母"的组合，而现在改为"字母＋数字"的组合，其中 PM 表示不集成显卡、GM 表示集成显卡、GL 表示集成显卡的低端产品(主要用于 Celeron-M)。

PM965 支持 800MHz 的前端总线，支持最大 4GB DDR2 667/533 内存，可以搭配 ICH8-M 和 ICH8-ME 两款南桥芯片组。GM965 与 PM965 基本相同，但 GM965 集成了显卡 GMA X3000(Intel 第四代绘图核心)，最高核心频率达到了 500MHz，可以完整支持 Direct X 9.0。

3. 无线网络模块

Santa Rosa 平台可以选用 4965AGN 或 4965AG 无线网络模块。4965AGN 和 4965AG 均放弃了对 802.11b 的支持，其中 4965AG 支持 802.11a 和 802.11g，而 4965AGN 则增加了对 802.11n 的支持。

4965AGN 无线模块支持基于无线技术的主动管理技术，这是配合将来的 VPro 技术的一个关键细节，管理者可以通过无线模块唤醒笔记本电脑。

4. Intel 迅盘(Intel Turbo Memory)模块

Turbo Memory 是新增加的模块，也是可选的模块。Turbo Memory 可以大幅提高操作系统的启动和运行速度，能够使笔记本电脑更快地从休眠中恢复，速度能够提高近一倍。

Turbo Memory 采用 NAND 闪存芯片充当硬盘和系统之间的缓存。读数据时，硬盘根据预测算法，将数据预读到 Turbo Memory 中，系统则从 Turbo Memory 直接读取数据。由于 NAND 闪存芯片能够更快地读取随机数据，可以高速多次重复读取某一数据，因而系统可以更高的速度读取所需的数据。写数据时，系统先将数据传输到 Turbo Memory，累计到一定数量后，Turbo Memory 再将数据一次性传递给硬盘。目前，硬盘已经成为整机的绝对性能瓶颈，而 NAND 闪存芯片的应用会大大减缓这一瓶颈。同时，由于系统更多的是从 Turbo Memory 读取和写入数据，硬盘则有更多的时间处于待机状态，无论功耗、噪音还是热量都会大幅减少。

休眠时，传统方式是将数据全部转移到硬盘上，现在可以将数据存储到 Turbo Memory 上，由于 NAND 闪存即使断电也不会丢失数据，因而可以实现更高速度的休眠和恢复。

满足使用 Turbo Memory 模块的条件比较苛刻，用户需要启用硬盘的 AHCI 功能，安装 Windows Vista 操作系统，并且计算机硬件本身能够支持 DFOROM 功能(磁盘过滤 ROM)。

5. Penryn 处理器

2008 年 1 月，Intel 在北京发布了 45nm 处理器 Penryn，对 Santa Rosa 平台进行了升级，俗称“迅驰 4.5”。

Penryn 处理器与原有的 65nm 处理器 Merom 相比有许多新特点：采用了最新的 45nm 处理器制造工艺；增加了每时钟和周期的指令数；二级缓存最高可达 6MB；采用了深度节能技术提高笔记本电脑的续航时间；应用了 Intel HD Boost-SEE4 多媒体指令集。

Intel 高清增强(Intel HD Boost)技术是一项可以显著提高执行 SIMD 流指令扩展(SSE/SSE2/SSE3/SSE4)指令性能的特性，能够加快诸多应用的速度，如视频、语音与图像、图片处理、加密、财务、工程设计和科学应用等。

目前发布的 Penryn 处理器共有五款，从型号和参数上很容易区别出它们的性能高低。其中 T8000 系列为采用 3MB 二级缓存的产品，主频也相对较低；T9000 系列则是新一代 Penryn 中的高端产品，缓存为 6MB，且主频较之前的产品有所提升。

2.2.5 Montevina——迅驰 2

2008 年 7 月，Intel 在北京发布了代号为 Montevina 的迅驰 2 平台。

1. Penryn 处理器

Montevina 平台采用了全新的酷睿 2 双核处理器，包括 Intel Core 2 Duo T9600/P9500/T9400/ P8600 和 P8400，同时也包括用于超频的 Intel Core 2 Extreme X9100，它们均采用 45nm 制造工艺。除了 X9100 和 P8000 系列的处理器之外，其余的产品都有 6MB 容量的二级缓存(X9100 系列二级缓存容量为 12MB、P8000 系列二级缓存为 3MB)。

每一代迅驰技术更新都会涉及低电压和超低电压处理器，毕竟超便携笔记本代表了笔记本电脑移动计算能力的最重要的组成部分。在 Montevina 平台发布之后不久，也出现了小型封装的处理器产品，其中包括 Intel Core 2 Duo SP9400/9300、Intel Core 2 Duo SL9400/9300、Intel Core 2 Duo SU9400/9300 以及单核的产品 Intel Core 2 Solo SU3300。

表 2.1、表 2.2 和表 2.3 详细列出了迅驰 2 平台所支持的各种处理器及相关参数。

表 2.1 迅驰 2 处理器列表

处理器品牌	处理器型号	主 频	FSB	L2 缓存
酷睿 2 双核处理器(Core 2 Duo Montevina)				
Intel Core 2 Extreme	QX9300	2.53GHz	1066MHz	12MB
Intel Core 2 Extreme	Q9100	3.06GHz	1066MHz	6MB
Intel Core 2 Duo	T9600	2.80GHz	1066MHz	6MB
Intel Core 2 Duo	P9500	2.53GHz	1066MHz	6MB
Intel Core 2 Duo	T9400	2.53GHz	1066MHz	6MB
Intel Core 2 Duo	P8600	2.40GHz	1066MHz	3MB
Intel Core 2 Duo	P8400	2.26GHz	1066MHz	3MB
酷睿 2 双核处理器(Core 2 Duo Santa Rosa)				
Intel Core 2 Extreme	X9000	2.80GHz	800MHz	6MB
Intel Core 2 Extreme	X7900	2.80GHz	800MHz	4MB
Intel Core 2 Duo	T9500	2.60GHz	800MHz	6MB
Intel Core 2 Duo	T9300	2.50GHz	800MHz	6MB
Intel Core 2 Duo	T8300	2.40GHz	800MHz	3MB
Intel Core 2 Duo	T8100	2.10GHz	800MHz	3MB
Intel Core 2 Duo	T7800	2.60GHz	800MHz	4MB
Intel Core 2 Duo	T7700	2.40GHz	800MHz	4MB
Intel Core 2 Duo	T7500	2.20GHz	800MHz	4MB
Intel Core 2 Duo	T7250	2.00GHz	800MHz	2MB

表 2.2　迅驰 2 入门级处理器列表

处理器品牌	处理器型号	主　频	FSB	L2 缓存
赛扬移动处理器(Celeron Montevina)				
Intel Celeron	585	2.16GHz	667MHz	1MB
Intel Celeron	575	2.00GHz	667MHz	1MB
Intel Celeron uLV	723	1.20GHz	800MHz	1MB
酷睿 2 双核处理器(Celeron Santa Rosa)				
Intel Celeron	570	2.26GHz	533MHz	1MB
Intel Celeron	560	2.13GHz	533MHz	1MB
Intel Celeron	550	2.00GHz	533MHz	1MB
Intel Celeron uLV	523	933MHz	533MHz	1MB

表 2.3　迅驰 2 低电压版处理器列表

处理器品牌	处理器型号	主　频	FSB	L2 缓存
酷睿 2 双核处理器(Core 2 Duo Montevina)				
Intel Core 2 Duo	SP9400	2.40GHz	1066MHz	6MB
Intel Core 2 Duo	SP9300	2.26GHz	1066MHz	6MB
Intel Core 2 Duo LV	SL9400	1.86GHz	1066MHz	6MB
Intel Core 2 Duo LV	SL9300	1.60GHz	1066MHz	3MB
Intel Core 2 Duo uLV	SU9400	1.40GHz	800MHz	3MB
Intel Core 2 Duo uLV	SU9300	1.20GHz	800MHz	3MB
Intel Core 2 Duo uLV	SU3300	1.20GHz	800MHz	3MB
酷睿 2 双核处理器(Core 2 Duo Santa Rosa)				
Intel Core 2 Duo LV	L7700	1.80GHz	800MHz	4MB
Intel Core 2 Duo LV	L7500	1.60GHz	800MHz	4MB
Intel Core 2 Duo uLV	U7700	1.30GHz	533MHz	2MB
Intel Core 2 Duo uLV	U7600	1.20GHz	533MHz	2MB
Intel Core 2 Duo uLV	U2200	1.20GHz	533MHz	1MB
Intel Core 2 Duo uLV	U2100	1.06GHz	533MHz	1MB

2. 芯片组

Montevina 平台采用代号为 Cantiga 的新一代芯片组，先期发布 Intel GM47/GM45 和 Intel PM45 三种型号的产品。其中，GM47 和 GM45 为整合芯片组，而 PM45 则是为那些准备使用独立显卡的笔记本电脑所提供的芯片组。

GM45 和 GM47 均整合了 Intel GMA X4500 HD 图形核心，不同的是其图形芯片的核心频率：GM47 为 640MHz、GM45 为 533MHz。按照 Intel 的资料，Intel GMA X4500HD 相比之前的 Intel GMA X3100 有着不少革命性的进步，例如完全支持 DX10 及 Shader Moder 4.0 API，内建 GPU 运算单元也从 8 个增加到了 10 个，并且支持蓝光和 HD DVD 高清硬件视频回放，还内置有 HDMI/Display Port/DVI 接口。

新的芯片组还支持 DDR3 内存，对应的内存频率包括 1066MHz、800MHz 和 667MHz 三种。并且内存的功耗也随之降低，Cantiga 芯片组中 DDR3 内存电压只有 1.5V，在相同频率下，内存功率消耗可以比 DDR2 降低不少。

Cantiga 芯片组南桥搭载 ICH9M 芯片，其支持的 USB2.0 接口增加到 12 个、SA-

TA-300 接口增加到 4 个。Cantiga 芯片组的北桥将内嵌“TPM1.2 安全芯片”，这是该芯片组的一大亮点，TPM1.2 与 Windows Vista 内置的 BitLocker 相结合可以大幅提高笔记本电脑的安全性。

3. 无线网络模块

在 Montevina 平台中，802.11n 已成为标准配置，并且无线模块的功耗有所改进。新的平台中重新定义了无线模块的代号，包括先期发布的 ShirleyPeak 和后来发布的 Echo Peak。

Shirley Peak：Shirley Peak 包含两种型号的无线模块——Intel WiFi Link 5300 和 Intel WiFi Link 5100。其中 WiFi Link 5300 模块带有 3 组发射天线和 3 组接收天线，属于常见的对称配置；而 Intel WiFi Link 5100 模块则是 3 组发射天线和 1 组接收天线的非对称配置。

Echo Peak：Echo Peak 也包含了两种型号的无线模块——Intel WiMax/WiFi Link 5350 和 Intel WiMax/WiFi Link 5150。其中 Intel WiMax/WiFi Link 5350 配备有 3 组发射天线和 3 组接收天线；而 Intel WiMax/WiFi Link 5150 则有 1 组发射天线和 2 组接收天线。

4. Intel 迅盘

Intel 在 Montevina 中增大了迅盘的容量，最初为 2GB，今后还将发布 4GB 版本的产品。先期发布的 2GB 迅盘将维持之前产品的功能，即支持 Ready Boost 和 Ready Drive。4GB 迅盘将带来新的功能，包括支持 RAID 和用户应用程序。

2.2.6 迅驰凌动平台(Centrino Atom)

Intel 在 2008 年春季正式发布了新的低功耗处理器家族 Atom，中文名字为“凌动”，而与之搭配的 Menlow 平台则被称为“迅驰凌动”(Centrino Atom)。“迅驰凌动”包括 Intel 凌动处理器、一个包含集成显卡的低功耗同伴芯片、无线通信部件，以及更轻更薄的产品设计。

由于 Atom 处理器自身定位以及受到产品性能的制约，因此在整个平台的搭建上 Intel 将其列为最廉价的入门平台之一，而且芯片组以及其他部件都被定位于入门级别。

Atom 处理器是 Intel 历史上体积最小和功耗最低的处理器，采用 Intel 最新的微处理架构，专门为小型设备设计，旨在降低产品功耗，同时也保持了对酷睿 2 双核指令集的兼容，支持多线程处理。从规格上看，这款处理器在拥有超低功耗的同时还具备不错的性能，这对于追求低功耗的低端用户来说是不错的选择。

Atom 处理器基于 45nm 工艺和 hi-k 技术制造，产品的热设计功耗为 0.6～2.5W 之间，主频能达到 1.8GHz。而目前酷睿 2 双核(Core 2 Duo)处理器的热设计功耗为 25～35W。Atom 的问世体现了 Intel 对市场需要的迎合，特别是市场对低功耗以及以上网为应用中心的电脑的需求。

Atom 处理器一共有五个型号，分别是 Z500（800MHz）、Z510（1.1GHz）、Z520（1.33GHz）、Z530（1.6GHz）、Z540（1.86GHz）。其中除了 Z500 和 Z510 前端总线为 400MHz 外，其余均为 533MHz。虽然 Z500 主频较低（800MHz），但它的功耗也是最低的，仅 0.65W。Z510、Z520、Z530 的功耗均升到了 2W，而 Z540（1.86GHz）的功耗最大为 2.4W。

Atom 配备 512KB 二级缓存，支持 SSE3 和 SSSE3 指令集，支持 Intel Virtualization Technology（VT 虚拟化技术）、Intel Advanced Thermal Manager（高级散热管理技术），此外还具备 Execute Disable Bit（EDB 防毒）技术。

针对 UMPC/MID 的 Atom 处理器和 Intel System Controller Hub（开发代号 Polusbo）搭配使用。Polusbo 是整合了南桥和北桥的芯片组，其北桥内集成的 GMA 500 配备了硬件解码支持。由于 Atom 在性能上很难和 Core 2 Duo 对抗，所以在 CPU 解码方面的负载就要适当减少，而 GMA 500 就成了最佳的选择。GMA 500 支持 MPEG-4 AVC（H.264），能够在不给 CPU 带来额外负担的同时播放 VC1（WMV9）、MPEG-2 和 MPEG-4 视频。

2.3　AMD 移动处理器

2003 年 9 月，AMD 推出移动版本的 Athlon 64 系列处理器，包括 3200+、3000+和 2800+三款，从而宣布了移动处理器 64 位时代的到来。2005 年 1 月，AMD 又推出了 Mobile Sempron 处理器，采用 Socket 754 安装接口；同年 4 月又发布了 Turion 64，在保证低功耗的同时在性能上也非常出色。

1. Turion 64 X2

2006 年 5 月，AMD 发布新一代双核移动处理器 Turion 64 X2，从而标志着 AMD 移动处理器开始进入双核时代。Turion 64 X2 采用了 0.09μm SOI（绝缘体硅片）制造工艺的 Taylor 核心，核心面积约为 172.1mm^2，晶体管数量达到了 1.538 亿个，支持 800MHz HyperTransport 总线，支持 AMD64 技术和虚拟化技术，还拥有 AMD 数字媒体加速技术（AMD Digital Media Xpress）和硬件防毒技术。

Turion 64 X2 采用了新型的安装接口 Socket S1，处理器针脚数为 638 针。从外观来看，虽然 Turion 64 X2 拥有两个处理器核心，其 Die 面积明显增大，但由于生产工艺的提高以及针脚数的减少，处理器的外形尺寸却较 Turion 64 缩小了约 23%。

相比 Turion 64，Turion 64 X2 最大的改进就是内部整合了两个物理核心，每个核心都拥有独立的 128KB L1 Cache 以及 256KB 或 512KB 的 L2 Cache。与 Intel Core Duo 不同的是，Turion 64 X2 的两个内核并不需要通过外部 FSB 这一途径来通信。Turion 64 X2 内部整合了一个 SRQ（System Request Queue）仲裁装备，每一个核心将其请求放在 SRQ 中，当获得资源之后请求将会被送往相应的执行核心，所有的过程都在处理器核心范围之内完成。AMD 认为，Turion 64 X2 的两个内核可以真正发挥双核效率，不存在两个核心之间传输瓶颈的问题。

Turion 64 X2 拥有高效率的“直接沟通架构”(Direct Connect Architecture),在处理器中内建内存控制器,让处理器核心无需绕经北桥,而能直接存取内存、I/O 以及内部的另一个核心。Turion 64 X2 内部整合的内存控制器也从单通道的 DDR333 升级到了双通道 DDR2 667,采用 128 位的双信道接口,有效地降低了存取延迟,最高可提供 10.7GB/s 的内存带宽。这使许多有高内存需求的应用程序的效能得以提升,比如影像处理、3D 绘图等。

Turion 64 X2 搭载了多核心电源管理技术。其中,Multi-core Power Management 基于目前的 PowerNow! 技术研发而成,允许处理器的每一个内核能够根据相应的执行情况自动调整电压以达到减少电能消耗的目的。除了支持 AMD PowerNow! 节电技术外,Turion 64 X2 还新增 Mobile Process Technology 省电技术,并支持增强休眠模式 Deeper Sleep(能够让一颗核心停止运行),还可以根据负载降低 HT(HyperTransport)总线速度和工作电压。

2. 与 AMD 移动处理器配套的芯片组

一直以来,AMD 的移动平台都是开放式架构,因此,AMD 并没有为 Turion 64 X2 自行推出相配套的芯片组。目前,nVIDIA 和 ATI 两大公司均已发布搭建 Turion 64 X2 移动平台所需的芯片组。nVIDIA 为 Turion 64 X2 量身定做的芯片组代号为 C51M,由 nVIDIA GeForce Go 6100/6150 和 nForce Go 430 MCP 组合而成,ATI 推出的则是 ATI Xpress 1100/1150 系列芯片组。

C51M 芯片组支持 AMD Turion 64 X2、Turion 64 以及 Sempron 移动处理器,支持 800MHz 的 HT 总线频率,主要针对采用 Turion 64 X2 处理器的中低端笔记本电脑,其最大特点就是能够提供更长的电池工作时间,C51M 集成了 GeForce Go 6100/6150 显示核心,核心频率为 425MHz,支持 Windows Vista 的透明玻璃界面特效。

ATI Xpress 1100/1150 芯片组支持 AMD 推出的多款移动式处理器,支持 1GHz 的 HT(HyperTransport)总线频率,与 ATI Xpress 200M 同属一个架构,不过 Xpress 1100/1150 还支持 DDR2 系统内存总线。ATI Xpress 1100/1150 集成了 ATI Mobility Radeon X300 显示核心,核心频率分为 300MHz/400MHz,支持 DirectX 9.0。

3. PUMA 平台

AMD Puma 移动平台包括 Griffin 处理器、RS780 芯片组,集成 HD3200 显示核心,支持 DirectX 10,带有 UVD 技术。此外,RS780 芯片组还带有 PowerXpress 技术,可在集成显卡和独立显卡之间进行动态转换,达到省电并提升电池续航能力的目的。

基于 Griffin 的 AMD 移动处理器有四种,其中高端的 Turion 64 Ultra 和 Turion 64 系列处理器支持 DDR2 800MHz 规格的内存,其主频在 2.0～2.4GHz 之间,功耗在 32～35W 之间。AMD Turion 64 Ultra 和 AMD Turion 64 双核处理器分别具有 2MB 和 1MB 二级缓存。主流平台的单核心 Athon 64 处理器,具备 1MB 二级缓存,支持 DDR2 667MHz,主频最低为 1.9GHz,功耗为 31W。此外还有一款低端产品,即

Griffin 核心的 AMD Sempron 处理器(代号 Sable),具备 512KB 二级缓存,功耗为 25W,主频最低为 2GHz。

AMD 没有将 Puma 定位为高性能移动平台,而是走长效电池和性价比路线,以便能够同时占领消费市场和商用领域。这样,作为 Puma 平台的核心,Griffin 处理器的节电特性就显得非常重要,AMD 也为其引入了许多新颖的节能设计。

首先,Griffin 处理器的内核与 I/O 组件(包括内存控制器、Crossbar 和 HT3.0 总线)实现供电分离,也就是内核与 I/O 组件分别拥有自己的供电线路和电源管理系统,实现相互隔离。这样做的好处是:以前 Turion 64 X2 的 CPU 核心与 I/O 组件都是统一供电,在显卡与内存之间进行数据交换时,CPU 核心也处于正常供电状态,额外消耗了不少能源,这也是 Turion 64 X2 平台电池性能不佳的重要原因。Griffin 的分离式供电设计很好地解决了这一问题,若显卡需要与内存交换数据,只需要唤醒 Griffin 中的 I/O 组件,两个 CPU 核心(或一个核心)都可以保持极低耗电的睡眠状态,这样就成功地避免了不必要的能源浪费。

除此之外,Griffin 还增强了睡眠机制,它可支持 Sleep(C3)、Deep Sleep(C4)两种睡眠状态。其中 C4 省电模式为 Griffin 所新增,该功能对电池续航时间影响极大,它所指的并不是操作系统的“睡眠”,而是指在未操作状态下,CPU 可以快速进入节电状态的能力,例如打字的间歇、网页静态浏览的时候,CPU 都处于指令等待状态,此时系统可迫使 CPU 进入睡眠、深度睡眠状态,以达到节电效果,等到有动作时再快速恢复。

Griffin 两个核心的频率和电压可以被独立地控制,例如一个核心可以工作在 V0 电压的全频状态,另一个核心可工作在 V1 电压的低频状态,这种调节完全是根据任务所需动态进行。如果 CPU 只是处理单线程任务,那么另一个核心可以进入到深度睡眠的节能状态。

Griffin 采用的 HT 3.0 总线提供了 X16、X8、X4、X2 和停止 5 个状态。如果节能模式开启,Griffin 会与配套的 RS780M 北桥协调,共同将总线的位宽降低,这样 HT 传输系统的能耗就可以被有效削减。

Griffin 的温度控制能力也获得很大程度的增强:每个 CPU 核心都配置了热量传感器,同时 Griffin 的温控电路也可侦测内存系统的温度(需要在内存附近安装一个温度感应器),通过预先设定好的温度限制,Griffin 处理器可以降低 CPU 与内存的频率和电压,从而达到降温的目的。

第3章　微机系统外部设备

3.1　硬　盘

1968年,IBM公司首次提出“温彻斯特”(Winchester)技术,奠定了现代硬盘的原型。该技术的核心内容为:“密封、固定并高速旋转的镀磁盘片,磁头沿盘片径向移动,磁头悬浮在高速转动的盘片上方,而不与盘片直接接触”。硬盘是一个精密的机电设备,由于机械部件的响应速度极难提高,所以硬盘有时也就成为整个计算机系统中的性能“瓶颈”。为了提高硬盘的工作速度,硬盘制造商不断地采用增加主轴转速、提高单碟容量、增大数据缓存等技术。

从外形上看,目前有资料可查的硬盘尺寸有24in、14in、9in、8in、5.25in、3.5in、3in、2.5in、1.8in、1.3in等。IBM还发明了一种只有硬币大小的微型硬盘,主要用于数码相机、掌上电脑等便携设备中。台式机一般采用3.5in的硬盘,便携机一般采用2.5in的硬盘,1.8in的硬盘常用于一些袖珍精密仪器。

3.1.1　硬盘内部结构与工作原理

1. 硬盘的机电结构

硬盘由固定面板、控制电路板、盘头组件、接口及附件等几部分组成。

硬盘的固定面板即硬盘的封装外壳,硬盘生产厂商通常在上面标注产品的型号、产地、设置数据等。固定面板和硬盘的底板合成一个密封的整体,防止灰尘及外力对硬盘的损伤,确保硬盘盘片和磁头机构的稳定运行。

硬盘的控制电路板上集中了主轴调速电路、磁头驱动与伺服定位电路、读写电路、控制与接口电路、高速缓存芯片、单片机等电路。基于稳定运行和加强散热等原因,整个控制电路板基本上是裸露的。

硬盘的接口包括电源插口和数据接口两部分。电源插口与主机电源箱相连,为硬盘工作提供能量支持。数据接口是硬盘和主板上的硬盘控制器之间交换数据的通道,常见的硬盘数据接口有IDE(ATA)、SCSI、IEEE1394等几种。

盘头组件(Hard Disk Assembly,HAD)是硬盘的核心,封装在充满高度洁净空气的净化腔体内。盘头组件主要包括盘片(记录数据的刚性磁片,一般为涂有磁性材料的铝片或玻璃片)、马达、磁头及定位系统和电子线路等,如图3.1所示。磁头由高磁导率的软磁性材料(如坡莫合金等)制成的铁心和铁心上的线圈等组成。

盘片被固定在马达的转轴上，每个盘片的上下两面各有一个磁头。磁头定位的驱动方式主要有步进电机驱动和音圈电机驱动两种。硬盘不工作时，磁头通常停放在盘片表面上专门的“着陆区”（笔记本电脑硬盘中有专门的“停车”装置）；硬盘加电后，主轴马达启动，带动磁片高速旋转，转动所产生的气流会将磁头“托起”，使之悬浮于盘片之上。

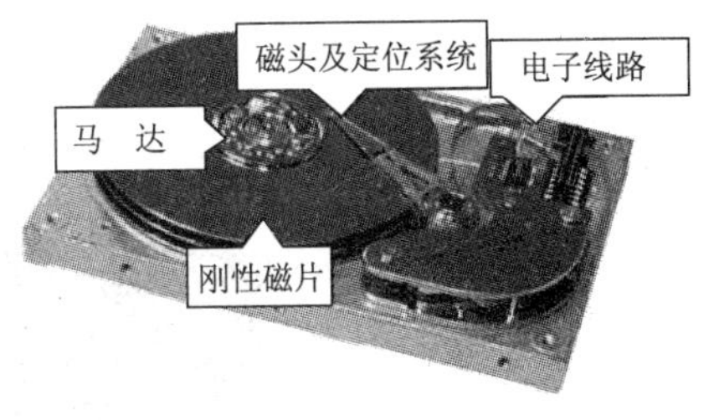

图 3.1　硬盘的内部结构

硬盘加电后，利用控制电路中的单片机初始化模块进行初始化工作，此时磁头置于盘片中心位置，初始化完成后主轴电机将启动并以高速旋转，装载磁头的小车机构移动，将浮动磁头置于盘片表面的0磁道，处于等待指令的启动状态。接口电路接收到微机系统传来的指令信号，通过前置放大控制电路，驱动音圈电机发出磁信号，根据感应阻值变化的磁头对盘片数据信息进行正确定位，并将接收后的数据信息解码，通过放大控制电路传输到接口电路，反馈给主机系统完成指令操作。

2. 硬盘控制器

硬盘控制器是硬盘及其他具有相同接口规范的外部设备（如光驱）的管理者，其任务是完成驱动器与内存之间的命令及数据传输。硬盘控制器通常集成在主板上，通过数据线与硬盘驱动器相连。

3. 硬盘数据存储方式

在硬盘盘片的每一面上，以转动轴为轴心、以一定的磁密度为间隔的同心圆被划分成磁道（Track），每个磁道又被划分为若干个扇区（Sector），数据就存放在这些扇区上。由于盘片的每一面上都有相应的读写磁头（Head），所以不同磁头的所有相同位置的磁道就构成了所谓的柱面（Cylinder）。传统的硬盘读写都是以柱面、磁头、扇区为寻址方式（CHS寻址）。

硬盘的第一个物理扇区（0头0柱面1扇区）被保留为硬盘的主引导扇区。主引导扇区中通常存放两项非常重要的数据：主引导记录和硬盘分区表。主引导记录是一段程序代码，其作用主要是对硬盘上安装的操作系统进行引导；硬盘分区表则存储了硬盘的分区信息。计算机启动时将首先读取主引导扇区的数据，并对其合法性进行判断（检测扇区最后两个字节是否为十六进制数55AA），如合法则执行该扇区中的主引导记录。

3.1.2　硬盘安装

1. 安装IDE(ATA)硬盘

支持IDE硬盘的主板通常提供两个IDE通道（插槽），如图3.2所示，每个IDE通道可以挂接两个IDE设备（光驱、硬盘等）。根据IDE接口的规定，这四个IDE设备有主/从、先/后之分，依次为Primary Master Device（第一主设备）、Primary Slave Device

(第一从设备)、Second Master Device(第二主设备)、Second Slave Device(第二从设备)。

图 3.2 主板上的 IDE 插槽

IDE 设备的先、后(第一或第二)关系由所挂接的 IDE 通道决定,同一 IDE 通道上的设备主、从关系通常由 IDE 设备上的跳线决定,主设备将作为系统启动时的首选设备。

为简单起见,我们假设读者的计算机中只使用一个硬盘和一个光驱,并且二者分别占用一个 IDE 通道。具体的安装步骤如下:

(1) 通过跳线设置,将硬盘设置为主盘。让硬盘和光驱各自占用一条独立的 IDE 通道是最佳的安装方案。尽管一个 IDE 通道可以挂接两个 IDE 设备,但这两个设备不能同时工作,也就是说,同一时间内只能有一个 IDE 设备进行数据传输。建议把硬盘设置为第一条 IDE 通道的主盘,而把光驱设置为第二条 IDE 通道的主盘,以提高系统的整体速度。

(2) 关掉电源,打主机箱,将硬盘置于合适的托架上。由于硬盘的结构非常紧密,因此不必太在意硬盘的安装方向。也就是说,硬盘在机箱中的位置不论是横着、竖着、向上、向下都可以。

(3) 用数据线将硬盘的数据接口与主板上的 IDE 插槽连接起来。在 Ultra ATA/66 以前,IDE 接口的数据线一般为 40 芯灰色排线,排线的一边为红线。在对接时,将红线一侧对准硬盘数据接口或主板 IDE 插槽引脚“1”的位置。注意不要将硬盘数据线扭曲或对折,这样做其实是好心办坏事。硬盘数据线之所以被设计成带状就是为了尽可能地减少信号线之间的相互干扰。如果数据线被扭曲,可能会影响数据信号传递的正确性。

(4) 连接电源线。将电源线插入硬盘尾部的接口即可。

(5) 用配套螺丝将硬盘固定在托架上。如果螺丝没有旋紧,硬盘在工作时会产生较大噪音和震动。

(6) 确保硬盘的跳线设置和电源线、数据线连接无误后,可将机箱盖上,然后加电开机。加电后,在计算机自检过程中可按下 Del 键(提示:不同的主板进入 BIOS 设置的方式可能略有不同),进入系统 BIOS 设置。

(7) 在 BIOS 设置的主菜单中选择 IDE HDD AUTO DETECTING(IDE 硬盘自动检测)命令,系统将自动检测所有已连接的 IDE 设备(按照第一主设备、第一从设备、第二主设备、第二从设备的顺序),找到后显示其参数并询问是否正确。选择 Yes

或NO之后,系统将继续检测下一个设备。检测完毕后注意保存BIOS设置结果,将所有确认信息写入主板。

2. IDE硬盘跳线设置详解

台机式系统中的主板、显卡、声卡、硬盘、光驱等设备上一般都提供数量不等的跳线(Jumper),通过不同的跳线设置可决定设备以何种状态工作。例如,如果一块主板同时支持多种CPU,那么具体使用何种CPU则由主板上相应的跳线设置来决定。

跳线实际上包括跳线柱和跳线帽两部分。跳线柱通常两根为一组,用跳线帽可使两根跳线柱导通,从而形成设置状态。

IDE硬盘的跳线一般位于硬盘的尾部,与硬盘的电源接口及数据接口在一起,如图3.3所示。不过,也有少数IDE硬盘的跳线位于硬盘控制电路板上。通常,硬盘厂商会在硬盘的安装说明书中注明跳线的设置方法,或是直接将跳线设置方法印刷在硬盘的背面。表3.1列出了某型硬盘的跳线设置图例及英文标识。

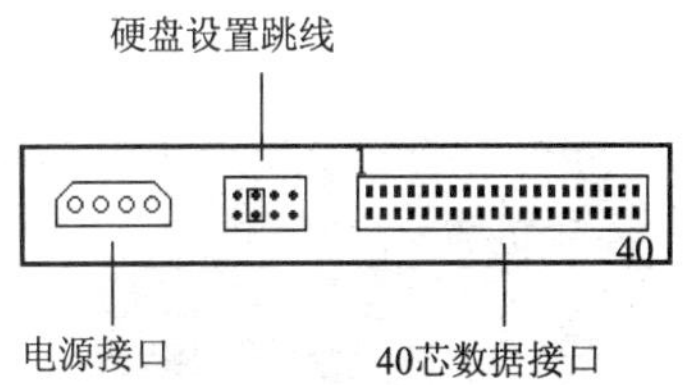

图3.3　IDE硬盘跳线及接口位置

表3.1　硬盘跳线设置图示及含义

跳线设置图示	英文标识	中文译义
◆◆◆◆ ◆◆◆◆	Slave	从盘
◆◆◆[◆] ◆◆◆[◆]	Master	主盘
◆◆[◆]◆ ◆◆[◆]◆	Cable select	根据连线决定是主盘还是从盘
◆◆[◆][◆] ◆◆[◆][◆]	Master with non-ATA compatible Slave	作为主盘,并且带有一个非ATA兼容的从盘

在设置IDE硬盘跳线时,如果选择了Cable select方式,则硬盘的主、从身份就由硬盘数据线决定。现在,支持Ultra ATA/66和Ultra ATA/100接口的硬盘无须设置跳线,因为这两种接口直接支持Cable Select,数据线上的三个接头具体规定为:蓝色接头连接主板,灰色接头连接从盘,黑色接头连接主盘。

3. 安装SATA硬盘

近年来,主流机型均开始配置SATA硬盘。SATA硬盘的电源接口和数据接口与传统的PATA硬盘有所不同:PATA硬盘采用40或80芯数据排线,长度通常不超过40cm;SATA硬盘采用七芯数据排线(仅使用其中两根数据线进行信号传送),由于串行信号的抗干扰性强,SATA数据线的长度可以达到1m以上。

由于SATA硬盘需要3.3V、5V和+12V等多种电压,其电源接口有15个针脚。而以前IDE硬盘采用的是D型4针电源接口。由于很多旧电源上没有提供SATA硬盘专用的电源线插头,所以很多SATA硬盘除了有专用的电源接口之外,还提供了PATA硬盘使用的D型4针电源接口(如果电源没有提供SATA硬盘专用的电源线插头,同时SATA硬盘上也又没有提供额外的D型4针电源接口,可以购买一条D型4针电源转SATA电源接口的转接线,也可以为SATA硬盘提供电力支持)。

SATA硬盘的安装步骤如下:

(1) 固定硬盘。SATA硬盘的固定方法与PATA硬盘一样。把SATA硬盘插入机箱中一个空闲的3.5in驱动器槽中,用螺丝钉将其固定好即可。

图3.4 SATA硬盘数据线、电源线、数据接口、电源接口

(2) 连接数据线和电源线。将SATA硬盘专用的7芯数据线和15芯电源线分别插入SATA硬盘上对应的接口中,如图3.4所示。SATA硬盘的数据接口和电源接口均采用扁平式防接反设计,一般不会插错。将连接SATA硬盘数据线的另一端连接到主板上标有SATA1的接口上,将电源线连接到电源上。由于SATA采用了点对点连接方式,每个SATA接口只能连接一块硬盘,因此不必像传统IDE硬盘那样设置跳线,并且系统会自动将SATA硬盘设定为主盘。

(3) 主板BIOS参数设置。目前,主板支持SATA接口一般通过两种方式:一是在主板南桥芯片上内置SATA功能,二是采用单独的RAID/SATA控制芯片。在第一种方式下,因为要通过主板南桥芯片(如Intel的ICH5/6)来实现,故需在主板BIOS中对IDE模式进行设置。按主板的不同,BIOS设置中有一项名为IDE Configuration或On-Chip SATA Mode的设置项目,一般提供AUTO、Combined、Enhanced及Non-Combined等4种模式,含义如下:

- AUTO:让BIOS自动检测。
- Combined:最多同时使用2个SATA设备及2个PATA设备。
- Enhanced:最多同时使用6个设备,包括SATA及PATA设备。
- Non-Combined:将SATA设备自动模拟成PATA模式工作。

多数情况下,选择Enhanced模式可获得最佳的性能和扩展性,但对于老版本操作系统及部分DOS模式下运行的软件(如旧版GHOST)等,有可能出现兼容性问题。如果没有足够把握,最好使用AUTO模式让BIOS自动设置。

(4) 设置为启动盘。如果需要把SATA硬盘设定成第一启动盘以便安装Windows操作系统,可在主板BIOS设置中选择Hard Disk Boot Priority设置项目,把SATA硬盘在启动列表中设置为第一启动盘。

(5) 安装驱动程序。一般情况下,SATA硬盘无须安装驱动程序即可像普通PATA硬盘一样使用。不过,对于非Intel ICH南桥芯片(如nForce/VIA/Promise/Sili-

con Image 等）的 SATA 接口，以及启用 NCQ 加速功能的 ICH6 南桥芯片，在安装 Windows XP/2000 时还需要为 Windows 系统提供 SATA 接口驱动程序。具体方法是：在进入 Windows 的蓝色安装画面后按 F6 键，按照屏幕提示放入含有 SATA/RAID 接口驱动程序的软盘，由系统自动安装即可。

4. 安装 SCSI 硬盘

从技术角度来说，SCSI 和 IDE 非常相近，只是系统对两种技术的处理方式不同而已。在过去，速度一直是 SCSI 的强项。但随着 Ultra ATA/66 及 Ultra ATA/100 的出现，IDE 硬盘在速度上也不再示弱。不过，SCSI 具有一些 IDE 所不具备的优势，如可以支持更多的设备、占用系统资源少，因而 SCSI 更适合于那些对快速访问大批量数据有较高要求的服务器系统或者磁盘阵列（RAID）。

与 IDE 接口相比，SCSI 接口速度更快、响应时间更短、运行也更加可靠。但 SCSI 设备的安装过程要比 IDE 设备复杂得多，用户必须解决数据线的长度限制、ID 号的分配以及信号终端器的安装等问题。此外，除非系统主板自带 SCSI 控制器，否则还需要专门购买和安装一块 SCSI 控制卡才能使用 SCSI 设备。

以下是安装 SCSI 硬盘的基本步骤：

（1）首先将 SCSI 控制卡插到主板的 PCI 插槽中。目前绝大多数主板均不具备 SCSI 控制器，因此需要购买和安装一块专用的 SCSI 控制卡才能使用 SCSI 硬盘。

（2）用专用的 SCSI 电缆将控制卡与硬盘连接在一起。

（3）为 SCSI 硬盘设置一个唯一的 ID 号，这个 ID 号由硬盘上的跳线来决定。SCSI 硬盘使用 3 个跳线设置 ID，每个跳线对应一位二进制数（熟悉二进制的读者对此应一目了然）。设置跳线表示二进制数“1”，不设置表示二进制数“0”。例如，如果希望将某块 SCSI 硬盘的 ID 设置为 3，其相应的二进制数为“011”，对应的跳线设置则为“不跳、跳、跳”。

绝大多数 SCSI 硬盘的 ID 都被预先设为 6，如果只使用一块 SCSI 硬盘的话，可以使用缺省的设置。如果使用多块 SCSI 硬盘，建议将系统启动盘的 ID 号定为 6，然后随着硬盘的增加，依次递减设为 5、4、3 等等。另外，不要将 SCSI 设置的 ID 设置为 7，因为 7 通常是 SCSI 控制器的缺省 ID 设置（SCSI 控制器本身也要使用一个 ID 号）。

（4）安装终端器。在数据传输线中，当信号被传输到末端时，会被末端的高电阻反弹到数据线中，从而影响数据线中传输的信号。信号终端器（Terminator）的作用就是消除信号反射所引起的干扰。在 IDE 接口中，信号终端器由主板厂商或硬盘厂商在各自产品的线路中解决，而 SCSI 设备却需要由用户安装专门的信号终端器。

SCSI 接口的总线上所使用的信号终端器分为被动式与主动式两种。由于现在的 SCSI 接口数据传输率比较高，因此总线的两端都必须安装主动式的信号终端器，否则会导致数据传输错误或系统无法辨识出 SCSI 设备。

（5）最后，安装 SCSI 硬盘的驱动程序。大多数 SCSI 硬盘都带有自己的驱动程序和配套应用软件，安装时只需要根据提示依次进行即可。

SCSI 接口硬盘的分区及高级格式化操作与一般的 IDE 接口硬盘是一致的。

3.1.3　硬盘常见故障分析及解决

硬盘硬故障是指硬盘的机械或电子部分损坏，硬盘软故障则是指由于操作系统或应用软件的原因，使得硬盘上存储的数据出现错误。对于硬盘的硬故障，一般用户通常不具备维修能力。因此，本小节所讨论的硬盘故障基本上是以软故障为主。

1. 开机时硬盘主轴马达不转

正常开机加电时，透过机箱就可以听见轻微的硬盘主轴马达转动声。如果发现硬盘主轴马达不转动，可以从以下三方面入手进行维修。

(1) 检查硬盘的电源连线是否插好。

(2) 检查接口数据线是否插反。大多数IDE硬盘接口及数据线都没有极性保护，在安装硬盘时很容易将数据线插反，导致硬盘无法工作。

(3) 检查硬盘接口、主板上的IDE接口或数据线是否损坏。

通常有四种可能：硬盘电源接口损坏，例如引脚脱焊或折断；硬盘的数据接口损坏；数据线有断路；主板上的IDE接口损坏。对于这几种可能的故障原因，可利用观察法、替换法等维修手段来定位故障，然后决定是自己动手维修还是送给专业部门维修。

2. 在BIOS设置中检测不到硬盘

此类故障即通常所说的"系统找到不硬盘"，可能的故障原因有如下几种：

(1) 硬件接触不良。长期使用后灰尘堆积、移机过程中发生震动，都可能引起硬盘数据接口或电源接口松动甚至部分信号线断路。此类故障可以通过重新插拔的方法来排除。

(2) 硬盘接口损坏。从实际情况来看，由于静电或误操作等原因而导致主板上的硬盘接口损坏的情况比较常见。

(3) 硬盘数据线损坏。硬盘数据线是比较容易出故障的部件，特别是进行多次插拔或过分弯折以后。一些非品牌计算机中所使用硬盘数据线大多为个人用普通的工具压制而成，可靠性较差。

(4) 硬盘与其他设备之间存在冲突。在同一IDE接口上连接两个IDE设备(如两个硬盘或一个硬盘、一个光驱)时，如果跳线设置不正确(如都设置成主设备或从设备)，会导致设备工作不正常。

(5) 硬盘供电电压不稳。如果硬盘的供电电压不稳定或相对于标准电压值偏差太大，可能会出现BIOS时而能检测到硬盘、时而又检测不到的现象。

3. 硬盘引导失败

硬盘引导失败的故障现象为：启动计算机后，看不到操作系统启动画面，而是出现提示信息HDD controller failure(硬盘控制器失败)或Non-System disk or disk error, replace disk and press a key to reboot(非系统盘或磁盘出错，请更换磁盘并按任意键重新启动)。

硬盘引导失败的具体原因可能有以下几种情况：

(1) 自检过程中屏幕提示 HDD controller failure(硬盘控制器失败)。在计算机启动过程中,POST(自检)程序向硬盘发出寻道指令后,如果硬盘在规定时间内没有完成操作,将出现该提示,系统引导失败。出现这种情况有两种故障可能:一是硬盘接口接触不良;二是硬盘本身已经损坏。

(2) 硬盘 BIOS 设置参数丢失或不正确。

(3) 硬盘主引导记录中的信息被破坏。

系统电压不稳、硬盘遭受震动、计算机病毒感染、人为误操作等都有可能破坏硬盘的主引导记录。一般情况下,主引导记录只是逻辑受损,即主引导记录中的信息被破坏,此时最好通过相应的工具软件进行修复或利用事先备份好的主引导记录进行恢复,以最大限度地保障硬盘数据的安全性。当然,如果硬盘上没有什么重要数据,也可以对硬盘重新分区、格式化来解决问题。

(4) 硬盘上的操作系统损坏。从硬盘启动的先决条件是活动分区的逻辑盘中必须装有完整的操作系统,当操作系统中的关键文件丢失或被破坏时,系统将无法从硬盘启动。解决此类故障最好的方法是重装操作系统。

4. 硬盘文件系统损坏

使用 Windows 系统过程中,当硬盘上存储文件过多或计算机遭遇异常关机时,有时会出现文件分配表错误或文件链接丢失的问题,严重时甚至会出现操作系统崩溃。此时最简单有效的方法是使用磁盘扫描程序 Scandisk 对硬盘文件系统进行一次检查,同时修复可能存在的文件分配错误。如果问题比较严重,例如出现几百处文件链接丢失,最好对硬盘重新高级格式化,以彻底清除隐患。

事实上,硬盘文件系统故障是可以预防的。一是尽量避免非正常关机,有条件的话可以考虑配备 UPS(不间断电源)以避免突然断电造成的异常关机;二是定期整理硬盘上的文件存储碎片,提高硬盘文件的访问效率;三是及时清理硬盘上的垃圾文件(如过多的临时文件、备份文件、系统日志文件等),减轻文件系统的负担。

3.1.4 硬盘日常维护与保养

1. 对硬盘的软件维护

(1) 定期使用 Scandisk 维护硬盘。Scandisk 是 Windows 系统自带的磁盘分析和修复工具,可以在硬盘、软盘、RAM 盘、内存卡上的下列区域内检查和修复故障:文件分配表(FAT);文件系统的结构(丢失的簇、交叉链接的文件);目录树结构;驱动器的物理盘面(坏簇)等。

(2) 定期整理磁盘碎片。硬盘使用一段时间后,由于经常建立和删除文件,会产生许多存储"碎片"。定期用"磁盘碎片整理程序"对硬盘进行维护可以提高硬盘的读取速度并延长其使用寿命。不过,也不能经常、频繁地整理硬盘,这样也会有损硬盘寿命。

(3) 尽量不要使用硬盘压缩技术。当压缩卷文件逐渐增大时,硬盘读写数据的速度会大大减慢。在硬盘的容量够用的情况下,建议尽量不要使用硬盘压缩技术。

2. 对硬盘的硬件维护

(1) 防尘。硬盘腔体基本是密闭式的，通过带有超精过滤纸的呼吸孔与外界相通。如果硬盘使用环境中灰尘过多，灰尘就会被吸附到印制电路板的表面及主轴电机的内部以及堵塞呼吸过滤器，还会使某些对灰尘敏感的传感器不能正常工作。

(2) 防止高温、潮湿、磁场的影响。尽量使工作环境温度保持在20～25℃之间，湿度保持在50%～60%之间。另外，计算机不要靠近音箱、电机、电台等强磁场以保护硬盘内的数据。

(3) 防震。硬盘在进行读写操作时如果受到较大的震动，可能会造成磁头与数据区相撞击，导致盘片数据区损坏甚至盘面划伤。当需要搬动机器或从机器上拆卸硬盘时，最好关机并等待十几秒，待硬盘完全停转后再进行。一些硬盘厂商声称的所谓“抗撞能力”或“防震系统”，指在硬盘在未启动状态下的防震、抗撞能力，而非开机状态。

(4) 不要轻易进行硬盘的低级格式化操作，避免对盘片性能带来不必要的影响；频繁的高级格式化操作，同样对盘片性能带来影响，在不重新分区的情况下，可采用加参数“Q”的快速格式化命令。

(5) 尽量保证工作电压的稳定，必要时可使用UPS电源。

(6) 硬盘对静电非常敏感，所以切勿用手触摸硬盘的印制电路板；不要带电插拔硬盘的电源线和数据线。

3. 硬盘主引导记录的备份与恢复

由于病毒或其他原因，硬盘主引导记录(MBR)会被破坏或丢失，造成系统引导失败。若不能恢复主引导记录，就必须对硬盘重新进行分区，这样会导致硬盘上的信息全部丢失。

利用Norton Utilities等工具软件可以备份及恢复硬盘上包括主引导记录在内的关键数据。如果手中暂时没有可用的工具软件，也可以利用最基本的调试工具Debug手工备份和恢复主引导记录，方法如下：

(1) 主引导记录的读取和备份。主引导记录位于硬盘的0面0柱1扇区。它是Fdisk程序对硬盘进行逻辑划分时建立的，分区程序把系统主引导代码和分区表(Partition Table)写入主引导记录，并在扇区最后两个字节写入“55AA”(十六进制)作为扇区数据完整标志。

利用DEBUG程序备份主引导记录的步骤如下：

```
C>DEBUG
  -A100                          ;编程序
  XXXX:0100  MOV  AX, 0201       ;02为读写方式，读01个扇区
  XXXX:0103  MOV  BX,0200        ;读入到内存XXXX:0200处
  XXXX:0106  MOV  CX,0001        ;0柱面1扇区
  XXXX:0109  MOV  DX,0080        ;读硬盘C:(80H)0头
  XXXX:010C  INT  13             ;调中断13H读取分区信息
```

```
XXXX:010E  INT    3           ;程序执行到此暂停
XXXX:010F
-G100
                              ;以下为写入软盘的操作
-NA:MBR.BF                    ;定义存盘文件名(A 盘)
-RCX                          ;设置存盘文件长度
      CX 0000                 ;CX 原为 0000
      :200                    ;置文件长度为 512 字节(200H)
-W200                         ;从地址 200 处开始写文件
```

(2) 主引导记录的重建与恢复。以下介绍如何利用已经备份的 MBR 数据对硬盘上的 MBR 进行重建：

```
A>DEBUG
-NA:MBR.BF                    ;加载 A 盘数据文件 MBR.BF
-L200                         ;加载到内存 0200H 处
-A                            ;编写程序
XXXX:0100  MOV  AX,0301       ;写盘操作,写 1 个扇区
XXXX:0103  MOV  BX,0200       ;写缓冲区 0200H
XXXX:0106  MOV  CX,0001       ;0 道 1 扇区
XXXX:0109  MOV  DX,0080       ;硬盘(80H) 0 面
XXXX:010C  INT  13            ;调用 INT 13H
XXXX:010E  INT   3            ;设中断
XXXX:010F
-G100                         ;执行写扇区程序
```

这样，就将备份的 MBR 数据重新恢复到硬盘上。

3.2　光盘与光盘驱动器

光盘是利用光学方式读、写信息的盘片，存储信息是用激光记录在磁介质表面上，根据激光束反射光的强弱来读出信息。光盘的读写和播放设备称为光盘驱动器，简称光驱。光驱(CD-ROM 光驱、DVD 光驱、刻录机等)是计算机系统中故障率比较高、使用寿命比较短的部件。现在光驱价格比较便宜，许多人在光驱发生故障时通常会购买一个新光驱进行替换。其实，只需简要了解光驱的工作原理、内部结构，细心观察故障现象，很多故障光驱是可以修复的。

3.2.1　光盘/光驱系统的种类

1. CD-ROM

CD-ROM 是 Compact Disc Read Only Memory(只读式紧凑光盘)的缩写。CD-

ROM 有两种含义：一是指 CD-ROM 光盘，二是指读取 CD-ROM 光盘的驱动器。CD-ROM 从诞生至今，速度从最初的音频 CD 标准(150Kbps，单倍速)发展到 64 倍速，平均寻道时间从 400ms 降低到 100ms 以下，支持的盘片类型从最初的 CD-DA 直到现在所有符合 ISO9660 格式的盘片。

2. CD-R/CD-RW

为了解决 CD-ROM 光盘只能读、不能写的问题，CD-R 和 CD-RW 应运而生。CD-R(CD Recordable，可写光盘)的特点是只能写一次，写完后无法被改写，但可以在 CD-ROM 驱动器上被多次读取。CD-RW(CD-ReWritable，可擦写光盘)的特点是在使用寿命内允许多次擦写。

3. DVD

DVD 最初的英文全名是 Digital Video Disk(数字视频光盘)，本意是指利用 MPEG-2 压缩技术来储存影像的高密度光盘。后来，随着 DVD 光盘在音/视频、计算机、通信等领域的广泛应用，人们也将 DVD 称为 Digital Versatile Disk(数字万用盘)。DVD 光盘和 DVD 驱动器也成为光盘系统的主流。

按照用途，DVD 可分为下列五种：

- DVD-ROM：计算机软件只读光盘，用途类似 CD-ROM，但容量要大得多。
- DVD-Video：家用影音光盘，用途类似 LD 或 Video CD。
- DVD-Audio：音乐盘片，用途类似音乐 CD。
- DVD-R：限写一次的 DVD 光盘，用途类似 CD-R。
- DVD-RAM 和 DVD-RW(或称 DVD-Rewritable)：可多次读/写的 DVD 光盘，用途类似于 MO 和 CD-RW。

按照物理结构，DVD 又可分为以下几种：

- D5：DVD-5 的简写，即单面单层(SS-SL 或 Single Side Single Layer)，最大 4.7G，一面存储数据，另一面用于印刷文字或图案。
- D9：DVD-9 的简写，即单面双层(SS-DL 或 Single Side Double Layer)，最大 8.5G，一面存储数据，另一面用于印刷文字或图案。
- D10：DVD-10 的简写，即双面单层(DS-SL 或 Double Side Single Layer)，最大 9.7G，两面都是数据面。
- D18：DVD-18 的简写，即双面双层(DS-DL 或 Double Side Double Layer)，最大 17G，两面都是数据面。

以下简要介绍 DVD-ROM、DVD-R、DVD-RAM 和 DVD-RW。

(1) DVD-ROM。虽然 DVD-ROM 盘片在外观上与 CD-ROM 盘片完全一致，但二者在存储结构上有较大不同。为了提高存储容量，DVD 盘片采取了提高盘面利用率、减少纠错码位数、修改信号调制方式以及减少每个扇区字节数等措施，这使得 DVD-ROM 盘片的单面容量是 CD-ROM 盘片的 7 倍多。

由于 DVD 盘片的最小凹凸坑长度以及光道间距都比 CD 盘小得多，因此 DVD 的光拾取器(激光头)采用波长为625nm或650nm的短波长红色半导体激光,而且激光头波长还有进一步减小的趋势。

DVD-ROM光驱不仅可读大容量的DVD盘片,也能向下兼容读取数以亿计的CD-ROM盘片。大部分DVD-ROM光驱具有低于100ms的查找时间和大于1.3MBps的数据传输率。单倍速DVD-ROM的数据传输率大致等同于9倍速CD-ROM光驱。DVD-ROM光驱的接口方式与CD-ROM光驱基本一致。所有DVD-ROM光驱都有音频插头,有的还带有DVD Audio或Video输出,甚至内置音频/视频解码硬件。

(2) DVD-R。DVD-R盘片与CD-R一样,采用有机染料聚合物技术,可与几乎所有的DVD光驱兼容。DVD-R初期的容量为3.95GB,1999年中期扩大到4.7GB。

(3) DVD-RAM。1998年9月,Panasonic发布了第一台可读写的DVD-RAM驱动器,容量为2.6GB(单面)和5.2GB(双面)。容量为4.7GB的于1999年末问世,双面的9.4GB盘在2000年才被投放市场。随着多媒体时代的来临,大容量、可擦写的DVD-RAM驱动器正成为信息存储领域的热点。DVD-RAM的技术特点简要如下:

· 利用记录补偿技术,实现0.1μm/bit的线密度。

· 依靠Landgroove技术,实现0.74μm的窄磁轨间距。

· 采用UDF(Universal Disk Format,通用磁盘格式)文件系统,UDF系统是DVD的统一格式,Windows、Mac等操作系统均支持该文件系统。

· FrontEndo装填装置。能简便快捷地装填盒装DVD-RAM盘、盒装PD盘以及12cm的DVD-ROM裸盘、CD-ROM裸盘。

· 依靠双激光读写头以及高速处理的LSI,实现对CD盘片的20倍速读取,并支持各种规格的光盘。

可以读取DVD-RAM盘的DVD-ROM光驱最早于1999年初被推出,符合MultiRead2标准的DVD-ROM和DVD播放器都可以读取DVD-RAM盘。

DVD-RAM的优点是格式化时间很短,不足1分钟,格式化好的光盘不需特殊的软件就可进行写入和擦写,也就是说可以像软盘一样轻松使用,而且价格便宜。

(4) DVD-RW。DVD-RW是目前最易用、兼容性最好的DVD刻录标准,而且也便宜。DVD-RW标准由Ricoh、Philips、Sony、Yamaha等公司联合开发,这些公司成立了一个名为"DVD-RW联盟"(DVD-RW Alliance)的工业组织。DVD-RW不仅适用于计算机数据存储,还可以直接用于刻录DVD视盘。目前,DVD-RW已经成为将DVD视频和PC机上DVD刻录机紧密结合在一起的可重写式DVD标准。DVD-RW的特点有:

· 单面容量4.7GB,双面容量9.4GB。

· 单面最长刻录时间为4小时(视频),双面为8小时。

· 激光波长650nm,与DVD视频相同。

· 恒定线速度的数据密度。

· 支持CLV和CAV刻录。

· 采用 UDF 文件系统。

· 格式化和刻录可以同时进行。

· 支持顺序刻录或随机刻录。

· 无损链接特性(分次刻录不会浪费盘片空间)。

· 刻录成品的物理参数符合 DVD-ROM 规范。

DVD-RW 具有 DVD-RAM 光驱的易用性,而且提高了 DVD-RW 光驱的兼容性。虽然 DVD-RW 的格式化时间较长(一个小时左右),但是由于从中途开始可以在后台进行格式化,因此一分钟以后就可以开始刻录数据。

3.2.2 光驱基本工作原理

本节以 CD-ROM 驱动器为例,简要介绍光驱的工作原理。

1. CD-ROM 驱动器的工作原理

CD-ROM 光盘由 CD 唱盘演变而来,主要材料是在铝反射层下用聚碳酸酯压制出透明衬底。CD-ROM 盘的直径为 120mm,厚度为 1.2mm,中心定位孔直径为 15mm,重量为 14~18g。

CD-ROM 光盘盘面上刻满螺旋状光道,道密度为每英寸 16 000 道,道间距为 1.6μm,光道宽度约为 0.6μm,光道总长达 5km。数字信息被预镀在盘片表面,形成一个个凹坑,凹坑深度约为 0.12μm。利用激光照射在盘片表面的凹坑处或平面处时,反射的激光经由光感应电路转换成 0、1 数字信号。

CD-ROM 驱动器在构造上分为激光头(包括光读、写头)、电路控制系统(包括控制聚焦透镜的伺服系统、激光头的读写控制电路、盘控制电路)及接口电路,如图 3.5 所示。

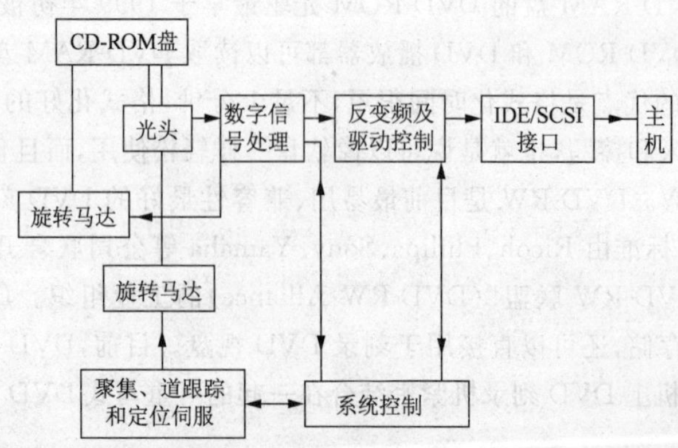

图 3.5 CD-ROM 驱动器系统原理框图

2. CD-R/CD-RW 光盘刻录机工作原理

CD-R 采用一次性写入技术,刻入数据时,利用高功率的激光束照射到 CD-R 盘片上,使盘片上的介质层发生化学变化,模拟出二进制数据 0 和 1 的差别,从而达到记录数据的效果。由于化学变化导致CD-R盘片产生质的改变,盘片数据不能再释放空间重复写入。

CD-RW采用先进的相变(Phase Change)技术,刻录数据时,高功率的激光束照射到CD-RW盘片的特殊介质上,产生结晶和非结晶两种状态,并通过激光束的照射,介质层可以在这两种状态中相互转换,达到多次重复写入的目的。与CD-R不同,受介质材料的限制,CD-RW盘片对激光头的反射率只有20%,远低于CD-ROM(70%)和CD-R(65%)。

3.2.3 光驱常见故障分析及解决

1. 系统找不到光驱

系统找不到光驱的故障现象有多种,如系统启动时找不到光驱、读盘过程中光驱盘符消失等,故障原因也有多方面。

(1) 光驱自身有问题:激光头读盘性能不稳定或是光驱电路板上的芯片散热不良时,可能会导致光驱在读盘过程中盘符消失。解决的方法是改善光驱的散热条件或更换光驱。

(2) 光驱供电不正常:供电不正常会导致系统开机时找不到光驱。首先检查为光驱供电的4针D型电源插头与光驱的电源接口接触是否良好,以及插头内的金属簧片是否有氧化现象、插头另一端的导线是否紧固牢靠。其次检查光驱内部的电源接口与电路板的焊接部分有无松动、虚接情况。另外,也可以仔细观察光驱指示灯的闪亮状态,以及光驱托盘是否能够正常弹出,以便辅助判断故障情况。

(3) 光驱数据线连接不正常:如果光驱数据线质量较差或经常被拔插,其接点处较容易出现虚接或短路情况,从而导致系统找不到光驱。对于此类情况,一是利用替换法检查光驱数据线是否有问题,二是检查主板和光驱的IDE接口是否存在断针、弯针、短针、杂物等现象。

(4) 主板IDE接口或南桥芯片性能不佳:如果主板上的IDE接口焊接不良或南桥控制芯片性能不佳,也会导致系统找不到光驱。对于此类问题,可以先排除光驱本身及其数据线的问题,再将硬盘和光驱交换位置,如果仍然表现为硬盘读盘正常而光驱丢失时,基本可以断定是主板的问题。

(5) BIOS设置不当:随着SATA硬盘的出现,主板BIOS设置多了几项对SATA硬盘、PATA硬盘支持模式的选择。如果选择SATA硬盘模式,就无法使用PATA接口的硬盘和光驱,此时系统就会找不到光驱;如果选择PATA模式,系统则表现为能用光盘启动电脑,但启动后找不到SATA硬盘。正确的做法是选择SATA+PATA模式,这样既能使用SATA硬盘,也能使用PATA接口的光驱。

2. 光驱托盘无法入仓

光驱托盘出入仓的基本过程为:当按下光驱面板上的开/关键时,电机得到出仓电信号,带动托盘出仓。托盘到位后驱动电机会得到一个反馈电信号,同时断开驱动电机的电源供给。光盘放入托盘后，再次按下开/关键，驱动电路在确认反馈信号已经变化后，发出电信号让电机反转，带动托盘入仓。当托盘入仓到位后，得到入仓到位信号，电机就停止工作。由以上的工作原理看出，如果驱动电机、控制驱动电机的电路及控制驱动托盘组件损坏，都易造成光驱出入仓故障。

拆开光驱，取下电路板，在机械底盘的下面，靠近托盘驱动电机的右侧有一个带有三片接触簧片的装置。这个装置用于控制托盘出入仓到位状态，中间一个簧片用于控制反馈信号的采样点，位于它前方的白色转轮上有一个定位顶点。当托盘出仓到位后，定位顶点正好将中间簧片拨向一侧，与该侧的簧片接触。此时驱动托盘的电机接收到反馈信号后，停止工作，光驱呈出仓状态。而入仓到位后，则将中间簧片拨向另一侧，当簧片到位后电机停止工作。因此，控制装置出现问题的可能性较大。

3. 光盘装卸故障

光盘装卸故障的原因可能有多方面，如有异物掉进盘槽或盘座或马达发生故障等等。首先检查这些区域有无障碍物存在，若无，移去所有外壳盖板，露出装配零组件，检查每个机构连接。对加载/卸载机构的检查要特别细心。断开马达部件后，用手试着移动加载/卸载机构，若感觉到有阻力存在，则证明有障碍物。更换被磨损或损坏的部件，或更换掉整个加载/卸载机构。

检查马达齿轮是否有损坏或阻塞现象。传动齿轮被破坏、磨损或打滑时会影响该部件的正常工作，更换损坏的齿轮或整个齿轮传动装置。

如果加载/卸载机构完全不工作时，则可能是驱动马达发生故障，可通过直流马达检测直流电压。当加载或卸载时，应检测加往直流马达上的直流电压，如果此电压值正常，但马达不转动，则需更换马达；如果无电压，那么故障可能发生在驱动电路，检查维修驱动电路或更换驱动电路板。

4. 光盘不旋转

造成此类故障的原因可能是光驱设置有错误、激光头脏污、主轴马达或其驱动电路产生故障。如果是光驱设置错误，计算机可能会无法识别光驱，并且显示诸如“非法驱动器标识符”等信息。此时需要重新进行光驱设置。

在光驱设置正确的前提下，当光驱试图读取数据时，光驱的工作忙指示灯(BUSY LED)应亮。如果该指示灯不亮，或闪亮几下又不亮了，可能是激光头脏污、主轴马达或其驱动电路产生故障。激光头脏污会影响光驱的主轴动作，因此要保持激光头的清洁。可将光驱打开，用纯净水或无水酒精清洁一下激光头。

检查主轴马达时，先测试接在主轴马达上的电压是否正常。如果电压正常，但马达不旋转，表明主轴马达可能有故障，应更换主轴马达。如果马达没有电压，则追踪检查主轴马达的驱动或控制电路芯片的信号；若芯片有故障，则要更换芯片或驱动电路板，以排除故障。

5. 光盘在光驱内打滑

光盘打滑是指把光盘放入光驱后，先听到激光头移动和搜索的声音，接着听到光盘高速旋转的摩擦声，最后光驱指示灯长亮不灭。

造成光盘打滑的可能原因有两种：一是长期使用后光驱的压盘机构没有产生足够的夹紧力，而导致盘片转动时打滑；二是一些劣质光盘的厚度比正常的光盘稍薄，导致其与光驱的压盘机构没有产生足够的摩擦力。

目前光驱的压盘机构主要有弹簧式和磁式两种形式。在弹簧式压盘机构中，当光盘放入光驱的托盘后，光盘被套在正对数据面的伞形轮上，然后光盘上方压盘上的塑料盘压住盘片，压盘后面的一个小弹簧伸长，使其夹紧盘片。随后，伞形轮带动盘片稳定旋转。当光驱托盘退出时，压盘以弹簧所在位置为轴抬起，弹簧处于压缩状态，长期使用则容易导致弹簧弹力减弱或向下弯曲，造成压盘时没有足够的力量夹紧盘片，致使光盘打滑。

在磁式压盘机构中，当光盘放入光驱的托盘后，光盘被套在正对数据面的伞形轮上，然后光盘上方压盘上的塑料盘压住盘片，塑料盘下面有一块小磁铁，与伞形轮上的电磁铁产生吸引力（此时伞形轮上的电磁铁通电），把盘片加紧。随后，伞形轮带动盘片稳定旋转。当光驱托盘退出时，由于断电，伞形轮上电磁铁的磁力消失，压盘以塑料盘所在位置为轴抬起，被其上部的支撑架挡住而不能下落。长期使用后，上面的压盘和支撑架的间距过小，塑料盘不能与光盘同时旋转，就会造成光盘在高速旋转时打滑。

对于弹簧式压盘机构，可打开光驱观察压盘弹簧有无弯曲现象。若有弯曲现象，可用尖嘴钳子夹住弹簧，将弯曲的部分拽上来，这样在使用过程中压盘抬起时，弯曲的弹簧会自动拉直。也可以将弹簧拆下来，用手将其适当拉长一些（注意不要将弹簧拉断）。

对于磁式压盘机构，打开光驱后可以发现在光盘托盘上横放着压盘和一个支撑架，压盘上有一个塑料盘。将支撑架适当地向下压一压，增大支撑架与压盘支撑面的间距，通常就可以解决问题。

6. 光驱读盘困难或读盘时间较长

光驱读盘故障通常集中于激光头组件上，可分为两种情况：一是光驱使用太久造成激光头组件中的光电管老化（发射功率降低）；二是光电管及聚焦透镜太脏及位移变形。可采用以下两个步骤排除故障：

(1) 先用纯净水或无水酒精对激光头进行清洁。

(2) 如果上述方法没有排除故障，可以考虑调整激光头的发射功率。

7. DVD光驱能读DVD光盘、但不能读CD-ROM光盘

这是一种很常见的故障现象。虽然从原理上讲DVD光驱可以读取DVD光盘和CD-ROM光盘，但DVD光驱在读这两种光盘时的性能却不一样。正常情况下，DVD光驱读取CD-ROM光盘的能力要比CD-ROM读取CDROM光盘的能力稍差一些。不过，如果DVD光驱只能读取DVD光盘，而不能读取CD-ROM光盘，那就是DVD光驱本身质量有问题。如果产品还在保修期内，可要求商家给予更换。

3.2.4 光驱维修方法

1. 拆卸光驱

(1) 前挡板的拆卸。切断机器电源，打开机箱把光驱从 5.25in 驱动器槽中取出，拔去光驱的连线(电源线、IDE 数据线以及音频线)。找一根牙签或较硬的细铁丝，顶入光驱前挡板的应急弹出孔中，把光驱仓门打开，以便下一步的拆卸。

光驱仓门打开之后，在光驱的左右两侧，会发现有两个塑料小卡子将前挡板卡在光驱外壳上。用双手按下两个卡子，再用力抠开前挡板，就可将光驱前挡板拆下。

(2) 光驱外壳的拆卸。在光驱外壳的左右两边各有两颗螺丝、底部共有四颗螺丝。用螺丝刀一一将其拆除，然后将上下两部分壳体分离，这样就打开了光驱的外壳，基本能看到光驱的内部结构。拆去外壳的上半部分后，会看见一块覆盖在光头组件上的铁板，中间有一块圆形物体，它是用来固定光盘盘片的，光驱主轴电机开始旋转时就会向上移动，和夹板紧紧地合在一起，固定光盘然后高速旋转。

(3) 电路板的拆卸。光驱的底部是一块绿色的 PCB 板，上面是光驱缓存、解码芯片、光驱 BIOS 等元件。有一条数据排线从 PCB 板上引出，排线的另一端接在光驱激光头以及仓门控制电路附近，在拆卸时轻轻地将这条数据排线拔下，注意不要损伤该排线。PCB 板一般是用螺丝固定在光驱底部的铁外壳上，将螺丝拆掉就可以将电路板分离出来，随后，可以用刷子轻轻刷去 PCB 板上的灰尘。

(4) 电机及光头的拆卸。光驱的激光头实际上包括两部分：一部分是激光透镜，另一部分是激光头，但二者通常被做在一起。

在光驱中用于驱动激光头移动、对光盘进行读操作的称为主轴电机；驱动光驱仓门进出的称为伺服电机。在有些光驱中二者是分离的，而有些光驱将二者统一起来。电机的拆卸比较简单，卸掉电源线路以及固定螺丝即可卸下。

2. 清洁激光头组件

激光头一般位于主轴电机旁边，只有绿豆大小，被固定在具有弹性的激光头组件上。如果激光头上灰尘较少，用脱脂棉签轻轻擦拭几下即可；如果激光头上灰尘较多，可先用棉签擦拭一遍，再用溶液清洗。擦拭激光头时不能太过用力，否则会使激光头偏移。

棉签最好不要使用医用棉签，因为上面有太多纤维。建议使用超市里卖的专用护理棉签。清洗溶液建议使用纯净水或纯度比较高的无水酒精。曾有资料认为酒精会溶解激光头透镜上的涂层，但实际上激光头透镜上的涂层是由氟化镁构成，其作用是减少折射、增加透明度，而酒精并不会溶解氟化镁。

3. 调节激光头功率

在激光透镜的旁边或下侧，一般会有一个绿豆大小的可调电阻(有些双发射管的 DVD 光驱是两个)，增大或减小其阻值可以改变激光头驱动电流的强弱，从而调节激光头的发射功率。这个可调电阻的外形有点像螺丝帽，可以用小一字螺丝刀来来调节。视光驱情况，按顺时针或逆时针调节，每次旋转 5 度左右，每调整一次就加电检验一下光驱的读盘效果，直到满意为止。切记不可调节过度，功率过大将会导致激光头烧毁。

3.3　显示器

计算机的显示系统包括两部分：显示适配器（显卡）和显示器。台式机的显示器主要有 CRT（阴极射线管）显示器和液晶显示器两种。

3.3.1　单色/彩色 CRT 显示器

1. CRT 光栅扫描方式

根据扫描方式的不同，CRT 显示器可分为随机扫描显示器和光栅扫描显示器两大类。随机扫描显示器光点的运动轨迹受输入信号的控制，输入信号不同，光点的运动轨迹就不同，典型的例子是示波器；而光栅扫描显示器光点的运动轨迹不受输入信号的控制，总是在荧光屏上从左至右、从上至下顺序地定时扫描，形成所谓光栅，如图 3.6 所示，输入信号只是控制光点的亮或暗，电视机和计算机显示器都属于此类。

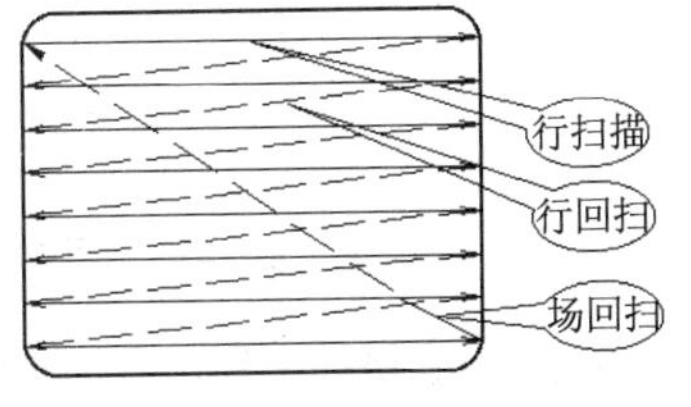

图 3.6　光栅扫描 CRT 显示器的扫描方式

光栅扫描显示器的色彩是由电子束击打在荧光屏上形成色点并发光的。电子束不断地从左到右扫描显示屏幕，与此同时，在亮度信号的调制下产生显示图案。电子束必须以每秒钟 60 或 70 次的频率在屏幕上连续地重画这一图案，这个过程称为屏幕刷新。

屏幕上电子束的扫描模式被称为屏面。电子束从显示屏幕左上角开始向右扫描，在达到屏幕的右边沿后，电子束被关闭（水平断开）。接着，迅速地返回到屏幕左边沿（水平回扫）开始进行下一行水平方向的扫描。在完成全部水平方向的扫描之后，电子束将在屏幕的右下角结束。在这一点电子束被关闭（垂直断开），接着又迅速返回到左上角（垂直回扫），这样下一个屏面又可以开始了。

为了使显示区工作在线性扫描的范围内，无论是水平方向还是垂直方向，都有一定的“过量扫描”（Over scan）。在过量扫描期间，不从显存中读取像素信息，因而与回扫过程中一样，CRT 处于消隐（Blank）状态。只有在扫描过程中的允许显示期内，显存才有数据读出，因而屏幕上才有相应的画面出现。

CRT 显示器的外部接口信号共有两组：一组是由显示适配器上的 CRT 控制电路提供的水平和垂直同步信号，这些信号用来触发显示器内部的锯齿波发生器，锯齿波将对显示器内部的偏转电路进行控制；第二组是控制电子束通、断、强、弱的信号，这些信号由显示存储器的内容和颜色表的值所决定，它们直接影响着屏幕上的画面内容，因此称为图像信号或视频信号。

2. 单色CRT结构

单色CRT显示器可分为两类:第一类自身具有行振荡电路,不连接主机加电时屏幕有光栅;第二类是本身没有行振荡电路,靠主机送来的行同步信号激励行推动管进行工作,这类显示器不连接主机加电时屏幕没有光栅。第二类单色CRT显示器的电路组成框图如图3.7所示。从图中可以看出,单色显示器的输入信号只有三种:行(水平)同步信号(H)、场(垂直)同步信号(V)和视频信号(Video)。

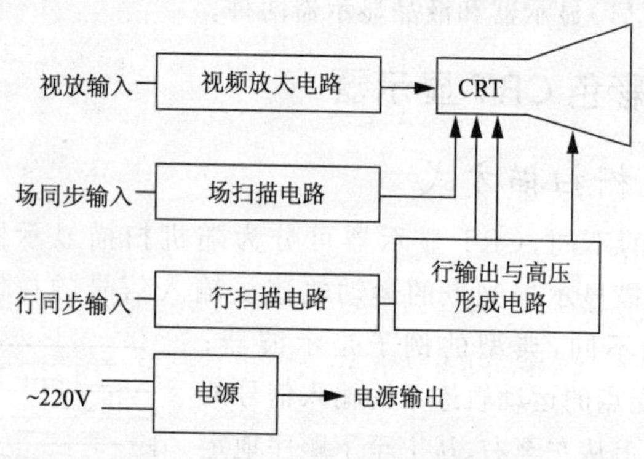

图3.7 单色CRT显示器组成框图

单色显示器的CRT结构类似于黑白电视机显像管,如图3.8所示。电子枪发射高速、精密聚焦的电子束。在电子束的轰击下,荧光屏上的荧光粉会发光。控制电子束的能量,可以控制荧光粉发光的亮度变化。在管子颈部的外面安装有偏转线圈,流过线圈的电流会使电子束偏移到荧光屏的各个部分。在电子束扫过荧光屏后,荧光粉的光会迅速衰减,所以为了保持稳定的显示,必须快速反复地扫描,其重复频率通常不低于30次/秒。

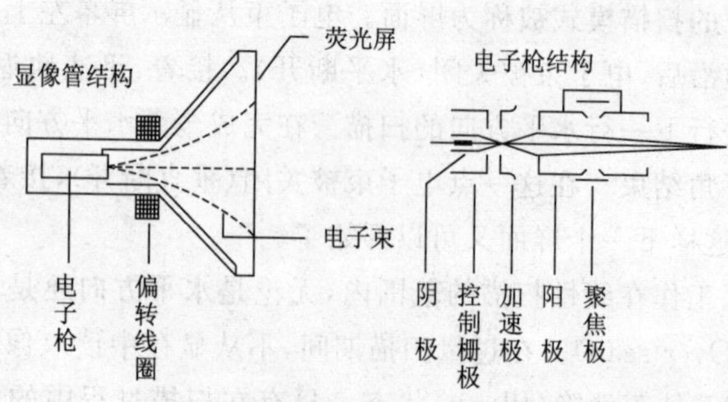

图3.8 单色CRT结构

电子枪通常采用所谓“五级电子枪”结构,即阴极、控制栅极、加速极、阳极和聚焦极。当显像管灯丝通电加热时,热量会不断地传给阴极,阴极表面所涂的钨化物在高温时会发射电子,并在阴极的周围形成电子云。为了使自由电子形成电子束沿着管轴(Z轴)方向运动,通常在阳极上加有高压(如500V),由于阳极电位远高于阴极,从而使阴极发射的电子不断流向阳极，形成电子束。阳极通常被做成中间带有小孔的圆筒形，让大部分电子穿过圆孔射向荧光屏。

为了控制电子束的强弱以显示信号，在阴极和阳极之间装有一个中间开有小孔的圆筒形控制栅极，在该极加上相对阴极为几十伏的负电压，因控制栅极的电位低于阴极电位，改变控制栅极的电位就能控制流向阳极的电子数量，即改变电子束电流的大小。

由于阳极电压的变化对图像的亮度、清晰度影响很大，为此在阳极与控制栅极之间又加了一个屏蔽极，以减少上述影响。该极对电子束又有加速作用，因此又称为加速极。另外，为了形成很细的电子束，再加上一个聚焦极，这样就构成了五级电子枪。

电子束从阴极射向荧光屏的路程中，由于电子束本身的发散作用和电子之间存在排斥力，使电子束会逐渐散开，到达荧光屏时已散成一片，无法得到清晰的字符或图形。所以，必须对电子束采取聚焦措施。电子束聚焦分为静电聚焦和磁聚焦两大类，CRT 显示器一般采用电聚焦。在上述电子枪结构中，由加速极和阳极、聚焦极和阳极构成两个电子透镜，前者起预聚焦作用，后者起主聚焦作用。

此外，CRT 外部还套有偏转系统。偏转系统的作用是利用行扫、场扫电路送来的锯齿波，使聚焦后的电子束能够在水平方向和垂直方向上偏转，从而射到荧光屏的任一指定位置。CRT 的偏转方式分为静电偏转和磁偏转两种。静电偏转由相互垂直的两对极板构成，安装在玻璃壳内部，用高电压在偏转板之间形成电场，改变电场的大小和极性，就能使电子束在荧光屏上任意运动。而磁偏转是利用两对相互垂直的线圈代替两对偏转板，套在显像管的颈部。由于静电偏转的灵敏度低、偏转角度小(35 度以内)，欲实现大屏幕显示时只有使 CRT 的管颈又粗又长。而磁偏转是利用电流控制，偏转角度大(最大可达 70 度以上)，因此目前的 CRT 显示器均采用磁偏转系统。

3. 单色 CRT 显示器的行扫描和场扫描电路

单色显示器的行扫描电路工作框图如图 3.9(a)所示。水平振荡器产生一个与行同步信号严格同步的行频脉冲去控制激励级的工作；水平激励级把行振荡脉冲放大，使它具有足够的功率去推动输出级，以保证输出级在良好的开关状态下工作；行输出级提供偏转线圈所需的偏转电流，控制水平扫描；为了使水平扫描与外加水平同步信号同步，一般加入频率和相位控制电路，利用二者的误差信号进行控制。另外，行扫描电路还产生阳极、加速极、聚焦极、视放电路所需的电源电压。

由于场扫描频率远低于行扫描频率(通常行扫频率为 16.2kHz，场扫频率为 50Hz)，因此不能采用与行扫同样的电路，否则场扫锯齿波的线性度很难保证，通常采用图 3.9(b)所示的积分电路或 D/A 变换电路。

行扫与场扫的波形关系如图 3.10。其中，波形(1)为行扫锯齿波，波形(2)为行扫的回程消隐控制方波，波形(3)为场扫锯齿波，波形(4)为场扫的回程消隐控制方波。

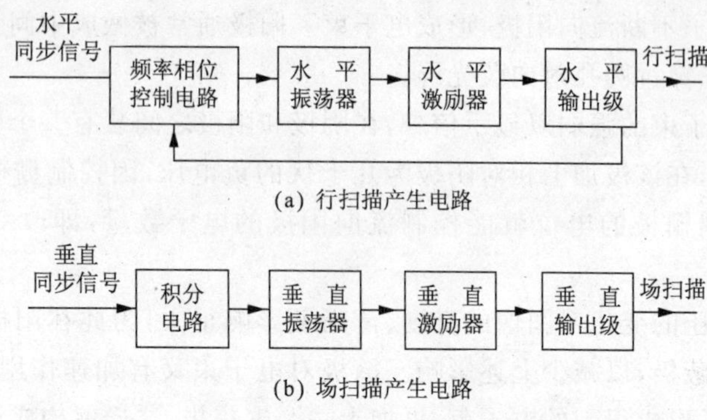

(a) 行扫描产生电路

(b) 场扫描产生电路

图 3.9 扫描产生电路示意图

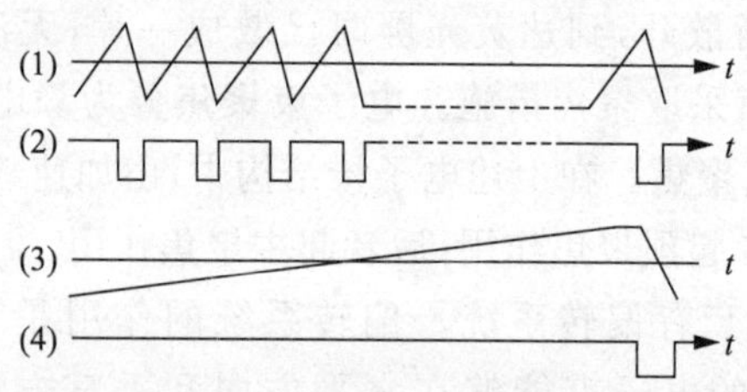

图 3.10 行扫、场扫波形图

4. 彩色 CRT 显示器

彩色 CRT 一般使用三基色原理，即选择三种相互独立的单色光，通过控制它们的混合比例得到各种颜色，比如用红色光和绿色光相加得到黄色光，用绿色光和蓝色光相加得到青色光等。三基色不是唯一的，可以用红、绿、蓝作为三基色，也可用青、紫、黄作为三基色。目前的彩色 CRT 多使用红(R)、绿(G)、蓝(B)作为三基色。

从理论上讲，彩色显示器的结构与单色显示器没有本质区别，可以简单地视为三个单色监视器的巧妙组合，只是彩色 CRT 管的结构比单色 CRT 要复杂些。彩色显像管应用较广的有三枪三束荫罩式、单枪三束管式和彩色自会聚荫罩式单枪三束等。

以三枪三束荫罩式彩色显像管为例，其结构和一般黑白显像管相比，主要多了一个荫罩板，并有三支电子枪。荫罩板由金属板制成，被置于距荧光屏 1cm 左右的地方，上面打有几十万个小圆孔。三支电子枪排成正“品”字形，分别受红、绿、蓝三基色信号的激励，发出三束独立的电子束。聚焦系统使这三束电子束会聚于荫罩板的小孔内，并穿过小孔射到荧光屏上。荧光屏上涂有红、绿、蓝三色荧光粉，且由红、绿、蓝各一个色点构成一组，排成倒“品”字形。穿过荫罩板小孔的三束电子束，各自射到相应的荧光粉上，而发出不同颜色的光。由于荧光屏上的色点很小，人的肉眼无法分辨，因此看不出三个色点各自的颜色，而只能看到三个色点相加的混合颜色。只要适当控制三支电子枪发射电子束的强弱，就可以显示出不同的颜色。

彩色显示器的电路组成框图可用图 3.11 表示，其输入信号有行同步信号(H)、场同步信号(V)和 R、G、B 三基色视频信号。

以上只是简单地介绍了显示器的原理框图，实际的显示器电路则是十分复杂的。现代的高档显示器具有自适应能力(Auto Fit)，能自动扫描显示适配器送出的行、场同步信号，行频在15.6Hz～38kHz、场频在50～90Hz的范围内可自动调整行、场扫描频率，从而适应多种显示方式。

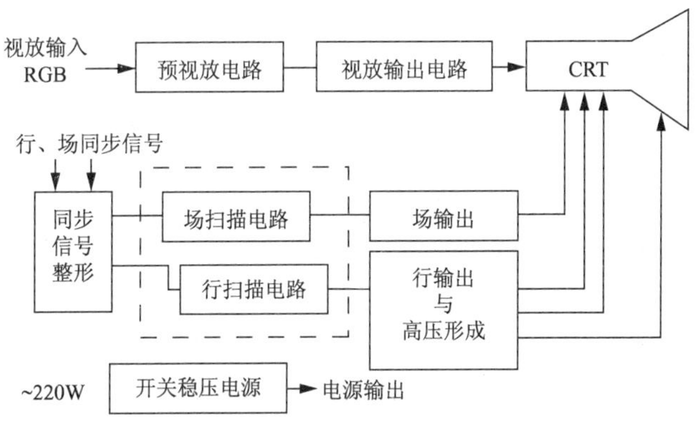

图3.11 彩色显示器的组成框图

3.3.2 液晶显示器

1. 液晶显像原理

液晶显示器(Liquid Crystal Display，LCD)包括单色和彩色两类。目前液晶显示器主要有三种存在形式：便携机显示屏、一体化台式机和单独使用的液晶显示器。

液晶显示器的显像原理，是将液晶置于两片导电玻璃之间，靠两个电极间电场的驱动，引起液晶分子扭曲向列的电场效应，以控制光源透射或遮蔽功能，在电源关开之间产生明暗而将影像显示出来，若加上彩色滤光片，则可显示彩色影像。如图3.12所示，由于两片玻璃基板上装有配向膜，所以液晶会沿着沟槽配向，由于玻璃基板配向膜沟槽偏离90度，所以液晶分子成为扭转型。当玻璃基板没有加入电场时，光线透过偏光板跟着液晶做90度扭转，通过下方偏光板，液晶板显示白色；当玻璃基板加入电场

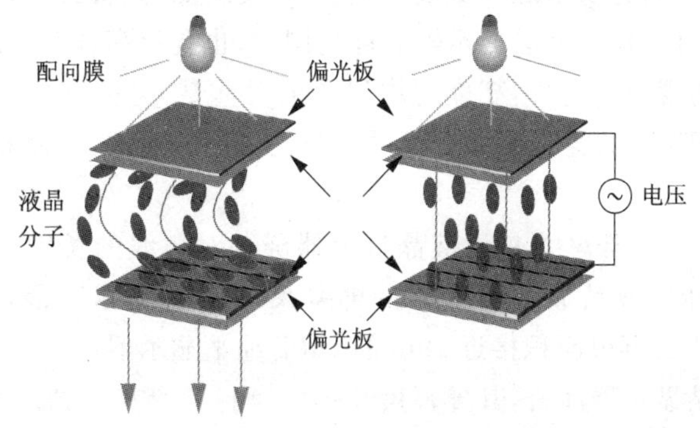

图3.12 液晶显示原理图

时，液晶分子产生配列变化，光线通过液晶分子空隙维持原方向，被下方偏光板遮蔽，光线被吸收无法透出，液晶板显示黑色。

2. 液晶显示器主要性能指标

(1) 对比度。液晶显示器的对比度实际上就是亮度的比值，其定义是：在暗室中，白色画面(最亮时)下的亮度除以黑色画面(最暗时)下的亮度。更精准地说，液晶显示器的对比度就是把白色信号在100%和0%的饱和度相减，再除以用lx(光照度，即勒克斯，每平方米的流明值)为计量单位下0%的白色值(0%的白色信号实际上就是黑色)所得到的数值。对比度是最黑与最白亮度单位的相除值，因此白色越亮、黑色越暗，对比度就越高。对比度是液晶显示器的一个重要参数，在合理的亮度值下，对比度越高，其所能显示的色彩层次越丰富。

普通液晶显示器的对比度一般能达到350∶1，而一般的CRT显示器能轻易达到500∶1甚至更高，只有高档液晶显示器的对比度才能达到这个比值。目前，提高液晶显示器对比度主要有两种方法：一是提高白色画面的亮度，二是让“黑色更黑”，降低最低亮度。让“黑色更黑”可能不好理解，事实上控制液晶显示器光线的明暗变化是不可能通过发光灯管开、关来实现的，而液晶又不能做到100%不漏光，所以即使调整至纯黑画面，液晶显示器还是会有一些亮度的。所以对于液晶显示器来说，可以让“黑色更黑”，这样对比度中分母变小了，对比度自然就高了。

提高亮度增加对比度的方法相对简单，不过受到灯管寿命、液晶漏光等问题的限制，亮度不能无限量提高。因此，让“黑色更黑”是很多高端液晶厂家的发展方向，这也正是为什么亮度不高的液晶能够达到高对比度的原因。

(2) 亮度。亮度是指画面的明亮程度，单位是坎德拉每平方米(cd/m^2)或称nits。液晶是一种介于固态与液态之间的物质，其本身不发光，必须借助外部光源。因此，提高液晶屏幕亮度的方法通常有两种：一是提高液晶板的光通过率；二是增加背景灯光的亮度，即增加灯管数量。目前，普通的液晶显示器至少有四个灯管，高端产品至少有六个灯管。

需要注意的是，较亮的产品不见得就是较好的产品。液晶显示器画面过亮常常会令人感觉不适，一方面容易引起视觉疲劳，同时也使纯黑与纯白的对比降低，影响色阶和灰阶的表现。因此，提高液晶显示器亮度的同时，也要提高其对比度，否则就会出现整个显示屏发白的现象。此外，亮度的均匀性也很重要。亮度均匀与否，和背光源与反光镜的数量与配置方式息息相关。品质较佳的液晶显示器，画面亮度均匀、柔和，无明显暗区。

(3) 屏幕尺寸。屏幕尺寸是指液晶显示器屏幕对角线的长度，单位为英寸(in)。与CRT显示器不同，液晶显示器标称的屏幕尺寸就是实际屏幕显示的尺寸，所以17in的液晶显示器的可视面积接近19in的CRT纯平显示器。

对于宽屏液晶显示器而言，其屏幕尺寸仍然是指液晶显示器屏幕对角线的长度，目前市售产品主要以19in为主。现在宽屏液晶显示器的屏幕比例还没有统一的标准，常见的有16∶9和16∶10两种。由于宽屏液晶显示器相对于普通液晶显示器具有更大的有效可视范围，已开始成为液晶显示器的发展方向之一。不过，在相同屏幕尺寸下，无论是16∶9还是16∶10的宽屏液晶显示器，其实际屏幕面积其实都要比普通的4∶3液晶显示器要小。

(4) 接口类型。液晶显示器的接口通常有15针D-Sub接口和DVI接口两种。

15针D-Sub输入接口也就是VGA接口，如图3.13所示。早期的CRT彩显因为设计上的原因，只能接受模拟信号输入，最基本的包含R/G/B/H/V(红/绿/蓝/行/场)5个分量。大多数台式机显卡普遍采用D-15接口，即D型三排15针插口，其中有一些是无用的，连接使用的信号线也是空缺的。除了这5个必不可少的分量外，1996年以后的CRT彩显中还增加了DDC数据分量，用于读取显示器EPROM中记载的有关彩显品牌、型号、生产日期、序列号、指标参数等信息内容，以实现Windows系统所要求的PnP(即插即用)功能。

DVI(Digital Visual Interface，数字视频接口)是近年来随着数字化显示设备的发展而兴起的一种显示接口。DVI接口以Silicon Image公司的PanalLink接口技术为基础，基于TMDS(Transition Minimized Differential Signaling，最小化传输差分信号)电子协议作为基本电气连接。TMDS是一种微分信号机制，可以将像素数据编码，并通过串行连接传递。显卡产生的数字信号由发送器按照TMDS协议编码后通过TMDS通道发送给接收器，经过解码送给数字显示设备。一个DVI显示系统包括一个传送器和一个接收器。传送器是信号的来源，可以集成在显卡芯片中，也可以以附加芯片的形式布置在显卡PCB上；而接收器则是显示器上的一块电路，它可以接受数字信号，将其解码并传递到数字显示电路中。

DVI接口中，显示信息以数字信号的方式直接从计算机传送到显示设备中，因而可以获得更好的图像质量和更快的显示速度。另外，DVI接口真正实现了显示设备的即插即用和热插拔功能，避免了在连接过程中需关闭计算机和显示设备的麻烦。

目前的DVI接口分为DVD-D和DVD-I两种。DVI-D接口如图3.14所示。接口上有3排8列共24个针脚，其中右上角的一个针脚为空。DVI-D接口只能接收数字信号，不兼容模拟信号。

图3.13　VGA接口　　**图3.14**　DVD-D接口

DVI-I接口如图3.15所示，可同时兼容模拟和数字信号。所谓“兼容模拟信号”并不意味着D-Sub接头可以直接连接在DVI-I接口上，而是必须通过一个转换接头才能使用。

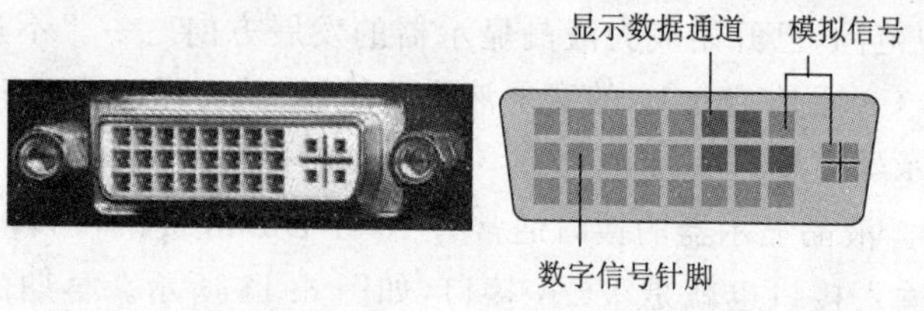

图 3.15 DVD-I接口

(5) 可视角度。可视角度是指用户可以从不同的方向清晰地观察屏幕上所有内容的最大角度。由于提供液晶显示器显示的光源经折射和反射后输出时已有一定的方向性，当超出这一范围观看时就会产生色彩失真现象，而CRT显示器则不存在可视角度的问题。

液晶显示器的可视角度都是左右对称的，但上下却不一定对称，通常是上下可视角度小于左右可视角度。当我们说可视角是左右80度时，表示站在始于屏幕法线(就是显示器正中间的假想线)80度的位置时仍可清晰看见屏幕图像。可视角度越大，液晶显示器的适用性就越强，大多数液晶显示器的水平(左右)可视角度在120度以上，而垂直(上下)可视角度要稍小些，一般在100度以上；部分高端产品的水平(左右)可视角度可达到170度以上。

(6) 响应时间。响应时间是指液晶屏中液晶单元的响应延迟，即液晶单元从一种分子排列状态转变成另外一种分子排列状态所需要的时间，即液晶屏由暗转亮或由亮转暗的速度。液晶屏的响应时间越短越好，它反应了液晶屏各像素点对输入信号反应的速度。一般将响应时间分为两个部分：上升时间(Rise time)和下降时间(Fall time)，表示时以两者之和为准。

目前主流液晶显示器的响应时间都能控制在25ms以内，新型的主流产品则可达到8ms～16ms。对于25ms的响应时间来说，相当于每秒钟显示1/0.025＝40帧画面，已能满足视频播放的需要；对于16ms的响应时间来说，相当于每秒钟显示1/0.016≈63帧画面，已能满足大部分游戏的需求；对于12ms的响应时间来说，相当于每秒钟显示1/0.012≈83帧画面，但由于受液晶显示器刷新率60Hz/75Hz的限制，实际上通常无法达到每秒83帧画面。

3. 液晶面板

液晶面板是液晶显示器最主要的部件，要占到液晶显示器整机成本的一半以上，并且液晶面板在很大程度上决定着液晶显示器的亮度、对比度、色彩、可视角度等重要参数。常见的液晶面板种类有TN面板、MVA和PVA等VA类面板、IPS面板和CPA面板。

(1) TN面板。TN(Twisted Nematic，扭曲向列型)面板是应用最广泛的入门级液晶面板，其生产成本低廉，主流的中低端液晶显示器都采用TN面板。TN面板的优点是：由于输出灰阶级数较少，液晶分子偏转速度快，因而响应时间比较短。但TN面板属于软屏，用手指轻轻划过面板时会出现水波纹。

(2) VA 类面板。VA 类面板是现在高端液晶产品主要采用的面板类型，属于广视角面板。丰富的色彩、锐利的显示效果和大可视角度是该类面板定位高端的资本，其价格也相对 TN 面板要昂贵一些。VA 类面板的正面（正视）对比度最高，但是屏幕的均匀度不够好，往往会发生颜色漂移。VA 类面板又可分为由富士通主导的 MVA 面板和由三星开发的 PVA 面板，其中后者是前者的继承和改良。

(3) IPS 面板。IPS(In-Plane Switching，平面转换)技术是日立公司于 2001 年推出的液晶面板技术，俗称"Super TFT"。IPS 面板最大的特点就是它的两极都在同一个面上，而不像其他液晶模式的电极是在上下两面、立体排列。由于电极在同一平面上，不管在何种状态下液晶分子始终都与屏幕平行，会使透光率降低，所以 IPS 应用在液晶电视上需要更多的背光灯。

(4) CPA 面板。CPA(Continuous Pinwheel Alignment，连续焰火状排列)由"液晶之父"夏普研发，采用了广视角模式技术，各液晶分子朝着中心电极呈放射的焰火状排列。由于像素电极上的电场是连续变化的，所以这种广视角模式被称为"连续焰火状排列"模式。CPA 面板也属于软屏，用手轻轻划会出现水纹。

3.3.3 CRT 显示器常见故障分析

CRT 显示器的故障率在台式机系统中是比较高的。但与其他部件相比，CRT 显示器电路的集成度相对较低，零备件也容易购买，因而维修相对容易。不过，CRT 显示器内部既有数字电路、也有模拟电路，工作电压复杂，有高压（上万伏）、中压（几百伏）、低压（几伏），如果没有相应的电路、元器件知识是无法进行维修的。

CRT 显示器的参考维修流程如图 3.16 所示。在维修 CRT 显示器时应注意以下几点：

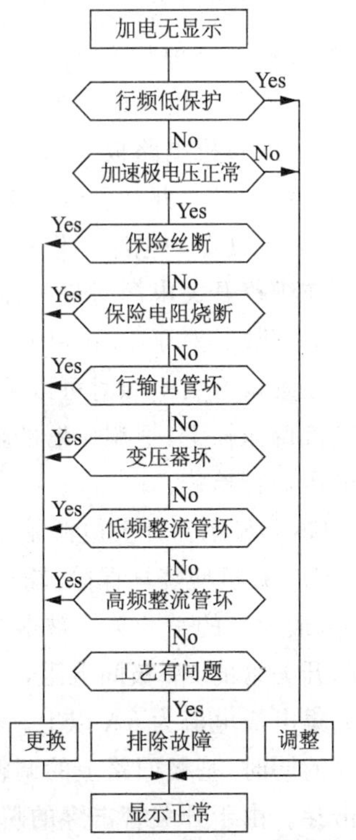

图 3.16 CRT 显示器一般维修流程

(1) 对于 CRT 显示器故障，基本的原则是：从故障现象着手，利用模块分割法并结合原理分析法，查找到故障点，进而通过测量手段及拆换部件排除故障。在本节中，根据常见的显示器故障，将 CRT 显示器分为电源部分、视频通道部分以及行、场扫描部分。

(2) CRT 显示器中电压较高，彩显阳极高压有 24kV，单显的阳极高压在 10kV 左右，因此在维修时应注意安全，注意不要碰触高压嘴、电源电路、行输出变压器、视放管等，以免发生触电事故。工作台要保持干燥、整洁，工作台和地板最好铺上绝缘橡胶。当需要测试高压时应使用专用高压测试仪器进行测量。

(3) 不可随意用大容量保险丝或其他导线代替保险管及保险电阻。保险管烧断时，应先查明原因，再恢复供电，以防止损坏其他元件。

(4) 加电测量时，最好在所修机器与电源线之间接一个隔离变压器，以保证测试安全。

(5) 在进行元器件代换时，对于关系到安全的元件必须用同类型、同规格，不得随意加大或减小规格。对于电解电容、二极管和三极管在更换时，应注意其极性。

(6) 更换回扫变压器时，要先对高压嘴(阳极)进行放电，以防电击。

(7) 为了保证X射线的辐射量不超过规定的标准，在更换显像管时，必须用指定的型号来替换。

1. CRT显示器开关电源常见故障分析

绝大多数CRT显示器均采用单管脉冲调宽式开关稳压电源(简称开关电源)供电，其电路简捷、元器件少，与显示器中的其他电路比较而言，维修相对容易。据不完全统计，开关电源故障是约占CRT显示器故障的70%左右。

开关电源的关键元件是一个大功率三极管，又称开关管或调整管。开关管可以工作在截止区和饱和区，开关管截止时相当于机械开关的断开，饱和时则相当于开关闭合。

按开关电源和负载的连接方式划分，开关电源可分为串联型和并联型两类。串联型开关电源的输出端通过开关管及整流二极管直接与电网相连，因此其底板带电，故称"热底板"，这种开关电源在维修时具有较大的安全隐患，维修人员拆机时应避免触电；并联型开关电源的输出端与交流220V电网间由开关变压器一次侧、二次侧进行隔离，因此整机电路板上除了与开关变压器一次侧相连的部位外，其余地方均不带电，故称"冷底板"。并联型开关电源安全性好，但是其电路相对复杂，对开关管的要求比较高，如果其保护电路工作状态不稳定，产生的故障也较为严重。

在维修开关电源时最好加入一个隔离变压器，它可避免由于接地端带电造成人员触电的事故。对于14in到17in的显示器，可以用70～100W的隔离变压器。

在维修开关电源时可以采用降压检修法。其方法是：将显示器的电源插头接在一个交流调压器上，把调压器的输出电压调到100V左右，然后通电检修，并逐次提高电源电压进行检修。

CRT显示器开关电源常见的故障简介如下：

(1) 开机便烧坏保险、输出电压为零。故障点多发生在整流桥至开关管之间的电路上，最常见的是开关管被击穿(发射极和集电极短路)。可先将开关管拆下，用万用表测开关管的c-e极间电阻，一般均呈短路状态。替换的开关管要求耐压900V以上，最大集电极电流为5A以上。但不能用带阻尼的行输出管，否则不易起振。在开关管击穿的同时，基极回路上的调整管一般也已过流开路，应一并换掉，否则开关管将被再次击穿。由于开关管击穿的瞬间，+300V对地电流极大，开关管发射极对地电阻(0.3Ω左右)也有可能被烧断，检查时应注意。

(2) 电源不起振，保险正常。这种现象的故障范围较大，可用是否有+300V电压做分界线。无＋300V，故障多是电源开关不良、＋300V 限流电阻开路、线路板铜皮断裂、虚焊等；有＋300V 但开关电路不起振，一般情况下不必怀疑开关管损坏，可测量开关管基极电压。如果基极无电压，启动电阻开路的可能性最大。启动电阻一般跨接在＋300V 与开关管极之间（也有些从两个串接的＋300V 滤波电容中点引出），阻值在 100～300Ω 左右。如果开关管基极有 0.6V 电压，说明电路处于保护状态，负载的某一路对地完全短路，应重点检查开关变压器次级的几组整流电路，以整流二极管击穿最为常见，更换二极管时一定要选用快恢复二极管，禁止使用 IN 系列管替代。在彩显电源提供的＋B 电压回路中，经常使用箝位二极管或可控硅过压保护，这些器件短路时也可以使电源进入保护状态。

(3) 开机电源吱吱叫，输出电压下降 30％～50％。故障原因是负载电流过大，可能有某个元器件对地漏电，应重点检查行输出部分。

(4)屏幕光栅出现“S”形的扭曲。应重点检查滤波电路和稳压电路，通常是由于某一只整流二极管断路、由全波整流变成半波整流所致，也可能是由于滤波电容容量减少所致。

2. CRT 显示器视频通道常见故障分析

显示器视频通道包括视放电路、亮度控制电路与显像管部分。对于单色显示器，视频通道最常见的故障是无图像或亮度异常；对于彩色显示器，视频通道最常见的故障包括过亮或过暗、光栅过亮、对比度异常、图像模糊、缺色等。

(1) 显示器亮度过亮且无法调节。如果显示器亮度过亮、即使把亮度值调节为 0 时图像还是非常亮，可能的故障原因通常有两方面：亮度控制电路失控，视放电路中供电滤波电容容量减小或虚焊，并且以后一种情况居多。可以尝试对视放电路进行补焊，如果故障还在，可以考虑更换新的滤波电容，如果问题还未得到解决，可以重点检查一下视放供电回路中是否有断路的地方。

(2) 图像亮度过暗且无法调节。可能的故障点包括：亮度控制电路故障、显像管老化。

(3) 开机图像模糊。此类故障在开机时图像比较模糊，通常需要等十几至三十分钟后图像才逐渐清晰，但关机一段时间后再开机时故障又会再次出现，而且是一次不如一次，故障越来越严重。

此类故障的主要原因是机器受潮漏电导致聚焦极电压跌落。通过加热烘干法或调聚焦极电压的方法可以暂时解决这种故障，但并不是彻底的解决方法。

若要彻底解决此类故障，需要更换显像管管座。方法是断电后将显像管尾部电路板小心向后拔出，注意不要左右摇晃，以免折断显像管尾部的抽气封口而造成显像管报废。用电烙铁和吸锡器拆下连接显像管的白色管座，然后更换一只新的同类管座即可。开机测试时如果觉得图像还不够清楚，可以微调行输出变压器上的聚焦旋钮直至图像清晰为止（行输出变压器的具体位置在主电路板上，呈黑色，体积如拳头大小，上面有两个旋钮，靠上面的一个一般是聚焦电压调节旋钮，靠下面的一个是加速极电压调节旋钮。这两个旋钮一般不要动，特别是加速极旋钮不要动，否则会影响显像管的工作状态，即使要调节，也要在调节前标记它们的原始位置，以备还原）。

(4) 满屏单色光栅，有时还伴有回扫线。满屏单色光栅说明光栅过亮。可能的故障点包括：视频放大三极管故障、亮度通道开路或短路导致视放管集电极电压下降、电子枪加速极电压过高等。

(5) 对比度异常。主要原因是对比度调节电路元件损坏导致对比度异常或无法控制。

(6) 缺色。缺色是典型的视频通道故障，可能的故障原因包括：输入信号插座接触不良或R、G、B信号的某一路断路。此类故障可以通过直接观察来判断是哪一信号的问题，如下：

- 字符为青色，底色为红色时，缺红色信号。
- 字符为紫色，底色为绿色时，缺绿色信号。
- 字符为黄色，底色为蓝色时，缺蓝色信号。
- 字符为蓝色，底色为黄色时，缺红、绿色信号。
- 字符为绿色，底色为紫色时，缺红、蓝色信号。
- 字符为红色，底色为青色时，缺绿、蓝色信号。

3. 行扫描电路常见故障分析

行扫描电路是显示器的关键组成部分，它除了向偏转线圈提供行扫描锯齿波，还要通过行输出变压器为显像管提供阳极高压、聚焦极电压、加速极电压等。行扫描电路的工作特点是高电压、大电流和高频率，是极易出故障的部分。且行扫描电路故障往往导致显示器电源故障，因此是显示器维修中的重中之重。

(1) 屏幕上出现垂直一条亮线。屏幕上出现垂直一条亮线说明显示器有光栅，也就是说有行扫描信号，只是行扫描没有拉开而已。因此故障不在行扫描电路，而与行偏转线圈有关。可能的故障点包括：行偏转线圈或外接引线断路。

(2) 无光栅。无光栅是显示器中最常出现的故障现象。当行扫描电路或电源出现故障时，显示器的显像管供电电路没有工作电压，因此导致无光栅。如果不是电源电路的故障，则故障点一定在行扫描电路。可能的故障点包括：行输出管、行输出变压器、行回扫二极管、行回扫电容器等。

(3) 行不同步。行不同步故障与行同步电路有关，可能的故障点包括：行频锯齿波信号形成电路中的元件性能不良、行AFC鉴相器故障。

(4) 显示画面在水平方向上失真。显示画面在水平方向上失真主要由于光栅左右枕形失真造成的。可能的故障点包括：校正变压器质量欠佳、校正变压器的初级或次级绕组短路。

4. 场扫描电路常见故障分析

场扫描电路故障一般表现为显示器在垂直显示上的不正常，如场扫描拉不开或垂直方向上出现失真等。

(1) 屏幕上只有一条水平光栅。这是典型的场扫描拉不开故障。可能的原因包括:场偏转线圈或外接引线断路、场输出电路的耦合电容开路、场扫描控制芯片及外围电路(如RC定时元件)损坏等。

(2) 显示画面上下翻动。这是典型的场不同步故障。遇到这种故障现象,可以先调整一下显示器场同步旋钮,如果调整后场仍无法同步,可检查场扫描电路。可能的故障点包括:场积分电阻开路、场积分电容开路或短路、RC定时元件损坏等。

(3) 显示画面垂直方向出现失真。显示图像上、下被拉伸或压缩均属显示画面垂直方向的失真。故障原因主要是由于场偏转线圈中的场扫描信号线性不良。可能的故障点包括:场线性补偿元件损坏、场输出三极管非线性失真、场扫描锯齿波形成电路中的电路损坏等。

3.3.4 液晶显示器常见故障分析

1. 屏幕上出现水波纹

屏幕上出现水波纹并不一定就是液晶显示器的问题。首先应检查一下显示器周围是否有电磁干扰源,然后将显示器连接到其他计算机上,以确认不是显卡的问题,再调整一下刷新频率看看能否解决问题。如果排除了上述几个原因,那么很可能就是液晶显示器本身的质量问题,例如元件的热稳定性不好,等等。出现水波纹是液晶显示器比较常见的质量问题,一般维修人员解决起来比较困难,最好联系厂商更换或送修。

2. 花 屏

有些液晶显示器在启动时会出现花屏问题,仿佛受到高频电磁干扰,屏幕字迹模糊且呈锯齿状。这也是液晶显示器的一个比较典型的问题。由于中、低端显卡大多不提供数字视频接口,仅提供一个模拟的VGA接口,液晶显示器只能通过内部的数字/模拟转换电路与显卡的VGA接口相连接。这种连接方式虽然解决了信号匹配的问题,但很容易出现视频信号失真的问题。究其原因,主要是因为液晶显示器本身的时钟频率很难与显卡送来的模拟信号的时钟频率保持百分之百的同步,特别是在模拟同步信号频率不断变化的时候,如果此时液晶显示器的同步电路或是与显卡同步信号连接的传输线路出现短路、接触不良等问题,就会出现花屏现象。

3. 显示分辨率设置不当

液晶显示器不像CRT显示器那样可以很好地工作在不同的显示分辨率下。液晶显示器有其最佳显示分辨率,或者说是固定的、真实分辨率。工作在最佳分辨率下的液晶显示器把显卡输出的模拟显示信号经过模/数转换,转换成带具体地址信息(该像素在屏幕上的绝对地址)的显示信号,然后再送入液晶板,直接把显示信号加到相对应像素的驱动管上,其过程类似于内存的寻址和写入。

因此,液晶显示器的屏幕分辨率不能随意设置,而应设置在该液晶显示器所支持的真实分辨率下,这样才能表现出最佳的显示效果。如果将液晶显示器的分辨率设置为真实分辨率以外的分辨率时,液晶显示器通常会采用缩小屏幕显示范围或插值算法等方式,其显示效果将大打折扣。

4. 坏 点

坏点是指液晶板上不能正常显示的像素点，包括总是不亮的暗点或持续发亮的亮点。以 1024×768 分辨率为例，液晶板共有 786 432 个显示点，在实际制造过程中很难保证这么多的显示点中没有极个别的坏点。

以目前的技术水平来说，如果将有坏点的液晶板报废，那么能够达到合格要求的液晶显示器将寥寥无几。因此，坏点的多少成为液晶面分级时的主要依据。厂商一般会避开坏点分割液晶板，把没有坏点或者极少坏点的液晶板以较高的价格出售，而坏点数目比较多的则低价卖给小厂生产成廉价的产品。

目前，主流品牌液晶显示器关于坏点与产品等级的划分如下：

- AA 级：无任何坏点。
- A 级：3 个坏点以下，其中亮点不超过一个，且亮点不在屏幕中央区内。
- B 级：3 个坏点以下，其中亮点不超过二个，且亮点不在屏幕中央区内。

5. 液晶显示器整机无电

液晶显示器的电源在结构上比 CRT 显示器的电源要简单得多，易损器件主要是一些小元件，如保险管、输入电感、开关管、稳压二极管等。

6. 屏幕出现亮线或暗线

这两种问题都属于液晶屏故障：出现亮线故障通常是由于连接液晶屏本体的排线出了问题；出现暗线故障通常是由于液晶屏的本体有漏电。出现这两种故障时，液晶显示器基本没有维修价值，因为更换液晶屏的成本太高。

3.4 键盘、鼠标

3.4.1 键盘结构、种类与接口

键盘的核心是其内部的控制电路，该控制电路具有键扫描、消颤、生成键扫描码、检查被卡住的键等功能，通常采用 Intel 8048 或 8049 单片机作为控制芯片。

键盘上的按键与一个开关矩阵(例如 24 行×4 列)相连接，每按下一个键，就接通了矩阵中 X 行和 Y 列交点处的开关，通过译码电路形成此键的代码信号，然后由控制芯片(如 8048)转换成被称为"扫描码"的信息，并以串行方式送往主机。主机接收到键扫描码后，首先通过接口电路将串行数据转换为并行数据，再送给 CPU，然后由系统程序将扫描码转换为该键的 ASCII 码值。在开机过程中，控制芯片不断地扫描键盘矩阵，先扫描第 1 列的各行，然后依次扫描其他列的各行。在扫描过程中，控制芯片读出每个键的开/关状态并存入存储器，同时还要检查是否有几个键同时被按下，只有合法的组合键操作才可被接收。

从应用的角度来看，键盘可分为手写键盘、便携机键盘、人体工程学键盘、多媒体键盘、无线键盘、集成鼠标的键盘等。如果按内部结构区分，键盘通常可分为以下几类：

(1) 机械式结构键盘。机械式结构的键盘采用金属接触式开关使触点导通或断开，最常用的是交叉接触式。机械结构硬盘优点是敲击时的手感非常好，缺点是金属开关易老化、易损坏。目前机械式结构键盘已基本被淘汰。

(2) 电容式结构键盘。电容式结构键盘采用电容式开关原理，通过按键改变电极间的距离而产生电容量的变化，暂时形成振荡脉冲允许通过的条件。电容的容量是由介质、两极的距离及两极的面积来决定的，所以当键帽按下时，两极的距离发生变化，这就引起电容容量发生改变，当参数设计合适时，按键时就有输出，而不按键就无输出，这个输出再经过整形放大去驱动编码器。为了避免电极间进入灰尘，电容式按键开关采用了密封组装。电容式结构键盘的寿命为1000万到3000万次。电容式键盘的优点是击键声音小、灵敏度和稳定性较强、寿命较长，缺点维修起来比较麻烦。现在大多数计算机都使用电容式无触点键盘。

(3) 塑料薄膜式键盘。塑料薄膜式键盘分为四层，塑料薄膜一层有凸起的导电橡胶，当中一层为隔离层，上下两层有触点。通过按键使橡胶凸起按下，使其上下两层触点接触，输出编码。这种键盘成本低、无机械磨损、击键声音小、可靠性较高，在市场中占有一定的比重。

(4) 导电橡胶式键盘。这种键盘触点的接触是通过导电的橡胶接通。其结构中有一层带有凸起的导电橡胶，当键帽按下去时，由于凸起部分导电，把下面的触点按通，不按时，凸起部分会弹起。此类键盘目前应用的也比较多。

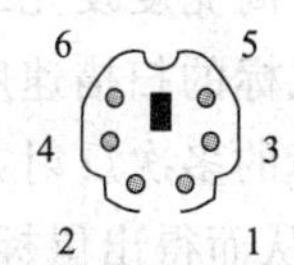

图3.17　PS/2键盘接口

在主机箱后部，PS/2键盘接口为6针母插座(与之对应，PS/2键盘连线插头为6针公插头)，外观如图3.17所示，引脚定义如表3.2所示。

表3.2　PS/2键盘接口引脚定义

引　脚	名　称	方　向	说　明
1	DATA	↔	Key Data
2	n/c	—	Not connected
3	GND	—	Gnd
4	VCC	→	Power，+5 VDC
5	CLK	→	Clock6n/c
6	n/c	—	Not connected

3.4.2　鼠标结构、种类及接口

鼠标的基本工作原理为：当鼠标在平面上移动时，随着移动方向和快慢的变化，鼠标会产生两个在高低电平之间不断变化的脉冲信号，CPU接收这两个脉冲信号并对其计数。根据接收到的两个脉冲信号的个数，CPU控制屏幕上的鼠标指针在横(X)轴、纵(Y)轴两个方向上移动距离的大小和速度。

可见，鼠标的作用就是向CPU提供反应位移的脉冲信号。实现这种能够反应位移的脉冲信号的方法很多，因此便产生了各种内部结构不同的鼠标。

1. 机电式鼠标

机电式鼠标的底都有一个实心的橡胶球。内部有两个互相垂直的滚轴靠在橡胶球上。在两个滚轴的顶端各装有一个边线开槽(或开窗格)的光栅轮。光栅轮的两侧分别安装着由发光二极管和光敏三极管构成光电检测电路。当移动鼠标时,橡胶球滚动,同时带动滚轴及其上的光栅轮旋转。因为光栅轮开槽处透光,未开槽处遮光,使得光敏三极管接收到的由发光二极管发出的光线时断时续,因而产生不断变化的高低电平,形成脉冲电信号。互相垂直的两个滚轴对应着屏幕平面上的横(X)轴、纵(Y)轴两个方向。脉冲信号的数量对应着位移的大小,脉冲频率对应着速度的快慢。

机电式鼠标在使用时存在着橡胶球弄脏后影响内部光栅轮运动的问题,需要经常清理。

2. 光电式鼠标

早期的光电鼠标需要一块专门的光电板作为光学定位的依据,这极大限制了光电鼠标的推广和普及。现在,技术上的突破已经让光电鼠标彻底摆脱了专用光电板的限制。新的光电鼠标采用激光直接定位,在鼠标底部有一个微型光学定位系统,其中的一个高亮度发光二极管以最少每秒1500次以上的速度向外发出光束(目前最快的光电鼠标的扫描速度达到每秒8000次),遇到物体反射回来,经过定位系统中的棱镜和透镜的多次反射,CMOS感光头接受了这些反射光线,经过鼠标内部的DSP芯片处理,从而得出鼠标的移动速度和移动方向,最后鼠标的动作就反映成屏幕上鼠标指针的移动。新式的光电鼠标与早期的光电鼠最大的不同之处在于:其定位系统的光线在任何介质上都可以得到反射,即使是在凹凸不平的环境上依然能够清晰准确的定位。

以上是按照内部结构对鼠标的分类。如果按照鼠标与主机的接口来分,则鼠标又可以分为串行接口鼠标、并行接口鼠标、PS/2接口鼠标、USB接口鼠标等。目前最常用的是PS/2接口鼠标和USB接口鼠标。

鼠标的操作非常简单。除了移动外,就是单击或双击鼠标上的按键。有些鼠标是双键鼠,有些鼠标是三键鼠。双键鼠标是标准的微软鼠标,而三键鼠标一般称为IBM鼠标。三键鼠标中间的键用处不是很大,只有在使用Auto CAD等工程设计软件的时才会用到。

另外,随着Internet的普及又出现了一种网络鼠标。所谓网络鼠标就是在鼠标上添加了一个或多个滚轮,通过它们可以直接卷动网页及文档,非常方便。

3.4.3 键盘、鼠标常见故障及维修实例

1. 键盘常见故障分析与解决

(1) 开机后键盘不接受输入,显示故障代码301。对于此类问题,应首先检查主机箱上键盘插座的电源电压是否正常。然后打开键盘,检查连接电缆的情况。开机,用示波器或逻辑笔检查电缆1、2脚的信号输出。如按键时无信号输出,表明问题在键盘。这时再检查键盘内部单片机8048的12~18脚有无信号输出,21脚和39脚信号

有无变化，以确定8048芯片的好坏。如果不按键时39脚有信号发出，应检查译码器的输出是否正常。如果输出逻辑状态正常，问题可能出在键盘按键上，认真检查各个按键，即可排除故障。

(2) 开机后死锁，显示故障代码为300。这种问题一般是由于灰尘渗入按键内部所造成，可将键盘拆开，用脱脂棉蘸酒精擦拭某些接触不良的按键。

(3) 按键后显示错误的字符或乱码。这种问题一般是由键盘内部的逻辑电路出错所导致的，可重点检查键盘上的控制芯片及接口芯片。

(4) 按键失灵或出现串码。所谓按键失灵是指按下键后屏幕无任何反应；所谓串码是指按键后，屏幕上连续出现同一字符，有时还伴有扬声器的蜂鸣声。造成这种故障的原因是按键内部接触不良。对于电容型键盘，可将键盘拆开，用脱脂棉蘸酒精擦拭相关键位下的导电橡胶；对于机械式键盘，可将键盘拆开，焊下相关键位上的键芯，调整其内部簧片。

2. 鼠标常见故障分析与解决

(1) 机电式鼠标指针移动不灵活。这种情况多是因为工作环境不清洁、鼠标内部灰尘或污物较多所致。将鼠标翻转，按照箭头指示的方向旋转活动底板，取下橡胶球，清洗晾干，并将滚轴上的灰尘擦净，重新装好即可恢复正常。

(2) 鼠标使用不灵活或系统找不到鼠标。这种情况一般是由鼠标电缆在鼠标根部有断线所致。打开鼠标外壳，用万用表欧姆挡检查鼠标电缆中的四根芯线是否能与鼠标插头一一对应接通。检查时可以不断扭动电缆根部以观察有无时通时断的现象。一旦确定故障部位，最简便的解决办法是将鼠标根部的电缆剪断一厘米，然后剥开电缆的四根芯线，重新焊接在鼠标内部的四线插头上。

(3) 鼠标微动开关损坏或失灵。此类故障的具体表现通常为：鼠标可以定位，但按下鼠标键后不能执行相应的命令。在鼠标的故障中，微动开关的损坏率是较高的，特别是鼠标左键下的微动开关。对于此类故障的一般处理方法是更换微动开关或更换新的鼠标。如果故障鼠标是三键鼠标，因其中间的键基本无用，所以可以拆下中间按键下的微动开关替换损坏的微动开关。方法如下：

① 拧开鼠标的固定螺丝，打开鼠标。有些鼠标没有固定螺丝，可用螺丝刀将其撬开；还有些鼠标的固定螺丝位于商标贴或保护绒条下面，要先将其揭开才能找到固定螺丝。

② 取下鼠标电路板，可看到三个相同的微动开关一字排列焊在电路板的顶端，如图3.18所示。

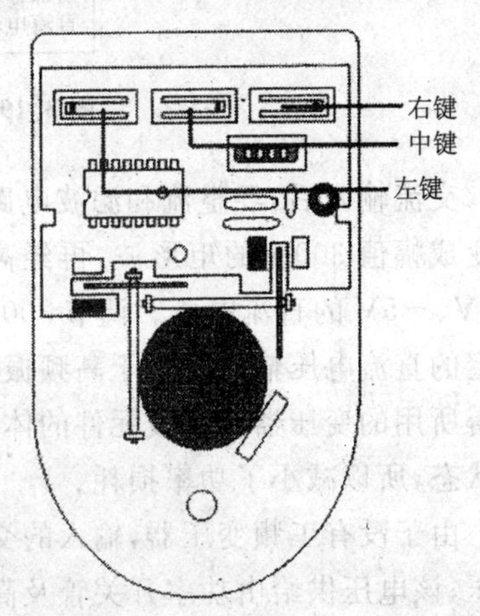

图3.18 鼠标的微动开关

③ 焊下中间的微动开关与损坏了的微动开关，将其对调。应注意：一定要将电烙铁可靠接

地，在焊接过程中电烙铁应断电。

④ 将鼠标复原、连接，完成检修。

(4) 光电鼠标光电检测器件故障。如果光电检测器件(发光二极管、光敏三极管)出现问题，将导致光电鼠标指针失灵。可用万用表检测光敏三极管的输出端来判断故障所在：用黑纸遮住发光二极管，用外加光源断续照射光敏三极管，测其输出电压是否变化。若有变化，则表明发光二极管损坏；若无变化，则表明光敏三极管损坏。定位故障后，用好的器件替换即可。

3.5 微机电源

计算机电源的功能是将交流市电转换成计算机工作所需要的、稳定且安全的低压直流电。台式机的电源部分通常被做在一个铁盒子中，因此又被称作“电源箱”。

早期的台式机(486 以前)大多均采用 AT 电源，现在的台式机主要使用 ATX 电源。ATX 电源是在 AT 电源的基础上发展而来的，工作原理与 AT 电源基本相同，但控制方式与功能更丰富一些，输出直流电压的种类也比 AT 电源多。

3.5.1 AT 电源与 ATX 电源的工作原理

1. AT 电源

AT 电源是一种脉宽调制变换型开关直流稳压电源，由输入电路、功率变换电路、控制电路、保护电路以及主机启动电路等构成。工作原理框图如图 3.19 所示。

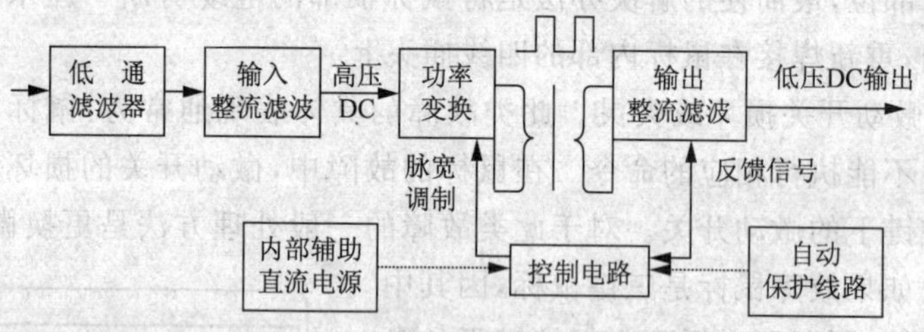

图 3.19 AT 开关电源工作原理

交流输入后，经整流和滤波电路变成 300V 直流电压，该直流电压通过高频振荡器变成幅值 300V 的矩形波，再经高频变压器降压及整流滤波，输出＋12V、－12V、＋5V、－5V 的直流电压。调节 300V 矩形波的占空比即可调节直流输出值，从而得到稳定的直流电压输出。由于高频振荡器的振荡频率比输入的交流电压的频率高得多，使得所用的变压器及滤波元件的体积、重量大大减小；振荡器中的三极管均工作在开关状态，所以减小了功率损耗。

由于没有工频变压器，输入的交流电经低通滤波后直接整流变换成未调整的直流电压，该电压供给由功率开关管及高频变压器组成的功率变换电路。开关管由脉宽调制控制集成电路发出的驱动脉冲信号触发，通过开关管的通断变换，将直流电压变换成较高频率的交变矩形波电压(这种变换称为逆变),经高频变压器将此电压降低到各挡需要的电压值,然后经高频二极管整流以及L、C平滑滤波后送至负载。

脉宽调制控制集成电路的作用除了提供功率开关管基极驱动脉冲外,还要对输出电压取样并经放大器放大后再和锯齿波进行比较,以调制输出脉冲的脉宽。控制脉冲的脉宽可以改变功率开关管的导通时间,以改变输出电压的大小,实现输出电压的调节。辅助电源提供控制电路的自用电源,可以通过一个小变压器整流获得,也可以取低压整流滤波后的直流电压再经变换后得到。过流保护及过压保护环节是在电源发生故障或负载出现异常时提供对开关管的保护作用。

3.3V	11	1	3.3V
−12V	12	2	3.3V
COM	13	3	COM
PS-ON	14	4	5V
COM	15	5	COM
COM	16	6	5V
COM	17	7	COM
-5V	18	8	PW-OK
5V	19	9	5VSB
5V	20	10	12V

图3.20 ATX电源输出接口示意图

2. ATX电源

ATX电源比AT电源具有更多的功能,如远程唤醒、自动关机等。ATX 电源引脚为20脚,其中第一脚为方形,其余为圆形,引脚排列如图3.20所示,各引脚的定义见表3.3。

表3.3 ATX电源引脚定义

引 脚	名 称	说 明
1	3.3V	提供+3.3V电源
2	3.3V	提供+3.3V电源
3	GND	地线
4	5V	提供+5V电源
5	GND	地线
6	5V	提供+5V电源
7	GND	地线
8	PW-OK	Power OK,指示电源正常工作
9	5VSB	提供+5V Stand by电源,供电源启动电路用
10	12V	提供+12V电源
11	3.3V	提供+3.3V电源
12	−12V	提供−12V电源
13	GND	地线
14	PS-ON	电源启动信号,低电平-电源开启,高电平-电源关闭
15	GND	地线
16	GND	地线
17	GND	地线
18	−5V	提供−5V电源
19	5V	提供+5V电源
20	5V	提供+5V电源

与AT电源相比,ATX电源增加了+3.3V、−3.3V、+5VSB和PS-ON几个输出。其中+3.3V输出主要是供CPU用,而+5VSB、PS-ON输出则体现了ATX电源

的特点。ATX电源的核心电路如图3.21所示。

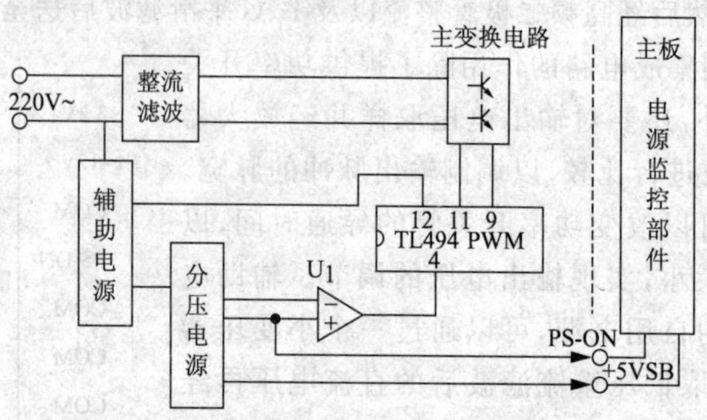

图3.21 ATX电源核心电路

ATX电源有别于AT电源的一个主要的特点在于它不采用传统的市电开关来控制电源是否工作，而是采用+5VSB和PS-ON信号的组合来实现电源的开启和关闭。只要控制PS-ON信号电平的变化，就能控制电源的开启和关闭。PS-ON小于1V时开启电源，大于4.5V时关闭电源。

ATX电源的主变换电路与AT电源相同，也是采用“双管半桥它激式电路”，脉宽调制控制器同样采用TL494控制芯片，但取消了市电开关，所以只要接上电源线，在变换电路上就会有+300V直流电压，同时辅助电源也向TL494提供工作电压，为启动电源做好准备。ATX电源的特点就是利用TL494提供触发脉冲提供给开关管，使电源进入正常工作状态。

由于ATX电源的开关受控于主板的电源监控部件，所以当ATX主机出现无法加电的故障时，不能立刻确定故障是电源本身还是主板的“电源监控部件”，这是在维修时需要注意的。

3. 电源功率与台式机主要部件的功耗

对于台式机来说，许多看似奇怪的故障往往与电源的功率不足有关。最典型的例子就是当台式机添加了第二块硬盘或第二个光驱或者换了更大功率的显卡之后，系统开始表现得不稳定，如无故死机或无规律重启、光驱读盘性能下降等。造成此类故障的最大可能就是电源功率不足。表3.4列出了一些台式机主要部件的功耗，供读者参考。

表3.4 ATX电源引脚定义

部　件	功率(W)	使用电压(V)
AGP显卡	20～50	+3.3
PCI扩展卡	5	+5
软驱	5	+5
52X CD-ROM	10～25	+5和+12
16X DVD-ROM	10～25	+5和+12
40X CD-RW	20	+5和+12

续表 3.4

部 件	功率(W)	使用电压(V)
内存	8～10	+3.3
5400 转 ATA 硬盘	5～11	+5 和+12
7200 转 ATA 硬盘	5～15	+5 和+12
10000 转 SCSI 硬盘	10～40	+5 和+12
主板(无任何配件)	20～30	+3.3 和+5
AMD Athlon 1500+～1900+ CPU	49	+12
AMD Athlon 2200+～2700+ CPU	62	+12
AMD Athlon 2500+～2900+ CPU	69	+12
Intel P4 533 FSB CPU	64	+12
Intel P4 533 FSB HT CPU	82	+12
Intel P4 800 FSB HT CPU	89	+12

3.5.2 微机电源维修

1. ATX 电源典型故障分析

采用 ATX 电源的台式机出现供电方面的故障时，可从 CMOS 设置、Windows 中 ACPI 的设置以及电源和主板等几个方面进行分析。

(1) 主机加电无反应。用万用表测量+5VSB，如果该电压值正常且稳定，而主板反馈信号 PS-ON 始终为高电平，则可能是主板上的开机电路损坏或电源启闭按钮损坏；如果上述两者均为正常而主电源仍无输出，则可能是开关电源主回路损坏或因负载存在短路或空载而进入保护状态。

(2) 无法关闭主机。无法关闭主机的原因可能有以下两种：

· 电源按钮失灵。在这种情况下，不仅不能关机，开机也会有问题。

· 主板上的电源监控电路故障，PS-ON 信号恒为高电平。

(3) 主机自行开机。主机自行开机有以下有种情况：

① 用户在 BIOS 设置中将定时开机功能设为 Enabled。这会使得机器在设定的某个日期的某个时刻或每天的某个时刻自动开机。另外，如果用户在 BIOS 设置中启用了“来电自动开机功能”，也会导致机器一接通交流电源即自行开机。如果用户不了解机器本身所具有的这此功能，往往会以为主机电源发生了故障。

② 如果确定 BIOS 中关闭了定时开机功能和来电自动开机功能，机器只要接通交流电源还会自行开机，就可以断定是硬件故障。故障原因可能有三种：第一种情况是电源本身的抗干扰能力较差，交流电源接通瞬间产生的干扰使其主回路开始工作；第二种情况是+5VSB 电压低，使主板送不出应有的高电平，而总是为低电平，这样机器不仅会自行开机，还会关不掉；第三种是来自主板的 PS-ON 信号质量较差，特别在通电瞬间，该信号由低电平变为高电平的延时过长，直到主电源准备好了以后，该信号仍未变为高，使 ATX 电源主回路误导通。

(4) 休眠与唤醒功能异常。休眠与唤醒功能异常的具体表现为：不能进入休眠状态或休眠后不能唤醒。出现这些问题时，首先要检查硬件的连接(包括休眠开关的连接是否正确，开关是否失灵等）和PS-ON信号的电压值。进入休眠状态时，PS-ON信号应为低电平（0.8V以下）；唤醒后，PS-ON信号应为高电平（2.2V以上）。如果PS-ON信号正常，而休眠和唤醒功能仍不正常，则为ATX电源故障。

（5）电源故障引起的其他部件异常。有经验的维修人员，在遇到主板、内存、CPU、板卡、硬盘等部件工作异常或损坏故障时，通常要先测量电源电压。正常的工作电压是机器可靠工作的基本保证，而很多莫名其妙的故障往往都电源故障间接所导致的。例如，一台机器的故障现象为系统找不到硬盘，通过替换测试，确信硬盘是好的。进而判断为主板上的IDE接口损坏，用一块多功能卡代替，系统仍然找不到硬盘。后来，经测量电源电压，发现其+12V电压输出实际上只有10V左右。在这样低的供电电压下，硬盘达不到额定转速，自然不能工作。

因此，如果机器中发生了硬件损坏的情况，应首先确定电源没有问题，然后才能更换新的部件。否则，很可能导致部件再次因电源故障而间接损坏。

2. 电源故障定位的几种方法

当电源发生故障后，可参照原理图用万用表、示波器等设备针对故障进行检查，查出有故障的元件后，换上好的元件。对于大多数故障来说，这种方法是一种有效的检查方法，但这种方法耗费时间较长，尤其是对于一些需要焊开才能确定故障的元件。下面介绍一些在实际工作中总结出的效率较高的方法。

（1）如何判断是否电源故障。为了区别故障在负载上还是在电源本身，可以将电源拆下来，用一台报废的设备（如硬盘或光驱等）作假负载，以免出现空载保护。在PS-ON信号线（绿色）与地线之间接入一只100～150Ω的电阻，使该信号变为低电平。对电源加电，如果电源可以工作，说明故障在主板或电源按钮，否则故障在电源自身。

（2）通过观察找出受损元件。在确定电源部分有故障后，打开电源外壳，仔细查看有无明显故障的元件，特别是查看有无焦黑、爆裂、变色或变形的元件，以及明显的虚焊点、短路点等。

首先查看保险丝。开关电源损坏，保险丝已烧的占80%。如果发现保险管发黑、有亮斑，这多为严重短路所致。如保险丝完好，再查看其他故障，一般有以下三种情况：

① 桥式整流电路中的某个二极管被击穿。由于电源的高压滤波电容一般都是220μF左右的大容量电解电容，瞬间充电电流可达20A以上，所以瞬间大容量的浪涌电流会造成整流电路中某个质量较差的整流管过流工作，尽管有限流电阻限流，有时也会使整流管击穿，进而造成保险丝烧毁。

② 高压滤波电解电容被击穿。台式机开关电源中的大容量电解电容的耐压一般在220V左右，而实际工作电压均已接近额定值，当输入电压发生波动或某些电解电容质量较差时，很容易发生电容被击穿的现象。因此，在实际维修时，更换电容最好选择耐压高的电容。

③ 功率开关管损坏。由于高压整流后输出的电压一般达300V左右，功率开关管工作于高压、大电流状态，再加上功率开关管的负载又是感性负载，漏电所形成的电

压峰值可使功率开关管的 V_{CC} 值接近 600V。因此当输入电压偏高时，某些质量较差的开关管会发生发射极与集电极之间的击穿现象，从而烧毁保险丝。

(3) 测量输入电阻。通过测量输入电阻的正反向电阻值，可以大致判断出功率变换电路及其以前元件的损坏情况。一般台式机开关电源正常工作时，输入部分正反向电阻值应大于 200kΩ。如果测量时短路或电阻值很小，那么不是滤波电容被击穿，就是整流电路的一对二极管被击穿。如果测得一个方向只有几十 kΩ 的电阻值，则一般是整流桥一臂或半桥式开关管被击穿。

(4) 测量输出电压。如果开关电源可以加电，可通过测量输出电压是否正常来确定故障点。为了防止空载引起过压保护，可在＋5V 输出端加一只 5Ω/10W 左右的电阻，再检查输出电压(＋5V、－5V、＋12V、－12V 和 3.3V)是否正常。哪一路不正常，可重点检查对应的电路。

(5) 检查辅助电路。在加电无输出时，可从振荡源、保护电路等入手进行检查。脉宽调制式开关电源一般都有可靠的过压、过流等安全保护电路。实践经验表明，由辅助电路引起的故障也占一定比例。

开关电源处于自动保护状态的条件有几种：＋5V 电压输出空载或负载电流过小；输出电压有一组以上发生故障或对应负载过重；电源电压过低(一般小于 150V)；检测或保护电路故障。

(6) 冷却定位法。有些开关电源在刚开机时尚能正常工作，但工作一段时间后就开始出现故障，严重时甚至导致系统死机。这种故障的原因一般是由于某些元件的热稳定性不好，受热后参数改变而引起的。对于这类故障，可首先开启机器进行观察，待故障出现时利用酒精棉球擦拭可疑元件的表面，以加速该元件的散热。如擦拭某元件时故障消失，则说明故障根源可能在此，更换此元件即可。

第 4 章　微机系统维护

4.1　微机系统拆装

4.1.1　台式机外观与接口

以联想开天 S 系列台式机为例，该系列台式机采用了可立可卧的 Mini-ATX 机箱，机箱前面板如图 4.1 所示，后面板如图 4.2 所示，主机面板上的指示灯含义如图 4.3 所示，各种接口的详细图示如图 4.4 所示。

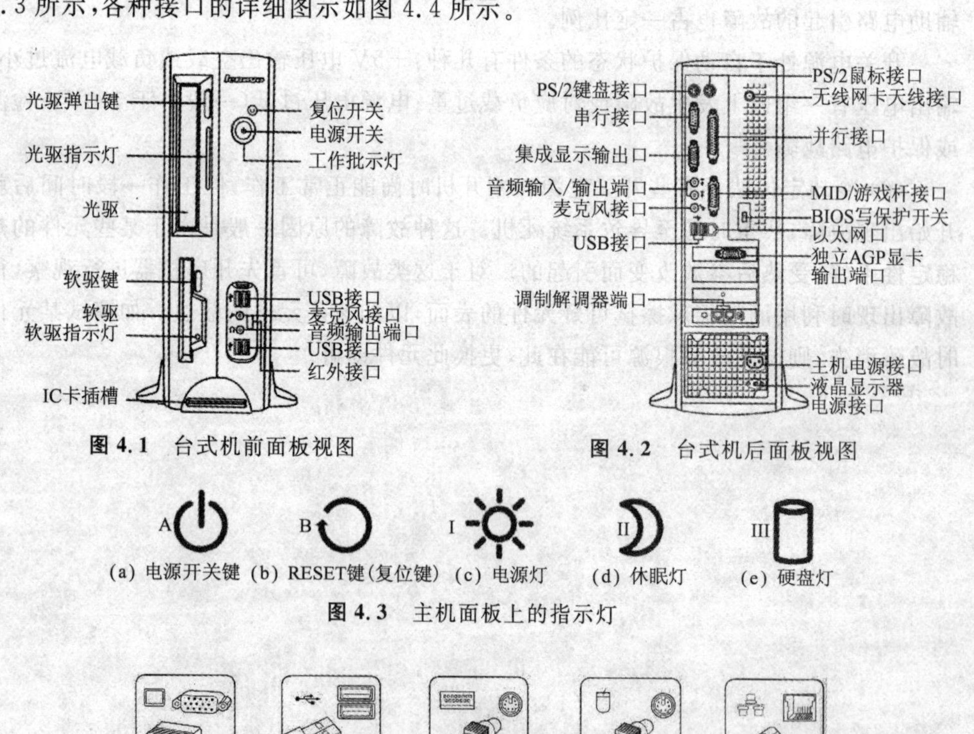

图 4.1　台式机前面板视图

图 4.2　台式机后面板视图

图 4.3　主机面板上的指示灯

图 4.4　各种接口的详细图示

4.1.2 台式机硬件组装流程

1. 了解机箱内部结构

台式机机箱的整个机架一般由金属构成，内部包括5in固定架（用于安装光驱和5in硬盘等）、3.5in固定架（用于安装软驱、3.5in硬盘等）、电源固定架（用于固定电源）、底板（用于安装主板）、槽口（用于固定各种插卡）、PC喇叭、连接线（用来连接各信号指示灯以及开关电源）和塑料垫脚等。

(1) 驱动器托架。驱动器舱前面都有挡板，在安装驱动器时可以将其卸下，设计合理的机箱前塑料挡板采用塑料倒钩的连接方式，方便拆卸和再次安装。

(2) 机箱后的挡片。机箱后面的挡片，也就是机箱后面板卡口，主板的键盘口、鼠标口、串并口、USB接口等都要从这个挡片上的孔与外设连接。

(3) 信号线。在驱动器托架下面，可以看到从机箱面板引出的Power键、Reset键以及一些指示灯的引线，还有一个名为PC Speaker的小型喇叭（用来发出提示音和报警）的引线，主板上有与这些引线相对应的插座。

有些机箱下部有个用于安装机箱风扇的白色塑料小盒子，塑料盒四面采用卡口设计，只需将风扇卡在盒子里即可。部分体积较大的机箱还会预留机箱第二风扇、第三风扇的位置。

2. 安装电源

机箱中放置电源的位置通常位于机箱尾部的上端。电源末端四个角上各有一个螺丝孔，一般呈梯形排列。可先将电源放置在电源托架上，并将4个螺丝孔对齐，然后再拧上螺丝，如图4.5所示。

在安装电源过程中，几个螺丝先不要上紧，要等所有螺丝都到位后再逐一上紧。安装硬盘、光驱等配件时也是一样。

3. 安装主板

以普通的立式机箱为例，机箱内部的一侧面板上有若干用于固定主板的螺钉孔。在主板周围和中间有一些安装孔，这些安装孔和机箱内侧面板的螺钉孔相对应。

安装主板时，先将机箱卧倒，在机箱内侧面板上安装铜质或塑料的膨胀螺钉（位置要与主板上的安装孔相对应），然后把主板固定到上面。

安装主板时要注意：要让主板的键盘口、鼠标口、串口、并口、网卡接口、USB接口等和机箱背面挡片的孔对齐，主板要与侧面板平行，决不能搭在一起，否则容易造成短路。另外，主板上的安装孔附近有信号线的印制电路，在与机箱底板相连接时应注意主板不要与机箱短路。如果主板安装孔未镀绝缘层，则必须加垫绝缘垫圈。

接下来，就是给主板插上供电插座。从机箱电源输出线中找到电源线接头，在主板上找到相应的电源接口，如图4.6所示，把电源插头插在主板上的电源插座上，并使两个塑料卡子互相卡紧，以防止电源线脱落。

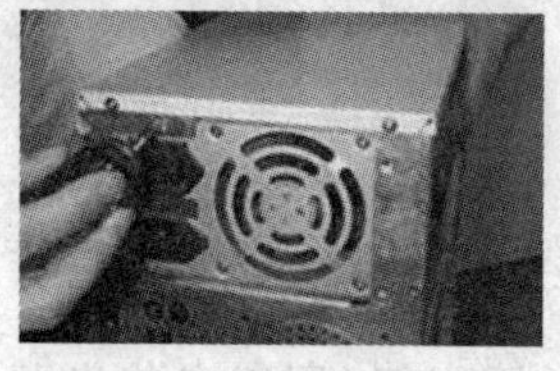
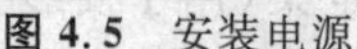

图 4.5 安装电源

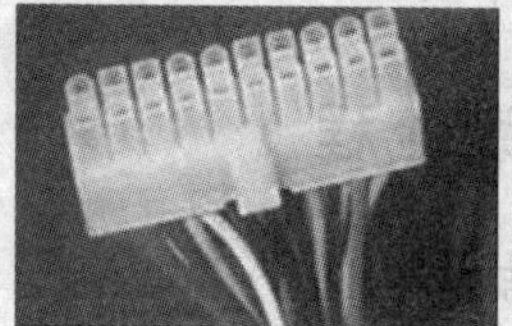

图 4.6 电源插头与主板上的电源接口

目前大多数主板都能够自动识别 CPU 类型,并自动配置电压、外频和倍频等,所以安装主板时一般不需再进行跳线设置。对于有些需要设置跳线的旧主板,可根据主板说明书进行。

4. 安装 CPU 及散热风扇

目前,台式机主板上的 CPU 插槽有 Socket 7、Socket 370、Slot 1、Slot A、Socket 423 和 Socket 478、Socket A、LPG775 等几类,除了 Slot 1、Slot A(此两种不是主流,已退出市场)插槽以外,Socket 插槽一般都是先拉起手柄,把 CPU 放下去,然后再把手柄压下去即可。具体方法如下:

(1) 将主板上的 CPU 插座侧面的手柄拉起,准备安装 CPU,如图 4.7 所示。

(2) 将 CPU 插入到插槽中,此时应注意安装方向。在 CPU 的一角有一个三角形的标识,主板上 CPU 插座的相应位置上也会有一个三角形的标识。在安装时,要注意将这两个三角形标识对齐。

(3) 轻轻按下 CPU,使每个针脚都顺利插入到针孔中。要注意放到底,但也不要太过用力,以免弄坏 CPU 针脚。确认 CPU 已经插好后,将金属手柄压下并恢复到原位,使 CPU 牢牢固定在主板上。

(4) 在 CPU 的核心上涂上散热硅胶,如图 4.8 所示。其作用是让 CPU 和散热器能良好地接触,不需要太多,涂上一层就可以了。

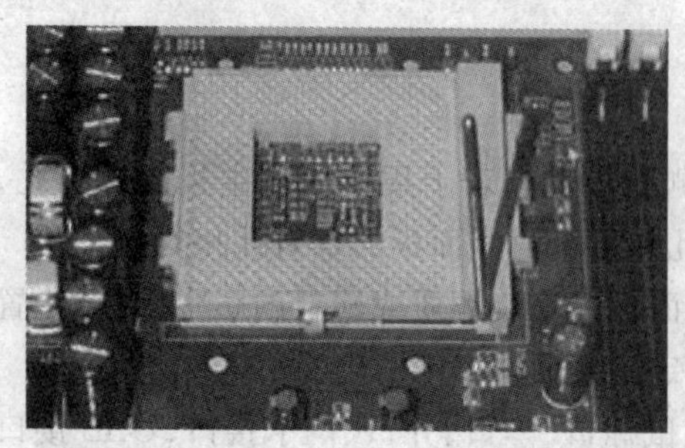

图 4.7 扳起 CPU 插座旁边的手柄

图 4.8 在 CPU 核心上涂上散热硅胶

(5) 市场上的 CPU 散热风扇绝大多数都是卡夹式,这种散热风扇利用一根弹性钢片来固定整个风扇。轻轻地将散热风扇和 CPU 的核心接触在一起,千万不要用力去压,接着将扣子扣在 CPU 插槽的突出的位置上,最后扣上另一头卡子。

(6) 安装风扇后,还要给风扇接上电源。电源的接法有两种,一种是从电源输出线中任意找一个 D 型插头与风扇电源线连接,另一种形式的安装是把插头插到主板提供的专用插槽上。具体情况可根据风扇的类型以及主板的类型来决定(主板说明书中一般都有说明)。

5. 安装内存条

在安装内存条时,一定要注意其金手指缺口和主板内存插槽口的位置相对应,并且内存条下面的两边是不对称的,其中一边多一个缺口,因此在安装的时候要看清楚了再放下去,如图4.9所示。

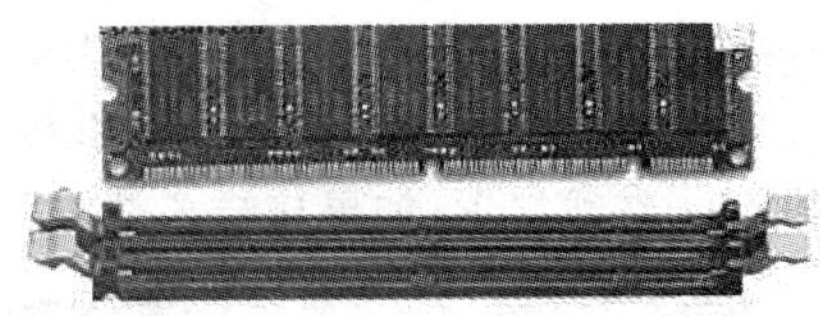

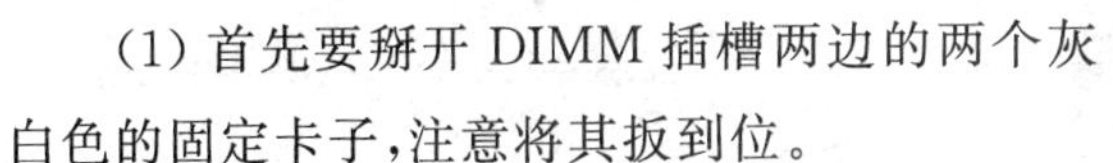

图4.9　168线内存条及插槽

以安装DDR内存条为例,其具体的操作步骤如下:

(1) 首先要掰开DIMM插槽两边的两个灰白色的固定卡子,注意将其扳到位。

(2) 将内存条的两个凹口对准DIMM插槽的两个凸起的部分,均匀用力插到底,将内存条压入插槽内即可,同时插槽两边的固定卡子会自动卡住内存条。这时可以听见插槽两侧的固定卡子复位所发出“咔”一声响,表明内存条已经完全安装到位。

6. 安装扩展卡(显卡、声卡、网卡等)

安装扩展卡就是将显卡、声卡、网卡等外设适配卡安装到台式机主板的相应插槽中,其方法大同小异。以下以安装AGP显卡为例:

(1) 先将机箱后面的APG插槽挡板取下。

(2) 将显卡插入主板AGP插槽中,在插入的过程中,要把显卡以垂直于主板的方向插入AGP插槽中,用力适中并要插到底部,保证显卡底边的金手指与插槽良好接触。显卡挡板与主板键盘接口在同一方向,双手捏紧显卡边缘竖立向下压。

(3) 显卡插入插槽中后,用螺丝固定好显卡的尾钩,如图4.10所示。

7. 安装硬盘

详见3.1.2节。

8. 安装光盘驱动器

台式机常用的光盘驱动器包括CD-ROM、DVD-ROM和刻录机等,其外观与安装方法都基本一致。光驱按连接方式上可分为内置式光驱和外置式光驱两种。内置式光驱可直接安装于机内的驱动器支架上,外置式光驱带有自己的机壳、电源,通过USB、SCIS等接口与主机交换数据。

内置式光驱的安装步骤如下:

(1) 检查光驱的“主/从”盘设置。如果光驱独占一个IDE接口,光驱的“主/从盘”设置是无关紧要的。如果光驱与另一个光驱或硬盘共用同一个IDE接口,则应确保二者一为主盘、另一个为从盘。

(2) 从机箱的面板上取下一个5in槽口的塑料挡板,用该槽口来装光驱。为了散热,应尽量把光驱安装在最上面的位置。先把机箱面板的挡板去掉,然后把光驱从前面放进去。

(3) 在光驱的每一侧用两颗螺丝初步固定，先不要拧紧，这样可以对光驱的位置进行细致的调整，等光驱面板与机箱面板平齐后再上紧螺丝。

(4) 连接音频线、电源线与数据线，如图4.11所示。注意数据线的方向不要接反。音频线的两端按标记分别插入光驱的Audio Out和声卡上的CD IN中。光驱的Audio Out插座和声卡上的CD IN插座内均有四根线柱，每根线上分别标有G(地)、L(左声道)和R(右声道)。音频线缆一般由四根线组成，连接时，两根黑线应接G，白线接L，红线接R，如果接错了就有可能没有声音或者左右声道反向。

图4.10 用螺丝固定显卡

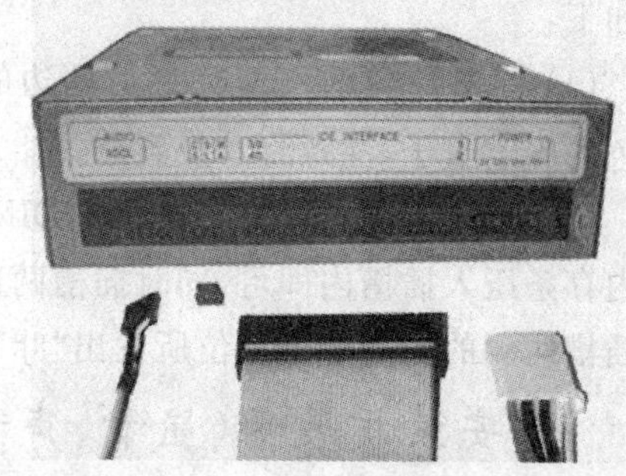

图4.11 光驱的连线(音频线、电源线与数据线)

(5) 以上工作完成后，重新检查一遍，如果一切正常，即可加电启动机器。Windows系统会自动识别光驱。

9. 机箱内部连线

至此，机箱内的主要配件就全部装好了，接下来是连接数据线及电源线。

(1) 把硬盘数据线插入主板的IDE接口中。如果只有一个硬盘和一个光驱，而且为了防止跳线的麻烦，可以让光驱和硬盘各单独使用一个IDE接口。

(2) 连接各驱动器的数据线。先把光驱的数据线插上，插数据线和电源线的时候，要使数据线有红色的一边与电源线的红线靠在一起。

(3) 接着把软驱的数据线插上，同样要注意数据线的方向。提示：有些软驱的数据线也可能不是有颜色的一边靠近电源线一边，假如方向错的话，会比较难插进去，即使插进去了，软驱灯也会一直亮着。

(4) 然后是连接各部件的电源线。依次是连接CPU风扇电源(前面的内容中已经提及具体的安装方法)、连接硬盘电源线、光驱电源线和软驱电源线。

图4.12 机箱内部的各种信号线接头

在机箱面板内还有许多线头，它们是一些开关、指示灯和PC喇叭的连线，需要接在主板上，如图4.12所示。这些接线的功能及安装方式简介如下：

- Power LED：连接电源指示灯。电源指示灯的接线只有1、3位，1线通常为绿色，在主板上接头通常标为 POWER LED。连接时注意绿线对应第 1 针。当它连接好后,计算机一打开,电源指示灯就一直亮着,表示电源已经打开了。

· RESET SW:连接 Reset(复位)按钮。Reset 连接线为两芯接头,一端连接机箱上的 Reset 按钮,另一端接到主板的 Reset 插针上。主板上 Reset 针的作用是这样的:当它们短路时,计算机就会重新启动。Reset 按钮是一个开关,按下时产生短路,松开时又恢复开路,瞬间的短路就可以使计算机重新启动。

· SPEAKER:连接 PC 喇叭。这是一个 4 芯接头,实际上只有 1、4 两根线有用,它连接到主板的 SPEAKER 插针上(在主板上有标记)。在连接时注意红线对应"1"的位置,该接头具有方向性,必须按照正负极连接才可以。

· H. D. D LED:连接硬盘指示灯。在主板上这样的接头通常标着 IDE LED 或 H. D. D LED 字样,硬盘指示灯连线为两芯接头,一线为红色,另一线为白色,一般红色(深颜色)表示为正,白色表示为负。在连接时要红线对应第 1 针上。注意:这条线接好后,当计算机读写硬盘时,机箱上的硬盘指示灯会亮,但这个指示灯只对 IDE 硬盘起作用,对 SCSI 硬盘将不起作用。

· PWR SW:连接计算机开关。ATX 结构的机箱上有一个总电源的开关接线,这是一个两芯的接头,它和 Reset 接头一样,按下时就短路,松开时就开路,按一下计算机的总电源就开通了,再按一下就关闭。但是,用户可以在 BIOS 设置里设置为关机时必须按电源开关四秒钟以上才能关机,或者根本就不能靠开关来关机,而只能靠软件来关机。

从面板引入机箱中的连接线中找到标有 PWR SW 字样的接头(有的主板标示为 S/B SW 等),这便是电源的连线了,然后在主板信号插针中,找到标有 PWRBT(或 PW2,因主板不同而异)字样的插针,然后对应插好就可以了。

除服务器之外,一般台式机机箱内部的空间并不宽敞,加之各种部件发热量都比较大,如果机箱内没有一个宽敞的空间,会影响空气流动与散热,同时容易发生连线松脱、接触不良或信号紊乱等现象。通过整理机箱内部连线,不仅有利于散热,而且也方便日后各项添加或拆卸硬件的工作。整理机箱内部连线的方法如下:

(1) 整理面板信号线。面板信号线都比较细,而且数量较多,平时总是乱作一团。将这些线用手理顺,然后折几个弯,再找一根塑料捆绑绳将它们捆起来即可。

(2) 整理电源线。用手将电源线理顺,将不用的电源线放在一起,避免它们散落在机箱内。

(3) 固定音频线。CD 音频线最好单独固定在某个地方,并且尽量远离电源线,以避免干扰。

(4) 整理 IDE、FDD(软驱)数据线。IDE、FDD 线一般都比较长,过长的线不仅多占空间,还影响信号的传输。如果实际上用不了这么长的线,可根据情况截去一部分。

4.2 CMOS/BIOS 参数设置

BIOS(Basic Input Output System,基本输入输出系统)是微机中最基础的一组程序，通常固化在主板上的Flash ROM芯片（早期为EPROM芯片）中。这组程序包括基本I/O程序、系统设置信息、开机加电自检程序和系统启动自举程序等。

BIOS不同于一般的系统程序或应用程序，它是沟通软件程序与硬件设备的“桥梁”，为微机提供最底层、最直接的硬件控制。

4.2.1 BIOS功能简介

1. 自检及初始化程序

自检及初始化程序负责启动微机，包括三个部分：加电自检、初始化、引导程序。

(1) 加电自检。微机启动后，BIOS首先要对系统硬件进行全面检测，这个过程称为加电自检(Power On Self Test，POST)。完整的自检包括对CPU、640KB基本内存、1MB以上的扩展内存、主板、CMOS存储器、ROM、串口、显卡、软/硬盘子系统及键盘的测试。在检测过程中如果发现非严重故障，自检程序会给出屏幕提示或响铃报警；如果故障现象严重，系统将停机并且无法给出任何提示。

(2) 初始化。初始化包括创建中断向量、设置寄存器以及对一些外部设备进行初始化和检测等，该过程需要用到BIOS设置中的硬件设置参数。微机启动时会读取这些参数，按照BIOS设置中的启动顺序搜寻软、硬盘驱动器及CD-ROM、网络服务器等有效的启动驱动器，并将实际硬件和读出的参数进行比较，如果发现二者不符合，则会按照设定的方式停止启动或继续启动系统；如果没有不符，则将硬件设置为备用状态。

(3) 引导程序。引导程序的功能是引导DOS或其他操作系统。BIOS先从软盘或硬盘的引导扇区读取引导记录，如果没有找到，则会在屏幕上给出提示信息，提示用户没有找到引导设备；如果找到引导记录，则BIOS会把微机的控制权转给引导记录，由引导记录负责装入操作系统。

2. 硬件中断处理

硬件中断处理程序是BIOS的一个重要功能模块，它能够处理CPU发出的中断请求并提供相应的硬件服务。该模块可以让软件通过BIOS读取硬件配置参数，同时让硬件使用BIOS执行软件的指令，而这些工作都是通过中断来完成的。

“中断”的工作原理是：在微机开机时，BIOS会将各硬件设备的中断号告诉CPU，当用户在操作过程中发出使用某个硬件的命令后，CPU就会放下当前的工作，而根据该硬件的中断请求来完成该命令，处理完毕，再根据其中断号跳回原来的状态。所以中断是CPU协调外部设备工作的一种方式。

3. 程序服务请求

程序服务处理和硬件中断处理是两个独立的内容，但在功能上密切相关。程序服务处理主要是为应用程序和操作系统服务，这些服务的对象主要是输入/输出，例如读磁盘、将文件输出到打印机等。为了完成这些操作，BIOS通过各种端口向I/O设备发出命令，向其传送数据或从它们那里接收数据，使程序能够脱离具体的硬件操作。而硬件中断处理则分别处理微机硬件的需求，它与程序服务处理结合起来分别为软件和硬件服务，使微机系统正常运行。

4.2.2 CMOS/BIOS参数设置的主要内容

CMOS的本意是“互补金属氧化物半导体”(Complementary metal-oxide semiconductor)，是一种应用于大规模集成电路芯片制造的原料。在微机中，我们通常提到的CMOS是指一种用电池供电的、可读写的RAM芯片，在这块芯片中保存着所有系统硬件配置信息和用户对某些工作参数的设置。修改CMOS中各项参数的设置需要通过专门的设置程序，这个设置程序被集成在BIOS中，因此又被称为BIOS设置程序。

通常，当微机系统第一次加电、添加或减少硬件设备、CMOS RAM掉电后失去原来的内容或者是用户需要调整某些设置的参数时，需要运行BIOS设置程序来重新设置CMOS中的各项参数。BIOS设置的主要内容包括：

· 基本参数设置：包括设置系统时钟，以及启动时对自检所发现错误处理的方式。

· 磁盘驱动器设置：包括自动检测IDE接口、启动顺序、软盘硬盘的型号等。

· 键盘设置：包括加电自检时是否检测键盘、键盘类型、键盘参数等。

· 存储器设置：包括存储器容量、读写时序、奇偶检验、ECC检验、1MB以上内存测试等。

· Cache(缓存)设置：包括内/外Cache、Cache地址/尺寸、显卡的缓存设置等。

· ROM Shadow(影子内存)设置：包括ROM BIOS Shadow、Video Shadow、各种适配卡的Shadow设置。

· 安全设置：包括硬盘分区表保护、开机密码等。

· 总线周期参数设置：包括AT总线时钟、AT周期等待状态、内存读写定时、Cache读写等待、Cache读写定时、DRAM刷新周期及刷新方式等。

· 电源管理设置：包括进入节能状态的等待延迟时间、唤醒功能、IDE设备断电方式、显示器断电方式等。

· PCI局部总线参数设置：PCI局部总线参数设置涉及即插即用功能的实现，包括PCI插槽IRQ(中断请求)号、PCI-IDE接口IRQ号、CPU向PCI写入缓冲、总线字节合并、PCI-IDE触发方式、PCI突发写入、CPU与PCI时钟比率等。

· 板上集成接口设置：包括所有集成在主板上的外部设备接口的设置，即板上的FDC软驱接口、串行/并行端口、IDE接口的允许/禁止状态、I/O地址、IRQ及DMA设置、USB接口、IrDA接口等。

· 其他参数设置：包括快速加电自检、加电自检故障提示、A20地址线选择、系统引导速度等参数的设置。

不同主板的BIOS设置可能会略有不同，但整体上差别不大。

4.3 硬盘初始化

硬盘的初始化包括低级格式化、分区和高级格式化。低级格式化又称为物理格式化，其作用是在硬盘上划分出磁道和扇区，并在每个扇区的地址域上标注地址信息，设置硬盘的工作参数如交叉因子(Interleave)、坏磁道表(Bad tracks Table)等。硬盘在出厂时已由厂家进行过低级格式化，一般用户通常无须再对硬盘进行低级格式化。

4.3.1 硬盘分区

1. 硬盘分区原理

如果微机中只安装一种操作系统(例如 Windows)，硬盘分区的过程很简单。但是，如果需要安装多个操作系统(如同时安装 Windows 和 Linux)，操作起来就复杂一些，必须深入理解硬盘分区机制的一些细节。

每种操作系统都有自己在硬盘上存储文件的规则，不同的操作系统不能混在一起使用，分区功能为操作系统指定了其在硬盘上可使用的范围。

硬盘的分区有主分区、扩展分区和逻辑分区。主分区是包含操作系统启动所必需的文件和数据的硬盘分区，换言之，主分区可用来安装操作系统；扩展分区是指除主分区外的分区，但它不能直接使用，必须再将其划分为若干个逻辑分区才可使用。

一个硬盘至少应划分为一个主分区，最多可划分为四个分区。这四个分区可以划分成主分区或扩展分区，分配给不同的操作系统。例如：可以将整个硬盘划分为一个主 DOS 分区；也可将硬盘划分为一个主 DOS 分区和一个扩展 DOS 分区，并在扩展 DOS 分区中建立多个逻辑驱动器；还可以将硬盘划分为四个主分区，分别用于安装 Windows、Linux 等不同的操作系统。当硬盘中有多个主分区时，必须通过设置活动分区来决定用哪个操作系统来启动计算机。

四个硬盘分区的基本信息保存在硬盘的主引导记录(MBR)中。主引导记录位于硬盘的第一个物理扇区，即 0 面 0 柱 1 扇区，它是由低级格式化程序建立的，不属于任何分区。主引导记录由引导程序和分区表组成。主引导程序负责硬盘自检。分区表中含有各个分区的有关信息，如分区的起始及结束磁头号、柱面号、扇区号，分区是否为活动分区等。当没有建立分区时，相应的分区表为空。

分区是由各操作系统的分区程序完成的(例如，Windows 的分区程序为 FDISK)，分区程序向分区表中填写分区信息。分区之后，必须用相应操作系统的格式化命令进行高级格式化后硬盘才能使用。每个分区的第一扇区是相应操作系统的引导扇区，存放该分区的引导记录。例如，DOS 分区的引导记录又称为 DBR。

2. 硬盘分区格式的选择：FAT16、FAT32 和 NTFS

在对硬盘进行分区之前，还要决定选择哪种硬盘分区格式。分区格式是指该分区中的文件系统存储文件的方式，不同的操作系统所支持的分区格式也不尽相同。以 Windows 系统为例，常见的分区格式有 FAT16、FAT32 和 NTFS 三种。

FAT16 是 MS-DOS 和 Windows 95 操作系统采用的硬盘分区格式。它采用 16 位的文件分配表,分区容量最大为 2GB。FAT16 分区的缺点是硬盘利用效率低,这是因为在 DOS 和 Windows 系统中,磁盘文件的分配是以簇为单位的,一个簇只分配给一个文件使用,不管这个文件有多大。这样,即使一个很小的文件也要占用一个簇,从而导致磁盘空间的浪费。由于分区表容量的限制,FAT16 支持的分区越大,磁盘上每个簇的容量也越大,造成的浪费也就越大。

FAT32 采用 32 位的文件分配表,突破了 FAT16 的最大 2GB 硬盘分区容量的限制。FAT32 分区具有一个最大的优点:在一个不超过 8GB 的分区中,每个簇容量都被固定为 4KB,与 FAT16 相比,可以大大地减少硬盘空间的浪费。不过,由于文件分配表的扩大,采用 FAT32 格式的硬盘在运行时要比采用 FAT16 格式分区的硬盘略慢一些。

NTFS 本来是 Windows NT 专用的分区格式,但 Windows 2000/XP 也支持 NTFS。采用 NTFS 分区格式后,硬盘上的每个簇最小可划分至 512 字节。NTFS 最大的优点是出色的安全性和稳定性,在使用中不易产生文件碎片。

分区格式是由分区软件来决定的。如果使用 DOS 的 FDISK 程序,分区的格式只能是 FAT16;如果使用 Windows 98 的 FDISK 程序,分区的格式就可以支持 FAT32。

3. 硬盘分区的具体步骤

下面以 Windows 98 的 FDISK 程序为例,具体说明硬盘分区的步骤:

(1) 准备一张启动盘,上面要有分区程序 FDISK 和格式化程序 FORMAT。

(2) 用启动盘启动计算机,运行 FDISK 程序。FDISK 程序的主界面如图 4.13 所示。该界面主要提供四项功能:"1. 创建主 DOS 分区或逻辑 DOS 驱动器"、"2. 设置活动分区"、"3. 删除主分区或逻辑 DOS 驱动器"、"4. 显示分区信息"。当系统中的物理硬盘多于 1 个时,还会出现"5. Change Disk"(切换磁盘)

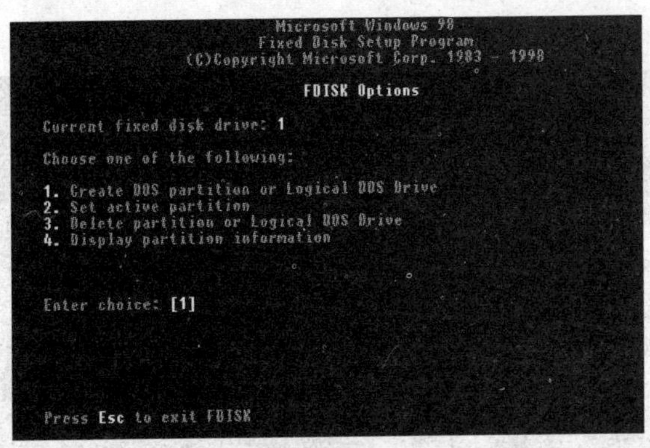

图 4.13　FDISK 主界面

(3) 删除分区。如果该硬盘曾经被分区过,需要将原分区删除后再重新划分分区。在 FDISK 主界面中选择"3"进入删除分区界面,如图 4.14 所示。删除原有分区时必须遵从这样的顺序:删除非 DOS 分区(选择“4”)、删除扩展分区中的逻辑 DOS 驱动器(选择“3”)、删除扩展 DOS 分区(选择“2”)、删除主 DOS 分区(选择“1”)。选择某项操作后,按照屏幕提示逐步进行即可,最后按 ESC 键返回上一级操作界面。

```
                    Delete DOS Partition or Logical DOS Drive
Current fixed disk drive: 1

Choose one of the following:

1. Delete Primary DOS Partition
2. Delete Extended DOS Partition
3. Delete Logical DOS Drive(s) in the Extended DOS Partition
4. Delete Non-DOS Partition


Enter choice: [ ]


Invalid entry, please enter 1-4.
Press Esc to return to FDISK Options
```

图 4.14 删除分区界面

(4) 创建分区。在 FDISK 主界面中上选择“1”进入创建分区界面,如图 4.15 所示。创建分区的顺序与删除分区的顺序正好相反,即先建立主 DOS 分区(选择“1”),再建立扩展 DOS 分区(选择“2”),最后再在扩展 DOS 分区中建立逻辑 DOS 驱动器(选择“3”)。

创建主 DOS 分区时,系统会询问是否将全部硬盘空间规划为一个主 DOS 分区。若选择 Y,分区后的硬盘将只使用一个盘符;若选择 N,系统会要求输入主 DOS 分区所占硬盘空间的大小(以 MB 为单位),然后根据输入值显示此分区的信息(主 DOS 分区的缺省盘符为 C)。创建完毕后,按 ESC 键返回创建分区操作界面。

如果主 DOS 分区没有占据全部硬盘空间,则可在剩余的硬盘空间中创建扩展 DOS 分区,然后再在扩展 DOS 分区中建立逻辑 DOS 驱动器(可建立多个,可分配的盘符为 D 至 Z)。

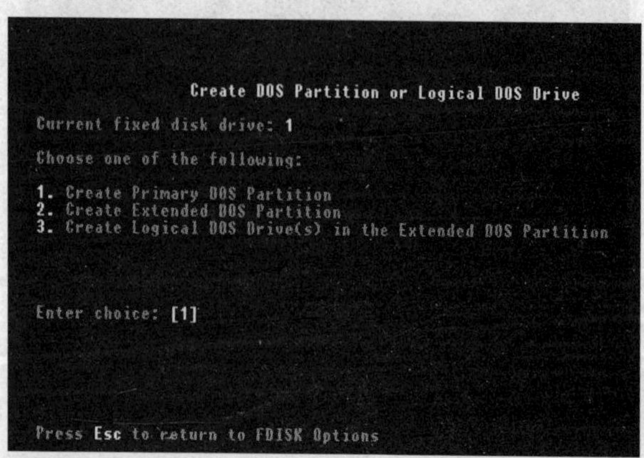

图 4.15 创建分区界面

(5) 激活分区。在建立分区后,在FDISK主界面中选择“2”,将主DOS分区设置为活动分区,以便计算机能够从该分区中的操作系统启动。

(6) 查看分区信息。在FDISK主界面中选择“4”可进入查看分区信息界面,如图4.16所示。在此界面中,如果继续选择Y,还可以查看扩展分区中的逻辑驱动器信息。

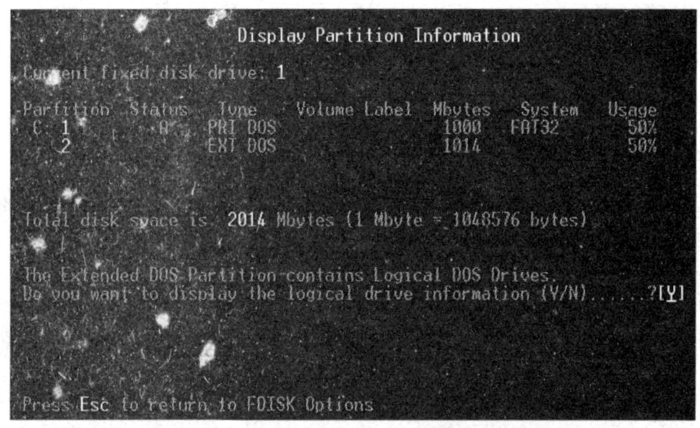

图4.16 显示分区信息

各项分区信息含义如下:

- Partition(分区):显示与每个分区相关的物理驱动器号,以及每个分区的编号。
- Status(状态):对活动分区以字母“A”标示。
- Type(类型):显示一个分区是主DOS分区(PRI DOS)、扩展DOS分区(EXT DOS),还是非DOS分区(Non-DOS)。
- Volume Label(卷标):显示分区的卷标。
- Mbytes(兆字节):以MB为单位显示分区的大小。
- System(系统):显示该分区所使用的文件管理系统,如FAT16或FAT32。
- Usage(范围):显示每个分区在当前硬盘上所占的百分比。

(7) 按ESC键,返回到FDISK主菜单。再次按下ESC键,退出FDISK程序。

退出FDISK后,应立即用启动盘重新启动计算机,并用Format程序对硬盘中已创建的各个逻辑驱动器进行高级格式化。

4.3.2 硬盘高级格式化

硬盘的高级格式化又称为逻辑格式化。硬盘分区后,必须再进行高级格式化才能使用。在DOS和Windows系统中可使用FORMAT程序来进行高级格式化,该程序可完成下列功能:

- 对硬盘进行表面扫描,检查是否有坏扇区。
- 对硬盘进行初始化,在逻辑驱动器的逻辑0扇区创建DOS引导记录。
- 建立文件分配表(File Allocation Table,FAT)和目录区(ROOT)。

在实际操作过程中,我们需要分别对每个已划分的逻辑盘进行高级格式化,例如:

Format C：

Format D：

Format E：

……

输入 Format 命令后，屏幕上会出现如下提示：

A：\>format c：

WARNING，ALL DATA ON NON-REMOVABLE DISK

DRIVE C：WILL BE LOST！

Proceed with Format (Y/N)?

上述信息的意思是：一旦开始格式化，C 盘上所有的数据都将荡然无存。选择 Y 开始格式化，选择 N 退出程序。

Format 程序不仅可以格式化硬盘，还可以格式化软盘。另外，Format 程序在使用时还可加上不同的参数（如加"/S"在格式化的同时还传递 DOS 操作系统），此处不再一一叙述。

4.4 硬盘数据备份与恢复

随着计算机中已安装程序的增多及运行时间的增长，计算机系统发生异常甚至崩溃的可能性也随之增加。当遇到这种情况时，许多人选择重新分区、格式化以及安装操作系统。但这种传统的方法费时费力，而恢复一个备份过的、稳定的系统则相对轻松和彻底得多。具体做法是，在第一次安装完所有的驱动程序和必需软件之后，用 Ghost 软件备份系统；当系统运行状态出现异常时，用 Ghost 映像备份对系统进行恢复即可。

Ghost 是 General Hardware Oriented Software Transfer 的英文缩写，意为"面向通用硬件的软件传送"，它是 Symantec 开发的一款用于备份/恢复计算机系统的工具软件。Ghost 能在几分钟内将备份的系统恢复到硬盘上，使计算机的工作环境还原如初。Ghost 分为个人版和企业版，个人版的编号是 Norton Ghost 200x，企业版的编号是 Norton Ghost x. x。相对于企业版来说，个人版有一些功能方面的限制。

Ghost 备份的方式是将整个硬盘或某个分区的数据全部复制到另一个硬盘或分区之中，或者是把硬盘（分区）上的数据压缩成一个映像文件（默认文件名后缀是.gho）。一个 1GB 大小的硬盘分区的 Ghost 备份映像文件大小约 500MB。

Ghost 可提供以下基本功能：

- 创建硬盘或硬盘分区的映像文件。
- 将备份的映像文件恢复到硬盘或分区上。
- 磁盘备份/恢复可以在各种不同的存储系统间进行。
- 支持 FAT16、FAT32、NTFS、OS/2 等多种分区格式的硬盘备份/恢复。
- 支持 Windows、UNIX、Novell 等系统下的硬盘备份/恢复。

· 在系统恢复过程中自动对目标硬盘进行分区、格式化。

· 可以通过网络实现“一对多”的系统安装。

· 能够实现 Disk To Disk(磁盘到磁盘)、Disk To Image(磁盘到映像)、Partition To Partition(分区到分区)、Partition To Image(分区到映像)、Disk From Image(用映像还原硬盘)、Partition From Image(用映像还原分区)等六种操作模式。

4.4.1　利用 Ghost 备份硬盘分区

硬盘分区的备份与还原是 Ghost 最常用的功能，通常用来备份/还原系统分区(如装有 Windows 操作系统的 C:盘)主要步骤如下：

(1) 用引导盘(软盘、光盘或可启动的 U 盘)启动系统，运行 Ghost 至图 4.17 所示界面，选择操作命令 Local/Partition/To Image(本地/分区/到映像)，打开如图 4.18 所示界面，选择源硬盘的位置。

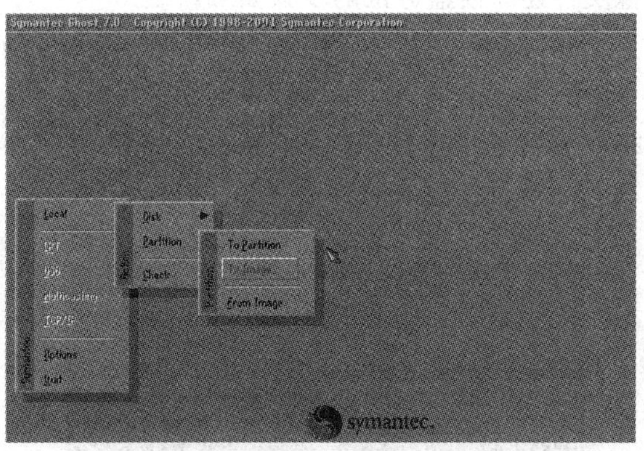

图 4.17　Ghost 主界面

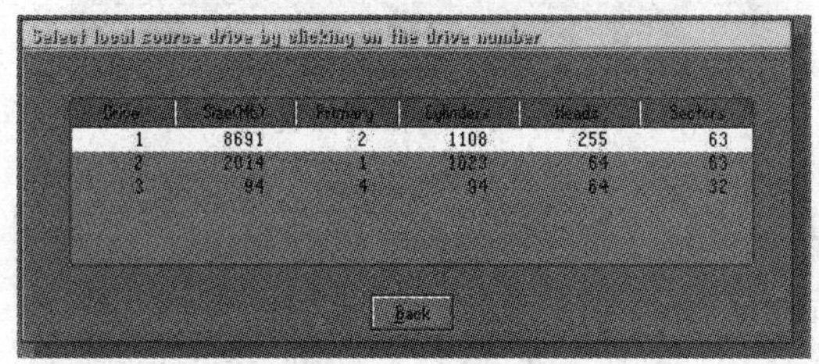

Drive	Size(MB)	Primary	Cylinders	Heads	Sectors
1	8691	2	1108	255	63
2	2014	1	1023	64	63
3	94	4	94	64	32

图 4.18　选择源硬盘位置

(2) 选择源硬盘位置后，在如图 4.19 所示界面中选择映像文件的存盘路径。

(3) 在接下来的操作中，只需对屏幕提示给予确认即可，直至 Ghost 开始备份分区数据。

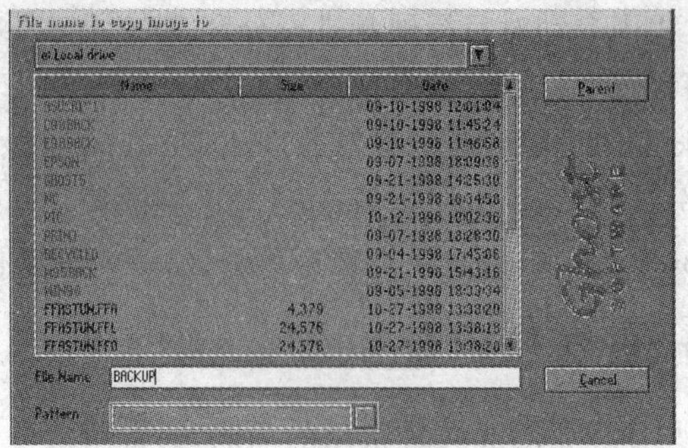

图 4.19　选择映像文件存储位置

4.4.2　利用 Ghost 映像文件还原硬盘分区

利用 Ghost 映像文件还原硬盘分区的步骤如下：

(1) 在 Ghost 主界面中选择命令 Local/Partition/From Image/(本地/分区/来自映像)。

(2) 在如图 4.20 所示界面中选择映像文件的存盘路径。

(3) 在如图 4.21 所示界面中选择目标硬盘。

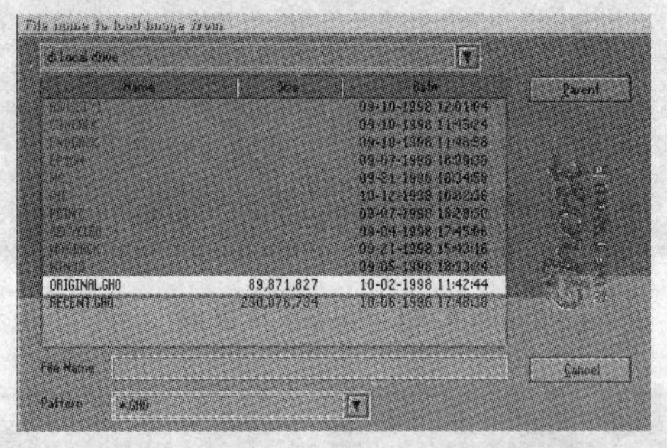

图 4.20　选择映像文件

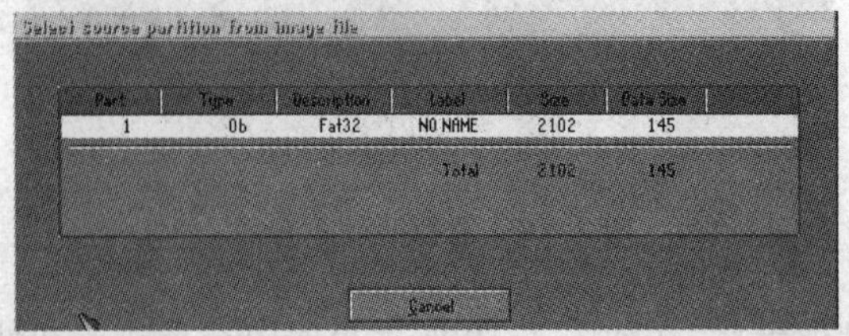

图 4.21　选择目标硬盘

(4) 在如图 4.22 所示界面中选择目标分区。当屏幕上出现确认对话框时，单击 Yes 即开始执行还原。

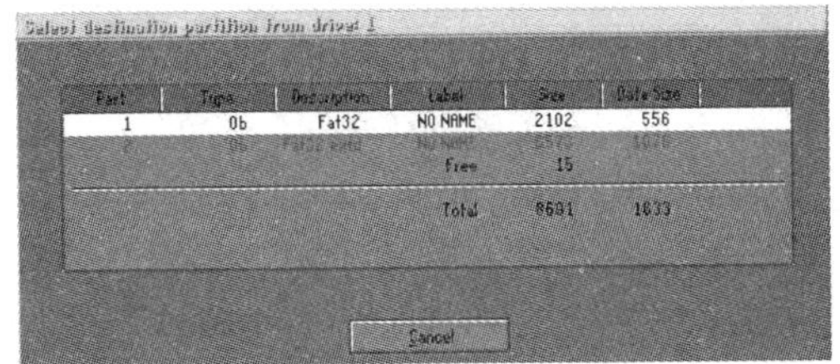

图 4.22　选择目标分区

4.4.3　利用 Ghost 制作应急还原光盘

许多品牌机的附随软件中会包括一张应急还原光盘(Recover CD),此举既方便了用户,又可以降低销售商的售后服务工作量。我们也可以利用 Ghost 自己制作一张应急还原光盘,方法如下:

(1) 首先制作一张应急启动软盘,该软盘中应包括下列文件:

- 系统启动文件 Command. com 与 Io. sys。
- 配置文件 Config. sys。Config. sys 文件的内容为:

  DEVICE=OAKCDROM. SYS /D:IDECD001
- 自动执行批处理文件 Autoexec. bat。Autoexec. bat 文件的内容为:

  MSCDEX. EXE　/D:IDECD001　/L:Z

  Ghost - clone`,mode=load,src=z:\original. gho,dst=1—sure - rb
- 光盘设备驱动程序 Mscdex. exe。
- 光驱驱动程序(如 Oakcdrom. sys)
- Ghost 的执行文件。

(2) 利用光盘刻录机将硬盘或分区的 Ghost 映像文件(如 original. gho)刻录到 CD-R 或 CD-RW 光盘上。

(3) 当需要恢复系统时,即可用应急启动软盘启动计算机,并从应急还原光盘还原已备份的数据。

第2部分
计算机网络

第 5 章　组建有线局域网

5.1　局域网基础知识

计算机网络按网络的作用范围和计算机之间互连的距离可划分为局域网和广域网。局域网是一种包括 3 至 50 个节点的小型网络，通常布置在一个公司（或组织）的办公区域内。最早的局域网起源于 20 世纪 60 年代末，采用争用型无线电信道，传输速率为 4800bps。现在，局域网的技术发展非常成熟，已经能够在光纤或双绞线上以 1000Mbps 的速率传输数据。

作为最基本的计算机网络，局域网的基本组成要素包括服务器、工作站、外围设备和网络协议四部分：

(1) 服务器：服务器是网络的核心，负责管理整个网络并提供相应的服务。服务器根据功能不同又分为文件服务器、数据服务器、通信服务器、备份服务器、打印服务器等。

(2) 工作站：又称为“用户机”或“客户端”，其功能含义要大于单独的 PC。

(3) 外围设备：主要包括网络连线、网络适配器（网卡）、集线器（或交换机）等。

(4) 通信协议：网络实体之间的通信规则。所谓实体，是指能发送和接收信息的任何东西，包括终端、应用软件、通信进程等。如：传送的信息块采用何种编码和怎样的格式？如何识别收发者的名称和地址？传送过程中出现错误如何处理？发送和接收速率不一致怎么办？协议主要由语义、语法和时序三部分组成。语义规定通信双方准备“讲什么”，即确定协议元素的种类；语法规定通信双方“如何讲”，确定数据的信息格式、信号电平等；时序则包括速度匹配和排序等。

整个局域网的发展过程其实就是技术、标准和市场的发展过程。其中，局域网的标准规定了具体的布线规则、网络连接方法、硬件需求以及各种其他部件的连接规定。目前常见的局域网标准主要有：

- IEEE802.1：通用网络概念及网桥等。
- IEEE802.2：逻辑链路控制等。
- IEEE802.3：CSMA/CD 访问方法及物理层规定。
- IEEE802.4：ARCnet 总线结构及访问方法，物理层规定。
- IEEE802.5：Token Ring 访问方法及物理层规定等。
- IEEE802.6：城域网的访问方法及物理层规定。
- IEEE802.7：宽带局域网。

- IEEE802.8:光纤局域网(FDDI)。
- IEEE802.9:ISDN局域网。
- IEEE802.10:网络安全。
- IEEE802.11:无线局域网。

5.1.1 局域网发展史

1. 以太网的起源:ALOHA无线电系统(1968—1972)

以太网的核心思想是使用共享的公共传输信道。20世纪60年代末,美国夏威夷大学的Norman Abramson及其同事研制了一个名为ALOHA系统的无线电网络,把该校位于Oahu(瓦胡)岛上的IBM360主机与分布在其他岛上和海洋船舶上的读卡机和终端连接起来。该系统的初始速度为4800 bps,后来升级到9600 bps。该系统采用一种随机化的重传方法以解决信道冲突问题,因为不同的站都在争用相同的信道,因此被称为争用型网络。

2. Xerox PARC创建首台以太网(1972—1977)

以太网的研究正式开始于1972年。当时,Bob Metcalfe被Xerox雇用为PARC的网络专家,他的工作是把Xerox ALTO计算机连到Arpanet(Arpanet是Internet的前身)。Metcalfe借鉴了Abramson关于ALOHA系统的早期研究成果,并在1972年底和David Boggs设计了一套网络,将不同的ALTO计算机连接起来。该网络于1973年5月22日开始运转,Metcalfe将其命名为ALTO ALOHA以太网(Ethernet),其灵感来自于“电磁辐射是可以通过发光的以太来传播”这一科学猜想。最初的实验型PARC以太网以2.94Mbps的速度运行。

ALTO ALOHA以太网的重大技术突破在于采用了载波监听技术。即每个站在要传输自己的数据流之前先要探听网络的动静。到1976年,PARC的实验型以太网已经发展到了100个节点,能够在长1000m的粗同轴电缆上运行。

3. DEC、Intel和Xerox将以太网标准化(1979—1983)

1980年9月30日,DEC、Intel和Xerox联合公布了著名的以太网蓝皮书“以太网,一种局域网:数据链路层和物理层规范,1.0版”。这三家公司的联盟被称为DIX,DEC是以太网硬件供应商,Intel则是芯片制造商,Xerox提供技术。如前所述,最初的实验型以太网工作在2.94Mbps,而DIX开始规定是在20Mbps下运行,最后降为10Mbps。1982年DIX公布了以太网2.0版规范作为终结。

在DIX开展以太网标准化工作的同时,世界性专业组织IEEE也组成了一个名为“802工程”的委员会,旨在定义与促进工业局域网标准。1981年6月,IEEE802工程委员会决定组成802.3分委员会,以产生基于DIX工作成果的国际公认标准。1983年,IEEE 10Base5问世,该标准指定了利用基带的10Mbps传输速率,允许节点间的距离是50m。1989年,ISO以标准号IS88023采纳802.3以太网标准,至此,IEEE802.3标准正式得到国际认可。

4. 3Com将以太网产品化(1980～1982)

1979年6月,Bob Metcalfe和他的合作伙伴们成立了著名的3Com公司,该公司前期主要生产一些网络收发器和插卡。1982年9月29日,第一台EtherLink适配器投放市场,它基于ISA接口,并随机配置相应的DOS驱动程序。第一台EtherLink在许多方面实现了技术突破,如采用了VLSI技术提高芯片集成度、支持ISA总线、支持细缆布线等。

5. Star LAN:UTP和星型以太网的开拓者(1984—1987)

在1983年之前,以太网的主要传输介质是昂贵的粗同轴电缆以及比较廉价和柔软的细同轴电缆。1983年底,从Intel公司来的Bob Galin开始与AT&T和NCR协作,研究在非屏蔽双绞线(UTP)上运行以太网,以及实现类似电话布线结构的星型网络结构。1984年,有十几家公司加入到UTP以太网的研究活动中。UTP星型配置的优点是多方面的:它允许采用结构化布线系统,使用一根线缆将每个节点连接到中央集线器,便于安装、配置、管理和查找故障,而且成本较低。

这种被命名为Star LAN的以太网在最终定型时发生了一点问题,参与研究的几家公司将其速度定为1Mbps。由于速度太低,Star LAN很快在市场上就走向了消亡。不过,作为非屏蔽双绞线和星型以太网的开拓者,Star LAN功不可没。

6. 10Base-T和结构化布线(1986—1990)

20世纪80年代中后期是PC机和局域网发展的高潮时期。在这一阶段,有两件大事再次推动了以太网的发展:一是1985年Novell开始提交NetWare,这是一个专为IBM兼容PC机开发的高性能网络操作系统(NOS);二是10Base-T标准(能在非屏蔽双绞线上以10Mbps的速度运行的以太网)的问世。

SynOptics通信公司成立于1985年,最初主要销售结构化布线光缆和STP以太网集线器。1986年,SynOptics开始进行在UTP电话线上运行10Mbps以太网的研究工作,并于1987年8月正式向市场投放自己的产品LATTISNET。1990年秋天,IEEE同意以HP多端口中继器方案和改进型的SynOptics LATTISNET技术为基础进行标准化,这就是著名的IEEE802.3i 10BaseT标准。

在20世纪的整个90年代,10Base-T以太网一直占据着局域网的统治地位。最为流行的是星型拓扑结构的10Base-T以太网,采用3类或5类非屏蔽双绞线连接,传输速率可以达到10Mbps。

7. 交换式和全双工以太网的出现(1990—1994)

20世纪80年代末,随着网络应用范围的扩大、PC性能的提高、图形用户界面和多媒体应用的兴起,既有的网络带宽已很难满足日益增加的网络数据流量,市场对快速网络基础结构提出了更高的需求。在这种背景下,交换式和全双工以太网应运而生。

传统的以太网连接设备是Hub(集线器)和网桥。Hub对信号进行再生放大,然后播放到网络上的所有端口，并能自动检测“碰撞”，发出阻塞(JAM)信号以增强整个网络的防冲突能力。Hub还有自动指示和隔离故障站点的功能。但Hub这种简单重复发送数据的方式浪费了大量网络带宽，并且当网络比较繁忙的时候会有致命的弱点。再有，使用Hub连接的共享网络的所有节点只能共用一个冲突域，从而导致Hub不具备跨网段的连接能力。

网桥是用来连接2个或超过2个LAN网段的设备，工作在OSI模型的第2层(数据链路层或称MAC层)，通过在LAN内部和不同的LAN网段之间快速转发数据来扩展网络的性能。网桥会检查数据包的MAC地址，如果它不知道目的地址，会将该数据发给除源LAN网段外的所有网段。网桥的缺点是功能单一，速度也较慢。

1990年，美国Kalpana公司的EtherSwitch EPS-700问世。这是一种新型的智能多端口网桥，它采用了与电话交换机相似的网络开关(Switch)体系结构，能同时提供多条数据传输路径，使网络整体数据吞吐量显著提高。EtherSwitch使用一种名为“切入法”(Cut-through)的新桥接技术(常规网桥使用存贮、转发技术)，通过这种网络开关使延迟时间降低一个数量级。在市场策略上，Kalpana以提高LAN性能的网络开关来销售EtherSwitch，而不是以互联不同LAN 的网桥来销售。EtherSwitch的成功开辟了一个新的市场领域——网络开关(或网络交换器)。

1993年，Kalpana创造了另一项突破——全双工以太网。常规的共享介质以太网只以半双工模式工作，网络在同一时间要么发送数据，要么接收数据，而不能同时发送和接收数据。对所有的用户，共享以太网都依赖单条共享介质，因此在技术上不可能同时发送和接收。全双工的优点是能够同时发送和接收，这在理论上可以使传输速度翻一番。Kalpana把这一特性加到它的集线器中。至此，全双工成为交换式集线器和网络接口卡的市场标准。

8. 快速以太网(1992—1995)

1992年2月，已从3Com公司退休的Howard Charney、以太网的合伙发明人David Boggs、细缆以太网的发明人和3Com的第一个EtherLink网络适配器的总工程师Crane与3Com前任技术副总裁Larry Birenbaum等成立了Grand Junction网络公司，从事设计、建造和经销高速以太网装置。1992年9月，Grand Junction公司对外正式发布研制100Mbps以太网。

同年，IEEE802工程组召开全体会议研究快速以太网。会上提出两个技术方案：方案之一由Grand Junction网络公司提出，该方案建议保留现行的以太网协议，此建议得到3Com公司、Sun公司和SynOptics公司的支持；方案之二来自HP公司，该方案建议采用新型的MAC(介质存取)进行100Mbps数据传输。直到1993年，争论仍在继续，虽然大多数小组成员对保留原以太网感兴趣，但人数未达到通过标准所需的75%的法定多数。

在这种情况下，Grand Junction、Intel、LAN Media、SynOptics、Cabletron公司、国家半导体公司(NS)、标准微系统公司(SMC)、Sun微系统公司和3Com很快对这种永无休止的争论和IEEE标准中的政治障碍感到厌烦，于是为加快标准化步伐而合伙另起炉灶,成立了"快速以太网联盟"(FEA),拉起了推进"基于原以太网标准的100Mbps以太网方案"的大旗。

1993年10月,FEA公布了100BASEiTX规范,同时,Grand Junction公司推出了世界上第一台快速以太网集线器。到1995年3月,IEEE802.3u规范通过。到1995年末,各厂家日新月异地不断推出新的快速以太网产品,快速以太网进入鼎盛时期。

9. 高速(千兆)以太网(1995至今)

1995年11月,IEEE802.3标准委员会组建了一个新的"高速研究组"(High-Speed Study Group),开始研究每秒1000Mbps速率的以太网。

1996年3月,IEEE组建了新的802.3z工作组,负责研究千兆以太网并制订相应的标准。很快,一些快速以太网原来的支持者和某些新的发起者组成了"千兆位以太网联盟"(GEA),其中包括3Com、Cisco、Compaq、Intel、Sun等公司。

千兆以太网的关键是利用交换式全双工操作去构建主干网和连接超级服务器及工作站,主要技术特点包括:

- 采用IEEE802.3帧格式,CSMA/CD访问控制技术(传统的以太网技术)。
- 采用1000M STP屏蔽双绞线(1000base CX),传输距离为25m。
- 采用5类UTP(1000base-T)传输距离100m。
- 采用多模光纤(1000base SX)传输距离500m。
- 采用单模光纤(1000base LX)传输距离为3km。

10. ATM(异步传送模式)(1990至今)

ATM(Asynchronous Transfer Mode,异步传输模式)也是目前发展较快的网络技术,也称"信元交换与快速分组交换技术"。它由CCITT和一些网络厂商共同提出,并在1990年提出的一组建议中确认为宽带综合业务数字网(B-ISDN)的传输方法。ATM的传输介质采用光缆或双绞线,传输速率已达155Mbps和622Mbps,未来将发展到2Gbps。ATM采用先进的复用技术以保证网络带宽不随用户数量增加而下降,采用信元(Cell)交换技术和虚电路技术实现数据的实时传输。每个用户可享用专用带宽,还可根据用户的需求变化来调节用户的带宽,以达到最佳使用效率。

ATM技术可用来集成多种数据类型,如音频、数据和视频等,并可以保证最佳的实时传输和服务质量(QoS)。ATM可以使企业在局域网和广域网之间采用单一的网络技术,以提供真正完美无缺的局域网/广域网集成,所以ATM技术可能成为未来网络技术发展的主流之一。

ATM与以太网在骨干网和高性能局域网方面遵循完全不同的标准。ATM的网络适配器和交换机都要比以太网的相关产品贵得多,安装成本也比较高。目前,中小型企业仅当需要极高性能网络来支持某些集中数据应用时才使用ATM。

5.1.2 局域网拓扑结构

网络拓扑用于描述网络节点设备和通信介质的空间关系,即网络各单元彼此互连的形状与其性能的关系。常见的网络拓扑结构有星型、环形、总线结构和树形、蜂窝形等。局域网拓扑结构主要有总线型、星型和环型。

1. 总线型拓扑结构特点

如图5.1所示，总线结构使用同一媒体或电缆连接所有端用户，连接端用户的物理媒体由所有设备共享。使用这种结构必须解决的一个问题是确保端用户使用媒体发送数据时不能出现冲突。在点到点链路配置时，这是相当简单的。如果这条链路是半双工操作，只需使用很简单的机制便可保证两个端用户轮流工作。在一点到多点方式中，对线路的访问依靠控制端的探询来确定。然而，在LAN环境下，由于所有数据站都是平等的，不能采取上述机制。为解决这个问题，人们提出了一种在总线共享型网络中使用的媒体访问方法：带有碰撞检测的载波侦听多路访问(CSMA/CD)。

这种结构具有费用低、数据端用户入网灵活、站点或某个端用户失效不影响其他站点或端用户通信的优点。缺点是一次仅能一个端用户发送数据，其他端用户必须等待到获得发送权，媒体访问获取机制较复杂。总线型拓扑结构的特点可概括为：

(1) 所有工作站共用一条通信线路(总线)，通信方式为广播式。

(2) 一般使用同轴电缆连接，成本较低。

(3) 每一网段的两端都要安装终端电阻器。

(4) 连接的计算机一般不超过20台。

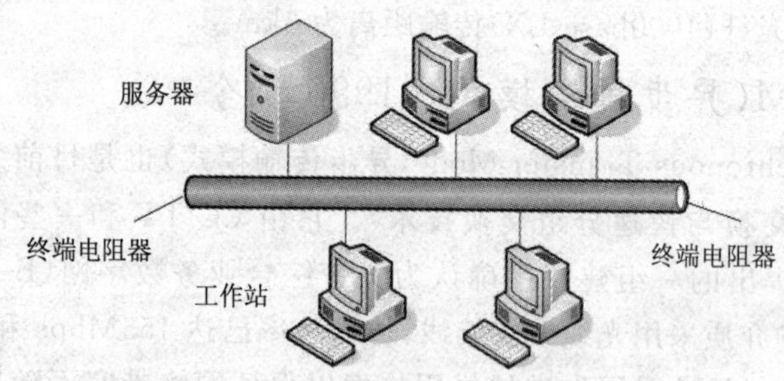

图5.1 总线型网络拓扑

2. 环型拓扑结构特点

环型结构中的传输媒体从一个端用户到另一个端用户，直到将所有端用户连成环型。这种结构能够消除端用户通信时对中心系统的依赖性。

环行结构中，每个端用户都与两个相邻的端用户相连，因而存在着点到点链路，但总是以单向方式操作，因此有上游端用户和下游端用户的区分。例如，用户N是用户N+1的上游端用户，N+1是N的下游端用户。如果N+1端需将数据发送到N端，则几乎要环绕一周才能到达N端。环型拓扑结构的特点可概括为：

(1) 所有工作站连接在一个封闭的环路上，每个工作站相当于一个中继器。

(2) 网络可靠性较差、不易管理，在中小型局域网中很少使用。

3. 星型拓扑结构特点

星型结构是目前使用最普遍的以太网结构，如图 5.2 所示，处于中心位置的网络设备为集线器(Hub)或交换机。这种结构便于集中控制，因为端用户之间的通信必须经过中心站。由于这一特点，也带来了易于维护和安全等优点。端用户设备因为故障而停机时也不会影响其他端用户间的通信。但这种结构非常不利的一点是，中心系统必须具有极高的可靠性，因为中心系统一旦损坏，整个系统便趋于瘫痪。因此，中心系统通常采用双机热备份，以提高系统的可靠性。星型拓扑结构的特点可概括为：

(1) 所有工作站都必须连接到集线器或交换机上。

(2) 集线器或交换机可级联，但最多不超过 4 级。

(3) 可使用双绞线进行连接，符合现代综合布线标准。

(4) 可满足多种带宽需求，从 10Mbps、100Mbps 到 1000Mbps。

(5) 稳定性较好，工作站接入或退出时不会影响整个网络。

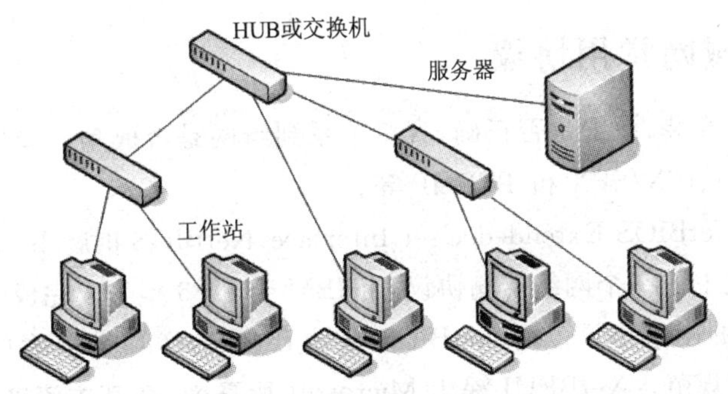

图 5.2　星型网络拓扑

5.1.3　局域网常用组网结构

常用的局域网组网结构有服务器结构、主从式结构和对等式结构三种。不同结构的局域网，在连接方式、工作方式和网络操作系统上有所不同。从实际应用来看，普通办公室或家庭组网常采用对等式结构，小型企事业单位大多采用星型主从式结构。

1. 服务器结构特点

(1) 使用专用服务器，所有工作站以服务器为中心，工作站之间不能直接通信。

(2) 网络拓扑：星型或总线型。

(3) 典型网络操作系统：NetWare。

(4) 优点：数据保密性强；可严格地设置每个工作站、用户的访问权限；可靠性强。

(5) 缺点：网络工作效率低；工作站之前无法方便地共享软硬件资源；网络安装与维护较困难。

2. 主从式结构特点

(1) 解决了服务器结构的不足，客户端与服务器之间、客户端之间均可直接进行通信。

(2) 网络拓扑：星型或总线型。

(3) 网络操作系统：Windows Server 2000/2003。

(4) 优点：有效利用各工作站的资源；服务器工作量较轻；网络工作效率较高。

(5) 缺点：数据安全性不如服务器结构；对工作站的管理较为困难。

3. 对等式结构特点

(1) 不需要专用的服务器，接入网络的每台计算机既是服务器、也是工作站，都拥有绝对的自主权，并可互相共享资源。

(2) 网络拓扑：星型或总线型。

(3) 网络操作系统：Windows 98/2000/XP 等。

(4) 优点：易于组网和维护；组网成本低；使用简单。

(5) 缺点：数据保密性差；文件的存放分散。

5.1.4 局域网常用协议

网络协议的安装、设置是否正确，直接关系到组网是否成功。局域网常用的网络协议有 NetBEUI、IPX/SPX 和 TCP/IP 等。

NetBEUI(NetBIOS Extended User Interface，NetBIOS 扩展用户界面)是建立在 NetBIOS 基础之上的一个网络传输协议，由 IBM 于 1985 年开发完成，是一种体积小、效率高、速度快的网络协议。而 NetBIOS 则是 IBM 于 1983 年开发的一套适用于小型局域网的通信规范。NetBEUI 深为 Microsoft 所喜爱，在其主流产品中，NetBEUI 已成为固有的缺省协议。在缺省的情况下，NetBEUI 协议会随 Windows 95/98/NT/2000 的安装而自动安装。在 Windows XP 以后的操作系统中，NetBEUI 被集成到操作系统中，其名称不再出现。

IPX/SPX 是 Novell 公司的网络协议集，全称为 Internetwork Packet Exchange/Sequences Packet Exchange(网际包交换/顺序包交换)。IPX/SPX 体积较庞大，在复杂环境下有很强的适应性，具备强大的路由功能，能实现多网段间的跨段通信，适合于大型网络。当用户端需要接入 NetWare 服务器时，IPX/SPX 及其兼容协议是最好的选择，但在非 Novell 网络环境中，一般无需 IPX/SPX 协议。

TCP/IP 的全称是 Transmission Control Protocol/Internet Protocol(传输控制协议/网际协议)，它是 Microsoft 为了实现自己主流操作系统与其他系统间不同网络的互联而收购、开发的。TCP/IP 也是 Internet 的基础协议，是目前最常用的一种通信协议，几乎所有的厂商和操作系统都支持 TCP/IP。虽然 TCP/IP 协议非常复杂和庞大，但它具有很强的灵活性，支持任意规模的网络。

使用 TCP/IP 协议需要进行一些基本的设置，网络中每个节点至少需要一个“IP 地址”、一个“子网掩码”、一个“默认网关”和一个“主机名”。以下主要介绍如何在局域网中配置 TCP/IP 协议。

1. IP 地址(IP Address)

根据 TCP/IP 协议的规定，网络中每个节点都必须有属于自己的、惟一的 IP 地址。一个 IP 地址为 32 位，每 8 位称为一个“段”(Segment)，共 4 段，段与段之间用“.”分开。在实际使用时，IP 地址采用十进制，如 192.168.0.1。

IP 地址分为 A、B、C、D、E 五类。A 类适用于大型网络，B 类适用于中型网络，C 类适用于小型网络，D 类和 E 类不应用在局域网中。

在 C 类 IP 地址中，Segment1～Segment3 表示“网络 ID”，Segment1 的前三个二进制位必须是 110，Segment4 用来表示“节点 ID”。C 类“网络 ID”的属性如下表所示。

类　别	最大网络地址数	每个网络中的最大节点数	第一个可用的网络地址号	最后一个可用的网络地址号
C 类	$2^{24}-2$	$2^{8}-2$	192.0.1	223.255.254

“节点 ID”可由组网者自由分配。

2. 子网掩码(Subnet Mask)

如果某个网络由多个局域网组成，或者某个局域网包括多个网段，为每个局域网或网段都申请一个“网络 ID”显然是不划算的。此时，可以利用“子网掩码”的功能，将网络中一个或几个节点的 IP 地址充当成“网络 ID”来使用，以扩展“网络 ID”的不足。

子网掩码的应用原理为：子网掩码的某个二进制位为 1 时表示该位为“网络 ID”的一部分，如果为 0 则表示其为“节点 ID”的一部分。例如：如果打算将 192.168.0.1 这样一个 IP 地址设置为一个“网络 ID”，那么就需要通过子网掩码来告诉其他设备这是一个“网络 ID”，而不再是一个节点的 IP 地址。这时的子网掩码就应设置为 255.255.255.1，对应的二进制表示为 11111111.11111111.11111111.00000001。

子网掩码是用来判断任意两台计算机的 IP 地址是否属于同一子网络的根据。具体的计算方法为：如果两台计算机各自的 IP 地址与子网掩码进行 AND 运算后结果相同，就表明这两台计算机处于同一子网中，可以进行直接的网络通信。例如：某个子网中，IP 地址 192.168.0.1 被当作网络 IP，相应的子网掩码为 255.255.255.1，那么该子网中最多可有 $2^{7}-1=127$ 个节点。同时，在该网络中，IP 地址为 192.168.0.3 的主机属于该子网，而 IP 地址为 192.168.0.2 的主机不属于该子网。

如果局域网中不划分子网，子网掩码应设置为 11111111.11111111.11111111.00000000，即 255.255.255.0(前三段是“网络 ID”，最后一段是“节点 ID”)

有了子网掩码，可以很方便地实现跨网段或跨网络操作。为了让子网掩码能够正常工作，同一子网中的所有设备都必须支持子网掩码，且子网掩码的设置相同。

3. 网关(Gateway)

网关是用来连接异种网络的装置，负责对不同的通信协议进行翻译。例如，运行 TCP/IP 协议的 Windows 2000 Server 用户若要访问运行 IPX/SPX 协议的 Novell 网络资源时，就必须用网关作为中介。当两个运行 TCP/IP 协议的网络之间进行互联时，可以使用 Windows 2000 Server 所提供的“缺省网关”。

4. 主机名

网络中用户或设备的惟一身份标识是IP地址，但IP地址的形式不便于记忆和操作。为了改善这种情况，我们可以给网络中的每个设备赋予一个有意义的名称（即主机名），如Station1，然后由操作系统将主机名与其对应的IP地址联系起来。

5.1.5 网络操作系统

网络操作系统（Network Operating System，NOS）是为网络计算机提供服务的操作系统，它运行在被称为网络服务器的计算机上，并由联网的计算机用户共享。NOS是网络的心脏和灵魂，

NOS与运行在客户端（或工作站）上的单用户操作系统或多用户操作系统由于提供的服务类型不同而有差别。NOS以网络特性最佳化为目的，如共享数据文件、软件应用以及共享硬盘、打印机、调制解调器、扫描仪和传真机等。普通操作系统则致力于用户应用最佳化，如多媒体、数值计算、交互能力等。

为防止一次由一个以上的用户对文件进行访问，一般网络操作系统都具有文件加锁功能。文件加锁功能可跟踪使用中的每个文件，并确保一次只能一个用户对其进行编辑。文件也可由用户的口令加锁，以维持专用文件的专用性。

NOS还负责管理局域网用户和局域网打印机之间的连接。NOS总是跟踪每一个可供使用的打印机以及每个用户的打印请求，并对如何满足这些请求进行管理，使每个客户端用户的操作系统感到所希望的打印机犹如与其计算机直接相连。

NOS还通过媒体访问控制机制对每个网络设备之间的通信进行管理。

NOS的各种安全特性可用来管理每个用户的访问权利，确保关键数据的安全保密。因此，NOS从根本上说是一种管理器，用来管理连接、资源和通信量的流向。

组建局域网常用的网络操作系统包括Windows 2000/2003 Server、UNIX、Linux等。

1. Windows 2000 Server

Windows 2000 Server以Window NT为基础，在继承以前Windows版本优点的基础上，增加了许多新的特征和功能。

为了满足重要任务对系统安全性的要求，Windows 2000 Server提供了更可靠、扩展性更好的操作平台，在系统结构、错误检测等方面进行了改进。与Windows NT相比，Windows 2000 Server在可靠性和可扩展性方面具有以下优点：一是支持多种文件系统，Windows NT只支持FAT和NTFS两种文件系统，而Windows 2000 Server能够支持FAT、FAT32和NTFS三种文件系统；二是减少了不必要的非工作时间。Windows 2000 Server支持的即插即用功能设备数和类型更加广泛，还减少了配置设备后需重新启动系统的次数；三是自动系统恢复功能（ASR），可在硬盘出现故障或系统受到灾难性破坏时，自动恢复并还原整个系统。

2. UNIX

UNIX是公认的最安全可靠网络操作系统。UNIX在抵御病毒入侵方面明显优于其他现有的操作系统，能够侵入UNIX的病毒数量和种类极少。究其原因，主要是因为UNIX一开始就是为多任务、多用户环境设计的，它在用户权限、文件和目录权限、内存管理等方面都有非常严格的规定，充分保障了系统的安全性。

能够方便地接入互联网也是UNIX的另一个重要特点。互联网的基础就是UNIX，互联网中运用的TCP/IP协议也是随着UNIX而不断发展和完善的。

UNIX的主要缺点是兼容性较差；一方面，UNIX只能运行在较少几个厂商制造的硬件平台上，硬件兼容性方面不够好；另一方面，自UNIX内核公开后，很多公司根据自身的特点推出了自己的UNIX版本，但这些不同的版本之间并不兼容，这也在很大程度上限制了UNIX的普及。

3. Linux

Linux是一种开放源代码的操作系统。Linux许多组成部分的源代码是开放和免费的，任何人都可通过互联网或其他途径得到它，并可以继续开发并重新发布。Linux这种发行方式与传统的操作系统厂商的软件发行有很大不同。

Linux可以运行多种硬件平台上，包括Intel架构的PC机、Apple系统、DEC Alpha系统和Motorola 68K系统等。

Linux支持TCP/IP、SLIP(串行线路接口协议)和PPP(点到点协议)等多种网络协议。在Linux中，用户可以使用所有的网络服务，如网络文件系统、远程登录等。

Linux支持的文件系统多达32种，这也是其他网络操作系统所无法相比的。

尽管Linux的发展势头非常迅猛，但也暴露出了许多问题。最主要的是Linux版本繁多的问题，且不同版本之间的兼容性较差。这与当初的UNIX非常相似，使得Linux很可能成为"UNIX第二"。从这种意义上讲，Linux要想继续健康地发展，真正强大的对手不是微软的Windows，而是它本身。

5.2　组网硬件准备

计算机网络在构成上主要由服务器、工作站、外围设备和通信协议四部分组成。对于组建局域网来说，除了服务器和工作站外，所需要的硬件就是一些外围设备了，如连接线、线缆接头、网络适配器(网卡)、集线器(或交换机)等。组建不同的网络，在硬件配置上略有区别。主从式结构和服务器结构的局域网至少需要一块服务器网卡，而对等式结构的局域网则不需要服务器网卡。性能要求较高的局域网可采用光缆作为连线，而大多数局域网则采用双绞线作为连线。

5.2.1　双绞线

双绞线(俗称"网线")是局域网布线时最常用的传输介质，尤其是在星型网络拓扑中。双绞线主要用于网卡与集线器、集线器与集线器或网卡与网卡之间的连接。

每条双绞线通过两端安装的 RJ-45 接头(俗称水晶头)与网卡和集线器相连,最大长度一般不超过 100m。如果要加大网络的范围,可在两段双绞线之间安装中继器(HUB 或交换机),但最多不能超过 4 个,使网络最大范围达到 500m。这种方法称为"级联"。

1. 双绞线的种类

- 非屏蔽双绞线(UTP):3 类、4 类、5 类、超 5 类、6 类、7 类。
- 屏蔽双绞线(STP):3 类、5 类。

每种双绞线在工作特性上不太一样。非屏蔽双绞线重量轻、易弯曲,适合结构化布线,多用于无特殊要求的计算机网络布线中。目前组网应用最多是 5 类或超 5 类 UTP 双绞线,分别适用于 10M/100M 网络或 100M/1000M 网络。另外,如果在组网施工过程中需要进行室外布线时,应选用具有阻水功能的室外双绞线。

2. 双绞线的制作

双绞线的制作就是将剥好的双绞线压制到 RJ-45 接头中。具体步骤如下:

(1) 用剥线钳或斜口钳剥去双绞线外层的绝缘胶皮(长度约 1.5cm)。可以看到线缆内部共有 8 根细线,每 2 根为一对绕组,每根线都有不同的颜色,如橙白、橙、绿白、绿、蓝白、蓝、棕白、棕。注意:无需剥去细线的绝缘胶皮。

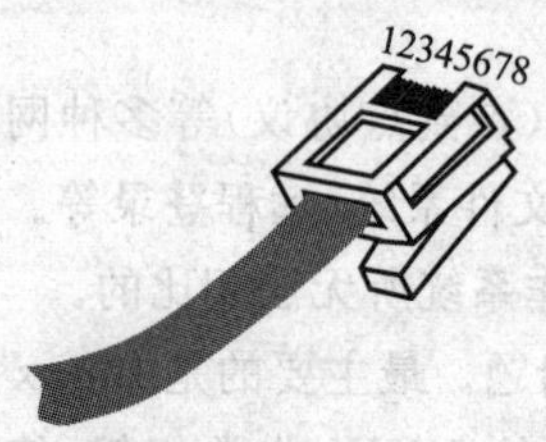

图 5.3 将排好顺序的双绞线插入 RJ-45 接头中

(2) 根据需要将双绞线的 8 根线排好(排序的方法见后续内容"双绞线的连接方法"),并且保证所有细线的头部取齐,然后将排线插入 RJ-45 接头中,如图 5.3 所示。此时可以在 RJ-45 接头的顶部观察一下,看看是否每一根线都顶到头。

(3) 将插好排线的 RJ-45 接头放入压线钳中压一下,使 RJ-45 接头中的 8 根簧片分别刺入双绞线的 8 根细线中。这一过程称为"压制接头"。

(4) 按照上述方法制作双绞线的另一头。

3. 双绞线的连接方法

(1) 用双绞线连接网卡与集线器:网卡与集线器之间的连线为直通,只使用四根线。1 脚和 2 脚必须采用同一对绕组的线,3 脚和 6 脚必须采用同一对绕组的线。第 1、2 脚的连线用于数据的发送,第 3、6 脚的连线用于数据的接收。具体如图 5.4 所示。

如果读者觉得上述说法不够直观的话,可以直接按照下列顺序排列双绞线在 RJ-45 接头中的位置,即:第 1 脚——橙白、第 2 脚——橙色、第 3 脚——绿白、第 4 脚——蓝色、第 5 脚——蓝白、第 6 脚——绿色、第 7 脚——棕白、第 8 脚——棕色。这一接法即所谓的"100M 接法",能够满足 100Mbps 带宽的通信速率,也是常用的网线排列规则。

(2) 用双绞线连接集线器与集线器:根据集线器功能决定是否需要错线。有些智能的集线器在内部已将线“错”好，连接此类集线器与集线器时可以直接使用上述第(1)种情况制作的双绞线。

(3) 用双绞线连接网卡与网卡：必须错线。这种情况对应于无需集线器的双机互连情况，双绞线的接法如图5.5所示。

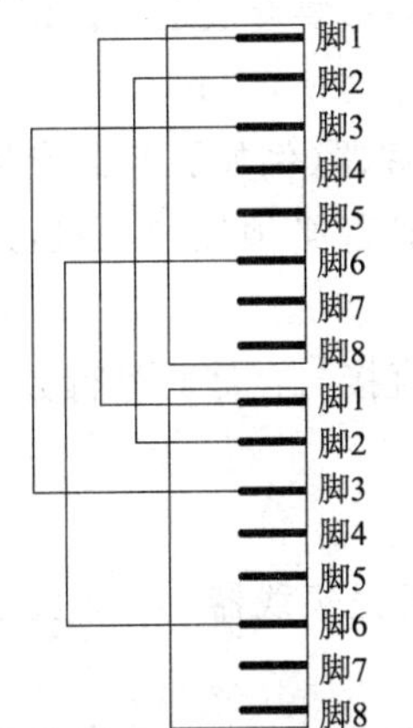

图5.4　连接网卡与集线器的双绞线接法

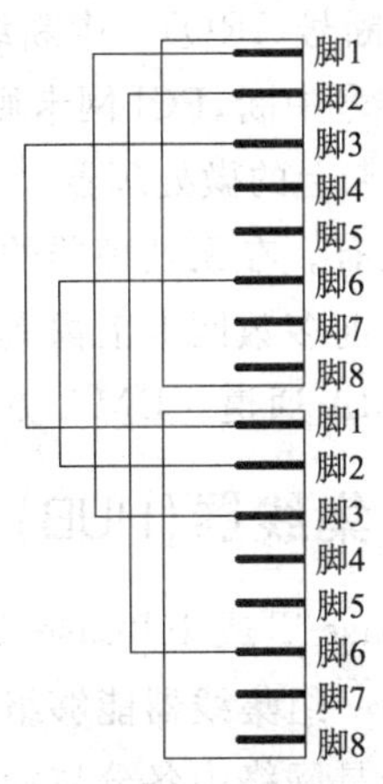

图5.5　“错线”的双绞线接法

5.2.2　网　卡

网卡的正规名称为网络接口卡(NIC，Network Interface Card)或网络适配器，是网络设备(如服务器、工作站)到网络传输介质(媒体)的通信枢纽，负责接收并解包网络上传过来的数据包，以及将本地计算机上的数据打包后送入网络。

1. 以太网卡的种类

根据工作特点不同，以太网卡主要有服务器专用网卡和工作站网卡，此外还有无线局域网网卡和笔记本电脑专用的PCMCIA网卡。服务器专用网卡是为了适应网络服务器的工作特点而专门设计的，它的主要特征是在网卡上采用了专用的控制芯片，大量的工作由这些芯片直接完成，从而减轻了服务器CPU的工作负荷。其价格也相对较贵。

工作站网卡又称“兼容网卡”，市场上种类非常多：

- 按速度分：10M网卡、100M网卡、10/100M自适应网卡、1000M网卡。
- 按总线类型分：ISA网卡、EISA网卡、PCI网卡。
- 按接口方式分：AUI接口网卡(适用于粗缆)、BNC接口网卡(适用于细缆)、RJ-45接口网卡(适用于双绞线)等。

2. 网卡的主要技术参数

(1) 网卡号(ID号)。网卡的ID号在网络中具有非常重要的作用，它与用户名相结合，共同作为用户的网络标识。网卡号是由全球惟一的一个固定组织所分配的，每一块网卡都有一个固定的网卡号，一般由12位16进制数组成(例如:00-E0-42-03-6C-09)，其中前6位代表网卡的生产厂商，后6位是由生产厂商自行分配给网卡的惟一编号。网卡号可以通过网卡自带的驱动程序测得，也可以在Windows命令行方式下输入ipconfig /all并回车。输出的信息中有一项Physical Address，即是网卡号。

(2) 中断号(IRQ)。中断级别的设置是网卡硬件的重要参数之一。ISA网卡出厂时默认为3号中断，PCI网卡则由系统自动分配。

(3) 网卡上的微处理器。有些网卡自身带有微处理器(例如服务器专用网卡)，有些网卡则没有。在无处理器的情况下，所有的数据处理都必须经过主机，这会占用主机资源。目前多数网卡上都具有嵌入式的微处理器。

(4) DMA通道。DMA方式允许网卡绕过CPU直接与存储器进行数据传送。

5.2.3 集线器(HUB)

在10Base-T或100Base-T以太网中使用最普遍的是集线器。一个集线器或是级联在一起的一组集线器能够组成一个逻辑以太网段。

集线器是网络中各分枝的汇集点，是一个共享设备，集线器上的每个端口通过双绞线与计算机上的网络接口连接，连接到集线器端口上的每台设备共享以太网段的带宽和冲突竞争机制。集线器的基本功能相当于一个多端口的信号中继放大器，它对信号进行再生放大，并播放到网络上的所有端口，同时还能自动检测“碰撞”，发出阻塞(JAM)信号以增强整个网络的防冲突能力。集线器还具有自动指示和隔离故障站点的功能。

不过，集线器简单重复发送数据的方式浪费了大量网络带宽，特别是在网络比较繁忙的时候会大大降低网络的工作效率。再有，使用集线器连接的共享网络的所有节点只能共同使用一个网络范围内的冲突域，这使得集线器不具备跨网段的连接能力。

根据集线器的特点可进行如下分类：

- 按速度分:10M、100M、10/100M自适应、1000M、100/1000M自适应等。
- 按结构分:独立型HUB、模块化HUB、可堆叠式HUB。
- 按管理方式分:主动型HUB、被动型HUB、智能型HUB。
- 按端口数目分:8口、16口、24口、48口等。

5.2.4 交换机

集线器和网桥都是较早出现的以太网连接设备。网桥工作于OSI模型的第2层(数据链路层)，用于连接2个或2个以上的以太网段，通过在以太网内部和不同的以太网段之间快速转发数据来扩展网络的性能。网桥的缺点是功能单一，速度也较慢。

1993年，市场上出现了第一批以太网交换机。交换机同网桥一样也工作在OSI模型的第2层，但与网桥相比，交换机具有很高的处理速度和很小的时延。交换机检查每个收到的数据包并进行相应的处理。当交换机检测到网络节点间有数据传输的要求时，它会在源节点和目的节点间建立起独立的物理连接，有效避免了数据碰撞。

交换机具有自动学习功能，能够自动建立使用网段的地址信息。交换机可以重新生成原数据包并进行转发，支持更长的传输距离和更多的网络节点。交换机通过交换技术可以把一个大的网络划分成几个独立的冲突域，不同的冲突域之间可以互相沟通，有效削减网络中的信号碰撞。一般的集线器不支持全双工，而交换机支持数据的同时双向传输，使网络的实际带宽增加1倍。交换机还支持VLAN(Virtual LAN)功能，可将物理的以太网段划分为逻辑的虚拟网段，有效提高网络的安全性和性能。

以太网交换机卓越的性能表现取决于其内部独特的结构。目前交换机采用的内部结构主要有共享内存结构、交叉总线结构、混合交叉总线结构、环形总线结构等几种。以共享内存结构为例，这种交换机通过中心交换引擎来提供全端口的高性能连接，由核心引擎检查每个输入包以决定路由，这种方法需要很大的交换机内存，随着交换机端口的增加，需要的内存容量就越大。

5.3　组建对等网

“对等网”也称“工作组网”，网络中的计算机无主从之分，每一台计算机既可以作为服务器为其他计算机提供资源，也可以作为工作站分享其他服务器的资源。对等网的优势是组网成本低、网络配置和维护比较简单，缺点是网络性能较低、数据保密性差、文件管理分散、计算机资源占用大。

利用Windows 98/Me/2000/XP等操作系统组建一个小型对等网是比较简单、经济的组网模式，能够实现文件及打印共享，特别适合于办公室和家庭应用。

组建对等网有两种形式：一种是不通过集线器(HUB)连接的对等网，简称双机互连，适合两台计算机之间的连接(如果有三台计算机，则可以通过将其中一台机器上装上两块网卡的方法来解决)；另一种是通过集线器或交换机连接的对等网。

在Windows XP操作系统下，可以通过“设置家庭或小型办公网络”向导进行组网。虽然很简捷，但用户不容易了解到组网的技术细节。以下以Windows 2000为例，详细说明组建对等网的基本步骤。

(1) 安装网卡。如果计算机的主板上已集成了网卡，则可以略过这一步骤。安装网卡与安装其他硬件插卡一样。在关机状态下，将网卡插入计算机中对应的插槽中，固定好，然后重新启动计算机。如果重启后计算机没有自动识别网卡，则表明当前操作系统无法识别该网卡，需要安装网卡自带的驱动程序。

(2) 双绞线的制作与连接。双绞线的制作参见前面的内容。将制作好的双绞线一头插入计算机的网卡中，另一头插入集线器(Hub)或交换机的接口中。

可用专门的仪器直接测试双绞线的导通情况。如果没有的话，可在网卡和集线器等设备的安装和设置无误的情况下，通过观察网卡或集线器上的指示灯来确定双绞线是否存在问题。一般情况下，如果网卡或集线器对应端口的指示灯发亮，则表示网络连接已导通。如果双绞线未连通，问题通常出在RJ-45接头没有压紧，可用压线钳再压一次。

(3) 添加网络协议及安装“Microsoft网络客户端”。首先，在Windows桌面上用鼠标右键单击“网上邻居”图标，从快捷菜单中选择“属性”命令，打开“网络和拨号连接”对话框。用鼠标右键单击“本地连接”图标，从快捷菜单中选择“属性”命令，打开如图5.6所示的对话框。通过“安装”按钮，依次安装“Microsoft网络客户端”、“Microsoft网络的文件和打印机共享”、“TCP/IP协议”、“IPX/SPX兼容协议”和“NetBEUI”等协议。在安装过程中，要注意“厂商”应选择“Microsoft”。

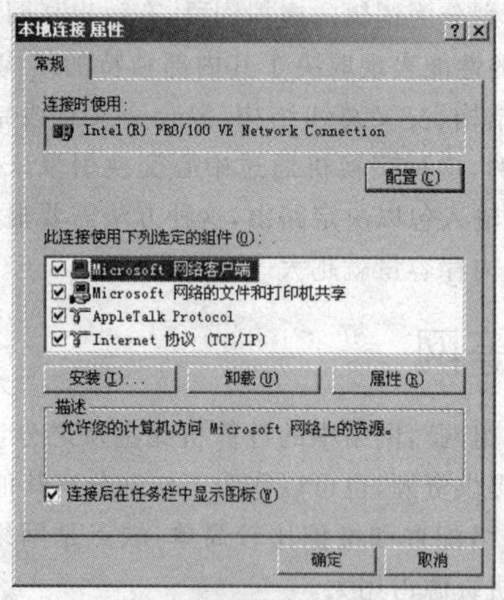

图5.6 添加网络协议

(4) 为本机绑定IP地址。接下来需要为本机绑定一个局域网中固定的IP地址。这个IP地址一般使用“192.168.0.n”(“n”为1～254之间的任意整数)的形式。设置IP地址的方法为：在“本地连接属性”对话框中，从已安装的组件列表中双击“Internet协议(TCP/IP协议)”项，打开如图5.7所示的“Internet协议(TCP/IP协议)”对话框，选择“使用下面的IP地址”按钮，然后在“IP地址”和“子网掩码”中分别键入相应内容：第一台计算机的“IP地址”一般可设为“192.168.0.1”，第二台计算机的“IP地址”一般可设为“192.168.0.2”，其他计算机依此类推(注意各台计算机的IP地址不能相同)。所有计算机的“子网掩码”可统一设置为“255.255.255.0”。最后单击“确定”即可。

(5) 标识计算机。标识计算机主要包括两方面的设置：一是为计算机指定一个网络中惟一的名称(一般为数字与英文字符，也可以用中文)；二是为当前计算机指定一个工作组。

打开Windows 2000的“控制面板”，双击“系统”图标，在“系统特性”对话中选择“网络标识”标签，单击其中的“属性”按钮，打开如图5.8所示对话框。

在“计算机名”输入框中输入用户计算机的名称，以区别于网络上其他计算机。

在“工作组”输入框输入用于标识当前计算机所在的工作组。经常建立联系的计算机可标识为同一工作组(如同一办公室内的计算机)，以方便交换数据。

标识计算机后，根据屏幕提示重新启动计算机。重新启动之后，再双击“网上邻居”就可以从中看到自己和局域网内其他计算机的名称。

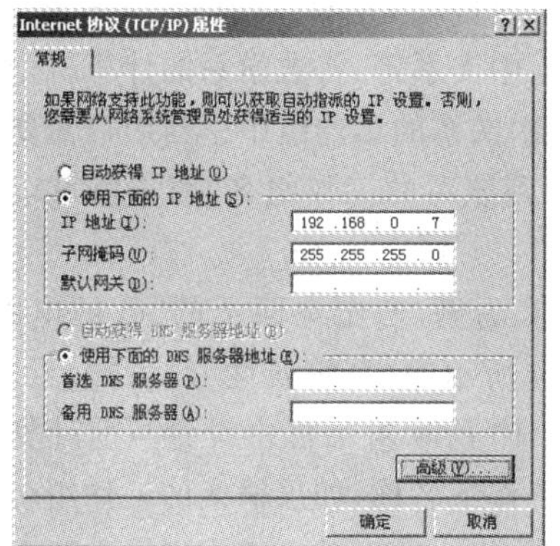

图 5.7　设置计算机的 IP 地址

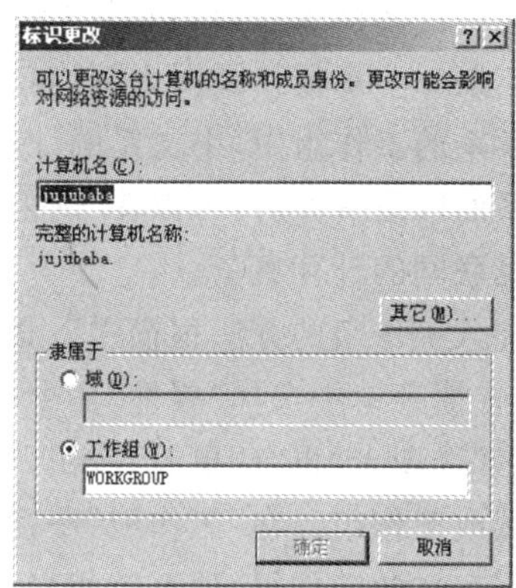

图 5.8　标识计算机

5.4　组建星型主从式局域网

本节主要介绍如何组建一个小型的“星型主从式局域网”，此种类型的局域网多用于教学环境及小型办公环境。

5.4.1　与 Windows 2000 Server 组网相关的几个概念

1. 活动目录(Active Directory)

Windows 2000 的目录服务称为 AD，是 Windows 2000 结构的核心。Windows 2000 的域、组织单位等都是按照 AD 的层叠式树状结构来设计的，账户、打印机、服务等信息也是以对象的形式保存在 AD 中。这种设计使得 Windows 2000 的域极富弹性，不仅适用于中小型企业网，也可轻易地应用到大型企业网。

2. 域(Domain)

“域”是网络中分级管理的一种形式，是网络安全与集中管理的最基本单位。由于 Windows 2000 的域与 AD 整合在一起，因此从域的角度来看，AD 可以说是由单一域或多重域构成的域的集合。从 AD 的角度来看，域则是 AD 的分割单位。按照 Microsoft 的建议，企业应尽可能使用单一域结构，以简化管理工作。

在 Windows 2000 Server 管理的网络中，每个域至少应有一台域控制器，用于保存此域中的目录信息(即此域中的 AD 对象)，并提供域相关的服务如登录验证、名称解析等。

3. 域和工作组(Workgroups)的区别

规划 Windows 2000 网络环境时，可以有“工作组”和“域”两种选择。一般而言，工作组适合于小型网络，域则因管理能力强而适合于大、中型网络。

工作组与域看起来相似，但实质不同。工作组是将数量不多的计算机连成一个可互相共享资源的网络,信息的安全保护只能通过设置密码或使用权限来实现;而域则是采用域控制器来进行信息管理。Windows 9x/NT/2000/XP 均支持“工作组”管理模式。以一个高校校园网为例,高校中有数学系、中文系等,将数学系的计算机全都列入数学系的工作组中,中文系的计算机全都列入中文系的工作组中。当用户需要访问某个系的网络资源时,可以在“网上邻居”中里找到该系的工作组名,双击就可以看到该系已联网的计算机了。

加入工作组的方法很简单。以 Windows XP 为例,右击桌面上的“我的电脑”图标,从快捷菜单中选择“属性”命令,打开如图 5.9 所示的“系统属性”对话框,点击“计算机名”选项卡,再点“更改”按钮,可以在如图 5.10 所示对话框中设置当前计算机所属的域或工作组。在“工作组”一栏中填入一个工作组名称,如果输入的工作组名称是一个不存在的工作组,那么就相当于新建一个工作组。退出某个工作组的方法也很简单,只要将工作组名称改变一下即可。也就是说,可以随便加入同一网络上的任何工作组,也可以随时离开一个工作组,就像可以随时自由加入和退出一个俱乐部。

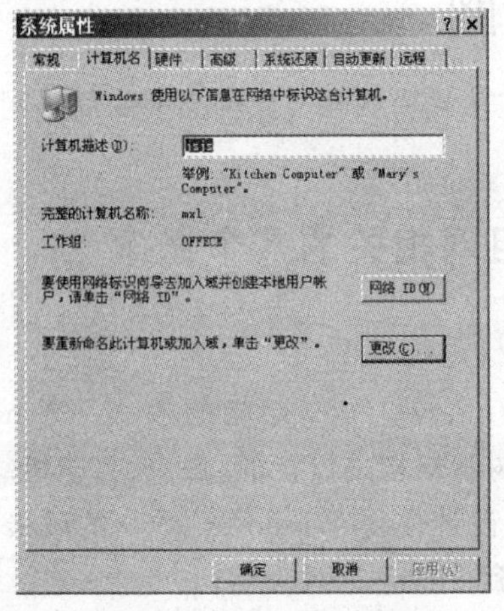

图 5.9 系统属性对话框

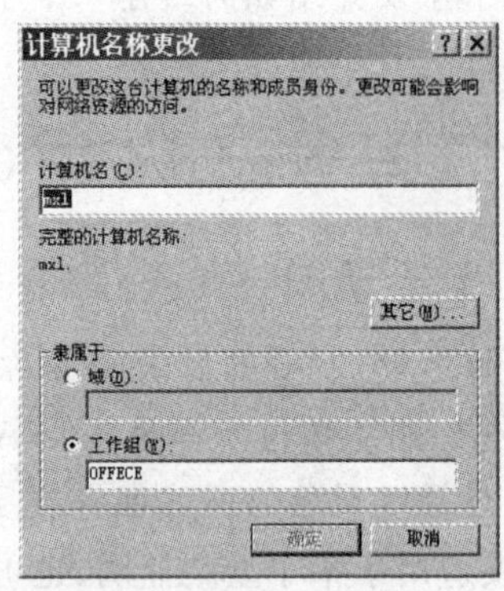

图 5.10 加入域或工作组

“域”在本质上是局域网中分级管理的一种模式,它是一组由服务器(域控制器)严格控制的联网计算机的组合。在管理的严格性和网络的安全性方面,工作组是无法和域相提并论的。在“域”模式下,至少需要一台服务器负责每一台联入网络的计算机和用户的验证工作,称为“域控制器”(DC,Domain Controller)。域控制器中包含了由这个域的账户、密码、属于这个域的计算机等信息构成的数据库。当计算机联入网络时,域控制器首先要鉴别这台计算机是否是属于当前域,用户使用的登录账号是否存在、密码是否正确。如果以上信息有一样不正确,那么域控制器就会拒绝这个用户登录到域中。不能登录,用户就不能访问服务器上有权限保护的资源,他只能以对等网用户的方式访问局域网,这样就在一定程度上保护了网络上的资源。

4. 硬盘分区的规划

关于安装 Windows 2000 Server 的所需要分区大小并没有固定的计算公式,基本规则就是为安装在该分区上的操作系统、应用程序及其他文件预留足够的硬盘空间。安装 Windows 2000 Server 的文件需要至少 1 GB 的硬盘空间,建议预留空间比最小需求空间大一些,一般 2GB～4 GB 就可以了。如果用户需要更大的安装空间,通常可保留 10 GB 的硬盘空间,为可选组件、用户账户、Active Directory 信息、日志、操作系统使用的分页文件等项目预留足够的空间。

虽然 Windows 2000 Server 能够分别支持 FAT16、FAT32 和 NTFS 分区格式(文件系统),但建议使用 NTFS 格式以获得更好的磁盘利用效率。FAT16、FAT32 和 NTFS 三种文件系统支持的磁盘和文件大小如表 5.1 所示。

表 5.1 FAT16、FAT32 和 NTFS 三种文件系统的比较

文件系统	硬盘支持	软盘及域支持	文件大小
NTFS	推荐最小的容量为 10 MB,推荐实际最大的容量为 2 TB,并可支持更大的容量	不支持软盘	文件大小只受卷的容量限制
FAT16	容量可从软盘大小到最大 4 GB	不支持域	最大文件大小为 2 GB
FAT32	容量从 512 MB 到 2 TB。在 Windows 2000 中,可以格式化一个不超过 32 GB 的 FAT32 卷	不支持域	最大文件大小为 4 GB

5.4.2 安装及配置 Windows 2000 Sever 服务器

1. 安装 Windows 2000 Server

建议从已分区、格式化好的空白硬盘上直接安装 Windows 2000 Server。基本步骤如下:

(1) 用 Windows 2000 Server 光盘启动计算机。

(2) 根据安装提示,将硬盘分区上原有的 FAT 文件格式转换为专用的 NTFS 格式,以使系统具有较高的安全性。Windows 2000 Server 支持 NTFS 5.0。

(3) 在选择"安装类型"时,最好使用"定制安装",以便选择所需组件。

(4) 设置授权模式("每服务器|每客户"选择)。如果选择"每客户"模式,每台访问服务器的计算机都要求有自己的客户端访问许可证(CAL)。使用一个 CAL,一个特定的客户端计算机可以连接到任意数量的 Windows 2000 服务器上。对于拥有超过一台 Windows 2000 Server 的网络来说,这是最常用的授权方法。

相反,如果选择"每服务器"授权模式,则每一个与服务器的并发连接都需要一个单独的 CAL。这意味着在任何时候,Windows 2000 服务器都可以支持固定数量的连接。例如,如果选择了"每服务器"客户端授权模式和五个并发连接,此 Windows 2000 服务器可以同时被五台计算机(客户端)所连接。这些计算机将不需要任何其他许可证。只有一台 Windows 2000 服务器的中小企业通常选择"每服务器"授权模式。

如果不能确定使用哪种模式,可先选择"每服务器"模式,因为无需花费任何费用,即可从“每服务器”模式更改为“每客户”模式。

(5) 为当前计算机命名,即创建“计算机名”。

(6) 正确输入管理员(Administrator)密码并牢记。以后,网管人员既可以用Administrator的身份登录服务器,也可以用普通用户的身份登录计算机。

(7) 选择所需的系统组件。通常包括Internet信息服务(IIS)、NNTP服务、SMTP服务、World Wide Web服务器、FTP服务器、域名服务器(DNS)、动态主机配置协议(DCHP)以及Windows Internet命名服务(Wins)等等。

(8) 进行网络设置,包括安装及配置协议。

(9) 由于尚未创建域,可先让服务器加入一个临时工作组。

(10) 开始复制文件,直至安装成功。

(11) 系统安装完毕后,可通过“开始/设置/控制面板/添加删除软件”来增、删系统组件;如果需要设置系统的网络功能选项,可通过“开始/设置/控制面板/网络和拨号连接”命令进行。

2. 建立域

建立域的第一步是建立域控制器,建立域控制器的第一个动作是安装AD服务。

在Windows 2000 Server中,建立域可通过“开始/程序/管理工具/配置服务器”命令进行。其过程并不复杂,总体分为两个阶段:第一阶段是一些选择,如建立新域或加入既有的域;第二阶段是输入一些必要的信息,如域名、权限设置、DNS服务器的IP地址等。最后重启服务器,使设置生效。

3. 建立及管理用户账户

Windows 2000 Server网络中的每个用户都必须拥有一个用户账户(User Account),其内容包括用户的名称、密码、访问权限等数据。Windows 2000 Server延续了NT 4.0的组(Group)概念,网管人员可以根据实际需要建立组,然后将资源的权限释放给组,最后把用户账户加入到组中,如此一来在相同组中的用户便拥有相同的权限。

(1) 增加域用户账户。在Windows 2000 Server中,选择“开始/程序/管理工具/Active Directory用户和计算机”命令,可打开一个典型的MMC(Microsoft Management Console)风格的窗口中,如图5.11所示。Windows 2000 Server安装了AD服务成为域控制器后,默认情况下会产生五种“容器”:

• Builtin:存放内建本地组。

• Computers:存放域内计算机账户。当Windows 2000 Professional/Server加入域时,系统会自动在此产生对应的计算机账户。

• Domain Computer:存放域控制器。若域内有多台域控制器,都会显示在这里。

• Foreign Security Principals:保存来自有信任关系的域的对象。

• Users:存放域内用户账户及组。

图 5.11　Windows 2000 Server 中用于保存用户账户的五个容器

可以在任何容器中增加用户账户。例如,如果要在 Users 容器中增加用户账户,可用鼠标右键单击该容器,然后从快捷菜单中选择"新建/用户"命令,接下来需要指定用户登录名、相应的域名以及用户账户密码等。

默认情况下,在域控制器上增加的账户都会隶属于 Domain Users 组(此组的成员可以登录域内所有非域控制计算机以及访问网络上的共享资源,但不能改变系统设置)。如果要让账户拥有较多的权限,可通过设置账户属性将该账户加入到其他的组中(注意:这里的"组"并非工作组)。

(2) 设置用户账户的属性。用鼠标右键单击某个账户,选择"属性"命令,可打开该账户的属性对话框。其设置内容包括限制登录时间、限制能够登录的工作站、设置主文件夹以及将账户加入组等。

(3) 管理用户账户。包括对账户进行删除、重命名、移动、重设密码等管理动作。

4. 利用组来管理域(简介)

如果系统管理员每增加一个账户都要详细指定其权限的话,这种方式肯定是极无效率的。由此,产生了组的概念。简单地说,组是一个逻辑单位,它包含一群用户账户或是其他的组。系统管理员将权限指派给组后,任何加入这个组的对象(账户或其他组),都会拥有这个组所具有的权限(注:能够被指派权限的组称为安全组)。

Windows 2000 Server 中有三种组作用域:本地域组、全局组和通用组。三种组作用域功用不同,为管理多账户及多重域提供了极大方便。其中,本地域组几乎可以包含 AD 树系中所有类型的成员,但是它的权限区域仅限于同域(即建立该组的域)的资源。

在实际应用中,Microsoft 建议将隶属于同一部门的用户组织成全局组,把该全局组加入本地域组中,然后把访问权限指派给本地域组。

5.4.3　让工作站登录服务器

在 Windows 2000 Server 管理的网络中,工作站的操作系统可以选用 Windows 95/98/Me 或 Windows 2000 专业版。当上述步骤完成后,就可以进行网络登录方面的设置。

1. 设置登录方式

Windows 95/98 可以连接多种网络,你可以选择一种或多种适合于服务器的登录方式。在我们组建的局域网中,需要将登录方式设置为“Microsoft 网络客户”,方法如下:通过“控制面板/网络/配置/添加/客户”命令,打开“选定网络客户”对话框,“厂商”选择“Microsoft”,然后在“网络客户”列表中选择“Microsoft 网络客户”。

2. 设置网络环境

(1) 通过“控制面板”打开“网络”对话框,如图 5.12 所示。

(2) 从“主网络登录”下拉列表框中选择“Microsoft 网络客户”一项。

(3) 从“下列网络组件已被安装”框中选择“Microsoft 网络客户”,然后单击“属性”按钮,打开“Microsoft 网络客户属性”对话框,如图 5.13 所示。

(4) 勾选“登录到 Windows NT 域”复选框,并在“Windows NT 域”下方输入所登录服务器的域名,然后选择“确定”。

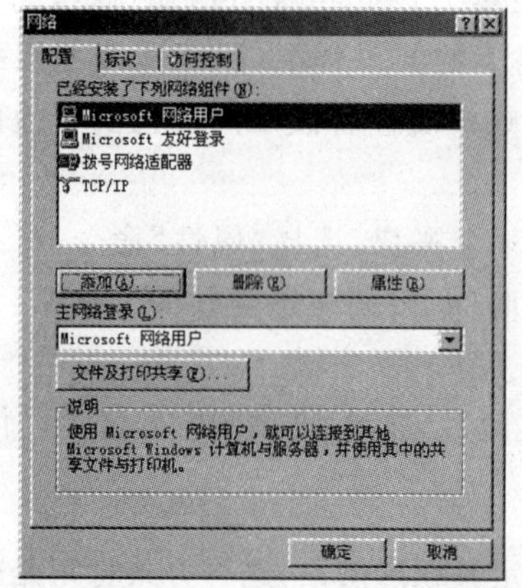

图 5.12 “网络”对话框

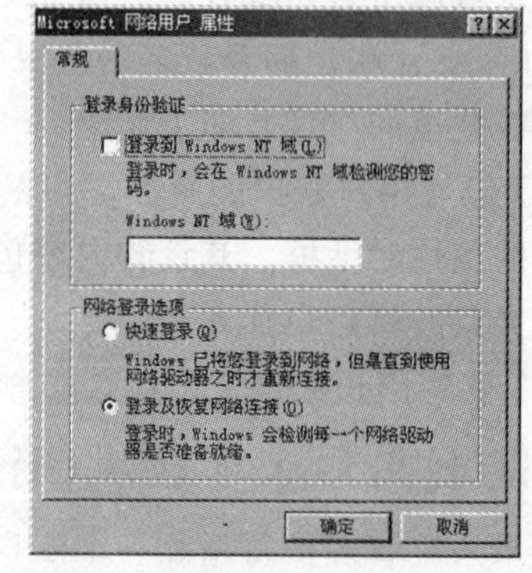

图 5.13 设置工作站的登录方式

(5) 在“网络”对话框中选择“标识”选项卡,然后输入本台计算机在网络中的名称及计算机描述。如果用工作组来管理用户,可在“工作组”栏中填入所属工作组名,否则可在“工作组”栏中填入网络的域名。

(6) 选择“确定”,完成设置。

3. 让工作站登录服务器

当以上所有设置结束后,重新启动计算机时会出现一个名为“输入网络口令”的登录对话框,系统要求你输入用户名、密码与域名,以便登录 NT 服务器。若登录成功,便可以在该机的“网络邻居”中浏览到代表该计算机的名称,同时可以在网络服务器或其他工作站的“网上邻居”中浏览到该工作站的名称。

5.5 局域网基本应用

1. 创建共享文件夹

在工作站或服务器中，通过将文件夹或驱动器设置为"共享"属性，可将本机上的文件提供给网上其他用户使用。设置方法如下：

(1) 登录本机后，打开资源管理器，用鼠标右键单击要设置的文件夹，然后从快捷菜单中选择"属性"命令，打开文件属性设置对话框。

(2) 在对话框中选择"共享"选项卡，并在"共享名"后面输入共享文件夹的名称。此外，还可以设置访问共享文件夹的用户权限。

共享文件夹设置成功后，该文件夹的图标呈现为被一只手托着。

2. 共享网络打印机

局域网中，任何一台连接有本地打印机的计算机均可以作为打印服务器。在打印服务器上，将本地打印机属性设置为"共享"。然后，在其他服务器或工作站上，可以通过"添加网络打印机"来共享网络打印机，也可以通过"网上邻居"浏览到共享打印机，然后选择"连接"。

5.6 常用网络测试命令

网络维护人员经常要处理各种各样的网络故障，了解和掌握下面几个命令将会有助于网络维护人员更快地检测到网络故障所在，从而节省时间，提高效率。

5.6.1 Ping

命令格式：

ping IP 地址或主机名 [-t] [-a] [-n count] [-l size]

参数含义：

-t：不停地向目标主机发送数。

-a：以 IP 地址格式显示目标主机的网络地址。

-n count：指定要 Ping 多少次，具体次数由 count 来指定。

-l size：指定发送到目标主机的数据包的大小。

Ping 是测试网络连接状况以及信息包发送和接收状况非常有用的工具，是最常用的网络测试命令。Ping 向目标主机（地址）发送一个回送请求数据包，要求目标主机收到请求后给予答复，从而判断网络的响应时间和本机是否与目标主机（地址）连通。

如果执行 Ping 不成功，则可以预测故障出现在以下几个方面：网线故障、网络适配器配置不正确、IP 地址不正确等。如果执行 Ping 成功而网络仍无法使用，那么问题很可能出在网络系统的软件配置方面。Ping 成功只能保证本机与目标主机间存在一条连通的物理路径。

举例来说,如果本机不能访问 Internet,则首先需要确认是否是本地局域网的故障。假设局域网的代理服务器 IP 地址为 202.168.0.1,则可以在命令行方式下输入 Ping 202.168.0.1 命令查看本机是否和代理服务器连通。再例如,利用命令 ping 127.0.0.1 可以测试本机的网卡是否正确安装。

Ping 程序看起来非常简单,即使利用其功能选项所得到的往返时间对一般用户也没有多大意义。例如,ping 解释不了为什么到达 www.sears.com 所需的时间比到达其他远程站点所需的平均时间要长。更重要的一点是 ping 只有在目标主机成功响应时才输出信息,这样在网络发生故障时,ping 并不是一种有效的诊断和排错工具。事实上,网络管理员通过运行 Ping 命令可以确定网络的哪一部分工作正常、哪一部分发生了故障,Ping 输出的结果有助于快速地定位故障点。

5.6.2 Tracert

命令格式:

tracert IP 地址或主机名 [-d][-h maximumhops][-j host_list] [-w timeout]

参数含义:

-d:解析目标主机的名字。

-h maximum_hops:指定搜索到目标地址的最大跳跃数。

-j host_list:按照主机列表中的地址释放源路由。

-w timeout:指定超时时间间隔,默认的时间单位是毫秒。

Tracert 命令用来显示数据包到达目标主机所经过的路径,并显示到达每个节点的时间。Tracert 命令在功能上与 Ping 很类似,但它所获得的信息要比 Ping 命令详细得多,它把数据包所走的全部路径、节点的 IP 以及花费的时间都显示出来。Tracert 命令比较适用于大型网络。

举例来说,如果需要了解本机与目标主机 http://www.sina.com.cn/之间详细的传输路径信息,可以在 MS-DOS 方式下输入命令 tracert http://www.sina.com.cn/。

如果在 Tracert 命令后面加上一些参数,还可以检测到其他更详细的信息,例如使用参数-d,可以指定程序在跟踪主机的路径信息时,同时也解析目标主机的域名。

5.6.3 Netstat

命令格式:

netstat [-r] [-s] [-n] [-a]

参数含义:

-r:显示本机路由表的内容。

-s:显示每个协议的使用状态(包括 TCP 协议、UDP 协议、IP 协议)。

-n:以数字表格形式显示地址和端口。

-a:显示所有主机的端口号。

Netstat 命令可以帮助网络管理员了解网络的整体使用情况。它可以显示当前正在活动的网络连接的详细信息，例如显示网络连接、路由表和网络接口信息，可以统计目前总共有哪些网络连接正在运行。

利用 Netstat 命令的“-s”参数还可以显示所有协议的使用状态，包括 TCP 协议、UDP 协议以及 IP 协议等，并且还可以选择特定的协议并查看其具体信息。Netstat 命令还能显示所有主机的端口号以及当前主机的详细路由信息。

第 6 章　组建无线局域网

传统有线网络组网时使用的传输媒介主要是铜缆或光缆，具有布线施工难度大、费用高、耗时长、网络中各节点不可移动等缺点。无线网络的出现有效地解决了上述问题。无线网络既可以独立地作为有线网络的替代设施，也可以当作有线网络的扩展。

无线网络可根据数据发送的距离分为几种不同的类型：

(1) 无线广域网(WWAN)。WWAN 技术可使用户通过远程公共网络或专用网络建立无线网络连接。

(2) 无线城区网(WMAN)。WMAN 技术使用户可以在主要城市区域的多个场所之间创建无线连接(例如，在一个城市和大学校园的办公楼之间)，而不必花费高昂的费用铺设光缆、电缆和租赁线路。

(3) 无线局域网(WLAN)。WLAN 技术可以使用户在本地创建无线连接(例如在公司或校园大楼里，或是在网吧、咖啡馆、机场等公共场所)。

(4) 无线个人局域网(WPAN)。WPAN 技术使用户为用于个人操作空间(POS)的设备(如 PDA、手机和笔记本电脑)创建特殊无线通信。个人操作空间通常是指 10m 以内的距离。目前，两个主要的 WPAN 技术是蓝牙和红外线。

与有线局域网相比，无线局域网的技术优势包括：①灵活性和移动性；②网络覆盖范围广；③安装便捷；④易于进行网络规划和调整。不过，无线局域网目前还没有像有线局域网那样普及，这主要是因为无线局域网在传输距离、传输带宽、安全性等方面还有待改进和加强。

6.1　无线局域网标准综述

无线局域网(Wireless Local Area Network，WLAN)是计算机网络与无线通信技术相结合的产物，采用无线电波、红外线或激光作为传输媒体代替传统电缆，可提供传统有线局域网的功能。

按与有线局域网的关系，无线局域网可分为独立式、非独立式两种。独立式指整个网络都使用无线通信的无线局域网，非独立式指局域网中无线网络设备与有线网络设备相结合使用的无线局域网。目前非独立式无线局域网在实际应用中处于主流，它以有线局域网为基础，通过配置无线访问节点、无线网桥、无线网卡等设备来实现无线通信，网络功能的实现还要依赖于有线局域网，可以看作有线局域网的扩展和补充。

20 世纪 70 至 90 年代，无线局域网一直被当作有线以太网的有效补充。这一时期的无线局域网产品直接架构于IEEE802.3标准上，存在着易受其他微波噪声干扰、传输速率低、各厂商产品互不兼容等缺点。1990年11月，IEEE成立了802.11委员会，开始制定无线局域网标准，迄今已推出IEEE802.11、IEEE802.11a、IEEE802.11b、IEEE802.11g、IEEE802.11n等多项标准。

目前无线局域网产品所采用的标准主要有IEEE802.11系列、IrDA(红外)和蓝牙等。一般来说，IEEE802.11系列比较适用于企、事业单位的无线网络，IrDA较适用于家庭中移动数据/语音设备之间的通信，蓝牙可以应用于任何需要以无线方式替代短距离线缆的场合。

6.1.1 成熟的IEEE802.11a/b/g标准

1. IEEE802.11

IEEE802.11标准正式发布于1997年6月，工作于2.4GHz频段，速率最高为2Mbps，主要用于解决办公室局域网和校园网中设备的无线接入。IEEE802.11标准规范了无线局域网的媒体访问控制层(Medium Access Control，MAC)和物理层(Physical，PHY)，保持了与三种最流行的无线电传输方式(直接序列扩频、跳频扩频和红外线)的兼容性。IEEE802.11标准的问世将整个无线局域网行业统一起来，各厂商的产品在同一物理层上可以互操作，逻辑链路控制层(LLC)是一致的，MAC层以上对网络应用是透明的，从而使得无线局域网的两种主要用途——“(同网段内)多点接入”和“多网段互连”易于质优价廉地实现。

由于IEEE802.11所规定的无线局域网在传输速率上比传统以太网要慢得多，并且当时的无线产品价格也非常高，因此只有少数企业或组织采用了这种新型传输方式。

2. IEEE802.11b

1999年9月，IEEE小组相继推出了IEEE802.11b和IEEE802.11a两个无线局域网新标准。IEEE802.11b标准是IEEE802.11标准的高速扩展，依然工作于2.4GHz频段，在保留原标准的纠错、安全、电源管理和其他优点的情况下，增加了一项名为互补码键控(CCK)的关键内容，从而把无线局域网的带宽提高到11Mbps。IEEE802.11b无线局域网支持动态速率转换，当射频情况变差时，其工作速率可根据环境变化在11Mbps、5.5Mbps、2Mbps、1Mbps之间切换，且在2Mbps、1Mbps速率时与IEEE802.11兼容。由于基于IEEE802.11b标准的无线产品具有其高带宽、覆盖范围广、成本低的特点，使得IEEE802.11b在与蓝牙、HomeRF的竞争中逐渐脱颖而出。

802.11b+最早是由TI公司提出的一种增强型IEEE802.11b标准。802.11b+采用PBCC(Packet Binary Convolutional Coding，包二进制卷积码)调制方式(也称为CCK-PBCC)，也可选用CCK-OFDM调制方式。采用PBCC方式的802.11b+保持了对IEEE802.11b的完全兼容，并使最高传输速率达到了22Mbps，增加了3dB编码增益，其覆盖范围在理论上可扩大70%。D-Link、TP-Link等公司都曾推出过基于802.11b+的产品，基于802.11b+技术标准的无线产品曾一度占据了欧美和国内市场的50%以上份额。随着IEEE802.11g标准的主流化，802.11b+产品开始逐渐退出家庭/办公室应用，但仍在远距离点对点传输方面有所应用。

3. IEEE802.11a

IEEE802.11a工作于5.8GHz频段，采用正交频分复用(OFDM)扩频技术，其物理层速率可达54Mbps，传输层可达25Mbps，可提供25Mbps的无线ATM接入和10Mbps的以太网无线接入以及其他比IEEE802.11b标准更优秀的特性(例如安全性)，支持语音、数据、图像等业务。不过，由于IEEE802.11a标准的实现成本比较高且与IEEE802.11b不兼容，再加上在传输范围等方面存在弱点，因而在实际应用中并不广泛。

由于IEEE802.11a的市场表现不佳，使得IEEE802.11g一经正式问世便迅速成为厂商们追捧的对象。不过，由于IEEE802.11a在抗干扰能力及信道可用性方面要大大强于IEEE802.11b/g，这使得它目前仍有自己的用武之地，特别是在无线语音传输、矿山、医院等领域。

4. IEEE802.11g

为了解决IEEE802.11a与IEEE802.11b互不兼容的问题，IEEE802.11工作组于2003年7月正式批准了IEEE802.11g标准。IEEE802.11g与IEEE802.11a一样拥有54Mbps的传输速率，但却工作在与IEEE802.11b相同的2.4GHz频段，因而能够较好地解决升级后的兼容性问题。如果用户需要将自己的无线局域网升级到IEEE802.11g，只需购买相应的AP，原有的IEEE802.11b无线网卡即可继续使用，这显然在经济性和灵活性上要大大强于IEEE802.11a。另外，IEEE802.11g也继承了IEEE802.11b覆盖范围广的优点，并且其整体实现成本较IEEE802.11a低。

802.11g+是指一些兼容IEEE802.11g标准的增强型无线技术，主要有Atheros的Super G技术、Broadcom的Afterburner技术、Conexant的Nitro XM技术、ZyXEL的G+ SuperSpeed技术等，其中以Atheros的Super G技术和Broadcom的Afterburner技术最具代表性，二者的最高数据传输率分别能达到108Mbps和125Mbps。

6.1.2 发展中的IEEE802.11n标准

2003年，IEEE成立802.11n工作小组，着手研究制定更新的高速无线局域网标准。IEEE802.11n计划将无线局域网的传输速率从IEEE802.11a和IEEE802.11g的54Mbps提高到108Mbps以上，最高速率可达320Mbps～600Mbps。为了全面兼容以往的IEEE802.11b/a/g标准，IEEE802.11n被定义为双频工作模式，即包含2.4GHz和5.8GHz两个工作频段。

IEEE802.11n标准全面改进了802.11标准，不仅涉及物理层标准，同时也采用新的高性能无线传输技术提升介质访问(MAC)层的性能，优化数据帧结构，提高网络的吞吐量性能。在物理层上，IEEE802.11n采用MIMO(多入多出)与OFDM(正交频分复用)相结合的方式作为无线信号调制技术,从而使传输速率成倍提高。另外,配合先进的天线技术及传输技术,基于IEEE802.11n的无线局域网在100Mbps的数据传输率下,其传输距离仍可达到几公里。表6.1是上述几个标准的归纳与比较。

表6.1　IEEE802.11系列标准比较

技术标准	频段占用	最高速率	调制技术
802.11	2.4GHz	2Mbps	FHSS
802.11b	2.4GHz	11Mbps	DSSS
802.11a	5.8GHz	54Mbps	OFDM
802.11g	2.4GHz	54Mbps	DSSS
802.11n	2.4GHz、5.8GH	320Mbps～600Mbps	MIMO、OFDM

6.1.3　蓝牙(Bluetooth)

蓝牙(Bluetooth)是由爱立信、IBM、Intel、诺基亚和东芝等5家公司共同倡导的一种全球通用的无线技术标准,是一种低成本、短距离无线通信连接技术。蓝牙是实现语音和数据无线传输的开放性规范,主要用于在笔记本电脑、移动电话以及其他移动设备(如打印机、数码相机、高品质耳机等)之间建立一种小型、经济、短距离的无线链路,以无线方式将它们连成一个微微网(Pico net),多个微微网之间也可以互连形成分布式网络(Scatter net),从而方便、快速地实现各类设备之间的通信。

蓝牙的无线射频单元即其无线收发器,它集成了蓝牙技术的工作程序,被设计成一块尺寸大约为9mm×9mm的IC芯片,可方便地嵌入到各种数码设备中。

蓝牙采用跳频扩频技术,蓝牙1.0中所规定的传输速率为1Mbps(实际传输速率在432Kbps到721Kbps不等),蓝牙2.0则可达到3Mbps～10Mbps。蓝牙工作于全球统一的ISM频段(2.4GHz),与其他工作在2.4GHz频段上的系统相比,蓝牙采用了快跳频和短分组技术,减少了同频干扰,数据包更短,因而也更加稳定和可靠。蓝牙的跳频收发器采用了二进制调频(FM)技术,不仅能够较好地抑制干扰和防止信号衰落,也降低了设备的复杂性。蓝牙系统的设计通信距离为0.1m到10m,通过增大发射功率也可以延长至100m。

蓝牙基带协议是电路交换与分组交换的结合。在被保留的时隙中可以传输同步数据包,每个数据包以不同的频率发送。一个数据包名义上占用一个时隙,但实际上可以被扩展到占用5个时隙。蓝牙可以支持异步数据信道、多达3个的同时进行的同步话音信道,还可以用一个信道同时传送异步数据和同步话音。每个话音信道支持64Kbps同步话音链路。异步信道可以支持一端最大速率为721Kbps而另一端速率为57.6Kbps的不对称连接,也可以支持43.2Kbps的对称连接。

蓝牙系统支持点对点或点对多点通信。几个相互独立、以特定方式连接在一起的微微网构成分布式网络,各微微网由不同的跳频序列来区分。在同一微微网中,所有的用户均用同一跳频序列同步。

6.1.4 红外(IrDA)

IrDA(Infrared Data Association,红外线数据标准协会)是一个成立于1993年的非营利性组织,致力于建立无线传播连接的国际标准,目前在全球拥有160个会员,参与的厂商包括计算机及通信硬件、软件及电信公司等。

从技术上讲,IrDA是一种利用红外线进行点对点通信的技术,其相应的软件和硬件技术都比较成熟,主要优点有:

· 体积小、功率低,适合设备移动的需要。

· 传输速率高。传统的FIR(Fast Infrared)标准的传输速率为4Mbps,接收角度为30度;新的VFIR标准的传输速率为16Mbps;接收角度为120度。

· 成本低。

· 普及性高。绝大部分笔记本电脑及掌上电脑都安装了IrDA接口。

但是,IrDA也有其不尽如人意的地方。首先,IrDA是一种视距传输技术,也就是说两个具有IrDA端口的设备之间如果传输数据,中间就不能有阻挡物,这在两个设备之间是容易实现的,但在多个设备间就必须彼此调整位置和角度等,这是IrDA的致命弱点。其次,IrDA设备中的核心部件——红外线LED不是一种十分耐用的器件,对于不经常使用的扫描仪和数码相机等设备还可以,但如果经常用装配IrDA端口的手机上网,可能很快就不堪重负。

6.2 无线局域网主要设备

构建无线局域网常用的设备有:无线访问点(AP)、无线网卡、无线网桥、无线天线等。将各种无线局域网设备结合使用,就可以组建出多层次、无线与有线并存的计算机网络。

1. 无线网卡(Wireless LAN Card)

无线网卡又称为"无线适配器",其作用类似于以太网中的网卡,主要由NIC(Network Interface Card,网络接口卡)单元、扩频通信机和天线三个功能模块组成。按照产品本身所遵循的无线局域网标准,无线网卡可分为IEEE802.11b、IEEE802.11a、IEEE802.11g等几种。根据接口类型的不同,无线网卡又可分为PCMCIA无线网卡、PCI无线网卡、USB无线网卡、Mini-PCI无线网卡、SD/CF无线网卡等,如图6.1所示。

图6.1 形形色色的无线网卡

2. 无线访问点(Access Point)

无线访问点(Access Point,AP)是无线局域网中负责进行数据接收和转发的设备,又称为无线 AP、无线接入点、无线接入器、无线会话点或无线存取桥接器等。无线 AP 的外观非常简单,通常有一个 RJ-45 网口(用于连接有线网络)、电源接口、配置口(USB 接口或通过 Web 界面配置)、天线和几个状态指示灯。

无线 AP 的工作原理如图 6.2 所示。一个无线 AP 能够在几十至上百米的范围内连接多个无线用户。在有线网络和无线网络并存的情况下,无线 AP 可以通过标准的以太网电缆与传统的有线网络相连,作为无线网络和有线网络的连接点,此时无线 AP 的作用类似于调制解调器,它将从有线网络接收到的数据转换成无线信号并发出,将接收到的无线信号转换成数据并发回到有线网络。

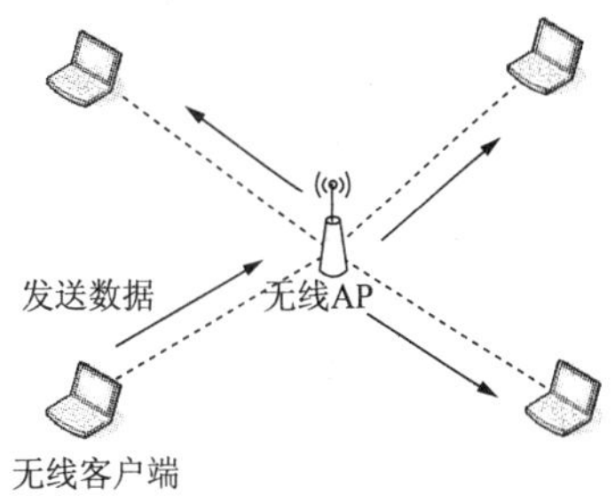

图 6.2　无线 AP 工作示意

无线电波在传播过程中会不断衰减,导致无线 AP 的通信范围被限定在一定的范围之内(通常是一个向外扩散的圆形区域),这个范围被称为微单元。当网络环境中存在多个 ESSID(扩展基本服务集标识符)定义一致的无线 AP、并且它们的微单元互相有一定范围的重合时,无线用户可以在整个无线局域网覆盖区内移动,无线网卡能够自动发现附近信号强度最大的无线 AP,并通过它收发数据,保持不间断的网络连接,从而实现"无缝漫游"功能。

一个无线 AP 虽然理论上最多可以连接 255 台无线客户端,但在实际使用中,若要达到比较理想的性能,最好一台无线 AP 连接的无线客户端不要超过 30 台。

3. 无线网桥

无线网桥是在链路层实现无线互连的存储转发设备。从功能上来看,无线网桥可用于连接两个或多个独立的网段,这些独立的网段通常位于不同的建筑内,相距几百米甚至几十公里。根据协议不同,无线网桥又可以分为工作在 2.4GHz 频段的 IEEE802.11b/g 无线网桥以及工作在 5.8GHz 频段的 IEEE802.11a 无线网桥等。

4. 无线路由器

在家庭或办公室中,如果希望实现多台电脑共享上网,就需要配备一个路由器。由于无线局域网的组网灵活性,现在许多家庭开始选择使用无线路由器共享上网。

无线路由器集无线 AP 与有线宽带路由器于一体。有线宽带路由器是一种伴随着宽带应用的普及而问世的产品,一般具有一个 10Mbps 或 10/100Mbps 的广域网口(WAN),4～8 个 10/100Mbps 的局域网口(LAN),同时还具有 xDSL/Cable Modem/FTTx+LAN 等宽带连接能力,它利用网络地址转换功能(NAT)实现多个用户共享一个账号高速接入宽带互联网或 Ethernet 骨干网,特别适合家庭用户、办公用户作为宽带接入方案的核心设备。

宽带路由器的广域网口能够自动检测或通过手工设定宽带运营商的接入类型,具备宽带运营商客户端发起功能，而局域网内的所有计算机不再需要安装任何客户端软件，也不用设定任何代理服务器的地址。

一般情况下，无线路由器上提供一个 WAN 口和四个普通 RJ-45 接口。WAN(Wide Area Network，广域网)是一种跨地区的数据通信网络，通常包含一个或数个国家或地区。广域网通常由两个或多个局域网组成。计算机常常使用电信运营商提供的设备作为信息传输平台，例如通过公用网，如电话网，连接到广域网，也可以通过专线或卫星连接。互联网是全世界最大的 WAN，无线路由器上的 WAN 口就是用于连接互联网的接口。无线路由器所提供的 WAN 口一般是 10/100Mbps 自适应 RJ-45 端口，可连接 xDSL/Cable Modem 等设备或以太网。无线路由器上的其他四个 RJ-45 端口就是常见的双绞线以太网端口。

除基本的无线桥接、路由功能之外，许多无线路由器还提供了各种附加功能，例如：

(1) DHCP(Dynamic Host Configuration Protocol，动态主机配置协议)。该功能是无线路由器的必备功能之一。它通过网络中的一台服务器提供相应的网络配置服务来实现，可以为网络终端设备提供临时的 IP 地址、默认网关、DNS 服务器等网络配置，从而节省用户在网络配置方面的工作量。

(2) NAT(Network Address Translation，网络地址转换)。NAT 的功能是将局域网内部的私有 IP 地址(如企业内部网 Intranet)转换为 WAN 地址(如互联网)，从而对外隐藏内部管理的 IP 地址。

(3)“MAC 地址克隆”功能。网卡在实际应用中有两个地址：IP 地址和 MAC 地址。MAC 地址是一块网卡的惟一性标识，是网卡的“身份证”。正因如此，近年来 ISP 宽带接入商常常可以根据 MAC 地址而判断出家用局域网电脑的接入数量，进而封杀家庭中更多的接入电脑。“MAC 地址克隆”功能又称为“MAC 地址欺骗”，它可以将 ISP 端已绑定的某一台电脑的网卡 MAC 地址故意暴露给 ISP 服务器看，让 ISP 服务器认为用户只使用了单台电脑。

其他还有 UpnP(即插即用)功能、防火墙功能、网站过滤功能、上网权限限制功能、流量管理监控功能、打印服务器功能，等等。

5. 无线天线(Antenna)

无线发射器输出的射频信号功率，通过馈线(电缆)输送到天线，由天线以电磁波形式辐射出去。电磁波到达接收地点后，由天线接下来(仅仅接收到极小一部分功率)，并通过馈线送到无线接收机。

无线局域网设备使用的天线通常被称为“无线天线”，它可以扩展无线局域网的覆盖范围。当无线客户端与无线 AP 或其他无线客户端相距较远时，随着信号的减弱，将会出现数据输速率明显下降甚至间通信中断的情况。此时，可以借助无线天线对所接收或发送的信号进行增益(放大)。

无线天线主要有室内和室外两种。室内天线的优点是方便灵活，缺点是增益小、传输距离短；室外天线的优点是传输距离远，比较适合远距离传输。另外，室内天线通常没有防水和防雷设计，因此室内天线一般不可用于室外。

无线天线有三个比较重要的性能参数:传播方向、工作频段和天线增益。

(1) 传播方向。全向天线的外观呈棒状,定向天线的外观呈锅状或平板状,如图 6.3 所示。全向天线的辐射与接收在水平面上无最大方向,通常用作点对多点通信的中心站;定向天线在水平面上具有最大辐射或接收方向,因此能量集中,增益相对全向天线要高,适合于远距离点对点通信,同时由于具有方向性,抗干扰能力也比较强。

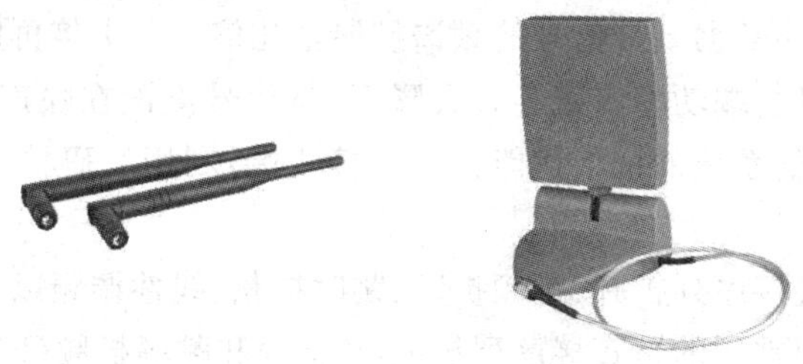

图 6.3　全向天线(左)和定向天线(右)

(2) 工作频段。无线天线的工作频段应与无线基站的工作频段相同。例如,若要配合 IEEE802.11b 或 IEEE802.11g 标准的无线局域网设备,需要选择工作于 2.4GHz频段的无线天线。

(3) 天线增益。天线增益表示天线对信号变形和在特定方向聚焦的能力。增益值越高,表示天线对信号的放大能力越强,传输质量就越好。

无线天线的增益被表示为一个相对值,如果以最坏的全方向天线为基准的话,天线增益的单位表示为 dBi。例如,一些普通的无线网卡上通常配置一组比较简单的双极天线,其增益值约为 2.2 dBi。有些无线产品配有两组天线,这对于改善传输质量很有好处,但其增益值并非是两组天线的累加。

如果用户希望通过更换天线、提高增益来延长无线信号的传输距离,通常单个双极天线每增加 6dBi 增益值才能使传输距离加倍。另外,如果无线产品有两组天线,必须两根天线同时升级。

6.3　无线局域网工作原理

6.3.1　无线局域网的传输方式

传输方式涉及无线局域网采用的传输媒体、选择的频段及调制方式。目前,无线局域网采用的传输媒体主要有微波与红外线两种。按照不同的调制方式,采用微波作为传输媒体的无线局域网又可分为扩展频谱方式与窄带调制方式。

1. 红外线(Infrared Rays,IR)局域网

红外线传输技术采用波长小于 1μm 的红外线作为传输媒体。红外信号要求视距(直观可见距离)传输,有较强的方向性,因此很难被窃听,对邻近区域的类似系统也不会产生干扰。红外线通信方式与微波方式相比,可以提供极高的数据速率,且设备相对简单、便宜。但由于红外线对障碍物的透射和绕射能力很差,使得传输距离和覆盖

范围都受到很大限制，通常IR局域网的覆盖范围被限制在一间房屋内。另外，在实际应用中，由于红外线具有很高的背景噪声，受日光、环境照明等影响较大，因而要求信号源设备的发射功率要大一些。

2. 扩展频谱(Spread Spectrum，SS)局域网

大多数无线局域网都使用扩展频谱技术(简称“扩频技术”)来传输数据。在扩展频谱方式中，发射端将数据基带信号的频谱扩展至几倍～几十倍再搬移至射频发射出去。这一做法使得发射端功率谱密度大大降低，将信号淹没在噪声中，虽然牺牲了频带带宽，却提高了通信系统的抗干扰能力。在接收端，利用解码技术将宽带信号恢复成窄带信号。

扩频技术包括直接序列扩频、跳频扩频、跳时扩频、线性调频以及它们的各种混合方式。无线局域网中常用的是直接序列扩频(DSSS)和跳频扩频(FHSS)。

直接序列扩频(Direct Sequence Spread Spectrum，DSSS)简称“直序扩频”或“直扩”，它采用伪随机码序列PN(Pseudo-Noise Sequence)对欲发送的窄带信号进行调制，使其成为一个频谱扩展的扩频信号后再进行发送，如图6.4所示。在接收端用同样的伪随机码序列进行接收和解扩，把扩频信号还原成原来的信号。

所谓跳频扩频(Frequency-Hopping Spread Spectrum，FHSS)就是载波可以在一个很宽的频带上按照伪随机码的定义从一个频率跳变到另一个频率。跳变速率由原始信息的数据速率决定，根据速率可分为快速跳频(FFHSS)和低速跳频(LFHSS)。低速跳频技术较为常用，它用几个连续的数据位去调制同一频率。快速跳频是在每个数据位内多次跳频。跳频信号的发射频谱同直接序列扩频有很大差别，跳频输出在整个频带上是平坦的，跳频信号的带宽是频率间隔的N倍(N是载频的个数)。

受伪随机码的控制，跳频的载波频率在其工作带宽范围内按随机规律不断改变，接收端的频率也按随机规律变化，并依据事先约定好的跳频图保持与发射端的变化规律一致。跳频的高低直接反映跳频系统的性能，跳频越高，抗干扰性能越好，军用的跳频系统可达到每秒上万跳。

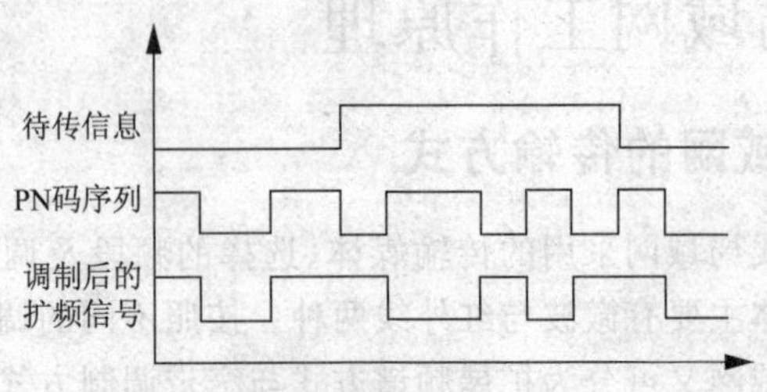

图6.4 直接序列扩频(DSSS)

采用扩展频谱方式的无线局域网一般选择ISM(Industrial Scientific Medical，工业、科学、医学)频段，频率范围为2.4GHz～2.4835GHz，通常也被简称为2.4GHz频段。ISM频段是一个全球通用、向公众开放的、没有使用授权限制的频段，它对所有无线电系统都开放，使用其中任何一个频率都有可能遇到不可预测的干扰源，例如某

些家用电器、无绳电话、汽车电子钥匙、微波炉等。此时，抗干扰问题就变得非常重要。

3. 窄带微波(Narrowband Microwave)局域网

在窄带微波局域网中，数据基带信号的频谱不做任何扩展即被直接搬移到射频发射出去。与扩展频谱方式相比，窄带调制方式占用频带少，频带利用率高。采用窄带调制方式的无线局域网一般选用专用频段，需要经过国家无线电管理部门的许可方可使用。当然，也可选用ISM频段，这样可免去向无线电管理委员会申请。但带来的问题是，当临近的仪器设备或通信设备也在使用这一频段时，会严重影响通信质量。

6.3.2 无线局域网拓扑结构

无线局域网按拓扑结构分为无中心网络和有中心网络。

1. 无中心网络

无中心网络是又称为无AP网络、对等网络或Ad-hoc(特别)网络。由一组有无线接口的计算机(无线客户端)组成一个独立基本服务集(IBSS)，这些无线客户端有相同的工作组名、ESSID和密码，网络中任意两个站点之间均可直接通信。无中心网络的拓扑结构如图6.5所示。

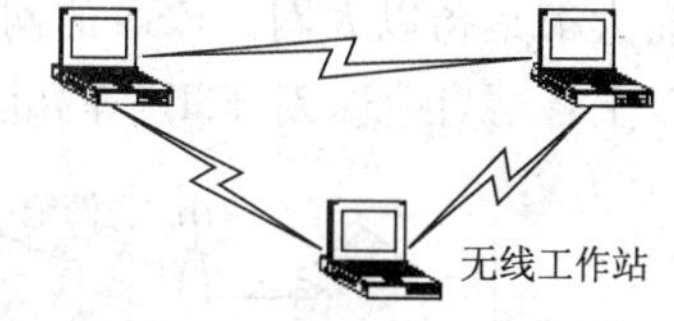

图6.5　无中心网络拓扑结构

无中心网络一般使用公用广播信道，每个站点都可竞争公用信道，而信道接入控制(MAC)协议大多采用CSMA(载波监测多址接入)类型的多址接入协议。这种结构的优点是：网络抗毁性好、建网容易、成本较低。缺点是：当网络中站点数量过多时，激烈的信道争用将直接降低网络性能。再有，为了满足任意两个站点均可直接通信，网络中站点布局受环境限制较大。因此，这种网络结构仅适用于工作站数量相对较少(一般不超过15台)的工作群，并且这些工作站应离得足够近。

2. 有中心网络

有中心网络也称结构化网络，它由一个或多个无线AP以及一系列无线客户端构成，网络拓扑如图6.6所示。在有中心网络中，一个无线AP以及与其关联(Associate)的无线客户端被称为一个BSS(Basic Service Set，基本服务集)，两个或多个BSS可构成一个ESS(Extended Service Set，扩展服务集)。

有中心网络使用无线AP作为中心站，所有无线客户端对网络的访问均由无线AP控制。这样，当网络业务量增大时网络吞吐性能及网络时延性能的恶化并不剧烈。由于每个站点只需在中心站覆盖范围内就可与其他站点通信，故网络布局受环境限制比较小。并且，中心站为接入有线主干网提供了一个逻辑访问点。有中心网络拓扑结构的弱点是抗毁性差，中心站点的故障容易导致整个网络瘫痪，并且中心站点的引入增加了网络成本。

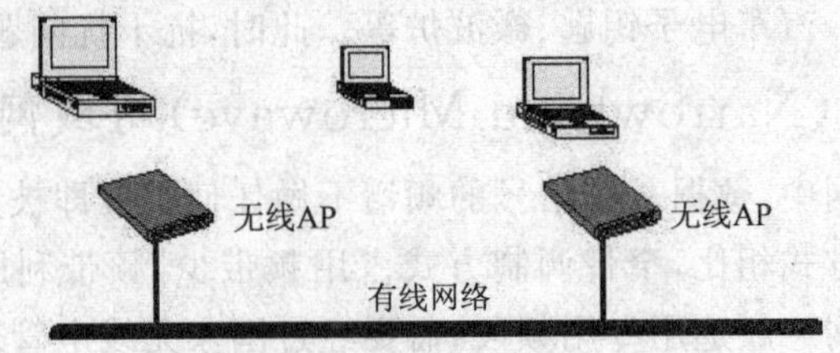

图 6.6 有中心网络拓扑结构

在一个 BSS(基本服务集)中,无线客户端与无线 AP 之间的关联是通过采用相同的 BSSID(基本服务集标识符)来实现的。在 IEEE802.11 标准中,BSSID 采用无线 AP 的 MAC 地址。

可以将 ESS(扩展服务集)看作由多个无线 AP 以及连接它们的分布式系统所组成的结构化网络,网络拓扑如图 6.7 所示。在 ESS 中,所有无线 AP 必须共享同一个 ESSID。虽然在 IEEE802.11 标准中并没有明确定义构成 ESS 的分布式系统的结构,但目前大都是指以太网。ESS 的网络结构只包含物理层和数据链路层,不包含网络层及其以上各层,因此,对于 IP 等高层协议来说,一个 ESS 就是一个 IP 子网。

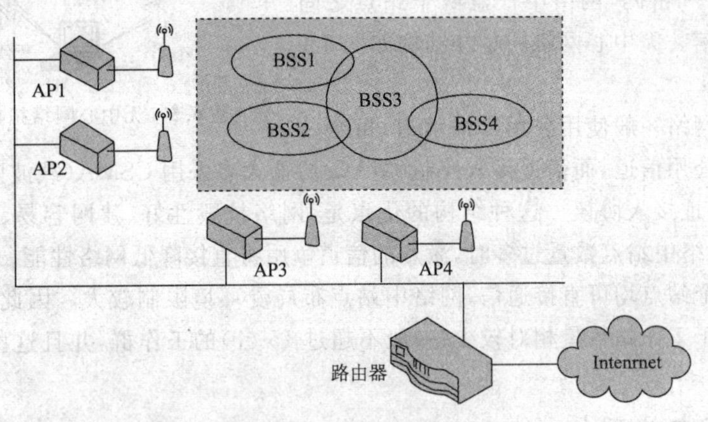

图 6.7 ESS 网络结构

6.3.3 无线局域网基本运行方式

无线局域网的运行包括两个主要过程:①无线客户端加入一个 BSS(基本服务集);② 无线客户端从一个 BSS 移动到另一个 BSS,即漫游(Roaming)。

一个无线客户端点访问现有的 BSS 分几个阶段。首先,无线客户端开机后需要获得无线局域网的同步信号,该信号一般来自无线 AP。无线客户端通过主动扫频或被动扫频来获得同步信号。主动扫频是指无线客户端启动后扫描所有频道:一次扫描中,无线客户端采用一组频道作为扫描范围,如果发现某个频道空闲,就广播带有 ESSID 的探测信号,AP 根据该信号做出响应;被动扫频是指无线 AP 每 100ms 向外传送灯塔信号,包括用于无线客户端同步的时间戳、支持速率以及其他信息,无线客户端接收到灯塔信号后启动关联过程。

为防止非法用户接入，在无线客户端取得同步信息之后，无线 AP 与无线客户端之间就开始交换验证信息。无线客户端点经过验证后，关联（Associate）就开始了。关联用于建立无线访问点和无线客户端之间的映射关系，分布式系统将该映射关系分发给扩展服务集（ESS）中的所有 AP。一个无线客户端同时只能与一个无线 AP 关联。在关联过程中，无线客户端与无线 AP 之间要根据信号的强弱协商速率。如果无线 AP 的信号强度太弱、错误率太高或者操作系统已发出指令（Windows XP 和 Windows Server 2003 是每 60 s 发一次指令），则无线客户端将扫描其他无线 AP，以确定是否有其他 AP 可以对同一无线网络提供较强的信号。如果有，无线客户端将切换到该 AP 的信道。该过程称为重关联。

造成与其他无线 AP 重关联的原因有多种。无线客户端远离无线 AP，或者无线 AP 的其他通信量太大或干扰太强都可能造成信号变弱。无线客户端通过切换到其他无线 AP，可以将负载分散到其他无线 AP 上，这样可以提高其他无线客户端的性能。通过将无线 AP 放置到适当的位置，使它们的覆盖区域稍微重叠，但不要让它们的信道重叠，可在较大区域内实现无线连接。当无线客户端移动其物理位置时，它可从一个无线 AP 关联或重关联到另一无线 AP，从而在移动物理位置时能够保持连接。

所谓漫游是指无线客户端在一组无线访问点之间移动，并提供对于用户透明的无缝连接。漫游包括基本漫游和扩展漫游：基本漫游是指无线客户端的移动仅局限在一个扩展服务集内部；扩展漫游是指无线客户端从一个扩展服务集中的一个 BSS 移动到另一个扩展服务集的一个 BSS。无线客户端从一个扩展服务集中的一个 BSS 移动到另一个 BSS 时需要重关联（Reassociate），重关联总是由移动的无线客户端发起的。

6.4　无线局域网常用组网方案

6.4.1　对等解决方案

对等解决方案是最简单的无线网络应用方案，其网络拓扑其实就是无中心网络。在这种组网模式中，只需要给每台计算机安装一块无线网卡，即可相互访问。在对等连接的无线局域网中，一个无线客户端会自动将自己设置为初始站，并对网络进行初始化，使所有具有相同 SSID 的无线客户端成为一个局域网。

如果需要将一个无线对等网与有线网络连接，可以为其中一台计算机再安装一块有线网卡，网络中的其他无线用户即可以利用这台计算机作为网关，访问有线网络或共享打印机等设备。

无线对等网虽然组网简便，但它无法满足许多实际应用的需要。其缺点包括：①对等网中的计算机只能一对一互相传递信息，而不能同时进行多点访问；②无线网卡的天线增益比较小；③由于没有无线路由器，无线对等网中连接 ADSL/Cable Modem 的计算机必须始终开机，才能保证其他计算机通过该计算机共享上网。

6.4.2 单AP与多AP解决方案

在单AP解决方案中，无线AP的作用相当于有线网络中的集线器或交换机。这种组网模式以星型拓扑为基础，以无线AP为中心，网络结构如图6.8所示。无线AP同时还提供有线以太网接口，利用该接口就可以将无线AP作为一个有线网络的扩展部分。

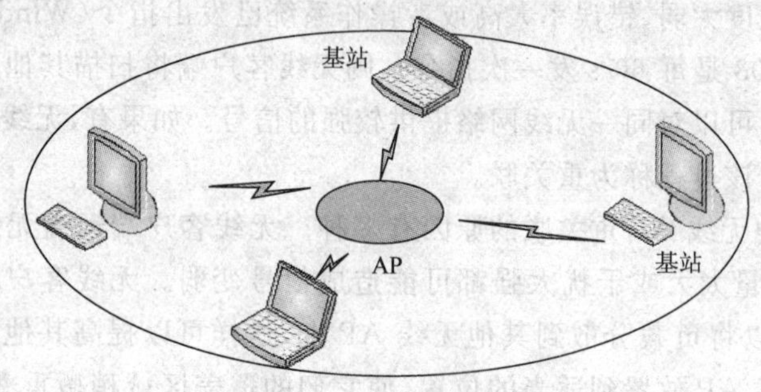

图6.8 单AP解决方案

当网络规模较大、超过了单个无线AP的覆盖半径时，可以采用多个无线AP分别与有线网络相连，从而形成以有线网络为主干的多AP无线网络，所有无线客户端可以通过最近的无线AP接入网络，访问整个网络的资源，从而突破无线网覆盖半径的限制。

在一个大楼中或很大的平面里部署无线网络时，可以布置多个无线AP构成一套微蜂窝系统，这与移动电话的微蜂窝系统十分相似。微蜂窝系统允许一个用户在不同的无线AP覆盖区域内任意漫游，随着位置的变换，信号会由一个无线AP自动切换到另外一个无线AP。整个漫游过程对用户是透明的，虽然提供连接服务的无线AP发生了切换，但对用户的服务却不会被中断。

对于网络可靠性要求较高的应用环境（如金融、证券等）来说，无线AP一旦发生故障，整个无线网络即陷入瘫痪，将使用者带来很大损失。因此，可以将两个无线AP放置在同一位置，从而实现无线冗余备份方案。

对于分布相对零散的区域来说，有时需要采用无线中继的方式来组网。例如，在工厂车间中，车间内有一个网络接口连接有线网，而车间中许多信息点由于距离很远使得网络布线成本很高，还会有一些信息点由于周边环境比较恶劣，无法进行布线。由于这些信息点的分布范围超出了单个无线AP的覆盖半径，可以利用两个无线AP配合高增益天线实现无线中继，以扩大无线局域网的覆盖范围。

无线AP中继解决方案利用两个AP进行点对点链接。由于独享信道，这种方式较适合两个局域网（有线网络或无线网络）的远距离互连，架设高增益定向天线后，传输距离可达到几十公里。

6.4.3　基于无线网桥的组网方案

无线网桥主要有三种组网模式:点对点、点对多点、中继连接。

点对点无线桥接模式常用于两个固定的位置之间,其优点是网络结构简单、易于施工、传输距离远,网络示意如图 6.9 所示。该模式一般由一对无线网桥和一对室外天线组成。根据所采用的设备不同,数据传输率大致在 5～30Mbps 之间。两座建筑物上无线天线之间不要有障碍物,无线天线应当架设在楼顶最高位置。在该模式中,还需要将两个无线网桥分别设置为 Master(主桥)和 Slave(从桥),二者的 SSID 必须相同,必须使用相同的信道和相同的无线安全设置,才能实现正常的通信。另外,还要在主桥中设置欲连接的从桥的 MAC 地址。举例来说,A、B 两个大楼采用无线网桥进行点对点连接,通常需要这样配置:在 A 大楼放置一台无线网桥,顶部放置一面定向天线;B 大楼同样放置一台无线网桥,顶部放置一面定向天线;A、B 两地的无线网桥分别通过馈线与本地天线连接后,两点的无线通信可迅速搭建起来;A、B 两地的无线网桥分别通过超五类双绞线连接本地的网络交换机,从而将两处网络连为一体。

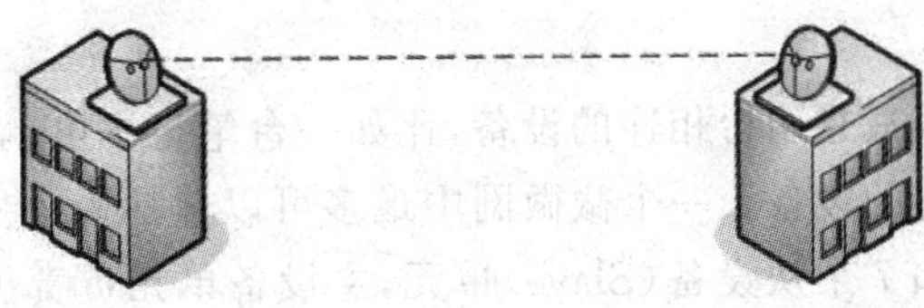

图 6.9　无线网桥室外点对点连接

点对多点无线桥接模式适用于有一个中心站、多个远端站的情况。中心站采用全向天线,以蜂窝方式进行覆盖,其他远端站采用定向天线。该模式的优点是组网成本低、维护简单,并且由于中心站使用全向天线,设备调试相对容易。该模式的缺点有三方面:一是全向天线工作时波束的全向扩散使得发射功率大大衰减,网络传输速率低,位置较远的远端点无法得到可靠的网络连接;二是由于多个远端站共用一台中心节点设备,网络延迟增加,导致传输速率降低,且中心设备损坏后,整个网络就会失效;三是所有的远端站和中心站使用相同的工作频率,在有一个远端站受到干扰的情况下,其他站都要重新更换相同的频率,如果有多个远端站都受到干扰,频率更换将更加麻烦,且不能互相兼顾。

在点对多点无线网络中,必须将中心站无线网桥设置为 Master(主桥),将其他所有远端站的无线网桥均设置为 Slave(从桥),所有无线网桥的 SSID 必须相同,使用相同的信道,使用相同的无线安全设置,才能实现正常的通信。另外,还要在主桥中设置各个欲连接的从桥的 MAC 地址。

当需要连接的两个局域网之间有障碍物遮挡而无法直视时,可以考虑使用无线中继的方法绕开障碍物,来实现两点之间的无线桥接。举例来说,网络 A 与网络 B 是两个无法直视的独立网络,如果需要在二者之间建立无线中继连接的话,中继点的位置应选择在可以同时看到网络A与网络B的位置,中继无线网桥连接的两个定向天线分别对准网络A与网络B的定向天线,无线网桥A与无线网桥B的通信通过中继无线网桥来完成。

构建中继网桥可以使用单个无线网桥作为中继点,也可以使用两个无线桥接作为中继点。使用单个无线网桥时,通过功率分配器连接两个定向天线。由于双向通信共享带宽的原因,可使用的实际带宽只有原来的一半。因此这种方式适用于对带宽要求不是很敏感的用户。如果用户对带宽要求较高,可以采用两个工作于不同信道的无线网桥背靠背组成中继点,每个无线网桥分别连接一个定向天线。这种方式可以保证实际带宽不会减少,但需要多投入一套设备。

6.4.4 蓝牙组网模式

1. 蓝牙无线个人局域网(WPAN)

蓝牙作为一种小范围无线连接技术,能够在设备间实现方便快捷、灵活安全、低成本、低功耗的数据和语音通信,是目前实现无线个人局域网(WPAN)的主流技术之一,常用的无线个人局域网拓扑结构有两种形式:微微网(Pico net,匹克网)和分布式网络(Scatter net)。

一个微微网可以只是两台相连的设备,比如一台笔记本电脑和一部移动电话,也可以是8台连在一起的设备。一个微微网中最多可以包括1个主设备(Master)单元(发起链接的设备)和7个从设备(Slave)单元,主设备单元负责提供时钟同步信号和跳频序列,从设备单元一般是受控同步的设备单元,接受主设备单元的控制。蓝牙微微网的网络拓扑如图6.10所示。最简单的蓝牙微微网应用是蓝牙手机与蓝牙耳机的连接,蓝牙手机作为主设备,蓝牙耳机充当从设备;两个蓝牙手机之间也可以直接进行蓝牙连接,进行无线数据传输;办公室中的PC机可以作为一个蓝牙主设备单元,蓝牙键盘、蓝牙鼠标和蓝牙打印机等可以充当从设备单元。

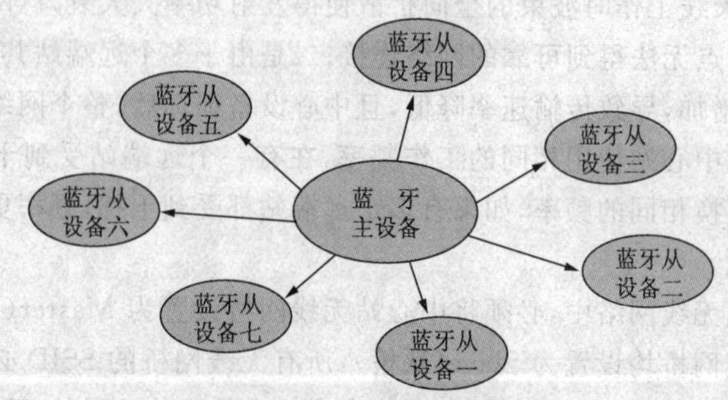

图6.10 蓝牙微微网的拓扑结构

分布式网络是由多个独立的、非同步的微微网组成,并以特定的方式连接在一起。一个微微网中的主设备单元同时也可以作为另一个微微网中的从设备单元,这种设备单元又称为复合设备单元。蓝牙系统依靠跳频顺序识别每个微微网,同一微微网中的所有用户具有相同的跳频顺序。

2. 蓝牙无线局域网

利用蓝牙技术组建无线局域网有两种主要方式:一种是 PC 对 PC 组网,另一种是 PC 对蓝牙访问点组网。

在 PC 对 PC 组网模式中,一台 PC 机通过有线网络接入互联网之中,利用蓝牙适配器充当上网共享代理服务器,另外一台 PC 充当一个客户端,通过蓝牙适配器与代理服务器进行无线连接,实现共享上网的目的。这种方案在家庭应用中较常见,网络拓扑如图 6.11 所示。

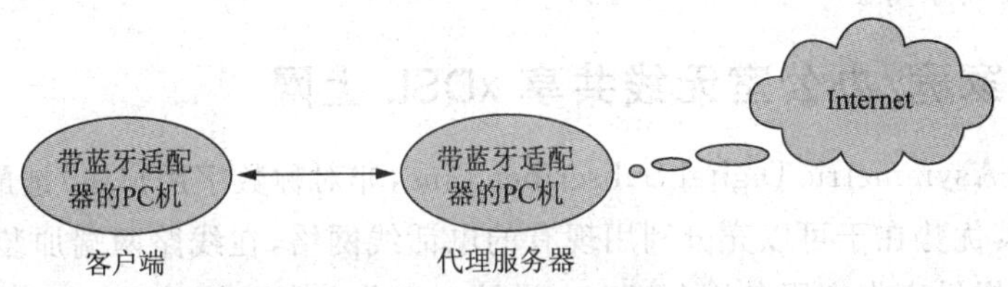

图 6.11 PC 对 PC 蓝牙组网

PC 对蓝牙访问点组网模式的网络拓扑如图 6.12 所示。蓝牙访问点(蓝牙网关)一方面与 xDSL Modem 等宽带接入设备相连接,另一方面发射无线信号,与各个带有蓝牙适配器的终端设备相连接,从而实现所有终端设备的共享上网。终端设备可以是带有蓝牙适配器的 PC、笔记本电脑或掌上电脑等。这种组网方案适用于公司企业组建无线办公系统,具有较强的便捷性和实用性。

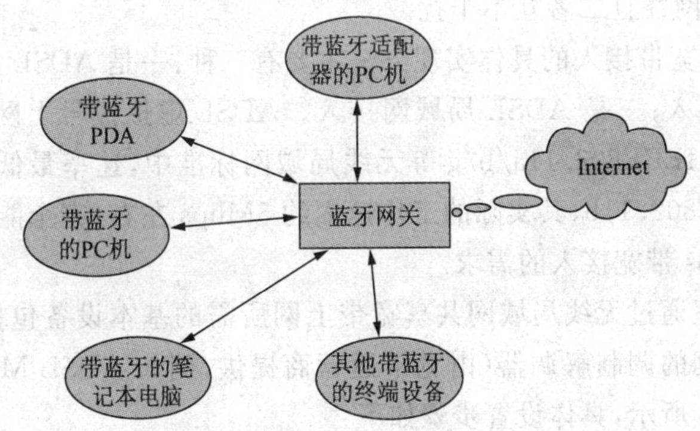

图 6.12 PC 对蓝牙访问点组网

在组建蓝牙网络过程中,需要根据实际需求及终端设备的数量来确定以何种方式组网。现在的手机、掌上电脑等许多数码设备都将蓝牙适配器作为标准配置,能够直接支持蓝牙无线网络技术,其设置和连接操作均相当简单。例如,只需将手机上的蓝牙功能打开并设置好主从设备关系,即可在信号辐射的范围内实现微微网,用以连接耳机或其他蓝牙手机。

在组建有PC终端的蓝牙无线网络时，各个微微网的终端连接设备都需要有蓝牙适配器。市场上已经有许多品牌的USB蓝牙适配器可供选择，并且Windows XP系统能够自动识别与安装。

两个蓝牙设备在首次进行通信前需要进行身份识别的设置，一旦连接成功后就不需要再进行设置了。蓝牙设备必须能够彼此识别，并通过安装合适的软件识别出彼此支持的高层功能。蓝牙的软件系统其实是一个独立的操作系统，不与其他操作系统捆绑。在进行蓝牙设备的配对设置时，要根据网络及网络设备的具体情况设置一些相应的参数。例如，要为蓝牙访问点设置相应的IP地址、DNS参数，PC本身也要设置相应的IP地址，网关(蓝牙访问点)IP和DNS等，以及设置设备的主从关系等。

6.4.5 家庭/办公室无线共享xDSL上网

ADSL(Asymmetric Digital Subscriber Line，非对称数字用户线)是最常见的宽带接入方式，其优势在于可以充分利用现有的电话线网络，在线路两端加装ADSL设备即可为用户提供高带宽服务。ADSL在设计上充分考虑了普通用户下载数据量大、上传数据量小的特点，其下行(从中心局到用户侧)速率比上行(从用户侧到中心局)速率高得多，通常ADSL的下行速率为512Kbps～8Mbps，而上行速率为64Kbps～640Kbps。

ADSL在一对铜双绞线(电话线)上的传送距离可达5km左右。此外，ADSL采用频分复用技术，可将电话语音和数据流一起传输，用户只需加装一个ADSL用户端设备，通过分流器(话音与数据分离器)与电话并联，便可在一条普通电话线上同时进行电话通话和上网并且二者互不干扰。

通过ADSL宽带接入的具体实现方法主要有三种：一是ADSL虚拟拨号上网；二是ADSL专线接入；三是ADSL局域网接入。ADSL虚拟拨号上网是普通用户最常使用的方法。在IEEE802.11a/b/g等无线局域网标准中，速率最低的是理论速率为11Mbps的IEEE802.11b，其实际的工作速度约5Mbps左右，完全能够满足ADSL的512Kbps～2Mbps带宽接入的需求。

家庭/办公室通过无线局域网共享宽带上网所需的基本设备包括无线路由器、无线网卡、宽带上网的调制解调器(由宽带运营商提供，例如ADSL Modem)等，网络连接示意如图6.13所示，具体设置步骤如下：

(1) 把从ADSL Modem中引出的网线插入到无线路由器的WAN口。

(2) 选一台有普通以太网接口的电脑作为宽带上网的主机。用双绞线连接无线路由器的LAN口与该电脑的网卡。

(3) 打开无线路由器的电源，启动电脑。在电脑的浏览器地址栏中输入192.168.1.1(不同品牌的无线路由器配置地址可能会不同)即可进入Web方式的无线路由管理和设置界面，就像浏览网页时选填表单一样进行设置即可。

(4) 网络连接。对于支持迅驰技术的笔记本电脑来说，只要在Windows XP的网络设置中启用无线连接，系统就会自动检测到无线信号，然后点击“连接”即可无线上网了。对于普通的台式机或一些经济型的笔记本电脑来说，还需要先安装设置好无线网卡，然后再启用无线连接。

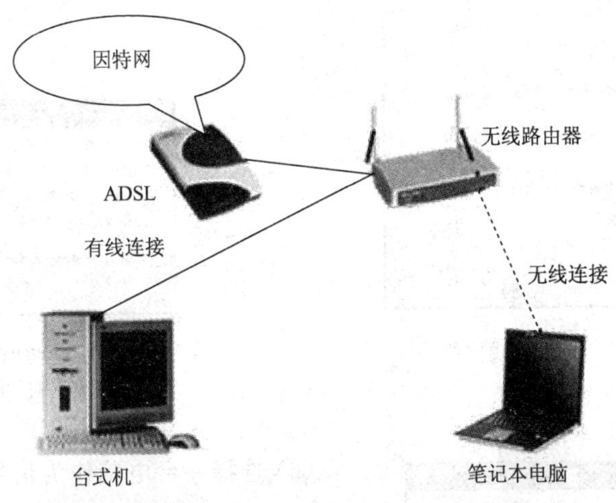

图 6.13 无线共享 ADSL 上网连接示意

为保证每个房间都能够实现很好的信号覆盖，一般应尽量把无线路由器放置到房子中央。如果房间太大或墙体太厚，可以考虑更换高增益天线或者是添加多个无线 AP，以提高覆盖效果。

6.5 组建无线局域网

组建一个用于家庭或办公室的小型局域网并不复杂，其网络参数的设置与组建有线以太网类似。

6.5.1 利用笔记本电脑快速组建无线对等网

目前主流的笔记本电脑均内置无线网卡，我们可以利用这一特点在多台笔记本电脑之间快速组建一个无线对等网。以 Windows XP 系统为例，具体步骤如下：

(1) 打开笔记本电脑上无线网卡的开关。

(2) 像组建有线局域网那样为每台机器安装网络协议，并设置好 IP 地址。

(3) 在 Windows 桌面上右击“网上邻居”，从快捷菜单中选择“属性”命令；在弹的窗口右击“无线网络”图标，从快捷菜单中选择“属性”命令，打开“无线网络连接属性”对话框，点击其中“无线网络配置”选项卡，结果如图 6.14 所示。

(4) 在“无线网络配置”选项卡中，点击页面右下角的“高级”按钮，打开如图 6.15 所示的对话框，选择“仅计算机到计算机”一项。

(5) 在要联网的每一台机器上重复上述四个步骤。

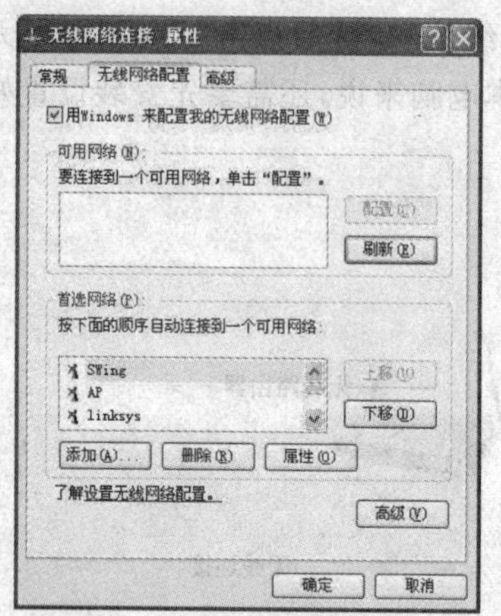

图 6.14 配置无线网络

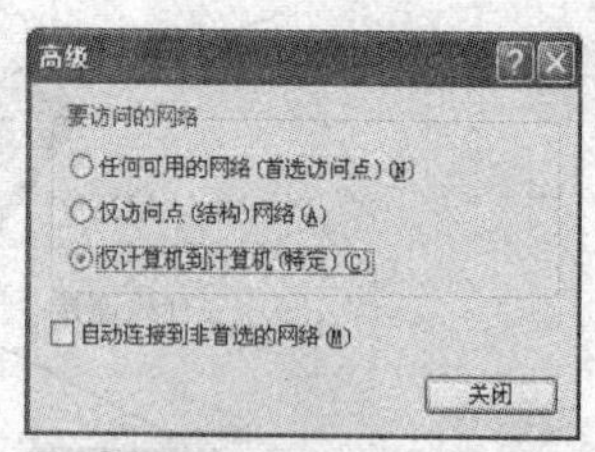

图 6.15 选择“仅计算机到计算机”方式

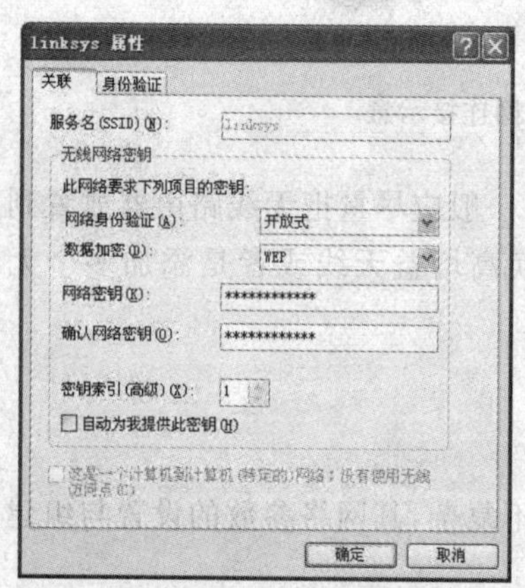

图 6.16 设置无线局域网的安全选项

(6) 选择一台电脑作为信号发射端。具体配置方法为:在上述“无线网络配置”选项卡中点击“首选网络”选项组中的“添加”按钮,将作为信号发射端的电脑的计算机名添加进去。

(7) 为了网络安全,在如图 6.16 所示的对话框中将“自动为我提供此密钥”前的对勾去掉,然后设置 SSID 号以及网络密钥。网络密钥为一串 16 进制的字符,因此字符必须采用数字 0~9 及字母 a~f 的组合。设置完成后点击“确定”按钮,就完成了信号端发射端的设置。

(8) 接下来,在其他要组网的电脑中搜索无线信号,双击所搜索到的信号,在弹出的对话框中正确输入信号发射端所设置的密钥后即可完成连接。

6.5.2 在 Windows 98/2000 系统下组建无线局域网

与 Windows XP 相比,Windows 98、Windows Me 以及 Windows 2000 系统本身没有提供支持无线网络的组件,因此,在进行无线局域网参数设置时,必须借助专门的无线网络管理和配置程序。

在 Windows 98/2000 系统下组建无线局域网的基本步骤包括:

(1) 为每台需要组网的计算机安装好无线网卡,注意调整好计算机与计算机之间的距离,并且摆放好计算机的位置,确保无线信号能够正常传输。

(2) 安装无线网卡附带的无线局域网配置程序,例如 Client Manager。

(3) 在 Windows 98 或 Windows 2000 系统桌面上,执行菜单命令“开始/程序/Wireless Client Manager”命令,打开“Wireless 客户机管理器”窗口。

(4) 点击“Wireless 客户机管理器”窗口中的“编辑”按钮，可打开一个标题为“编辑配置”的对话框。如果对系统默认的配置名称不满意，可以在“选择简介”设置对话框中单击“添加”按钮重新创建一个无线局域网配置名称。如果希望计算机能应用于不同的无线局域网，可以通过“添加”按钮创建多个不同的配置文件。

(5) 接下来，在“编辑配置”对话框中点击“网络类型”下拉按钮，从下拉列表中选择“对等工作组”选项，然后点击“下一步”按钮。

(6) 在随后出现的“标识网络”对话框中，可以点击其中的“扫描”按钮，让 Client Manager 自动扫描并显示当前可连接的对等无线局域网。

(7) 在“搜索结果”对话框中，选中搜索到的无线局域网并点击“确定”按钮，退出“搜索结果”对话框。

(8) 在“标识网络”设置界面中点击“下一步”按钮，打开“设置安全性”对话框，选中“启用数据安全性”复选框，并在“密钥”编辑框中输入要设置的密钥，对无线数据传输进行加密，确保无线网络的通信安全。

(9) 设置安全参数后，点击“下一步”按钮，打开“电源管理”对话框。对于笔记本电脑来说，可以启用电源管理功能以减少对电能的消耗。不过，电源管理功能会在一定程度上降低无线局域网的传输性能。

(10) 配置好电源管理功能后，点击“下一步”按钮打开“TCP/IP 行为”对话框，此处可以选中“在选择此简介时更新 IP 地址”复选项，这样计算机在从一个网络移动到其他不同的网络中时，能够自动完成 IP 地址的更新工作。

(11) 最后，点击设置界面中的“完成”按钮，结束无线局域网的参数设置。如果网络参数设置适当的话，就可以开始进行网络访问及数据传输了。

6.5.3　在 Windows XP 系统下组建无线局域网

Windows XP 系统提供了对无线网络的良好支持，因此在该系统下组建无线局域网非常简单，通常无需另行安装无线网络管理和配置软件。组网的具体步骤为：

(1) 正确安装好无线 AP，为每台要组网的计算机安装好无线网卡。

(2) 在 Windows XP 桌面上右击“网络邻居”图标，从快捷菜单中选择“属性”命令，打开“网络连接”窗口。

(3) 在“网络连接”窗口中右击“无线网络连接”图标，从快捷菜单中选择“属性”命令，打开“无线网络连接属性”对话框。

(4) 点击“无线网络配置”选项卡，勾选“用 Windows 来配置我的无线网络配置”复选框，启用自动无线网络配置功能。

(5) 点击“高级”按钮，打开“高级”对话框，选中“仅计算机到计算机(特定)”选项，可实现计算机与计算机之间的直接连接，构成对等网。如果希望既能直接连接到其他计算机，同时又可连接到接入点(AP)，可以选中“任何可用的网络(首选访问点)”选项，构成首选访问点无线网络。

对于首选访问点无线网络，当系统发现有可用网络时，一般会首先尝试连接到访问点无线网络;如果当前系统中的访问点网络不能用的话,那么系统就会自动尝试连接到对等无线网络。

(6) 完成上述设置后并确定后,即完成了无线局域网的基本参数设置工作。如果设置正确的话,系统会自动出现无线网络连接已经成功的提示。

6.5.4 组建红外无线局域网

大多数笔记本电脑和掌上电脑都配有红外传输设备,可以利用这一特性组建红外无线局域网。具体步骤如下:

(1) 设置红外设备。Windows 系统自带红外设备的驱动程序,当系统检测到红外设备时,会自动为其安装驱动程序,并在“控制面板”中添加“红外线”图标。

在系统“控制面板”中,点击“红外线”图标,打开“红外设备控制”对话框。在“选项”栏中勾选“启动红外线通信”,此时可以看到系统状态栏中红外线图标开始红绿交替闪烁,表示红外设备已经开始工作。另外,在“选项”栏中还可以设置红外线搜索的速率和传输速率。

(2) 验证连接。启动红外设备后,将两台电脑的红外设备相对,中间不要有障碍物,这时红外设备会提示发现新设备,并验证连接。

(3) 发送和接受文件。红外连接成功后,“我的电脑”中会出现一个“红外线接收者”,其中显示有已通过红外连接的计算机的名称,点击相应的计算机就可以发送和接收文件了。

6.6 无线局域网安全

与有线网络相比,由于无线局域网使用射频传输技术,因而更容易被入侵与侦听。防火墙能够保障无线局域网不受网络外部的攻击,但对于无线局域网内部的安全却无能为力,入侵者可采用监听无线信号并对其解密的方法来攻击无线局域网,如图 6.17 所示。

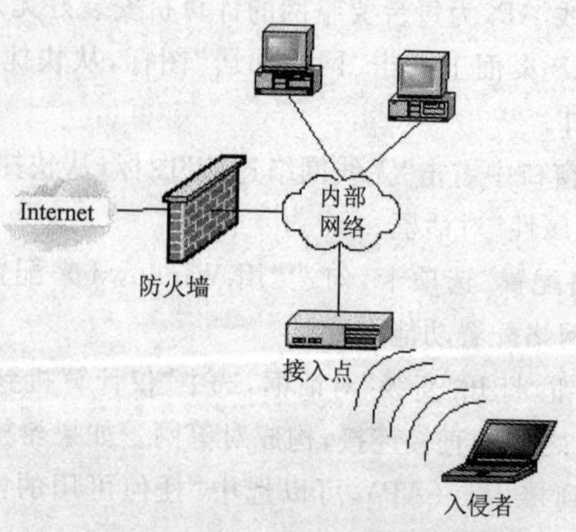

图 6.17 不安全的无线局域网

近年来，无线局域网因存在安全漏洞而遭到攻击的例子层出不穷，安全问题已成为制约无线局域网产业发展的一个瓶颈。特别是对于军队、金融、商业等行业用户来说，他们对无线网络产品的安全性要求更为迫切、技术指标更高。

6.6.1 黑客入侵无线局域网的主要手段

黑客对无线局域网的攻击方式可分为两类：被动式攻击和主动式攻击。被动式攻击包括网络窃听和网络通信量分析，主动式攻击包括身份假冒、重放攻击、中间人攻击、信息篡改和拒绝服务攻击等。

1. 网络窃听和网络通信量分析

网络窃听是无线局域网面临的最大问题之一。例如，利用一些商业的或免费的工具软件可以对IEEE802.11b协议进行抓包和解码分析，直到应用层传输的数据。有些工具软件能够直接对WEP加密数据进行分析和破解，如AirSnort和WepCrack等。

所谓网络通信量分析，是指入侵者通过分析无线客户端之间的通信模式和特点来获取所需的信息，或是为进一步入侵创造条件。

2. 身份假冒

在无线局域网中，非法用户的身份假冒分为两种：假冒客户端和假冒AP。

假冒客户端是最常见的入侵方式。入侵者通过非法获取（比如分析广播信息）SSID从而接入AP；如果AP中设置了MAC地址过滤，入侵者可以首先通过窃听授权客户端的MAC地址，然后篡改自己计算机的MAC地址来冒充授权客户端，从而绕过MAC地址过滤。

假冒AP有两种方式：一种是入侵者将一个真实AP非法放置在被入侵的网络中，让授权客户端自动地连接到这个AP上来（Windows XP系统会在用户不知情的情况下自动探测无线信号，而且自动建立连接）；另一种假冒AP的方式是采用诸如HostAP等专用软件将入侵者的计算机伪装成AP。

3. 重放攻击、中间人攻击、信息篡改

重放攻击是通过截获授权客户端对AP的验证信息，然后通过对验证过程信息的重放而达到非法访问AP的目的。对于这种攻击行为，即使采用了VPN等保护措施也难以避免。中间人攻击则对授权客户端和AP进行双重欺骗，进而对信息进行窃取和篡改。

4. 拒绝服务攻击

拒绝服务攻击是利用无线局域网在频率、带宽、认证方式上的弱点，对无线局域网进行频率干扰、带宽消耗或是耗尽安全服务设备的资源。结合其他入侵方式，这种攻击行为具有强大的破坏性。例如，将一台计算机伪装成AP或者利用非法放置的AP，发出大量中止连接的命令，从而迫使周边所有的无线客户端无法接入网络。

6.6.2 无线局域网安全技术发展概况

无线局域网的安全性定义包括数据的机密性、完整性和真实性三个方面。自无线局域网发展初期，人们就致力于相关安全技术的研究。从早期的MAC过滤和SSID匹配，经历了WEP(有线等效保密，采用共享密钥认证和RC4加密算法)、WPA(无线保护访问，采用EAP认证和基于RC4的TKIP加密机制)，一直发展到IEEE 802.11i标准(采用EAP认证和TKIP、AES加密机制)，我国也曾推出了自主产权的无线局域网安全标准WAPI。与此同时，VPN-Over-Wireless作为一种能够增强无线网络安全的解决方案，也始终受到厂商和用户的关注。无线局域网安全技术发展的脉络可以用图6.18来描述。

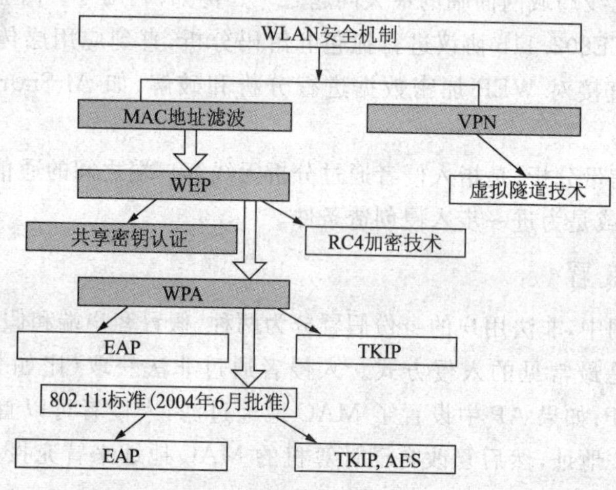

图6.18 无线局域网安全技术发展状况

6.6.3 早期的MAC过滤和SSID匹配

物理地址过滤(MAC过滤)和服务集标识符(Service Set ID，SSID)匹配技术至今仍是无线局域网的基本安全措施。

MAC过滤技术又称为MAC认证。由于每个无线客户端的无线网卡都有惟一的物理地址标识，因此可以在无线AP中维护一组允许访问的MAC地址列表，实现物理地址过滤。MAC过滤技术通过检查用户数据包的源MAC地址来认证用户的可信度。但是，这种方式属于硬件认证而非用户认证，它要求无线AP中的MAC地址列表必须随时更新，并且都是手工操作，扩展能力较差。另外，非法用户利用网络监听手段很容易窃取合法的MAC地址并进行修改，进而达到非法接入的目的。

SSID(服务集标识符)提供了一种标志无线局域网边界的方法，即所有SSID相同的无线设备处于一个无线网络内。SSID匹配技术要求无线客户端必须出示正确的SSID才能访问无线AP，并且提供口令认证机制。利用SSID可以很好地进行用户群体分组，避免任意漫游带来的安全和访问性能的问题。但是，制造商为了使无线AP

安装简便，在缺省设置的情况下让无线 AP 对外广播自己的 SSID，并且允许具有任意 SSID 的所有客户端进行连接，这会使安全程度下降。另外，一般情况下是由用户自己配置客户端系统，所以很多人都知道该 SSID，很容易共享给非法用户。再有，有些厂商的产品支持 any 方式，只要无线客户端处在无线 AP 范围内，都会自动连接到无线 AP，这将绕过 SSID 的安全功能。

6.6.4　IEEE802.11 的安全技术

1. WEP 协议

1997 年，IEEE 推出了第一个真正意义上的无线局域网安全措施——WEP（Wired Equivalent Privacy，有线等效保密）协议，旨在提供与有线网络等效的数据机密性。WEP 通过加密无线节点之间发送的数据来提供数据机密性服务。在 IEEE802.11 帧的 MAC 标头中设置 WEP 标志即表示对 IEEE802.11 帧进行了 WEP 加密。WEP 通过在无线帧的加密部分加入完整性校验值（ICV）来提供数据完整性的验证。

（1）WEP 的两种共享密钥。WEP 定义了两种共享密钥：多播/全局密钥和单播会话密钥。多播/全局密钥是一种加密密钥，它保护从无线 AP 到它连接的所有无线客户端的多播和广播通信；单播会话密钥也是一种加密密钥，它保护无线客户端与无线 AP 之间的单播通信，并保护由无线客户端发送到无线 AP 的多播和广播通信。

（2）WEP 的加密和解密。WEP 使用 RC4 加密算法，这是一种对称的流密码，支持可变长度的密钥。在链路层加密数据和访问控制。通常，WEP 加密使用 40 位或 104 位的加密密钥，虽然 104 位加密密钥不是标准密钥，但许多无线 AP 供应商都支持这种密钥。还有一些厂商宣称其产品 WEP 机制使用了 64 位或 128 位的加密密钥，其实现只不过是将一个 40 位或 104 位加密密钥与 24 位初始化向量加在一起，然后将其称之为 64 位或 128 位密钥而已。

（3）WEP 加密机制存在的问题。令人遗憾的是，WEP 加密机制在保证数据的安全性、真实性和完整性这三大方面均表现不佳。这主要是由于 WEP 加密机制存在如下安全缺陷：

① 缺少密钥管理机制。在 WEP 加密机制中，无线客户端的密钥必须与无线 AP 的密钥相同，并且一个服务区内的所有用户都共享同一密钥。WEP 协议中并没有定义共享密钥的管理方案，通常需要依靠管理者手工分发给合法用户。由于对所有用户同时进行更换密钥比较费时和困难，所以共享密钥通常被长时间使用且很少更换，这期间如果某个用户丢失密钥，将使整个网络的安全失去保障。

② 完整性校验值（ICV）算法易受攻击。WEP ICV 是一种基于 CRC-32 的用于检测传输噪声和普通错误的算法。CRC-32 是信息的线性函数，这意味着攻击者可以篡改加密信息，并很容易地修改 ICV，使信息表面上看起来是可信的。

③ RC4 加密算法存在弱密钥。所谓弱密钥，就是密钥与输出之间存在超出一个好密码所应具有的相关性。由于 WEP 使用的是静态密钥，而且其初始化向量只有 24

位，在24位的初始化向量IV值中，有9000多个弱密钥。攻击者收集到足够的使用弱密钥的包后，就可以对它们进行分析，只需尝试很少的密钥就可以接入到网络中。利用认证与加密的安全漏洞，在很短的时间内，WEP密钥即可被破解。

2001年7月，三位知名的密码专家成功地破解了WEP的RC4加密算法，这使得不管是采用40位密钥还是128位密钥的WEP都可以在短短两、三个小时内被破解，使得原本就不太安全的无线局域网显得更加脆弱不堪。由于WEP的密钥机制存在被破译的安全隐患，这就决定了它必然要被更完善的安全技术所取代。

2. IEEE 802.11的用户认证机制

IEEE802.11标准规定了两种认证机制：开放系统认证(Open authentication)和共享密钥认证(Shared key authentication)，其中开放系统认证机制为默认设置。

(1) 开放系统认证。在开放系统认证机制下，系统不提供用户身份验证，也不对数据进行加密保护，仅提供使用无线适配器的MAC地址的标识，任何设备都可以和中心设备进行通信，并且无法越过中心设备去更高一级的安全区域。

开放系统认证是默认的认证算法，其过程如下：

① 启动认证的无线客户端发送一个包含其身份的IEEE 802.11认证管理帧。

② 接收无线节点检查启动工作站的身份，并返回一个认证确认帧。

有些无线AP允许配置无线客户端的MAC地址，但这样并不安全，因为无线客户端的MAC地址可能被盗用。默认情况下，配置为执行开放系统认证的Windows XP或Windows Server 2003无线客户端将其MAC地址作为身份发送。

(2) 共享密钥认证。共享密钥认证检查启动认证的工作站是否知道共享密钥，这一点与互联网协议安全性(IPSec)的预共享密钥认证类似。IEEE802.11标准假定共享密钥是通过独立于IEEE802.11的安全信道传递到参与验证的无线客户端的。实际上，此密钥是由用户在无线AP和无线客户端中手动键入的。

共享密钥认证算法的过程如下：

① 启动认证的无线客户端发送一个包含身份声明和认证请求的帧，即向中心设备发出连接请求。

② 执行验证的无线节点发回一串明文字符(质询文本)，对启动认证的无线节点做出响应，要求无线客户端使用WEP密钥返回密码。

③ 启动认证的无线客户端使用由WEP加密的质询文本和从共享密钥认证机制生的加密密钥答复执行验证的无线节点。

④ 如果执行验证的无线节点确定解密的质询文本与最初在第二个帧中发送的质询文本相匹配，认证则具有肯定结果。执行验证的无线节点将发送认证结果。

因为共享密钥认证机制必须手动分发和键入，所以这种认证方法在大型基础结构网络节点(如公司办公区和公共场所)中不能适当地扩展。

6.6.5 IEEE802.1x协议

20世纪90年代后期，IEEE802 LAN/WAN委员会为解决无线局域网的安全问题而提出了802.1x协议。此后,IEEE802.1x协议作为局域网端口的一个普通接入控制机制应用在以太网中,主要解决以太网内认证和安全方面的问题。

1. IEEE802.11x的网络拓扑结构

IEEE802.1x协议的全称为"基于端口的网络访问控制协议"(Port Based Network Access Control Protocol),它使用交换式局域网基础结构的物理特性对连接到局域网端口的设备进行身份验证,如果身份验证过程失败,则拒绝它们访问该端口。IEEE802.1x本身并不提供实际的认证机制,需要和上层认证协议(EAP)配合来实现用户认证和密钥分发。EAP允许无线终端支持不同的认证类型,能与后台不同的认证服务器进行通信,如远程接入用户服务(RADIUS)。IEEE802.11x的网络拓扑结构如图6.19所示。

2. IEEE802.11x的组件

IEEE802.1x中定义了端口访问实体、身份验证者、申请者、身份验证服务器等组件,如图6.20所示。

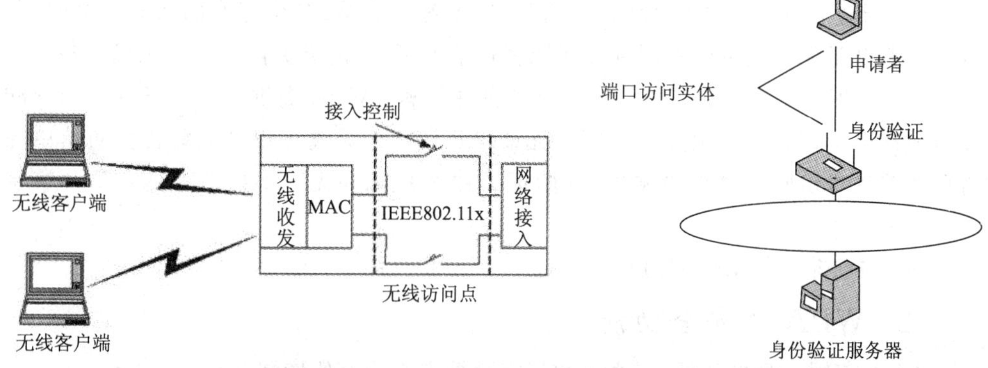

图6.19　IEEE802.11x的网络拓扑结构　　**图6.20**　IEEE802.1x身份验证的组件

端口访问实体是支持与端口关联的IEEE802.1x协议的逻辑实体,它可以是身份验证者角色、申请者角色或者同时是这两种角色。

身份验证者是一个局域网端口,该端口在允许访问可通过此端口访问的服务前强制执行身份验证。对于无线连接,身份验证者是无线AP上的逻辑局域网端口,基础结构模式中的无线客户端通过此端口获得对其他无线客户端和有线网络的访问。

申请者也是一个局域网端口,此端口请求访问可通过身份验证者访问的服务。对于无线连接,申请者是无线局域网适配器上的逻辑局域网端口,该端口通过将自身与身份验证者关联并向身份验证者验证它自身来请求对其他无线客户端和有线网络的访问。

身份验证服务器可以是访问点的一个组件或独立实体,通常为RADIUS(远程接入用户服务)服务器,该服务器可以存储有关用户的信息。

6.6.6 WPA(Wi-Fi 保护访问)

尽管 IEEE802.1x 解决了 IEEE802.11 标准中的许多安全问题，但在 WEP 加密强度和数据完整性方法方面仍存在问题。针对这些问题的长期解决方案是 IEEE802.11i 标准。但在 IEEE802.11g 标准正式问世时，无线局域网安全标准 IEEE802.11i 尚未正式发布，在这种情形下，WECA(无线以太网兼容性联盟)便将 IEEE802.11i 草案中的一个子集 WPA(Wi-Fi Protected Access，Wi-Fi 保护访问)提前发布，作为代替 WEP 的无线安全标准协议，用以加强包括 IEEE802.11b、IEEE802.11a 和 IEEE802.11g 在内的无线局域网产品的安全性。WPA 的核心内容是暂时密钥完整协议(Temporal Key Integrity Protocol，TKIP)。

1. WPA 的主要技术目标

WPA 的主要技术目标包括：

(1) 实现安全无线网络。WPA 通过要求 IEEE802.1x 身份验证、加密以及单播和全局加密密钥管理来实现安全无线网络。

(2) 通过软件升级解决 WEP 问题。WPA 解决了 WEP 中存在的所有安全问题，用户只需更新无线设备中的固件和无线客户端即可，不需要更换现有的无线设备。

(3) 为办公用户提供安全的无线网络解决方案。WPA 提供一个用于办公用户配置的预共享密钥选项。预共享密钥在无线 AP 和每个无线客户端上配置。初始单播加密密钥从身份验证过程中派生，它验证无线客户端和无线 AP 是否具有预共享密钥。

(4) 向前兼容 IEEE802.11i 标准。

2. WPA 的安全功能

WPA 在用户身份认证、加密及数据完整性方面均有所增强。

(1) 认证。WPA 中的身份验证是开放系统认证和 IEEE802.1x 身份认证的结合，它包含两个阶段：第一个阶段是使用开放系统认证，指示身份验证客户端可以将帧发送到无线 AP；第二个阶段是使用 IEEE802.1x 执行用户级别的身份认证。对于没有 RADIUS 基础结构的环境，WPA 支持使用预共享密钥；对于具有 RADIUS 基础结构的环境，WPA 支持 EAP 和 RADIUS。

(2) WPA 加密。对于 IEEE802.1x，单播加密密钥的重新加密操作是可选的。另外，IEEE802.11 和 IEEE802.1x 没有提供任何机制来更改多播和广播通信所使用的全局加密密钥。对于 WPA，必须对单播和全局加密密钥重新加密。临时密钥完整性协议(TKIP)会更改每一帧的单播加密密钥，并且每次更改都在无线客户端和无线 AP 之间同步进行。对于多播/全局加密密钥，WPA 提供一个工具，以便无线 AP 可以将更改后的密钥公布到连接的无线客户端。

WPA 必须使用 TKIP 进行加密。TKIP 与 WEP 一样基于 RC4 加密算法，但相比 WEP 算法，TKIP 将密钥的长度由 40 位加长到 128 位，初始化向量 IV 的长度由

24 位加长到 48 位，并对现有的 WEP 进行了改进，引入了“每发一个包重新生成一个新密钥”(Per Packet Key)、“消息完整性检查”(Message Integrity Code，MIC)、“具有序列功能的初始向量”和“密钥重新获取和分发机制”四种算法，极大提高了加密安全强度。

TKIP 并不直接使用由 PTK/GTK 分解出来的密钥作为加密报文的密钥，而是将该密钥作为基础密钥(Base Key)，经过两个阶段的密钥混合过程，从而生成一个新的、每一次报文传输都不一样的密钥，该密钥才是用作直接加密的密钥，通过这种方式可以进一步增强无线局域网的安全性。TKIP 密钥生成方式如图 6.21 所示。

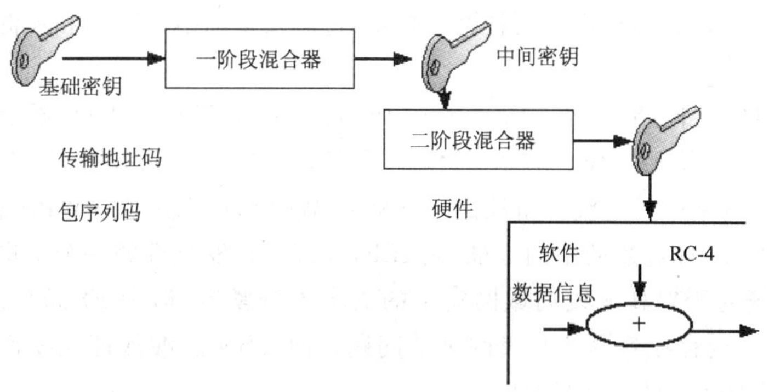

图 6.21　TKIP 密钥生成方式

(3) WPA 数据完整性。在 IEEE802.11 和 WEP 中，数据完整性由 32 位 ICV 提供，该值被附加到 IEEE802.11 有效负载中并使用 WEP 加密。虽然对 ICV 进行了加密，但攻击者可以使用密码分析技术来更改加密的有效负载中的位并更新加密的 ICV，并且不会被接收者检测到。

在 WPA 中，一种名为 Michael 的新方法指定了一种新算法，此算法使用现有无线硬件上提供的计算工具计算 8 字节的消息完整性代码(MIC)。MIC 被放在 IEEE802.11 帧的数据部分和 4 字节的 ICV 之间。MIC 字段随帧数据和 ICV 一起加密。

3. WPA 存在的问题

WPA 的缺点主要有三方面：一是不能向后兼容某些遗留设备和操作系统；二是对硬件要求较高；三是 TKIP 并非完美的最终解决方案。TKIP 与 WEP 一样基于 RC4 加密算法，但相比 WEP 算法，TKIP 将密钥的长度由 40 位加长到 128 位，初始化向量 IV 的长度由 24 位加长到 48 位，并对现有的 WEP 进行了改进，添加了四种新的安全算法，极大提高了加密安全强度。但是，WEP 算法的安全漏洞是由于 WEP 机制本身引起的，与密钥的长度无关，即使增加加密密钥的长度，也不可能增强其安全程度，初始化向量 IV 长度的增加也只能在有限程度上提高破解难度，比如延长破解信息收集时间，并不能从根本上解决问题。因为作为安全关键的加密部分，TKIP 没有脱离 WEP 的核心机制。而且，TKIP 甚至更易受攻击，因为它采用了 Kerberos 密码，常常可以用简单的猜测方法攻破。另一个严重问题是加/解密处理效率问题没有得到任何改进。

6.6.7 无线局域网安全标准——IEEE802.11i

2004年6月,IEEE正式通过了802.11i标准,使无线局域网拥有了更为广阔的应用空间。专门致力于推广IEEE802.11系列产品的Wi-Fi联盟将IEEE802.11i的商用名称命名为"WPA2"。

1. IEEE802.11i的网络构架

IEEE802.11i标准规定了两种网络构架:过渡安全网络(TSN)和强健的安全网络(RSN)。

(1) 过渡安全网络(Transition Security Network,TSN)。TSN规定在其网络中可以兼容现有的使用WEP方式工作的设备,使现有的无线局域网系统可以向IEEE802.11i网络平稳过渡。解决的方法就是Wi-Fi联盟制定的WPA标准,这是一个向IEEE 802.11i过渡的中间标准,是IEEE 802.11i安全性的一个子集。

由于市场对于提高无线局域网安全的需求十分紧迫,但IEEE802.11i中规定的RSN对用户来说存在着设备升级困难的问题。而TSN能够保证无线产品的后向兼容性,其发展和制定是十分必要的。

(2) 强健的安全网络(Robust Security Network,RSN)。RSN支持全新的IEEE802.11i安全标准,并且针对WEP加密机制的各种缺陷做了多方面的改进,增强了无线局域网中的数据加密和认证性能。

2. IEEE802.11i的协议结构

整个IEEE802.11i的协议结构如图6.22所示。

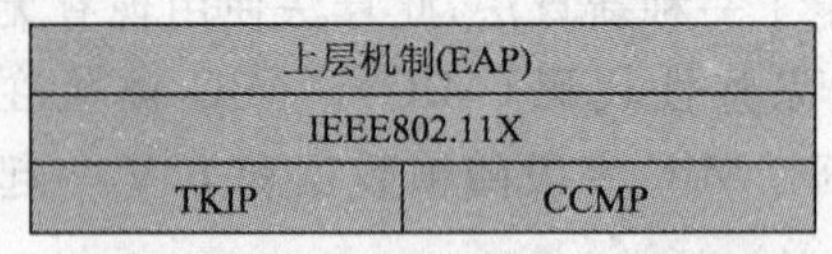

图6.22 IEEE802.11i协议结构

IEEE802.11i引入了以EAP(Extensible Authentication Protocol,可扩展认证协议)为核心的用户审核机制,可以通过服务器审核接入用户的ID,在一定程度上可避免黑客非法接入。在认证方式上,IEEE 802.11i规定使用IEEE802.1x认证和密钥管理方式。

在数据加密方面,IEEE 802.11i定义了TKIP(Temporal Key Integrity Protocol)、CCMP(Counter-Mode/CBC-MAC Protocol)和WRAP(Wireless Robust Authenticated Protocol)三种加密机制。其中TKIP采用WEP机制里的RC4作为核心加密算法,可以通过在现有的设备上升级固件和驱动程序的方法达到提高无线局域网安全的目的。CCMP机制基于AES(Advanced Encryption Standard)加密算法和CCM(Counter-Mode/CBC-MAC)认证方式,使得无线局域网的安全程度大大提高,是实现RSN的强制性要求。由于AES对硬件要求比较高,因此CCMP无法通过在现有设备的基础上进行升级实现。

AES(高级加密标准)是一种对称的块加密算法,支持任意分组的大小,密钥的长度为128位、192位或256位,可以任意组合。AES算法初始时间快,其固有的并行性可以有效地利用处理器资源,有很好的软件性能。AES的输出具有很高的随机性,对128位加密、轮数为7的密文进行攻击时需要几乎整个密码本,对192位、256位加密的密文进行攻击不仅需要密码本,攻击者还要获取大量的密文、耗用很大的资源、花费很长的时间破译。因此,AES在安全性上优于WEP。不过,由于AES属于对称密码系统,它要求收发双方都知道密钥,而这种系统的最大困难在于如何在网络环境中安全地将密钥分配给收发的双方。

6.6.8　无线局域网安全策略

在实际应用中,应建立多元化、多层次的安全保护机制来解决无线局域网的安全问题,主要包括无线AP的控制、无线客户端的控制、VPN及防火墙的应用、入侵检测系统(IDS)的应用等方面。

1. 无线AP的物理位置与信号强度

(1) 无线AP的物理位置。许多安全问题都是由于无线AP没有处在一个相对封闭环境中所造成的,所以,安置无线AP时,首先要考虑它的可访问性和信号范围。

无线AP必须放置在攻击者很难非法篡改其设置的地方。如果攻击者能够很方便地将自己的电脑与无线AP相连接,那么他就能够轻松修改无线AP的配置和密钥。另外,还要确保无线AP不能通过远程或无线远程方式配置。

(2) 无线AP的信号强度。无线信号本质上是一种易受干扰的射频信号,同时天线又是一种方向性元件,它只能往特定的方向辐射能量,因此无线AP的信号强度也是一个需要考虑的问题。无线局域网中的无线信号可以穿越墙壁和窗户,没有明显的界限。为了将无线信号的传输距离尽可能限制在覆盖区以内,通常应将无线AP的天线放置在覆盖区域的中心,同时应尽量避免将无线AP的天线放在窗户附近或围墙边,以减少信号的泄露。

通常,无线网卡的天线增益为1～3dBi,而无线AP的天线增益为2～5dBi。有些用户为了让信号的覆盖区域大一些或是传输到一些比较封闭的角落,通常会为无线网卡或无线AP配置更大增益的天线,或是选用一些输出功率较大的企业级无线AP。这样做虽然会增加无线信号的强度,并且也会使网络更稳定,但同时也会使网络变得更不安全。

通过调整无线AP天线的长度和发射功率可以限制无线信号的覆盖区域。使用Windows XP或Windows 2000操作系统时,在无线网络连通情况下点击任务栏中的无线网络状态图标可以查知无线信号的强弱,这是最简便的检测方法。另外,在有条件的情况下,也可以利用专门仪器测量无线信号的强度,以精确确定访问点的放置位置,使得合法用户范围内信号强度较强,合法用户范围之外信号强度较弱。

2. 无线AP的安全设置

通常,无线AP中由制造商提供的缺省设置是很不安全的。配置无线AP的主要步骤包括下列几项。

(1) 隐藏 SSID。SSID(Service Set Identifier,服务集标识符)是无线客户端对不同无线网络的识别标志,类似于手机识别不同的移动运营商。所谓隐藏 SSID,其实就是修改 SSID 并禁止无线 AP 广播 SSID。很多无线 AP 或无线路由器在机身上印有默认的 SSID、用户名以及密码,并且往往采用产品的品牌标识名称作为默认的 SSID,例如 LinkSys 的无线 AP 或无线路由器的默认 SSID 就是 Linksys。

应将 SSID 和无线 AP 名称的缺省值改成用户自己的设置值,同时还要注意 SSID 和无线 AP 名称中不要出现诸如公司名称、公司所在地、制造商名称等可以给攻击者任何有用提示的信息。

在缺省的设置中,无线 AP 会将其 SSID 广播出去,无线客户端只有收到这个参数或者手动设定与 AP 相同的 SSID 才能连接到无线网络。因此,关闭无线 AP 的 SSID 广播(Broadcasting)选项,可以避免非法用户窃听到 SSID。

不过,许多黑客仍然能够利用 Kismet、AirMagnet 等无线检测工具获取相应参数并非法接入目标网络,这些工具检测一个存在的无线网络并不依靠 SSID 来进行。因此,隐藏 SSID 仅适用于作为简单的口令安全方式。

(2) 启动 WEP 的 128 位密钥模式。所有经过 Wi-Fi 认证的无线设备都支持 WEP(Wired Equivalent Privacy,有线等效保密)安全协定,WEP 可以采用 64 位或 128 位加密密钥的 RC4 加密算法。启用 WEP 机制需要在每个无线客户端和无线 AP 上配置密钥,部署起来比较麻烦。对于初次访问系统的个人用户甚至需要为他创建单独的 WEP 密钥。另外,为保证安全,WEP 密钥要定期修改,虽然这样做会增加网络管理员的工作量,但会使攻击者更难破解密钥。

虽然 WEP 机制存在安全方面的漏洞,但在整体安全计划中,它仍然是比较有效的一种手段,可以阻止初级攻击者的攻击或者延长攻击者花费的时间、提高攻击的代价。对于中小型企事业单位的办公用户来说,将 WEP 机制其他无线安全措施相结合是比较经济的安全解决方案。

(3) 禁用 DHCP 服务。DHCP(动态主机配置协议)是一项为网络上的新机器分配 IP 地址的服务。接受到广播请求后,DHCP 服务器会为网络上的新机器指定一个 IP 地址,并配置路由和域名系统信息。从网络管理的角度看,DHCP 提供了一种为请求方提供 IP 地址的快捷方法。但是,从安全角度看,由于 DHCP 提供了 IP 地址和路由信息,这使得攻击者能够很快加入到无线局域网网段中。

禁用 DHCP 服务对于无线局域网安全是很有意义的。采取这项措施之后,虽然网络管理员需要自己动手对用户无线网卡的 IP 地址进行分别配置,但可以迫使攻击者花费更多的时间进行窥探,增加其攻击的难度。同时,由于指定的 IP 地址被绑定在具体用户上,网络管理员更容易跟踪恶意活动和追捕攻击者。

(4) 使用 MAC 地址过滤。这种方式在无线 AP 中维护一个 MAC 地址(无线网卡的物理地址)列表,只有那些位于指定 MAC 地址列表中的无线网卡才能被允许工作在当前无线局域网上。无线 AP 会对收到的每个数据包进行判断,只有符合设定标准的才能被转发，否则将会被丢弃。虽然有可能出现MAC地址欺骗，攻击者将自己设备的MAC地址修改成合法设备的MAC地址，但MAC地址过滤仍然可以使对网络的攻击变得困难。

MAC地址过滤设置起来比较麻烦，而且不能支持大量的移动客户端，因而通常只适用于小型办公环境。

(5) 及时更新无线AP的固件。有时，通过刷新最新版本的固件(Firmware)能够提高无线AP的安全性。新版本的Firmware通常会修复一些已知的安全漏洞，并在功能方面添加一些新的安全措施。随着现在更新型的消费类AP的出现，通过几下简单地点击就可检验和升级新版本的Firmware了。

3. 防范DoS(拒绝服务)攻击

对于DoS(拒绝服务)这样的攻击，无线局域网显得极为脆弱。该攻击可以减慢网速甚至使网络瘫痪，这对于诸如无线监控、销售终端等应用来说，其影响是很严重的。

(1) 无线DoS攻击的类型。一种形式的DoS攻击是称为“蛮力”(Brute force)的方法。这个方法有两种攻击形式：一种是产生大量的数据包，耗尽网络的资源，并强迫网络中的计算机关机；另外一种是用非常强的无线电信号占据无线信道，使得网络访问失效。

黑客可以通过使用网络上的其他计算机发起基于包的“蛮力”DoS攻击，向服务器发送大量无用的包。加重网络的负荷，并占据合法用户的有用带宽。

如果使用很强的无线电信号来破坏网络，这种攻击对于黑客来说相当冒险。因为必须使用短距离的大功率发射器来执行这种攻击，而无线局域网的管理者可以通过使用诸如AirMagnet这样的家用探测装置来发现黑客。

有时，在无线局域网中出现DoS现象并非来自黑客的刻意攻击。在拥挤的2.4GHz频段中，无绳电话、微波炉、蓝牙设备等无线设备都可能会引起IEEE 802.11b/g网络性能的严重下降。

WPA对于DoS攻击的防御能力是脆弱的。WPA使用数学算法对网络上的用户进行认证，如果用户试图在一秒钟之内发送两个未经授权的数据包，WPA将认定网络正在受到攻击并关闭。虽然这个功能有助于防止安全方面的漏洞，但它为黑客提供了很好的机会。此时，黑客只需定期发送数据包，就可以造成无线局域网持续失效。在这种情况下往往很难发现黑客，因为黑客不需要使用很多的发射能量，也不需要大量使用网络。

(2) 如何防范DoS攻击。对付DoS攻击最有效的方法就是隔离计算机，断掉它所连接的所有网络，包括互联网。即便是美国政府也在使用这种方法来保护最敏感的数据。但对于一般企业或者家庭用户来说，还是需要在网络的便利性和安全性之间进行权衡。

目前，人们主要通过研发和维护强大的安全措施来防范DoS。这些措施包括：实现和升级防火墙，采用最新的杀毒软件，安装更新的安全补丁，加强密码的保护，配置DoS检测工具(如AirDefense和AirMagnet)，在无需使用网络的时候关掉网络设备。

通过有效地设计建筑物，使之能够抵挡外来的无线电信号，这也是保护室内无线局域网不受 DoS 攻击的一种有效方法，同时也是一种非常好的信息安全措施。有效屏蔽室内、外无线信号的常见措施包括：

· 如果内墙采用金属装饰，确保它们接地良好。

· 安装用铜或者金属包皮的窗户。

· 使用金属制的窗户，不用百叶窗或者窗帘。

· 在内外墙体上使用金属画。

· 进行测试，判断信号实际从建筑物中能够泄漏出多远，之后调整无线发射功率，直到信息泄漏现象消除，或者把发射功率降低到很容易就能定位黑客的程度。

· 将无线 AP 的天线朝向建筑物的内部。

上述方案在加强网络安全方面虽然有效，但其缺点是代价昂贵，并且会导致其他一些无线设备无法在室内使用，如手机等。

4. 无线局域网安全建议

(1) 如何防范网络入侵？与有线网络相比，无线局域网由于传输介质的特殊性而更容易被侵入。为了使用户发现无线网络的存在，无线局域网必须发送有特定参数的信息帧，这就给入侵者提供了必要的网络信息。入侵者可以通过高灵敏度天线从公路边、楼宇中以及其他任何能够获得无线局域网信息的地方对网络发起攻击。

为了防范网络入侵，必须加强无线局域网的网络访问控制，常用的方法有下列几种：

① 对整个房屋进行电磁屏蔽以防止电磁波的泄漏，这显然是一种极端的、代价高昂的手段。

② 使用网络安全设备。例如，将无线 AP 放置在防火墙的外面、通过 VPN 技术连接到主干网络等等。

③ 使用基于 IEEE802.1x 的新的无线网络产品。IEEE802.1x 定义了用户级认证的新的帧的类型，借助于企业网已经存在的用户数据库，将前端基于 IEEE802.1X 无线网络的认证转换到后端基于有线网络的 RASIUS 认证。该方法需要较深的专业知识以及 Radius 服务器支持，费用偏高，一般作为企业无线局域网的安全技术。

(2) 如何控制网络流量？无线局域网的传输带宽是有限的，由于物理层的开销，使得无线局域网的实际最高有效吞吐量仅为标准的一半，并且该带宽是被 AP 服务集中所有用户共享的。

无线带宽可以被几种方式吞噬：

① 来自有线网络远远超过无线网络带宽的网络流量：攻击者可以从快速以太网中发送大量的 Ping 流量，轻易地吞噬无线 AP 有限的带宽。

② 如果攻击者如果发送广播流量，就会同时阻塞多个无线 AP。

③ 攻击者可以在同无线网络相同的无线信道内发送信号，这样被攻击的网络就会通过 CSMA/CA 机制进行自动适应，从而影响无线网络的传输。

④ 传输较大的数据文件或者复杂的客户机/服务器系统同样会产生很大的网络

流量。

控制网络流量的有效方法是加强网络的检测。很多无线AP可以通过SNMP报告统计信息,但是信息十分有限,不能反映用户的实际问题。而无线网络测试仪不仅能够如实反映当前位置信号的质量和网络健康情况,还可以有效识别网络速率、帧的类型,帮助用户进行故障定位。

(3) 如何防止地址欺骗和会话拦截?由于IEEE802.11无线局域网对数据帧不进行认证操作,攻击者可以通过欺骗帧去重定向数据流和使ARP表变得混乱,通过非常简单的方法,攻击者可以轻易获得网络中站点的MAC地址,这些地址可以被用来恶意攻击时使用。

攻击者除了通过欺骗帧进行攻击外,还可通过截获会话帧发现无线AP中存在的认证缺陷,通过监测无线AP发出的广播帧发现AP的存在。然而,由于IEEE802.11没有要求无线AP必须证明自己是一个"真正的AP",攻击者很容易伪装"真正的AP"而进入网络,利用这种经过伪装的AP,攻击者可以进一步获取认证身份信息从而进入网络。在没有采用IEEE802.11i对每一个IEEE802.11 MAC帧进行认证的技术前,通过会话拦截实现的网络入侵是无法避免的。

解决上述问题的方法是利用VPN等技术将无线网络同易受攻击的核心网络脱离开。

(4) 如何防范高级入侵?攻击者一旦进入无线局域网,将会以此为基础进一步入侵整个网络系统。很多网络都有一套经过精心设置的安全设备作为网络的外壳,以防止非法攻击,但是在外壳保护下的内网往往非常脆弱且容易受到攻击。无线局域网通过简单的配置就可快速地接入主干网络,但这样会使主干网络暴露在攻击者面前。

避免高级入侵最为有效的方法是隔离无线局域网和核心网络。例如将无线局域网布置在核心网络防护外壳(防火墙)的外面,接入核心网络时则采用VPN方式。

(5) 慎用Ad-hoc模式。当无线局域网用户自己的计算机设置为Ad-hoc模式时,作为IEEE802.11标准的一部分,Ad-hoc模式允许用户的无线网卡运行在独立基础服务集(Independent Basic Service Set,IBSS)模式。这就意味着另一台无线客户端可以直接、自动地与允许Ad-hoc模式的无线客户端建立点对点的连接。

从表面上看,这个功能的确非常诱人,但同时该功能也会使用户在不知情的情况下将自己的硬盘数据暴露给他人。不仅如此,入侵者可以以此为跳板进而入侵整个无线局域网。

因此,对于注重安全的企业用户来说,应当采取严格的措施,确保无线网络中任何一台机器从一开始就禁用Ad-hoc模式,因为企业用户使用这种模式所承担的风险要远远大于该模式所提供的便利。

(6) 使用移动管理器。可以使用移动管理器来增强无线局域网的安全性能。目前,移动管理器可提供以下功能:

① 移动管理器可以提高无线局域网的清晰度,如果网络出现问题,它能及时发出告警信号,供网络管理员迅速确定受到攻击的无线AP的位置。

② 移动管理器可以降低无线 AP 受到 DoS 攻击和窃听的危险，网络管理员设置一个网络行为的门限，这个门限可在很大程度上减小 DoS 攻击的影响。

③ 移动管理器可以控制无线 AP 的配置，这样可以防止入侵者通过改变无线 AP 配置而连接网络。

(7) 适时关闭无线 AP。对于一般用户来说，关闭无线 AP 是一种最为简单的安全措施。例如，对于无需工作的晚上时间，可以使用一个简单的定时器来关闭无线 AP。

(8) 禁止员工私自安装无线 AP。现在，无线 AP 或无线路由器等设备价格都非常便宜。如果员工擅自安装无线 AP，将很容易暴露公司网络。再者，如果员工私自安装的无线 AP 没有采取任何安全措施的话，会导致非法用户通过公司的无线网络进行上网等活动，导致公司的网络带宽被非法利用。

第7章　互联网及其服务

7.1　网络基础知识与网络协议

互联网(Internet)是一个遵从TCP/IP协议、将大大小小的计算机网络互联起来的计算机网络。Internet是全世界最大的计算机网络,它将分布在世界各地的各种网络互联在一起。Internet的形成与发展,经历了试验研究网络、学术性网络以及商业化网络三个历史阶段。

国际互联网组织把我国中关村地区教科示范网络(NCFC)国际线路开通的时间,即1994年5月定义为中国加入Internet的时间。

我国与Internet相连的四个大型互联网络是:由教育部主管的中国教育与科研网(CERNET);由中国科学院主管的中国科技网(CSTNET);由信息产业部主管的中国公用计算机互联网(CHINANET);由信息产业部主管的中国金桥网(CHINAGBN)。

7.1.1　OSI参考模型

对于互联网的理解我们还要从网络分层的角度出发,就像把一个大的工程划分成几个相对较小的子工程来处理一样。网络分层的思想是:每一层都将利用它的下一层的服务来向它的上一层提供服务,每一层又都通过协议和其他节点的同一层进行通信。层与层之间的通信称为接口。

OSI参考模型(OSI/RM)的全称是“开放系统互联参考模型”(Open System Interconnection Reference Model,OSI/RM),它是由国际标准化组织ISO提出的一个网络系统互连模型。该模型定义了七层,如图7.1所示。这个模型在相应协议出现以前就已经设计好了,然后为此成立了一个专门的委员会来具体设计每一层。

(1) 物理层。物理层要为终端设备间的数据通信提供传输媒体及其连接。它主要处理两个问题:一是接插件大小和形状,二是数据比特的电信号变换和比特级的同步。物理层实际上就是通过布线、网卡和其他设备来把两台网络通信设备连接在一起的工作。网络故障的排除经常涉及物理层问题。

(2) 数据链路层。物理层通过链路来传送比特信息。数据链路可以粗略地理解为数据通道。它主要负责处理:数据出错校验、协调共享媒体的使用(例如在一个局域网中)以及编址。在IEEE802.3协议中,数据链路层又分成了两个子层:一个是逻辑链路控制,另一个是媒体访问控制。如图7.2所示。

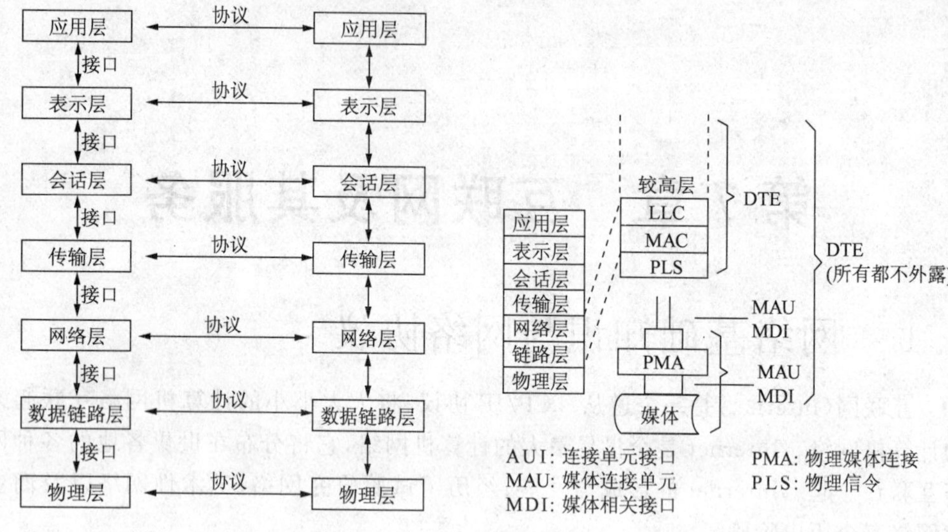

图 7.1 OSI 协议模型图

图 7.2 IEEE802.3 局域网体系结构

(3) 网络层。网络层负责路由选择和拥塞控制,使得各种网络间都可以相互通信。一个全互联的网络是指其中的每一个节点都和其他节点直接相连,但是这种拓扑结构不可能用于有很多节点的情况。比较典型的情况是,网络层必须找到一条通过一系列相连节点的路径,且路径上的每一个节点必须向适当的方向转发数据包。网络层处理的主要任务是:路由计算、数据包的分段和重组(当网络中的不同链路有不同的最大包大小限制时)及拥塞控制。

在具有开放特性的网络中的数据终端设备,都要配置网络层的功能。网络层硬件设备主要有网关和路由器。

(4) 传输层。传输层向用户提供可靠的端到端的服务,数据传送方式是报文。它主要处理一些由网络层引起的错误,比如包丢失和重复包等错误,以及对包进行重新排序、分段和重装。另外,这也有助于传输层在网络发生拥塞时可以相应降低发送数据的速率,即当网络层服务质量不能满足要求时,传输层将服务加以提高,以满足高层的要求。当网络层服务质量较好时,传输层只有很少的工作。传输层还可进行复用,即在一个网络连接上创建多个逻辑连接。

(5) 会话层。会话层为不同机器上的用户建立会话管理。会话层提供的服务可以使应用建立和维持会话,并能使会话获得同步。会话层使用校验点,可以使通信会话在通信失效时从校验点继续恢复通信。这种能力对于传送大的文件极为重要。

(6) 表示层。这一层主要完成数据格式转换、加密及压缩。

(7) 应用层。主要为广大 OSI 用户提供服务,包括文件传输、虚拟终端及 Web 浏览等。在一个节点上通常有多个应用程序同时运行。

在上面的七层结构中,物理层、数据链路层、网络层负责网络的通信;传输层负责端到端的通信;会话层、表示层和应用层则是完全面向信息处理的,它们完全不涉及数据通信的问题。

7.1.2 TCP/IP 协议族

协议就是各个层之间的通信的相互约定。简单举例来说，每一层通过协议数据单元(PDU)和它的对等层之间进行通信。为了更准确地表示出当前讨论的是哪一层，通常在该层的 PDU 前面增加一个单字母的前缀，如数据链路层通过传送 LPDU 和对等的数据链路层进行通信，网络层则通过 NPDU 和其他网络层进行通信，传输层通过 TPDU 和其他传输层进行通信，等等。

TCP/IP 协议全称为“传输控制协议和互联网协议”，是 Internet 的基础协议，TCP/IP 协议的目的是使不同厂家生产的计算机能在各种网络环境下运行。

TCP/IP 是一种可选择路由的通信协议，它具有很强的灵活性，可支持任意规模的网络，几乎可连接所有的服务器和工作站。但其灵活性也给它的使用带来了一些不便，例如它的设置和管理比 IPX/SPX 兼容协议、NetBEUI 协议都要困难和复杂一些。

通常意义上的 TCP/IP 是指一组协议，而不单单是 TCP 协议和 IP 协议。它包括上百个各种功能的协议，如远程登录(Telnet)、文件传输(FTP)、电子邮件(POP3)、邮件传输协议(SMTP)等，而 TCP 协议和 IP 协议是保证数据完整传输的两个最基本的协议。TCP/IP 协议族中各个层所用的协议如图 7.3 所示。

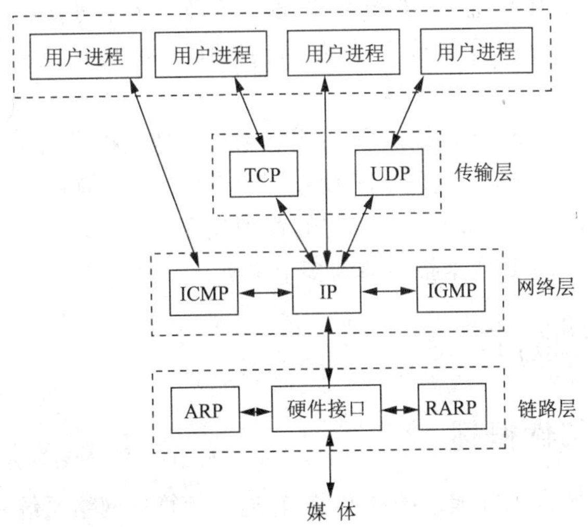

图 7.3 各个层所用的协议

TCP 和 UDP 是两个最为著名的传输层协议，二者都使用 IP 作为网络层协议。虽然 TCP 使用不可靠的 IP 服务，但它却提供一种可靠的传输层服务。TCP 常见的应用有 Telnet 和 Rlogin、FTP 以及 SMTP 等。这些应用通常都是用户进程。

UDP 为应用程序发送和接收数据报。一个数据报是指从发送方传输到接收方的一个信息单元(例如，发送方指定的一定字节数的信息)。但是与 TCP 不同的是，UDP 是不可靠的，它不能保证数据报能安全无误地到达最终目的。

IP 是网络层上的主要协议，同时被 TCP 和 UDP 使用。TCP 和 UDP 的每组数据都通过端系统和每个中间路由器中的IP层在互联网中进行传输。同时IP协议是TCP/IP协议组中最主要的一个协议,IP协议的主要功能包括:IP数据报传送、IP数据报的路由选择以及差错处理。

网络系统把数据分成小块单独发送,各个小块都到达目的地后再进行拼装,这种小块称为"包"。人们通常用"帧"来定义在特定网络类型中的包,它是网络上数据传输的基本单位。在Internet中传输数据的基本单元是数据报,这是一种特殊的"包"类型。

在物理网络中,数据都是以帧的形式进行传输的。因此,数据报也必须封装成帧来传输。假如一个数据报不能被封装进一个帧内,就需要将数据报进行分片处理。要对数据报分片,就必须对片进行重组。

在Internet中,数据报沿着从源地址到目的地址的一条路径传输,中间将通过若干个路由器。为了方便、高效地进行数据转发或路由选择,在每个路由器中都建有一个路由选择表。

随着Internet的快速发展,原有的Internet协议第4版(IPv4)已经不适应形势的需要,新版本的协议IPv6应运而生。它保持了IPv4的基本概念以及许多成功的特点,但比IPv4更先进、灵活和实用。

在IPv6中,每个IP地址占16个字节,即128位。为了方便用户,IPv6采用"零压缩"等技术来减少IP地址中的字符个数,同时,IPv6的地址空间可以兼容IPv4的地址。

ICMP是IP协议的附属协议。IP层用它来与其他主机或路由器交换错误报文和其他重要信息。尽管ICMP主要被IP使用,但应用程序也有可能访问它。例如两个流行的诊断工具Ping和Trace route,它们都使用了ICMP。IGMP是Internet组管理协议,用来把一个UDP数据报多播到多个主机。

7.2 电子邮件

7.2.1 电子邮件概述

电子邮件是传统人工邮递系统的发展,它通过计算机网络系统实现了Internet用户之间快速、简便、廉价的通信。比如发一份国际信件,只需要几分钱,在几小时甚至几分钟内即可到达。如此优异的性能价格比使得电子邮件服务成为Internet上使用最广泛的一种服务。

当需要发送电子邮件时,首先按规定格式起草、编辑一封邮件,指明接收者的电子邮件地址,然后将邮件发到邮件服务器;邮件服务器接收到邮件后,按邮件中指明的接收地址,将邮件送到接收者的邮件服务器;接收者的邮件服务器将邮件投递到接收者的邮箱中。当接收者下一次检查自己的邮箱时,就会收到寄给他的信件了。

Internet中的电子邮件具有与社会中的邮政系统相似的结构与工作规程。不同之处在于电子邮件是在计算机网络中通过计算机、网络、应用软件与协议来协调、有序地运行。Internet 中的电子邮件系统，同样设有邮局（邮件服务器）、邮箱（电子邮箱），并有自己的电子邮件地址书写规则。

邮件服务器（Mail Server）是 Internet 邮件服务系统的核心，它的作用与日常生活中的邮局相似。一方面，邮件服务器负责接收用户送来的邮件，并根据收件人地址发送到对方的邮件服务器中，另一方面，它负责接收由其他邮件服务器发来的邮件，并根据收件人地址分发到相应的电子邮箱中。

如果要使用电子邮件服务，首先要拥有一个电子邮箱（Mail box）。电子邮箱是由提供电子邮件服务的机构（一般是 ISP）为用户建立的，目前有许多提供免费或收费电子邮件服务的 ISP。当用户在 Internet 上申请电子邮箱成功后，ISP 就会在它的邮件服务器上建立该用户的电子邮件账户，包括用户名（User name）与用户密码（Password）。任何人都可以将电子邮件发送到某个电子邮箱中，但只有电子邮箱的拥有者输入正确的用户名与用户密码时，才能查看电子邮件内容或处理电子邮件。

每个电子邮箱都有一个邮箱地址，称为电子邮件地址（E-mail address）。电子邮件地址的格式是固定的，并且在全球范围内是惟一的。用户的电子邮件地址格式为：

用户名@主机名

其中，“@”符号读作“at”。主机名指的是拥有独立 IP 地址的计算机的名字，用户名是指在该计算机上为用户建立的电子邮件账号。例如：WangHai001@sina. com。

7.2.2 简单邮件传送协议 SMTP

使用 SMTP 时，收信人可以是和发信人连接在同一个本地网络上的用户，也可以是 Internet 上其他网络的用户，或者是与 Internet 相连但不是 TCP/IP 网络上的用户。

SMTP 没有规定发信人应如何将邮件提交给 SMTP，以及 SMTP 应如何将邮件投递给收信人。至于邮件内部的格式、邮件如何存储，以及邮件系统应以多快的速度来发送邮件，SMTP 也未作出规定。SMTP 所规定的就是在两个相互通信的 SMTP 进程之间应如何交换信息。由于 SMTP 使用客户/服务器方式，因此负责发送邮件的 SMTP 进程就是 SMTP 客户，而负责接收邮件的 SMTP 进程就是 SMTP 服务器。

SMTP 规定了 14 条命令和 21 种响应信息。每条命令用 4 个字母组成，而每一种响应信息一般只有一行信息，由一个 3 位数字的代码开始，后面附上（也可不附上）简单的文字说明。下面通过在 SMTP 通信的三个阶段介绍几个最主要的命令和应答信息。

(1) 连接建立。发信人先将要发送的邮件送到邮件缓存，SMTP 客户每隔一定时间对邮件缓存扫描一次。如发现有邮件，就使用 SMTP 的熟知端口号码（25）与目的主机的 SMTP 服务器建立 TCP 连接。在连接建立后，SMTP 服务器要发出“220 Service ready”。然后 SMTP 客户向 SMTP 服务器发送 HELLO 命令，附上发送方的主机名。SMTP 服务器若有能力接收邮件，则回答“250 OK”，表示已准备好接收；若 SMTP 服务器不可用，则回答“421 Service not available”。

如果在一定时间内发送不了邮件，SMTP客户则将邮件退还发信人。

上述连接是在发送主机的SMTP客户和接收主机的SMTP服务器之间建立的。发信人和收信人都可以在其主机上做自己的工作，而SMTP客户和SMTP服务器都在后台工作。

SMTP不使用中间的邮件服务器。不管发送端和接收端的邮件服务器相隔有多远，不管在邮件的传送过程中要经过多少个路由器，TCP连接总是在发送端和接收端这两个邮件服务器之间直接建立。当接收端邮件服务器出故障而不能工作时，发送端邮件服务器只能等待一段时间后再尝试和该邮件服务器建立TCP连接，而不能先找一个中间的邮件服务器建立TCP连接。

(2) 邮件传送。邮件的传送从MAIL命令开始。MAIL命令后面有发信人的地址。如：

MAIL FROM：＜changjy@163.com＞

若SMTP服务器已准备好接收邮件，则回答"250 OK"。否则，返回一个代码，指出原因。如：451(处理时出错)、452(存储空间不够)、500(命令无法识别)等。

将同一个邮件发送给一个或多个收信人时，下面跟着一个或多个RCPT命令，其格式为：

RCPT TO：＜收信人地址＞

每发送一个命令，都应当有相应的信息从SMTP服务器返回，如"250 OK"表示指明的邮箱在接收端的系统中，"550 No such user here"表示不存在此邮箱。

RCPT命令的作用是：先弄清接收端系统是否已做好接收邮件的准备，然后才发送邮件。这样做是为了避免浪费通信资源。

DATA命令表示要开始传送邮件的内容。若SMTP服务器准备好，则返回的信息是：

354 Start mail input；end with＜CRLF＞.＜CRLF＞

这里＜CRLF＞是"回车换行"的意思。若不能接收邮件，则返回421(服务器不可用)、500(命令无法识别)等。接着SMTP客户就开始发送邮件的内容。发送完毕后，再发送＜CRLF＞.＜CRLF＞(两个回车换行中间用一个点隔开)表示邮件内容结束。实际上在服务器端看到的可打印字符只是一个英文的句点。若邮件收到了，则SMTP服务器返回信息"250 OK"或返回差错代码。

虽然SMTP使用TCP连接试图使邮件的传送可靠，但它并不能保证不丢失邮件。没有端到端的确认返回到收信人处，差错指示也不保证能传送到收信人处。然而基于SMTP的电子邮件通常都被认为是可靠的。

(3) 连接释放。邮件发送完毕后，SMTP客户应发送QUIT命令。SMTP服务器返回的信息是221(服务关闭)，表示SMTP同意释放TCP连接。邮件传送的全部过程即结束。

上述的SMTP客户与服务器交互的过程都被电子邮件系统的用户代理屏蔽了，使用电子邮件的用户是看不见这些过程的。

7.2.3 邮件读取协议 POP3 和 IMAP

常用的邮件读取协议有两个，即邮局协议第 3 个版本 POP3 和 Internet 报文存取协议 IMAP(Internet Message Access Protocol)。

(1) POP3。邮局协议 POP 是一个非常简单、功能有限的邮件读取协议，现在普遍应用的是它的第 3 个版本 POP3。POP3 已成为 Internet 的标准，大多数 ISP 都支持 POP3。

POP 也使用客户/服务器工作方式。在接收邮件的用户的 PC 机中必须运行 POP 客户程序，而在其 ISP 的邮件服务器中则运行 POP 服务器程序。当然，这个 ISP 的邮件服务器还必须运行 SMTP 服务器程序，以便接收发送方邮件服务器的 SMTP 客户程序发来的邮件。POP 服务器只有在用户输入鉴别信息(用户名和口令)后才允许对邮箱进行读取。

对依靠拨号连接的用户来说，POP 协议使用得最为普遍。当用户拨号上网连接成功后，就可以运行 POP 客户程序，与 ISP 邮件服务器的 POP 服务器程序建立 TCP 连接，然后就可以接收电子邮件了。

(2) IMAP。IMAP 和 POP 都按客户/服务器方式工作，但它们有很大的差别。现在较新的是版本 4，即 IMAP4。

对于 POP，从网上收到的邮件是根据收信人的邮件地址交付给目的 ISP 邮件服务器，而收信人用 PC 机不定期地连接到这个邮件服务器以便下载邮件。此后，所有对邮件的处理都在用户的 PC 机上进行。因此 POP 服务器是一个具有存储转发功能的中间服务器。一旦邮件交付给用户的 PC 机，POP 服务器就不再保存这些邮件(当然用户也可以通过事先的设置，使 POP 服务器在收信人读取邮件后仍保留此邮件。但一般都不这样做，因为这样会很快地使用户在邮件服务器的邮箱装满，而无法再接收新的邮件)。用户在取回邮件并中断与 POP 服务器的连接后，可在自己的 PC 机上处理收到的邮件。因此 POP 实际上是一个脱机协议。

在使用 IMAP 时，所有收到的邮件同样是先送到 ISP 的邮件服务器的 IMAP 服务器。而在用户的 PC 机上运行 IMAP 客户程序，然后与 ISP 的邮件服务器上的 IMAP 服务器程序建立 TCP 连接。用户在自己的 PC 机上就可以操纵 ISP 的邮件服务器的邮箱，就像在本地操纵一样，因此 IMIAP 是一个联机协议。当用户 PC 机上的 IMAP 客户程序打开 IMAP 服务器的邮箱时，用户就可看到邮件的首部。当用户打开某个邮件后，该邮件才传到用户的 PC 机上。用户可以根据需要为自己的邮箱创建便于分类管理的层次式的邮箱文件夹，并且能够将存放的邮件从某一个文件夹中移动到另一个文件夹中。用户也可按某种条件对邮件进行查找。在用户未发出删除邮件的命令之前，IMAP 服务器邮箱中的邮件一直保存着。这样就省去了用户 PC 机硬盘上的大量存储空间。

IMAP 最大的好处就是用户可以在不同的地方使用不同的计算机，随时阅读和处理自己的邮件，但每次必须上网联机才能进行。

IMAP还允许收信人只读取邮件中的某一个部分。例如,收到了一个带有视频附件的邮件,而用户使用的是无线上网,信道的传输速率很低。为了节省时间,可以先下载邮件的正文部分,待以后有时间再读取下载这个很长的附件。

IMAP的缺点是如果用户没有将邮件复制到自己的PC机上,则邮件一直是存放在IMAP服务器上。因此用户需要经常与IMAP服务器建立连接。

注意不应将邮件读取协议POP和IMAP与邮件传送协议SMTP弄混。发信人的用户代理向源邮件服务器发送邮件,以及源邮件服务器向目的邮件服务器发送邮件,都是使用SMTP协议。而POP与IMAP则是用户从目的邮件服务器上读取邮件所使用的协议。

7.2.4 通用互联网邮件扩充 MIME

MIME没有改动SMTP,但增加了邮件主体的结构,并定义了传送非ASCII码的编码规则。MIME邮件可在现有的电子邮件程序和协议下传送。

为适应于任意数据类型和表示,每个MIME报文包含告知收信人数据类型和使用编码的信息。MIME将增加的信息加入到邮件首部中。MIME增加的5个新的邮件首部是:MIME-Version(标识MIME的版本),Content-Description(说明邮件是什么),Content-Id(邮件的惟一标识符),Content-Transfer-Encoding(在传送时邮件的主体编码),Content-Type(邮件的性质)。

7.3 基于Web的应用程序服务器和电子商务

7.3.1 基于Web的应用程序服务器

Internet采用超文本和超媒体的信息组织方式,将信息的链接扩展到整个Internet上。

超文本(Hypertext)是超级文本的简称,它一种全局性的信息结构,可将文档中的不同部分通过关键字建立链接,使信息得以用交互方式搜索。Web就是一种超文本信息系统,Web的一个主要的概念就是超文本链接,它使得文本不再像一本书那样是固定的、线性的,而是可以从一个位置跳到另外的位置。想要了解某一个主题的内容,只要在这个主题上点一下,就可以跳转到包含这一主题的文档上。

超媒体(Hypermedia)是超文本和多媒体在信息浏览环境下的结合,使得浏览者不仅能从一个文本跳到另一个文本,而且可以激活一段声音、显示一个图形甚至播放一段动画。

Web服务器是指驻留于互联网上的某种类型计算机上的程序。当Web浏览器(客户端)连到服务器上并请求文件时,Web服务器将处理该请求并将文件发送到Web浏览器上,附带的信息会告诉浏览器如何查看该文件(即文件类型)。Web服务器使用HTTP(超文本传输协议)进行信息交流,因而又称为HTTP服务器。

Web服务器不仅能够存储信息,还能在用户通过Web浏览器提供的信息的基础上运行脚本和程序。例如，如果需要通过网络进行一项群众满意度调查，可在 Web 页面上建立一张满意度调查表单，它会要求浏览者填写相关的调查信息。浏览者填完表单后，点击“提交”按钮，该表单会将数据送至服务器计算机上的某一程序，由它负责处理。用于执行这些功能的程序或脚本称为网关脚本/程序，或称为 CGI（通用网关界面）脚本。在 Web 上，大多数表单和搜索引擎上都使用了该技术。

Web 服务器可驻留于各种类型的计算机，从常见的 PC 机到巨型的 UNIX 网络，以及其他各种类型的计算机。它们通常经过一条高速线路与互联网连接，如果对性能无所谓，则也可使用低速连接（甚至是调制解调器），但对于架设电子商店来说，性能绝对是要考虑的问题。

(1) 虚拟主机。虚拟主机是使用特殊的软硬件技术、把一台计算机主机分成一台台“虚拟”的主机。每一台虚拟主机都具有独立的域名和 IP 地址（或共享的 IP 地址），具有完整的互联网服务器功能。虚拟主机之间完全独立，在外界看来，每一台虚拟主机和一台独立的主机完全一样，用户可以利用它来建立完全属于自己的 WWW、FTP 和 E-mail 服务器。

虚拟主机技术的出现是对互联网技术的重大贡献。由于多台虚拟主机共享一台真实主机的资源，每个用户承受的硬件费用、网络维护费用、通信线路费用均大幅度降低，使互联网真正成为人人用得起的网络。现在，几乎所有的美国公司（包括一些家庭）均在网络上设立了自己的 Web 服务器。

虚拟主机服务提供者的服务器硬件构成的性能比较高，通信线路也比较通畅，可以达到非常高的数据传输速度（例如 45Mb/s），为用户提供了一个良好的外部环境，并且用户不用负责机器硬件的维护、软件设置、网络监控、文件备份等工作。

(2) 服务器托管。服务器托管即租用 ISP 机架位置，建立企业 Web 服务系统。企业主机放置在 ISP 机房内，由 ISP 分配 IP 地址、提供必要的维护工作，由企业自己进行主机内部的系统维护及数据的更新。这种方式特别适用于有大量数据需要通过互联网进行传递或有大量信息需要发布的单位。

基于 Web 的应用程序服务器有四个特点：

① Web 是图形化的和易于导航的（Navigate）。Web 非常流行的一个重要的原因就是它可以在一页上同时显示色彩丰富的图形和文本。在 Web 之前 Internet 上的信息只有文本形式，而 Web 可以提供将图形、音频、视频信息集合于一体的特性。同时，Web 是非常易于导航的，只需要从一个连接跳到另一个连接，就可以在各 Web 页、各 Web 站点之间进行浏览了。

② Web 与平台无关。无论浏览者使用哪一种操作系统平台，如 Windows、UNIX、Linux 或是 Macintosh，都可以通过 Internet 访问 WWW（World Wide Web）。对 WWW 的访问是通过名为浏览器（Browser）的客户端软件实现的，如 Netscape 的 Navigator、NCSA 的 Mosaic、Microsoft 的 Internet Explorer 等。

③ Web 是分布式的。大量的图形、音频和视频信息会占用相当大的存储空间，有时甚至无法预知信息的容量。对于 Web 应用来说，没有必要把所有信息都放在一起，

信息可以位于不同的Web站点上,只需要在相应的Web页面中有指向这个站点的超级链接就可以了。这样,可以使在物理上分散的信息在一个Web站点上实现逻辑上一体化,令用户看起来这些信息是一体的。

④ Web是动态的。各Web站点的信息提供者可以经常对站上的信息进行更新,如某个协议的发展状况、公司的广告等。所以Web站点上的信息是动态的、经常更新的,这一点是由信息的提供者保证的。Web动态的特性还表现在Web是交互的。Web的交互性首先表现在它的超链接上,用户的浏览顺序和所到站点完全由用户自己决定。另外,通过表单(Form)的形式可以从服务器方获得动态的信息,用户通过填写表单可以向服务器提交请求,服务器可以根据用户的请求返回相应信息。

7.3.2 电子商务的模式和内涵

电子商务(Electronic Commerce,简称E-commerce)是在互联网开放的网络环境下,基于浏览器/服务器应用方式,实现消费者的网上购物、商户之间的网上交易和在线电子支付的一种新型的商业运营模式。电子商务通过简单、快捷、低成本的电子通讯方式,使得买、卖双方无需谋面即可进行各种商贸活动。

从基本内容上说,电子商务可以分为三个方面:信息服务、交易和支付。具体包括:电子商情广告;电子选购和交易、电子交易凭证的交换;电子支付与结算以及售后的网上服务等。从运行方式来看,电子商务的模式主要有四种:B2B、B2C、C2C和C2B。

1. B2B(Business to Business)

B2B是企业与企业之间的电子商务模式,目前这种模式是电子商务业务的主体,约占电子商务总交易量的90%。就目前来看,电子商务可在供货、库存、运输、信息流通等方面大大提高企业的效率。

电子商务最热心的推动者也是企业用户。企业和企业之间的交易是最能体现电子商务效益的地方。对于一个处于流通领域的商贸企业来说,由于它没有生产环节,电子商务活动几乎覆盖了整个企业的经营管理活动,是利用电子商务最多的企业。通过电子商务,商贸企业可以更及时、准确地获取消费者信息,从而准确定货、减少库存,并通过网络促进销售,以提高效率、降低成本,获取更大的利益。

企业间电子商务通用交易过程可以分为四个阶段:一是交易前的准备,主要包括买卖双方和参加交易各方在签约前的准备活动;二是交易谈判和签订合同,包括买卖双方对所有交易细节进行谈判,将双方磋商的结果以文件的形式确定下来,即以书面文件形式和电子文件形式签订贸易合同;三是办理交易前的手续,这一阶段是指买卖双方签订合同后到合同开始履行之前办理各种手续的过程;四是交易合同的履行和索赔。

例如,我们在麦当劳只能买到可口可乐而不是其他品牌的饮料,是因为麦当劳与可口可乐签订了商业伙伴的关系。企业们之间建立商业伙伴的关系是希望通过大家所提供的东西来形成一个互补的共同发展机会。

国内著名的提供B2B电子商务的服务商有阿里巴巴(http://www.alibaba.com)、中国制造网(http://www.made-in-china.com)、环球资源等。

2. B2C (Business to Consumer)

B2C是企业对个人用户的电子商务模式,也就是我们经常看到的供应商通过网络直接把商品卖给消费者。它是以互联网为主要服务提供手段,实现公众消费和提供服务,并保证与其相关的付款方式的电子化。

B2C是随着万维网(WWW)的出现而迅速发展的,可以将其看作是一种电子化的零售。目前,在互联网上遍布各种类型的网上商业中心,提供从鲜花、书籍到计算机、汽车等各种消费商品和服务。例如全球最大的亚马逊书店(http://www.amazon.com),顾客可以自己管理和跟踪货物的联邦快递(http://www.fedex.com)。国内也有卓越网、e800商城等。这种购物过程彻底改变了传统的面对面交易和一手交钱一手交货及面谈等购物方式。当然,要想放心大胆地进行电子购物活动,还需要非常有效的电子商务安全系统。

从长远来看,企业对消费者的电子商务将在电子商务领域占据重要地位。但是由于各种因素的制约,目前以及今后较长的时期内,这个层次的业务还只能占比较小的比重。

3. C2C (Consumer to Consumer)

C2C是个人对个人的电子商务模式,也就是客户自己把东西放到网上去卖给其他客户。典型的例子有eBay、淘宝、拍拍、易趣等。

4. C2B (Consumer to Business)

C2B是个人对商家的电子商务模式。这个概念比较新,意思是由客户选择自己要些什么东西、要求的价格是什么,然后由商家来决定是否接受客户的要求。如果商家接受客户的要求,那么交易成功;如果商家不接受客户的要求,那么交易就失败。

7.4 互联网络接入技术

7.4.1 ADSL

ADSL的全称是Asymmetrical Digital Subscriber Loop(非对称数字用户环路)。ADSL是运行在原有普通电话线上的一种新的高速宽带技术,可为用户提供上、下行非对称的传输速率(带宽)。它针对大多数用户上网时上传数据量小、下载数据量大的特点,上行(从用户到网络)速率最高可达640Kbps,下行(从网络到用户)速率最可达8Mbps。ADSL是目前国内ISP提供的主要接入服务方式。

传统的电话线使用0～4kHz的低频段进行语音传送,而电话线理论上有接近2MHz的带宽。ADSL MODEM采用频分多路复用(FDM)技术和回波消除(Echo Cancellation)技术在电话线上分隔有效带宽来实现多路信道。

频分多路复用技术在现有带宽中分配一段频带作为数据下行通道，同时分配另一段频带作为数据上行通道，下行通道通过时分多路复用(TDM)技术再分为多个高速信道和低速信道，同样在上行通道也由多路低速信道组成。

回波消除技术则使上行频带与下行频带叠加，通过本地回波抵消来区分两个频带。

ADSL 接入技术具有以下特点：

- 可直接利用现有用户电话线，节省投资。
- 为用户提供上、下行不对称的传输带宽。
- 节省费用。上网同时可以打电话，互不影响，而且上网时不需要另交电话费。
- 安装简单。在普通电话线上加装 ADSL MODEM，在电脑上装上网卡即可。

ADSL 接入 Internet 主要有虚拟拨号和专线接入两种方式。采用虚拟拨号方式的用户采用类似 MODEM 和 ISDN 的拨号程序，在使用习惯上与拨号方式没什么不同。采用专线接入的用户只要开机即可接入 Internet。但是两种方式的网络结构是一样的，在客户端处一般都需要有一台个人电脑、一台滤波器、一台 ADSL 调制解调器和一条电话线(目前调制解调器和滤波器一般都被整合为一个设备)，如图 7.4 所示。

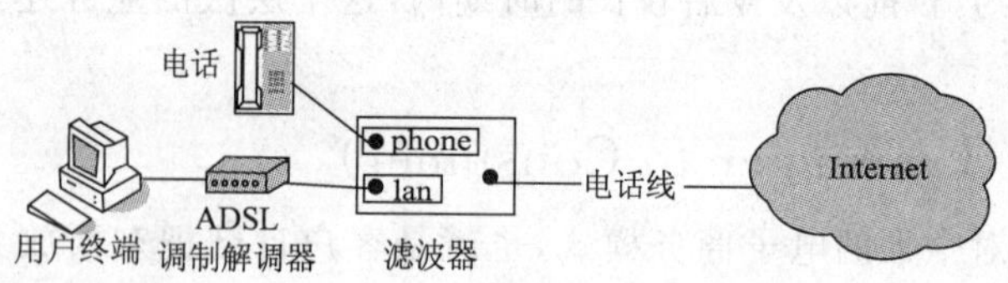

图 7.4 ADSL 接入方式

7.4.2 HFC

HFC 的全称是 Hybrid Fiber-Coaxial，即光纤和同轴电缆相结合的混合网络。HFC 接入方式基于现有的有线电视网络，通常由光纤干线、同轴电缆支线和用户配线网络三部分组成。从有线电视台出来的信号先变成光信号在干线上传输，到用户区域后把光信号转换成电信号，经分配器分配后通过同轴电缆送到用户。

HFC 与早期 CATV 同轴电缆网络的不同之处主要是在干线上用光纤传输光信号，在前端需完成电/光转换，进入用户区后要完成光/电转换。最初 HFC 网络是用来传输有线电视信号的，后来通过对现有有线电视网进行双向化改造。HFC 网络除了可以提供有线电视节目外还可以还可提供电话、Internet 接入、高速数据传输和多媒体等业务，如图 7.5 所示。

HFC 网络接入主要采用局端系统(Cable Modem Termination Sys)，完成数据到射频 RF 转换，并与有线电视的视频信号混合，送入 HFC 网络中。除了与高速网络连接外，也可以作为业务接入设备，通过 Ethernet 网口挂接本地服务器提供本地业务。

用户在接入 HKC 网络时，需要一台 Cable Modem(电缆调制解调器)。Cable Modem 将数据终端设备(计算机)连接到 HFC，以使用户能进行数据通信，访问 Internet 信息资源。Cable Modem 有两个接口，一个接室内墙上的有线电视端口，另一个与计算机相连。

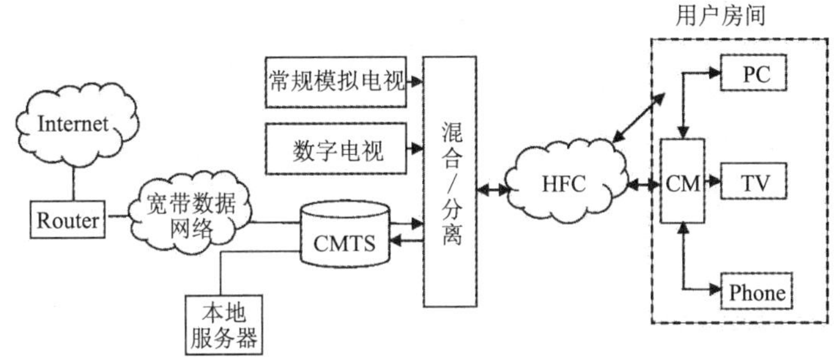

图 7.5 HFC 网络结构

Cable Modem 要在两个不同的方向上接收和发送数据，把上、下行数字信号用不同的调制方式调制在双向传输的某一个 6MHz(或 8MHz)带宽的电视频道上。它把上行的数字信号转换成模拟射频信号，在有线电视网上传送；接收下行信号时，Cable Modem 把它转换为数字信号，以便计算机处理。使用 HFC 接入网络不需要使用拨号软件进行拨号，只要用户端支线路连接正确，开机就可以接入互联网。

使用 HFC 接入方式只能通过广播电视局申请，HFC 网络具有以下有特点：

· 传输容量大，容易实现双向传输。从理论上讲，一对光纤可同时传送 150 万路电话或 2000 套电视节目。

· 频率特性好。在有线电视传输带宽内无需均衡。

· 传输损耗小。由于干线使用了光纤传输，25 公里内无需中继放大；光纤间不会有串音现象，不怕电磁干扰，能确保信号的传输质量。

但是，HFC 是在单向传输的基础上进行双向改造来进行传输的。由于它共享一条信道，它的带宽在用户量增加的时候会不断减少。目前有线电视网在带宽共享方式、网络安全、网络管理等方面依然存在缺陷，而且从网络结构上来看，整个 HFC 用户网络都是属于同一个广播域，随着网络用户的增加网络性能会迅速下降。

7.4.3 DDN 专线接入

DDN 的全称是 Digital Data Network(即数字数据网络)，是随着数据通信业务的发展而迅速发展起来的一种新型网络。DDN 的主干网传输媒介有光纤、数字微波、卫星信道，在用户端多使用普通电缆和双绞线。

DDN 利用数字信道传输数据信号，这与传统的模拟信道相比有本质的区别。DDN 传输的数据具有质量高、速度快、网络时延小等一系列的优点，特别适合计算机主机之间、局域网之间、计算机主机与远程终端之间的大容量、多媒体、中高速通信的传输，DDN 可以说是我国的中高速信息国道。

DDN 可提供点对点、点对多点透明传输的数据专线出租电路，为用户传输数据、图像、声音等信息。使用 DDN 具有如下特点：

① DDN是透明传输网。由于DDN将数字通信的规则和协议寄托在智能化程度的用户终端来完成，本身不受任何规程的约束，所以是全透明网，是一种面向各类数据用户的公用通信网，它可以看成是一个大型的中继开放系统。

② 传输速率高，网络时延小。DDN用户数据信息是根据事先的协议在固定通道带宽和预先约定速率的情况下顺序连接网络，这样只需按时隙通道就可以准确地将数据信息送到目的地，从而免去了目的终端对信息的重组，因此减少了时延。

③ DDN可提供灵活的连接方式。DDN可以支持数据、语音、图像传输等多种业务，它不仅可以和客户终端设备进行连接，而且还可以和用户网络进行连接，为用户网络互连提供灵活的组网环境。DDN的通信速率可根据用户需要在N×64Kbps(N=1～32)之间进行选择，当然速度越快租用费用也就越高。

④ 灵活的网络管理系统。DDN的图形化网络管理系统可以实时地收集网络内发生的故障并进行故障分析和定位。通过网络图形颜色的变化显示出故障点的信息，其中包括网络设备的地点、网络设备的电路板编号及端口位置，从而提醒维护人员及时准确地排除故障。

⑤ 保密性高。由于DDN专线提供点到点的通信，信道固定分配，保证了通信的可靠性，不会受其他客户使用情况的影响，因此通信保密性强，特别适合金融、保险客户的需要。

DDN将数字通信技术、计算机技术、光纤通信技术以及数字交叉连接技术有机地结合在一起，提供了高速度、高质量的通信环境，为用户规划、建立安全、高效的专用数据网络提供了条件，因此在多种接入方式中深受广大客户的青睐。

第3部分
数码设备

第8章　掌上电脑

由于普通电脑(包括笔记本电脑)携带不便,于是各种小巧玲珑的掌上产品如随身电脑、电子记事簿、电子词典等应运而生。全世界第一款掌上电脑 Newton 是 Apple 公司在 20 世纪 90 年代推出的,问世后引起了很大轰动,但市场销售情况并不理想。1998 年,3Com 公司的 Palm Pilot 风靡北美,随后,Microsoft 推出了专为掌上电脑而设计的嵌入式操作系统 Windows CE。从此,掌上电脑市场日新月异,新产品层出不穷,而掌上电脑产品的内涵与外延也日益丰富。

从应用角度看,掌上电脑旨在实现普通电脑的部分或相关功能,同时进一步简化操作及方便携带。掌上电脑与台式机及笔记本电脑的另一点不同是操作上的方便性。例如,掌上电脑不像普通电脑那样需要较长的启动时间,只要按下掌上电脑的开始键即可马上使用。

8.1　掌上电脑种类与功能特点

从应用角度看,掌上电脑大致分为随身电脑、PDA(个人数字助理)、智能手机和电子词典这几类。

1. 随身电脑

虽然随身电脑与 PDA 长得很像,但二者的发展方向却是不同的。随身电脑通常具有更多样化的软、硬件扩充能力及更快的处理速度,并在低端工作领域取代不适合携带的笔记本电脑。根据所配置的操作系统的不同,目前随身电脑的两大阵营为 Palm 和 Pocket PC。

2. 个人数字助理(PDA)

PDA 是 Personal Digital Assistant(个人数字助理)的缩写,本意是指为个人提供数字服务的掌上电子产品。这类产品的主要特点是存储了大量的常用资料,以便使用者随时查询和交换。根据适用范围、市场对象和服务等条件,PDA 还可进一步细分为普通个人 PDA、专家 PDA 以及行业 PDA 等。

3. 智能手机

自 2002 年以来,许多高端 PDA 产品开始集成计算、电话、多媒体、传真和网络等功能,最典型的例子就是智能手机。智能手机是手机平台和 PDA 平台的整合,它不仅具备移动通信功能,还具备了 PDA 的大部分功能,特别是个人信息管理以及基于无线数据通信的浏览器和电子邮件功能。智能手机为用户提供了足够的屏幕尺寸和带宽，既方便随身携带，又为软件运行和内容服务提供了广阔的舞台，很多增值业务可以就此展开，如股票、新闻、天气、交通、商品、应用程序下载、音乐图片下载等。智能手机丰富的功能取决于其所用的开放式嵌入式操作系统，目前主要有 Symbian、Windows Mobile、Palm 和 Linux 这四种。

图 8.1 智能手机

图 8.1 所示是 Palm 较新发布的一款智能手机 treo800w，机身正面触控屏下方依次为功能键、导航键和 QWERT 拇指全键盘。静音切换键位于顶部，与之相邻的是 Wi-Fi 切换按钮。机身左侧有音量调节键和自定义键，右侧为笔仓、红外端口、MicroSD 卡槽。

在内部硬件配置上，treo800w 的 CPU 采用主频为 333MHz 的 TI OMAP 2431；程序运行内存为 128MB RAM；用户内存 256MB（实际可用为 170MB，其余用作存储 ROM）。MicroSD 最大支持 8GB 容量；无线模块采用数字双波段 CDMA（1900/800MHz）和 Qualcomm MSM6800A 芯片集；彩色液晶显示屏的分辨率为 320×320；内置 200 万像素数码相机。

treo800w 的操作系统为 Windows Mobile 6.1 Professional Edition。

4. 电子词典

尽管有些业内人士认为电子词典、电子记事本等不属于掌上电脑，但这并不影响以文曲星、快译通等为代表的电子词典产品在市场上的热销，这充分反映了消费者对低端掌上电脑的需求。

电子词典类产品的操作系统都很简单，硬件配置也不高，一般采用 16 位 CPU，主频为 16MHz～33MHz，内存容量一般不超过 32MB。在输入方式上既有使用触控笔的产品，也有采用键盘输入方式的产品。

8.2 掌上电脑的硬件构成

俗话说"麻雀虽小、五脏俱全"，掌上电脑其实就是普通计算机缩小、缩减后的结果。掌上电脑的硬件构成主要包括外壳、按键、处理器、内存、通信端口、闪存卡插槽、显示屏、触控笔、电源等，此外还有其他一些选配件，如闪存卡、Modem、连线等。以下简要介绍一些对掌上电脑性能有较大影响的部件。

1. 处理器

高端掌上电脑的处理器一般为 32 位嵌入式 CPU，主频在 100MHz 以上，比较有代表性的是 Intel 的 Strong ARM 系列及 XScale 系列，目前后者的主频已超过 1GHz。中、低端掌上电脑大多采用 16 位 CPU，主频通常在 33MHz～60MHz 之间。

2. 存储器(RAM 和 ROM)

掌上电脑系统中 RAM 和 ROM 的容量要比 PC 机少得多，并且在使用时有一些特殊要求。掌上电脑中的 RAM 主要用于运行程序。高端掌上电脑 RAM 容量通常可达 16MB～64MB，而一些低端掌上电脑的 RAM 容量只有 64KB～512KB。

ROM 在掌上电脑中的作用相当于"电子磁盘"，用于存储操作系统及应用程序，容量通常在 2MB～64MB 不等。目前主流的掌上电脑在配置中均采用了 Mask ROM（只读存储器）与 Flash ROM（闪存）搭配使用的方式，后者主要用于存储用户数据。

3. 扩展插槽

对于存储容量本来就很小的各种数码设备来说，能够扩充存储容量的扩展插槽是极为必要的。扩展插槽是一种接口标准，目前扩展插槽大约有 7、8 种之多，每一种均有与之相应的闪存插卡。

大多数高端掌上电脑采用 CF 插槽，这主要是因为 CF 卡比较普及且价格不贵。CF 插槽有两种规格：CF TypeⅠ和 CF TypeⅡ，虽然后者在性能上要优于前者，但尺寸要大一些，因而有不少掌上电脑为了追求"超薄"而采用 CF TypeⅠ插槽。配有 CF 插槽的掌上电脑可以读取 CF 卡以及 IBM 微型小硬盘。

部分掌上电脑采用了 SD 插槽，这种插槽兼容 MMC 格式，因此可以读写 SD 卡及 MMC 卡。极少数掌上电脑采用 SM 插槽，可以读写 Sony 记忆棒。

上述这些扩展插槽的作用并不仅仅局限于扩充掌上电脑的存储能力，还可以用来接驳各种特殊外设，使掌上电脑真正成为一种移动信息处理中心。以 CF 插槽为例，加上 CF GPS 卡，掌上电脑就成为一台全球卫星定位仪；加上 CF Camera 卡，掌上电脑就成了一个数码相机。

4. 通信端口

主流掌上电脑在通信端口的配置上几乎是一致的：RS-232 串行口、红外端口（IrDA）以及 USB 端口等。串行口主要用于连接 PC 机进行数据同步，也可以接驳串口打印机、串口 Modem 等设备；USB 端口用于从 PC 机上高速下载电子书、MP3 音乐等大容量数据；红外端口用于与其他具有红外端口的数码产品进行数据交换，如红外打印机、手机以及其他掌上电脑。

5. 液晶显示屏(LCD)

衡量 LCD 性能的指标很多，如屏幕大小、亮度、比对度、色彩、响应时间、显示分辨率、显示点距等。LCD 的工作机理与 CRT 显示器完全不同。液晶是处于固态和液态之间的一种物质，组成它的分子呈棒形。液晶处于自然状态时，允许光直接穿过，但如果给它加电源，液晶就能使穿过的光线改变方向；液晶工作时，使用的是外部的光线，自己本身并不发光，所以与 CRT 相比，液晶显示器的耗电量较低。在使用液晶制成显示屏时，液晶的棒形分子扭曲的程度越大，显示效果的对比度就越大；当扭曲度达到 90%（称为 TN，Twisted Nematic，扭曲向列型）时，对比度得到提高；扭曲度为 140%（称为 STN，Super-Twisted Nematic，超扭曲向列型）时，对比度就更好。

掌上电脑所用的 LCD 分为单色和彩色两类，其中彩色 LCD 所涉及的制造技术较为复杂，成本也比较高。根据所采用的技术不同，彩色 LCD 又分为有源（Active）和无源(Passive)两种。

有源 LCD 目前应用最普遍,主要指薄膜晶体管(Thin Film Transistor,TFT) LCD,它的屏幕更新频率较快,并且屏幕上的每个像素都分别由一个独立的晶体管控制,因而其显示图像的效果比无源 LCD 清晰、分明、视角大。不过,由于有源 LCD 要使用相当多的晶体管,因此造价也就高。

无源 LCD 的显著优点是造价低。近年来,为了提高无源 LCD 的显示效果,各厂商开发了一些新型 LCD 技术。例如,DSTN(Double-layer Super-Twisted Nematic,双层 STN)是一种无源显示技术,使用两个显示层,解决了传统 STN 显示器中的漂移问题。不过,DSTN 的显示效果还是不如 TFT;CSTN(Color Super-Twist Nematic,彩色 STN)是 Sharp 开发的无源显示技术,这种 LCD 具有出色的响应速度、宽视角、高画质,堪与 TFT LCD 媲美,而造价只有 TFT 的一半。

6. 触控屏

触控屏是掌上电脑的主要输入设备。触控屏的种类很多,有红外线式、电磁式、电容式、电阻网络式等。在公共场所摆放的一些用于查询信息的计算机的触控屏分辨率一般都很低,往往只适用于手指点触。由于掌上电脑要进行手写输入,所以需要很高分辨率的触控屏。

目前掌上电脑所用的触控屏大多为“模拟电阻式薄膜输入板”(Analog Resistive Film Input Panel),其分辨率可达 0.1mm 点距。这种触控屏的结构决定了它不能像计算机键盘一样能够在恶劣环境下工作,其实际可靠工作温度范围一般在 0～60℃之间。另外,由于它是在很薄的玻璃基板上做的,所以在使用时,最好使用厂商提供的专用触控笔,以尽可能延长触控屏的实际使用寿命。

根据触控屏厂商提供的数据,在一定使用条件下,触控屏基本上可以保证 10 万次的点击寿命。不要用硬度大于 2H 的硬物当触控笔用,以免划伤表面,造成永久性损坏。

掌上电脑的触控屏是紧贴在 LCD 表面的,所以触控屏的质量必定会直接影响掌上电脑最终的显示效果。透射率是触控屏的一个重要技术指标,通常在 80%～90%之间。另外,根据触控屏表面的情形不同,有反光型和非反光型两种,反光型的触控屏要清晰一些。

8.3 掌上电脑操作系统简介

作为信息处理的首选工具,传统计算机本身并不具备移动的能力。只有把微型的计算机系统嵌入到各种移动装置之中,让它发挥指挥、控制、计算的功能,才能使相应的装置智能化,这就是嵌入式系统的技术起源。

掌上电脑是一种嵌入式设备,其核心硬件是嵌入式处理器,具体功能的实现则依赖于嵌入式操作系统。嵌入式操作系统(Embedded Operating System,缩写为 EOS)是一种实时的、支持嵌入式系统应用的操作系统软件,它包括与硬件相关的底层驱动软件、系统内核、设备驱动接口、通信协议、图形界面、标准化浏览器等。

由于嵌入式操作系统具有系统开销小、效率高、功能较全面、便于定制和使用等特点，目前已经成为掌上电脑的核心技术。目前全世界范围内能用于掌上电脑的嵌入式操作系统有数百种，较典型的有 Windows CE、Palm OS、Symbian、Linux 等。

1. Palm OS

Palm 公司成立于 1992 年，主要致力于掌上电脑操作系统、企业互联网解决方案、有线/无线网络服务和 Palm 产品的研发和经营。

Palm OS 是一个非常出色的 32 位嵌入式操作系统，在全球有超过 10 万家技术开发商登记采用，有数十万 Palm 软件的开发者开发了数万种适合各种需要的 Palm 软件。

Palm OS 是一套开放性极强的系统，开发者向用户免费提供 Palm OS 的开发工具，供用户在 Palm OS 系统的基础上方便地编写、修改相关软件(相比起来，Windows CE 的开发工具就显得复杂一些)。同时，Palm OS 是一套专门为掌上电脑开发的操作系统(这也是 Palm OS 与 Windows CE 的另一个主要区别)，其操作界面简洁、内核十分出色，在编写时充分考虑到掌上电脑内存相对较小的情况，所以 Palm OS 本身所占的内存极小，而基于 Palm OS 编写的应用程序所占的空间也很小，通常只有几十 K(相比起来，Windows CE 及其相关软件就要“胖”得多)。

自 1996 年第一台 Palm OS 掌上电脑诞生以来，Palm 公司便一直遵循着每隔 18 个月更新一次操作系统的惯例。

2. Windows CE

Windows CE 是一种小型的、基于 ROM 的、具有 Win32 子集 API 的嵌入式操作系统，1996 年它刚问世时被认为是精简的 Windows 95。不过，Windows CE 并不与 Windows 兼容，它是一个轻量级、多线程、带有可选图形用户界面的操作系统，其优势在于小的尺寸、Win32 API 子集和对多平台的支持能力，主要面向小内存 32 位移动智能连接设备。

Windows CE 不仅继承了传统的 Windows 图形界面，并且在 Windows CE 平台上可以使用 Windows 95/98 上的编程工具(如 Visual Basic、Visual C++等)、使用同样的函数、使用同样的界面风格，使绝大多数的应用软件只需简单的修改和移植就可以在 Windows CE 平台上继续使用。Windows CE 最大的优势在于可支持多种 CPU，如 NEC 的 VR 系列、Philips 的 PR31500/PR31700、Hitachi 的 SH 系列、Intel 的 Strong ARM 系列等，这一点要优于 Palm OS。

Windows CE 发展至今已推出多个版本，最新版本是 2006 年 11 月推出的 6.0 版。Microsoft 在推出该版本时宣布完全公开内核源代码，这样 Microsoft 硬件合作伙伴可以修改源代码开发定制化的文件系统、设备驱动程序与其他元件，并且无需将他们的最终设计分享给 Microsoft 或第三方。另外，Visual Studio 2005 专业版也被包含在 Windows CE 6.0 的开发工具中，而 Platform Builder 成为 Visual Studio 2005 专业版的外挂程序，协助设计人员完成从嵌入式操作系统定制化到应用程序开发等所有工作，缩短产品开发时间。

3. Windows Mobile

Windows Mobile 系列嵌入式操作系统源自著名的 Windows 系统，支持该系列操作系统的掌上电脑不仅界面上令人感到熟悉，而且网络和多媒体功能十分丰富，大多具备数码影音播放、Internet、数码摄像等功能。支持 Windows Mobile 系列的掌上电脑大多采用 Intel 嵌入式处理器（例如 Strong ARM 系列），主频和硬件配置（如内存、储存卡容量等）比较高，因而性能比较强劲，但也因此带来了能耗高、硬件成本高等缺点。

Windows Mobile 系列操作系统包括 Pocket PC、SmartPhone 以及 Pocket PC Phone 三大平台体系。Pocket PC 适用于不具备手机功能的随身电脑，而 SmartPhone 和 Pocket PC Phone 则主要作为智能手机操作系统。

(1) Pocket PC。2000 年，Microsoft 将 Windows CE 3.0 正式改名为 Windows for Pocket PC，简称 Pocket PC。Pocket PC 集成了 Pocket Word、Pocket Excel 等常用办公软件，同时在娱乐方面性能有所加强。

(2) SmartPhone。Microsoft Smartphone 是 Microsoft 基于 Windows CE 内核开发的、适用于智能手机的一种嵌入式操作系统。与使用触控笔进行操作的智能手机不同，基于 SmartPhone 的智能手机通常只需使用手机键盘就能完成各种操作。

(3) Pocket PC Phone。2002 年，为了迎合智能手机市场的需要，Microsoft 推出了专为手机而优化的 Pocket PC 2002 Phone Edition 操作系统，又称为 Pocket PC 2002 手机版。Microsoft 将基于该平台的产品统称为 WDA（无线数字助理），国内将此类产品统称为“智能手机”。目前市场上绝大多数基于 Microsoft 操作系统的智能手机都采用了此类操作系统，例如联想 ET180、多普达 696、Daxian CU928 等。与使用 Smartphone 的智能手机不同的是，使用 Pocket PC Phone 的智能手机主要借助触控笔来完成大部分操作。

Pocket PC 2002 Phone Edition 创建于 Pocket PC 2002 软件平台之上，其增强性功能瞄准三个主要领域：

第一个主要领域是 Pocket PC 与手机的无缝集成。例如：从通讯录一键拨号、从手机应用程序浏览和编辑 PIM 数据、SIM 卡数据转移服务。

第二个主要领域是实现良好的手机功能。Pocket PC 2002 Phone Edition 包含直观的拨号器、通话日志、来电通知、呼叫者 ID、快速拨号和会议呼叫等。另外，该平台还提供 SMS 与 Inbox（收件箱）的集成以及 WAV 格式的个性化铃声。

第三个主要领域是该平台的连接功能，包括支持多个 WAN（广域网）和 Wi-Fi，并为管理这些连接提供方法。与服务器同步技术和远程台式机同步操作配合使用，Pocket PC 2002 Phone Edition 软件让用户可以无线连接和同步个人及企业信息。

4. Symbian

1998 年，爱立信、诺基亚、摩托罗拉、三菱、Psion 在英国伦敦共同投资成立 Symbian公司，旨在设计开发可以在手机及其他移动通信终端产品上运行的开放性操作系统。目前，智能手机市场中超过80%的生产商都已成为Symbian公司产品的授权使用者。

Symbian OS采用了EPOC这种最初由Psion开发的软件架构。EPOC原本是一套专为手机设计的开放式32位嵌入式操作系统，其应用软件包括通信、数据管理、办公软件、工具和游戏等。Symbian OS很像是Windows和Linux的结合体，具有功耗低、内存占用少等特点，非常适合手机等移动设备使用，经过不断完善，可以支持GPRS、蓝牙、SyncML以及3G技术。Symbian OS将操作系统的内核与图形用户界面技术分开，这样能很好地适应不同输入方式的平台，也便于手机厂商为自己的产品制作更友好的操作界面。Symbian OS在开发方式上支持C++、Java、VB和J2ME等。

Symbian OS又被分为Pearl（珍珠）、Quartz（石英）和Crystal（水晶）三个产品系列，分别适用于智能手机、笔式输入通讯器和键盘输入通讯器。每种系列都采用Symbian核心平台80%的代码，不同系列之间的区别主要在于用户接口部分。

5. 嵌入式Linux

Linux是一种支持多种硬件平台的类Unix操作系统。自1991年问世以来，Linux以其独特的自由、免费和开放源代码的形式令世人耳目一新。如今，Linux已渗透到了几乎所有与IT产业相关的领域，并且由于Linux具备稳定、高效、易定制、易裁剪、硬件支持广泛等特点，使得其在嵌入式领域迅速崛起。

首先，Linux是开放源码的，不存在黑箱技术，遍布全球的众多Linux爱好者是Linux开发的强大技术后盾；其次，Linux的内核小、功能强大、运行稳定、系统健壮、效率高；第三，Linux易于定制剪裁，在价格上极具竞争力；第四，Linux不仅支持x86 CUP，还可以支持其他数十种CPU芯片；第五，大量不断增加的开发工具为嵌入式系统的开发提供了良好的环境；第六，Linux沿用了Unix的发展方式，遵循国际标准，可以方便地获得众多第三方软硬件厂商的支持；最后，Linux内核结构在网络方面非常完整，它提供了对以太网、无线网络、卫星等多种联网方式的全面支持。在图像处理、文件管理及多任务支持等诸多方面，Linux的表现都非常出色。因此，Linux不仅能够胜任嵌入式的操作系统，同时也可以充当嵌入式系统的开发平台。

8.4　掌上电脑日常维护

与PC相比，掌上电脑是相当结实和可靠的，不仅结构很紧凑，而且为便于携带又做了很多防护设计，正常情况下它应该能提供长期无故障服务。不过，掌上电脑毕竟是一个比较精密的数码设备，必须注意保养才能让它保持良好的工作状态。

8.4.1　掌上电脑的硬件维护

掌上电脑的保养维护方式与袖珍计算器等其他小型电子仪器相似。

1. 清洁、保护屏幕

触控屏是掌上电脑最主要的工作区域、也是比较贵重的部件。用手触摸屏幕可能会在上面留下油渍，尖锐的物品划过屏幕会留下基本不能消除的划痕，这些都会严重影响使用者看清屏幕上的内容。对于这些问题可以采用在触控屏表面粘贴保护膜的办法来防止。保护膜分为毛面和光面的两种：一般毛面的比较耐磨，但是清晰度不高，彩色机种不宜选用；光面的透光性较好（就是清晰度高），但是耐磨性较差。

在使用保护膜以前一定要先清洁屏幕，同时要避免将清洁剂直接喷洒在屏幕上。应先将少量镜头清洁剂喷洒在软布上，再用软布或棉球轻拭屏幕。另外，在清洁屏幕时，应确保掌上电脑已关闭。

也可以剪一小块汽车前挡玻璃防爆膜充当触控屏保护膜，不仅透光性好，而且耐磨，价格也非常便宜。

2. 防止意外跌落、碰撞

触控屏不仅需要保持清洁，更需要防止碰撞。由于意外跌落、碰撞导致触控屏破裂的情况占掌上电脑故障的绝大部分。更不幸的是所有掌上电脑生产商都不提供触控屏破裂的保修，而且更换一个触控屏的费用大约是掌上电脑价格的 1/2 到 1/3。

为避免意外跌落、碰撞对掌上电脑造成的损伤，建议为掌上电脑配置一个合适的皮套。另外，部分掌上电脑配有一个保护触控屏的硬盖，在没有合适皮套的情况下一定要使用这个硬盖。再有，不要将掌上电脑放在后裤袋中，以防坐下时压碎触控屏。

3. 避免干扰

掌上电脑作为一种电子设备，其显示效果（特别是彩色的）有可能会因其他电子设备的辐射干扰而受到影响。如果出现因太靠近其他电子设备而显示效果不正常的情况时，应远离或关闭该设备，以排除电磁辐射干扰，使显示屏恢复正常。另外，由于掌上电脑自身在使用的时候也会有一定的电磁辐射，请注意不要在一些敏感的场合使用。

4. 保证正常温度、湿度环境

大多数掌上电脑被设计为在 0～40℃的温度环境下运行，因此切勿使掌上电脑暴露在直射阳光下或将其放在温度会变得很高的地方，如汽车的前窗附近（在夏季正午太阳直射的情况下，汽车前窗附近的温度高达 60～70℃）。同时，掌上电脑也不要放在温度太低的地方。

掌上电脑并不防水，因此不要暴露在雨水或雾气中。另外，当从温度高的地方迅速转移到温度低的地方时，掌上电脑很可能会出现“结露”现象，此时掌上电脑内部和外部都会出现微小的水珠。在这种情形下尽量不要打开掌上电脑，否则很容易损坏，应等待这些水分挥发掉以后再开机。

5. 在没有外接电源的情况下，尽量节省掌上电脑的电力消耗

一般情况下，掌上电脑的电池大概可提供 10 小时左右的持续工作时间。不过在打开背光、听音乐或者看小电影的时候，掌上电脑的电力消耗会急剧增长。所以为了

保证掌上电脑在必要的时候能正常使用，在没有外接电源的情况下，应该尽量减少甚至完全关闭背光、不听音乐或者不看小电影，以节省电池的能量。

大部分掌上电脑都采用了可充电锂电池作为电源，为了延长锂电池的寿命，建议在有条件的时候随时用随时充电，不要等完全没电时再充电。

8.4.2 掌上电脑的软件维护

掌上电脑的软件维护同硬件维护同样重要。软件维护的目的有两方面，一是优化掌上电脑的内存，二是保护机内的重要数据。

1. 优化掌上电脑的内存

掌上电脑的内存一般都很小，而且这些内存空间都是复用的，它们不仅要用来存储文件，还必须从中划出一部分作为程序运行之用。虽然可以通过添加扩展卡来扩充掌上电脑的存储空间，但这样又增加了电源损耗和金钱支出。

所以如何妥善使用和设置内存，是用好掌上电脑的重要前提。一般情况下，不要让存储内存(不包括扩展卡上的存储空间)超过内存空间(不包括扩展卡上的存储空间)的 2/3，这一点对于使用 Pocket PC 的用户来说更为重要。对于使用 Palm 的用户来说，可以采用相应的 Flash ROM 刷新工具，将一些必须使用的软件刷写到 Flash ROM 里面，以节省宝贵的内存空间。

2. 经常与 PC 进行数据同步

掌上电脑一定要经常和 PC 进行同步备份，以免掌上电脑意外丢失或损坏的时候后悔不迭。对于 Palm 来说，这一过程被称为“热同步”(Hot sync)；而对于 Pocket PC 来说，这一过程被称为“动态同步”(ActiveSync)。二者的意思是一样的。

3. 保护个人数据信息

掌上电脑作为私人的随身数码设备，其中必然存储了一些私人的信息，为了防止意外丢失造成的资料泄露，可以为掌上电脑设置一个密码，或者使用第三方的加密软件把重要信息保护起来。

第 9 章　数码相机

数码相机(DC,Digital Camera)又称数字式相机,是一种集光、机、电技术于一体的现代高科技产品。数码相机的外观、部分功能和操作方式均与传统的 35mm 相机类似,其技术优势在于用电子感光器件替代了传统的感光胶卷,实现了图像信息数字化。

9.1　数码相机结构与功能特点

9.1.1　数码相机物理部件

大部分数码相机都包括这些部件:快门、镜头、取景器、闪光灯、光电模数转换装置、图像传感器、红外收发器、电源交直流整流器、自拍定时器、状态显示器、菜单程序装置、液晶显示屏(LCD)、变焦装置、电池仓、存储卡槽等。

1. 感光成像器件(图像传感器)

数码相机的成像系统由镜头、光圈、快门和感光成像器件四个部件组成,其中核心部件是感光成像器件。感光成像器件是一个感应光线的电路装置,又称图像传感器,由许多个小型光电二极管组成,通常采用 CCD(电荷耦合组件)或 CMOS(互补金属氧化物半导体)等具有高感光度的半导体材料制成,其外观如图 9.1 所示。感光成像器件就像传统相机中的底片一样,可以将它想象成一颗颗微小的感光粒子,铺满在光学镜头后方,当图像光线从镜头透过、投射到感光成像器件表面时,感光成像器件可将光线作用的强度转化为电荷的积累并形成电流,再通过模/数转换芯片转换成数字信号,数字信号经过压缩后以图像文件的形式保存到内置或外置的存储介质上。

2. 色彩滤镜

由于 CCD(或 CMOS)本身不会分辨颜色,所以在实际应用时需要使用色彩滤镜,一般就是在 CCD 器件的滤镜层涂上不同的颜色。较常见的 G-R-G-B 型原色 CCD 色彩滤镜的结构如图 9.2 所示,滤镜上不同的色块按 G-R-G-B(绿-红-绿-蓝)的顺序像马赛克一样排列,每一片“马赛克”下的像素感应不同的颜色。当光从红、绿、蓝滤镜中穿过时,就可以得到每种色光的反应值,可以简单地理解为 4 个感光单元的中心点构成一个“像素点”。这种方法虽然巧妙地解决了彩色信号的记录问题,但缺点也十分明显。首先,由于每个像素的色值是由几个相邻的感光单元计算出来的,必然降低了图像的分辨率和锐度,并且由于形成一个像素的感光点并不是物理上完全同位的点(有一定的位移），因而会带来一些误差。如果相邻的两个区域的色彩、亮度等是相同的或连续变化的还能正确还原，如果差别很大，计算时就会产生很大的误差，分界点不知道该归到哪边去，只能取近似值，因此数码摄影在表现繁杂的色点和交错的线条时显得能力较弱。

图 9.1　感光成像器件

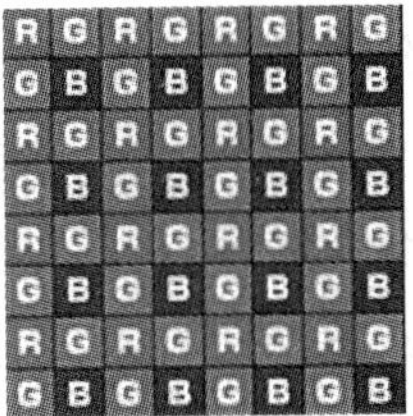

图 9.2　原色 CCD 色彩滤镜工作原理

3. 镜　头

镜头质量的高低直接影响影像质量，因此，高端数码相机通常选用莱卡、佳能、尼康、美能达等著名厂商出品的镜头。镜头不仅是光源进入相机的通道，而且还具有调整焦距的作用，它把光线会聚到 CCD 或 CMOS 图像传感器上。在定焦数码相机中，镜头、物体和对焦平面间的理想距离被精确计算，镜头和光圈的位置是固定的；在变焦数码相机中，镜头内有一个可以带动镜头组前后运动的机械装置，一直让镜头保持在对焦平面中央。

数码相机的镜头通常由多片镜片组成，在实际说明时通常被描述为“X 片 X 组”。数码相机的镜头材质主要有玻璃和塑料两种。虽然全玻璃镜片投射图像最清晰，但玻璃材质比较重，会影响相机整体的重量。

4. 光　圈

光圈是镜头中间的一组金属叶片，被排列成一个可以调节的圆形或接近圆形的限制入射光束的小孔。光圈的作用有两种：一是帮助相机获得正确投影；二是缩小或放大光圈可以调节镜头通光量，以控制感光材料的曝光量。光圈大小会对通光量、景深、清晰度、镜头眩光和反差等造成影响。

光圈和快门的关系较为紧密，图像拍摄最原始的质量来自于曝光的控制，而曝光量则受到光圈与快门的双重影响。

5. 快　门

快门是用于控制曝光时间长短的装置。数码相机的快门包括 CCD 电子快门与机械快门，而机械快门又分为帘幕式快门、钢片快门以及镜间叶片式快门三种。

① 帘幕式快门速度较慢，又分为纵走式帘幕快门、横走式帘幕快门等。

② 钢片快门的速度较快，高品质的钢片快门最高速度达到 1/12 000 秒以上。

③ 镜间叶片式快门由一系列薄钢叶片组成，放置在镜头的单元之间，最高速度超过 1/500 秒。快门释放按钮触发一根弹簧使叶片在曝光期间开启，然后闭合。镜间叶

片式快门的最大优点是拍摄时产生的噪音极低,并可以实现全速度范围内同步闪光。

6. A/D 转换器

A/D 转换器将 CCD 产生的模拟信号转换为数字信号,并传输到数字信号处理器中。

7. 数字信号处理器

数字信号处理器通过一系列复杂的数学运算,如加、减、乘、除、积分等,对数字图像信号进行优化处理,包括白平衡、彩色平衡、伽玛校正与边缘校正等。

8. 取景器

拍摄者通过取景器来决定被摄对象。数码相机中的取景器包括光学取景器与电子取景器等多种形式。

9. 液晶显示屏(LCD)

液晶显示屏用于拍摄时的取景、回放及相机参数设置,大多数数码相机都配有高质量的彩色 TFT LCD。TFT LCD 包括反射和透射两种:反射式依靠正面的环境光工作,从不同角度观察差别较大,显示较暗,但省电、造价低;透射式依靠 LCD 背后的灯光工作,角度变化小,显示明亮,但比较耗电且成本高。

10. 内置和外置闪光灯

闪光灯用于在室内或低光环境下的拍摄照明。和普通的电灯相比,闪光灯的特点在于:发光强度大,能够提供足够的亮度;发光持续时间短(通常只有几百或几千分之一秒);色温约为 5500K 左右,与标准日光的色温差不多;发光的性质为冷光等等。

数码相机的闪光灯主要有内置式和外置式两种。内置闪光灯的优点是轻巧方便,缺点是功率不够,而且无法调整闪光角度。外置闪光灯不是数码相机的标准配件,一般需要另行选购,使用时利用各种方式与相机连接控制同步,连接方式包括控制线、无线电波、直接插入相机的“热靴”(Hot Shoe)等等。外置闪光灯功能强大、种类繁多,适合各种场合和效果,但使用相对麻烦,携带不便。外置闪光灯及“热靴”的外观如图 9.3 所示。

图 9.3 外置闪光灯和“热靴”

11. 数据传输接口

数码相机拍摄的图像最终需要传送到电脑中进行保存或进行后期处理，因此数码相机都配有相应的数据传输接口，如串口、并口、SCSI、红外端口(IrDA)、蓝牙、USB、IEEE 1394等。

12. 存储介质

数码相机的存储介质分为内置与外置两种。内置的存储介质通常是将闪存芯片固化在相机中，容量一般比较小，但其优点是开机就能用。外置的存储介质则需通过相应的存储卡插槽来转接，目前数码相机可用的卡式存储器大约有近10种，不同品牌的数码相机对存储卡类型的支持也有所不同。

在工作原理上，数码相机遵循DCIM标准，其存储介质均采用与电脑硬盘相同的分区格式和文件格式。

13. 电　源

数码相机常用的电池类型有可充电锂离子电池、可充电镍氢电池、AA型干电池等。大多数数码相机采用专用锂电池，相当一部分数码相机能支持多种规格的电池。

9.1.2 数码相机基本工作原理

当数码相机对准被摄景物后半按快门，此时从镜头传来的光线经过光电转换器转换为对应的模拟信号，再经A/D模数转换器把模拟信号变成数字信号，最后经过图像处理器(DSP)和主控程序芯片(MCU)，将图像以二进制的形式显示在LCD上。完全按下相机快门后，数码相机按照预定的图像文件格式把影像保存在存储器中。

具体工作步骤为：

(1) 准备状态：当打开数码相机电源时，主控程序开始检测各部件是否正常。如有异常，相机会停止工作，并在LCD上提示错误信息或通过蜂鸣器发出告警声；如一切正常，相机进入准备状态。

(2) 对焦及测光：数码相机一般都有自动对焦和测光功能。打开电源后，相机内部的主控程序芯片(MCU)立即进行测光运算，并做好曝光控制、闪光控制及拍摄逻辑控制准备。当相机对准物体并把快门按下一半时，MCU开始工作，图像信号经过镜头测光(TTL测光方式)传到CCD或CMOS上并直接以CCD或CMOS输出的电压信号作为对焦信号，经过MCU的运算、比较再进行计算、确定对焦的距离和快门速度及光圈的大小，驱动镜头组的AF(自动对焦)和AE(自动曝光)装置进行对焦。

(3) 图像捕捉：在对焦及测光完成后，完全按下相机快门，成像器件(CCD或CMOS)就会捕捉从被摄景物上反射的光，并以红、绿、蓝三种像素(颜色)存储。

(4) 图像处理：把捕捉到的图像进行A/D转换、图像处理、白平衡处理、色彩较正等，然后在存储区合成为一幅完整的数字图像，再经过DSP单元对图像按照设定的格式(如JPEG格式)进行压缩转换，以节省空间。

(5) 图像存储：把图像处理单元压缩的图像送到存储器中进行保存。

(6) 图像输出:用连接线或专用读卡器,将数码相机或存储卡与电脑端口(USB等)连接在一起,将数码照片输出到电脑中保存,并用图像处理软件对照片进行美化处理。

9.1.3 数码相机主要术语解释

1. CCD 和 CMOS

目前数码相机的感光器件主要采用两大类光敏组件:CCD 和 CMOS。

CMOS(Complementary Metal-Oxide-Semiconductor Transistor,互补金属氧化物半导体)感光器件的优点是成本低、耗电小,电力消耗仅为 CCD 传感器的 1/10,并且附加线路比较简单,采用 CMOS 感光器件的数码相机尺寸可以缩至拇指大小。不过,超过 300 万像素的 CMOS 数码相机在清晰度和拍摄速度上还有些问题,需要通过技术手段加以解决。许多低档的数码相机常采用 CMOS 芯片,但也有些比较专业的数码相机使用 CMOS 感光成像器件,例如著名的佳能 EOS 系列。

CCD(Charge Coupled Device,电荷耦合器件)感光器件虽然功耗大、生产成本高,但在相同像素分辨率下比 CMOS 产生的图像质量要好,目前绝大多数数码相机都采用 CCD 感光器件。CCD 感光器件按照排列方式不同又分为阵列 CCD 和扫描线性 CCD 两类。阵列 CCD 数码相机的 CCD 芯片具有拍摄速度快的优点,能拍摄活动景物和适应有闪光灯的环境;扫描线性 CCD 数码相机中使用的 CCD 芯片分辨率极高,但由于存在扫描过程,分辨率越高则需要的曝光时间越长,导致这类数码相机无法拍摄活动景物,也不能进行闪光拍摄。

CCD 的尺寸通常有 1/3.2 英寸、1/2.5 英寸、1/1.8 英寸、1/1.76 英寸等多种规格。从实际拍摄效果来看,一般使用小尺寸 CCD 芯片的数码相机图像质量相对较好,这是从 CCD 芯片制造工艺来考虑,芯片面积越小,集成度越高,而集成度高的 CCD 在原料及工艺上一般更优秀一些。

2. 总像素与有效像素

CCD 是由许多小的光电二极管构成的固态电子器件,每个光电二极管对应一个成像像素。因此,在单一尺寸上的 CCD 像素数目越多,收集到的图像就会越清晰。所以,CCD 上器件的数目是判别数码相机等级的重要标准之一。

实际拍摄时,CCD 感光器件的边缘由于受边缘光的影响,一般会出现一定的偏色和眩晕,为了保证影像质量,数码相机会自动切除边缘像素以去除眩晕和偏色,并且边缘切除越多越好。这就导致了数码相机 CCD 像素数目的标称值和实际有效值之间的差异,即所谓的总像素与有效像素。

3. 数码相机的"ISO 感光度"

所谓"感光度",是指感光材料在一定的曝光、显影、测试条件下对于辐射能感应程度的定量标志。在传统相机中,感光度是衡量胶卷品质的一个重要指标,通常用 ISO 值表示。这个数值越大,胶卷对光线的敏感程度就越高,也就越适合在弱光条件下进行拍摄。例如 ISO 100 的胶卷最适合在阳光灿烂的户外进行拍摄,而 ISO 400 的胶卷则可以在室内或清晨、黄昏等光线较弱的环境中拍摄。不过，感光度越高，底片的颗粒也就越粗，放大后的效果较差。

数码相机不使用胶卷，而是采用CCD等感光组件来接受光线信号。CCD组件对光线的敏感程度，也决定了图像曝光时间的长短，相当于传统胶片具有一定的感光度。另外，数码相机还能够通过改变感光芯片内的信号放大器的放大倍数来改变感光度。因此，数码相机厂家为了方便使用者理解，一般将数码相机的CCD感光度(或对光线的灵敏度)等效转换为传统胶卷的感光度值，这就是所谓的"相当感光度"。

目前的数码相机中，相当感光度最低的有ISO 50、最高有ISO 6400，大多数数码相机可提供ISO 100/200/400的相当感光度。在实际摄影时，选择不同的感光度对拍摄效果有明显的影响。例如，一般阴天环境可选用ISO 200，而对于舞台、演唱会等较黑暗的环境可选用ISO 400或更高，在博物馆里面可以调高ISO数值以便在不开启闪光灯的情况下进行拍摄(博物馆一般都禁止进行闪光灯拍摄)。

数码相机的ISO感光度设置对最终照片的效果有很大的影响。根据ISO感光度的设置或调节方式的不同，目前市场上的数码相机可分为如下三种不同的类型：

- 只有固定ISO设置。用户不能改变设置。
- 根据光线自动调节ISO，用户无法手动调节。
- 既可以自动调节ISO，也允许用户自己手动调节。

4. 什么是"焦距等同于传统35mm相机"

传统相机的焦距是指镜头中心点到感光胶卷之间的距离，而数码相机的焦距是指镜头中心点到图像传感器之间的距离。因此，数码相机标称的焦距值比传统相机要小很多。

焦距在数码相机的技术规格上一般会标示为F值(代表最大光圈)和f值(代表焦距长度)。对于相同的成像面积，镜头焦距越短视角就越大；而对于同样焦距的镜头而言，成像面积越小，镜头的视角也越小。传统35mm相机的成像面积等于135胶卷的感光面积(标准的36×24mm)，而数码相机使用CCD传感器代替了传统相机中胶卷的位置，它的面积却有好几种规格，从高档专业相机的18.4×27.6mm到普通数码相机的2/3、1/2、1/3甚至1/4英寸各不相同。也就是说，同样的镜头，在有的数码相机上是广角效果，但在别的数码相机上可能就变成了标准镜头。

综上所述，单纯依靠实际焦距值来区分数码相机镜头的视角很不方便，所以数码相机厂家通常都会提供一个容易比较的相对值，即标出与数码相机镜头视角相同的35mm相机镜头焦距，这样的对应焦距值就容易理解了。焦距长度通常包括相机本身的设计值，以及它等同于普通35mm相机的焦距值。例如$f=8\sim24$，就等同于35mm的135相机的38～115mm。一般的，35mm规格的标准镜头是28～70mm，若超过70mm以上表示镜头具有望远功能，低于28mm以下则有广角效果。

通常在数码相机的资料或说明书中提到的焦距都是等效于传统相机的焦距，例如"焦距相当于传统35mm相机35～104mm"。

5. 光学变焦与数字变焦(Digital Zoom)

光学变焦是依靠光学镜头的结构变化来实现变焦,通常是通过镜片的移动来放大与缩小需要拍摄的景物,从而实现望远或广角模式的拍摄。光学变焦倍数越大,能拍摄的景物就越远。一般数码相机的光学变焦大多为 3 倍,专业级数码相机通常有 5 倍以上的光学变焦能力,一些发烧级数码相机甚至有 10 倍以上的光学变焦。大多数消费级的数码相机光学变焦范围非常有限,可通过安装附加的长焦或广角镜头来解决。

数字变焦其实就是对图像进行电子放大,把原来 CCD 图像传感器上的一部分像素使用"插值"处理手段进行放大,使之扩大到整个画面。虽然数字变焦能够放大被拍摄的景物,但同时也会降低影像的清晰度,因此一般在拍摄的时候最好不使用数字变焦功能。

6. 自动对焦(AF,Auto Focus)与手动对焦(MF,Manual Focus)

所谓"对焦",是指调节相机镜头的焦点、使距离相机一定距离的景物清晰成像的过程。大多数数码相机都提供了自动/手动对焦方式,并且对焦的速度也是衡量数码相机性能的一个重要指标。

带有自动对焦功能的相机能够根据被摄体距镜头的距离自动地调节焦点。自动对焦根据控制原理分为主动式和被动式两种。主动式自动对焦通过相机发射红外线,根据反射回来的射线信号确定被摄体的距离,再自动调节镜头实现自动对焦。这是早期开发的自动对焦方式,比较容易实现,反应速度快,成本低,多用于中挡数码相机。不过这种方式精确度有限,容易产生误对焦,当被摄体前有玻璃等反射体时,相机不能正确分辨。被动式自动对焦是通过分析物体的成像来判断是否已经对焦,比较精确,但技术复杂,成本高,而且在低照度条件下难以准确对焦,多用于高挡专业相机。另外,还有一些新款数码相机上应用了全息自动对焦技术,采用先进的激光全息摄影技术,利用激光点检测拍摄主体的边缘,即使在黑暗的环境中也能准确对焦,有效拍摄距离达 4.5m 以上。

大多数自动对焦相机都具备一种叫做对焦锁(Focus Lock)的功能。这种功能可以确切地指出哪个是用户想让相机清楚对焦的对象,不管这个对象在画面的什么位置上。通常先把取景框的中心对准该对象,按下一半快门按钮把焦点锁定,然后移动取景框重新构图并拍摄相片。

中档以上的数码相机通常允许摄影者设置距相机特定距离的焦点,这一功能称为手动对焦。有时候这个特性非常有用,因为当拍摄一个复杂场景的时候,自动对焦装置并不一定总能很好地对焦。例如,如果要拍一个笼子里的老虎,自动对焦往往会把焦点锁定在笼子上而不是在老虎上。

还有很多数码相机将手动对焦功能进一步具体化。例如"宏模式"用于特别近距离的拍摄,"肖像模式"用于拍摄距相机十几英尺远的物体,"风景模式"则用于拍摄远距离的物体。

7. 景 深

在对焦过程中，景物所在的点称为对焦点，对焦点前(靠近相机)、后一定距离内的景物都是可以清晰成像的，这个前后范围的总和称为景深，焦点之后的能清晰成像的距离称为超焦距。换句话说，只要在景深范围之内的景物，实际上都能清楚地拍摄到。

傻瓜相机利用短焦镜头在一定距离之后的景物都能比较清晰成像的特点，省去了对焦功能。所以，一般低档的傻瓜相机并不能自动对焦，只是利用了超焦距而已。

用数码相机拍摄照片时，使用不同光圈和焦距的组合可以控制景深大小。在焦距不变的情况下，光圈越大，景深越浅，反之光圈越小，景深越深；当焦距可变时，焦距越长，景深越浅，反之焦距越短，景深越深。

景深与对焦点、相机之间的距离也有关，距离越近，景深越短，距离越远，景深越长。例如在同样的焦距、光圈的情况下，拍摄对象在10米时的景深要远远大于拍摄对象在2米时的景深。在拍照时，可以根据拍摄的要求，合理调整景深的大小。例如要虚化背景，可以把景深调浅，使背景处于景深之外，此时拍摄的照片，主体清晰，而背景模糊。

8. 测光方式

测光是数码相机计算场景光线的一种方法，目的是得出拍照所需的曝光数据。目前几乎所有的数码相机都采用TTL(Through The Lens)自动测光(Auto Exposure)系统经过镜头来测光。通过镜头测光的好处是物体的光线可以直接反射，光线经过镜头投射在CCD上，CCD将光信号传送给数码相机的处理器作分析，处理器根据被摄物的反射率(如银是96%，绘图白纸75%，人脸是16%～20%，纯黑是3%等)调整应有的曝光值。专业摄影人士会利用灰阶卡、测光器等实际核对应有的曝光值。

目前常用的几种测光方式包括：

(1) 矩阵测光(多区评价测光)。这种测光方式把取景区划分成若干小格(矩阵)，并分析每个小格中多个不同点的光线，然后计算出拍摄场景中亮暗部分的最佳综合曝光数据。许多数码相机都将这种测光方式作为标准的缺省设置，在多数情况下它都能拍摄出较好的影像。

(2) 中央重点测光(中心加权测光)。这种测光方式可测量整个景区的光线，但是比较重视景区中心部分的光线。如果希望拍摄相对景区边沿部分的物体，同时更加重视景区中心部分，应该使用这种测光方法。

(3) 点测光。这种测光方式只测量场景中心区域的光线。当背景的亮度比被摄物体的亮度高时采用这种方式最有效，比如逆光时的情况。此时若使用矩阵测光或中央重点测光，拍摄出的物体可能曝光过度，因为相机因背景的亮度而减少了曝光系数。

9. 取景方式

数码相机常用的取景方式有普通光学取景、TTL单反式取景、EVF电子取景、LCD取景等方式。大多数数码相机均提供包括LCD取景方式在内的两种取景方式，如普通光学取景与LCD取景。

(1) 普通光学取景(旁轴式光学平视取景)。旁轴式光学平视取景方式历史悠久,其优点是结构简单、生产成本很低、视野明亮、不影响拍摄过程,但其缺点是取景误差大,一般说来,旁轴式光学平视取景器所能看到的影像约占实际拍摄影像的85%。因为取景和拍摄是两套相互独立(尽管可以联动)的光学系统,拍摄者所看到的并不一定就是将要拍摄到的,尤其在近距离拍摄时,差别很明显,微距拍摄时平视取景根本不能用。但在远距离拍摄时,这种误差并不是特别明显。

(2) TTL单反式取景(单镜头反光式取景)。TTL单反式取景是专业相机必备的取景方式,是一种真正没有误差的光学取景方式。这种取景器的取景范围可达实拍画面的95%。不过,单反式取景的光学结构比较复杂,生产成本高,另外,单反式取景当镜头过小时取景器会很暗,影响手动对焦。

(3) 电子取景(EVF)。电子取景的视野率比光学取景器大得多,例如索尼DSC-F707的EVF视野率就达到了99%。电子取景器不仅价格较便宜,使用时也很省电,而且能在任何环境光线下采用。电子取景的缺点是取景器中的画面视角和色彩效果与最终影像会有一定的差异。

(4) LCD取景。LCD取景利用数码相机的液晶显示屏进行取景,非常直观,视角也比较方便。但LCD取景方式的效果受LCD大小及质量的影响,并且非常耗电,要占用整部相机1/3以上的耗电量。另外,使用LCD取景时通常需要双手前伸,使相机与眼睛保持一定距离,此时相机无法获得稳定的三角支撑,用低速快门很难拍出稳定清晰的相片,为专业摄影之大忌。

10. 快门速度与光圈范围

快门速度直接影响到拍摄动态图像时的效果,而光圈范围会影响到拍摄图像的景深。由于目前普通的商用及家用数码相机都支持全自动拍摄,使得人们只关心如何选择拍摄景物,而不太注意相机自动控制的光圈及快门速度。但在实际选用数码相机时,最好能够对比一下各种数码相机的光圈范围及快门速度,因为光圈和快门配合将控制数码相机的光线摄入量的总体范围值。

(1) 快门速度。快门速度即快门开启的时间,也就是指光线扫过感光器件的时间(曝光时间)。例如,“1/30”是指曝光时间为1/30秒,“1/60”是指曝光时间为1/60秒。

高速快门(例如1/2000秒)适合进行瞬间或快速的拍摄,低速快门适合拍摄夜景(16秒)等场合。因此,数码相机说明书中通常会给出一个快门速度的范围,这个范围越大越好。例如,30秒～1/16000秒的快门速度范围就足以说明这台相机的性能十分优良。普通数码相机的快门大多在1/1000秒之内。

(2) 快门时滞(快门延迟)。快门时滞是指当相机按下快门时,相机自动对焦、测光、计算曝光量、选择合适曝光组合以及进行数据计算和存储处理等所需要的时间。虽然快门时滞与最终的影像质量没有直接的关系,但快门时滞越短,数码相机操作起来就越方便。

(3) 光圈范围、最大光圈。再好的镜头如果没有好的光圈也不会有理想的效果。影像拍摄最原始的质量来自于曝光的控制,而曝光量则受到光圈与快门的双重影响。

传统相机的镜头上都标有光圈值 F，如 F1.4、F2、F2.8、F4、F5.6、F8、F11、F16、F22 等等。F 值是将镜头的焦距距离与光圈的口径（孔的大小）相除而得的数字，因此 F 值越大，光圈的口径也就越小。

光圈范围和最大光圈值都是十分重要的参数，并且后者更能体现数码相机的性能。因小光圈实现起来容易，而大光圈特别是比较恒定的大光圈实现起来需要一定的技术水平。例如“F2.5－F4.8”这个参数就表明了该数码相机在广角及望远时的最大光圈值。最大光圈值数值越小，光圈就越大。光圈大除了比较容易使用较快的快门外，同时也比较容易制造景深效果。光圈越大则景深越浅，越能突出主体的效果。大多数廉价数码相机的共同缺点就是光圈比较小，很多都在 F5 以下，在光线不足的情况下很难拍出好的照片。

从实际拍摄的效果来说，大光圈与小光圈则各有其妙用。当镜头的焦距和物体的被拍摄距离都维持不变时，光圈越大则景深越短，正确对焦到的主体显得生动而清晰，而景深外的景物因显得模糊不清而极其朦胧美。这种朦胧美和因相机震动而导致的模糊不一样，富有优雅而柔和的光彩，具有衬托主体的特色。人像摄影通常都比较适合运用大光圈。另外，由于运用大光圈时有更多的进光量，因此也可以借此提高快门速度，防止相机的震动，使影像更加锐利而明晰。大光圈的镜头历来是专业摄影必备的装备。

当光圈较小时，景深的范围就越大，对于景物的描绘就更加真实，画质也比大光圈更加清晰明锐，且因为景深的范围广，焦点涵盖的面积更大，因此有泛焦点的效果，即前、背景的事物都一一表现出来。另外，在对焦困难的环境中（例如高速移动的物体或是昏暗的光源下），泛焦点可以避免因为对焦的失误而造成的主题失焦模糊，此外，小光圈能使镜头的接像不良或透光不匀的像差等减低，获得高画质的作品，还有小光圈可以拉低快门速度，可由慢速快门制造流动感。

11. 曝光模式

曝光是指通过调节光圈大小与快门速度使 CCD 感光器件感光的过程。从曝光控制的过程上来看，数码相机常用的曝光模式可分为手动曝光、程序自动曝光、光圈优先、快门优先、混合优先、场景模式等。

(1) 手动曝光。手动曝光多见于较专业的数码相机中。这种曝光模式需要摄影者每次拍摄时手工调节光圈大小和快门速度，如果摄影者经验丰富的话，可以拍出效果非常出色的照片。

(2) 程序自动曝光（程序 AE）。程序式自动曝光是电子技术与人工智能相结合的产物，采用这种方式曝光时，相机上的传感器可根据景物反射回来的光线强度算出合适的曝光量，自动设置光圈值和快门速度，选择合适的曝光组合。所有的数码相机都支持程序 AE。

(3) 光圈优先。光圈优先是指由拍摄者人为选择拍摄时的光圈大小，然后由数码相机根据景物亮度、CCD 感光度以及人为选择的光圈等信息，自动选择合适曝光所要求的快门时间。这种曝光模式主要用在需优先考虑景深的拍摄场合，如拍摄风景、肖像或微距摄影等。

(4) 快门优先。快门优先是指由拍摄者人为确定好快门速度,然后由数码相机根据测光信息、CCD感光度和人为设定的快门速度等信息,自动选择正确曝光所需要的光圈大小。这种曝光模式比较适合于拍摄运动物体。

(5) 混合优先。混合优先弥补了光圈优先或快门优先的不足。这种曝光模式先由摄影者确定光圈及快门的范围,然后再由相机确定曝光组合。

(6) 深度优先。深度优先是一种比较新颖的曝光模式。在这种模式下,先由摄影者设定好被摄物的景深,然后由相机自动给出适当的曝光量。

(7) 场景模式。所谓场景模式,是指数码相机制造商根据一些常见场景的光线条件,预设的几组比较合理的曝光参数,让相机按照预先编定好的控制程序进行曝光。拍摄者只需根据实际情况选择相应的场景模式,即可拍摄出较为专业的照片来。常见的场景模式包括:夜景、风光、人像、运动、海洋等。

(8) 预闪曝光(Pre-flash Exposure)。所谓预闪曝光模式,是指在一般的拍摄或微距拍摄时,使用闪光灯预闪时所接收到的图像数据,更准确地测算出闪光强度及曝光值,令拍摄的影像获得更佳的曝光效果。

(9) 包围式曝光。包围式曝光是数码相机的一种高级功能。在这种曝光模式下,当按下快门时,相机不是拍摄一张,而是以不同的曝光组合连续拍摄多张,从而保证总能有一张符合摄影者的曝光意图。使用包围式曝光需要先设定为包围曝光模式,然后像平常一样拍摄就行了。包围式曝光一般应用于拍摄静止或慢速移动的对象,因为要连续拍摄多张,很难捕捉运动物体的最佳拍摄时机。

(10) 曝光补偿(EV)。由于大多数数码相机均都将自动曝光作为缺省的曝光模式,为了让使用者在拍摄时拥有更大的弹性,许多数码相机提供了曝光调整功能。普通数码相机均提供范围在±2EV之间的曝光补偿,少数专业数码相机可提供±3EV甚至±5EV之间的曝光补偿。在光线太强的地方,可以把EV值调成负数;反之,如果拍摄地点的灯光较暗,就可以选择提高EV值(如调整为+1EV、+2EV),以增加曝光量、突显画面的清晰度。EV值范围越大、调整值越小表示调整的弹性空间越大(例如"±3EV范围,每级1/3EV可调")。

12. 自动白平衡与手动白平衡

要了解白平衡,应先了解色温。色温用于描述不同的光源发光的色调,单位是开尔文(K)。色温是这样定义的:假设有一种黑色金属,使之处于零下273℃(绝对零度)的环境中,随着温度的升高,该黑色金属就会发出不同波长的光,由该色光所对应金属的温度再加上273就是该种光的色温。例如,将此金属加热至2500℃,该金属发出红光,这种红光的色温就是"2500+273"K,即2773K。色温越低,长波长的光(红、橙色光)的百分含量越高;色温越高,短波长的光(蓝、紫色光)的百分含量越高。通常,万里无云的蓝天的色温约为10000 K,阴天约为7000~9000 K,晴天日光直射下的色温约为6000 K,荧光灯的色温约为4500 K,100瓦钨丝灯发光的色温约为2600 K,日出或日落时的色温约为2000 K,烛光下的色温约为1000 K。

在摄影过程中，被摄物的色彩会因光线状况的不同而产生变化，并且白色物体的变化最为明显。在室内钨丝灯光下，白色物体看起来会带有橘黄色色调，在这样的光照条件下拍摄出来的景物就会偏黄；如果是在蔚蓝天空下，白色物体则会带有蓝色色调，在这样的光照条件下拍摄出来的景物会偏蓝。人类的眼睛会自动修正这种因环境光线而造成的物体色彩偏差，但数码相机的感光器件却不具备这样的功能。为了尽可能减少外来光线对被摄物体颜色造成的影响，在不同的色温条件下都能还原出被摄目标本来的色彩，这就需要数码相机进行相应的色彩校正，以还原成正确的颜色，这一过程称为白平衡（White Balance），也称为白平衡调整。

大多数数码相机都具有自动白平衡功能。在白平衡调整过程中，数码相机的CCD可根据当前的环境光线特点调整影像的红、绿、蓝三色的强度，以修正外部光线所造成的影像误差。

13. 拍摄延时

使用数码相机拍摄照片时，拍摄完第一张照片后，要隔一段时间才能拍摄第二张照片，这段时间间隔称为拍摄延时。这与传统相机不同，因为数码相机需要进行自动测光、自动对焦、曝光、图像信号处理、图像数据存储等一系列动作。不同型号的数码相机的拍摄延迟时间不等，通常为几分之一秒到几秒。

14. 闪光灯指数(GN)

闪光灯指数是反映闪光灯功率大小的指数。好的闪光灯应该输出稳定并可调、色温标准（一般为5500K左右，与日光相同）、回电速度快、可转向、可改变光照范围等。对于ISO 100感光度的胶卷或数码相机设置而言：

GN＝光圈系数×拍摄距离(m)

9.1.4 数码相机的图像存储格式

1. JPEG图像格式

图像文件扩展名为JPEG或JPG。JPEG的全称为Joint Photographic Experts Group（联合图片专家组），Mac机和Windows系统的大多数程序均支持JPEG图像格式。该格式利用一种失真式的图像压缩方式将图像压缩在很小的储存空间中，其压缩比率通常在10∶1～40∶1之间。JPEG格式的图像主要压缩高频信息，对色彩的信息保留较好，因此被普遍应用于需要连续色调的图像中。

2. TIFF图像格式

图像文件扩展名为TIFF或TIF。TIFF的全称是Tagged Image File Format（带标记的图像文件格式），它采用著名的LZW无损压缩算法，最高可以实现2～3倍的压缩比，能保持原有图像的颜色及层次，但占用存储空间较大。例如：一个200万像素的TIFF图像，差不多要占用6MB的存储容量。TIFF格式常被应用于书籍出版、海报等较专业的用途。

3. GIF 图像格式

图像文件扩展名为 GIF。GIF 的全称为 Graphics Interchange Format(图形交换格式),它是 CompuServe 公司的公告牌服务机构开发并推广的一种图像传输格式。GIF 图像格式和 TIFF 一样都使用 LZW 压缩算法,虽然在压缩过程中图像的像素数据不会丢失,但会丢失图像的色彩。GIF 格式最多只能支持 256 色,所以通常用来显示简单图形及字体。有些数码相机提供一种名为"文本模式"(Text Mode)的拍摄方式,就是将影像保存为 GIF 格式。

4. FPX 图像格式

图像文件扩展名为 FPX。FPX 的全称为 FlashPix,这是一种由柯达、惠普、Live-Pix 以及微软等公司联合开发的一种新型图像文件格式,目的在于提高图像编辑的速度,使用户能够在内存较少的电脑中也可以编辑大型图像。

FPX 是一个拥有多重分辨率的图像格式,即图像被储存成一系列高低不同的分辨率,其好处是当图像被放大时仍可保持图像的质量。另外,修改 FPX 图像时只会处理被修改的部分,而不会把整个图像一并处理,从而减低处理器的负担,使图像处理时间减少。不过,FPX 格式的图像文件占用的存储空间较大。

FPX 格式和 Photo CD 格式一样可以在同一文件中以几种不同的尺寸保存图像。不同的图像版本是按大小进行金字塔式排列,最大版本的图像放在文件的最低部。在进行图像编辑时,大多数命令都是在较小版本的图像中运行的,这样就减少了电脑编辑使用的处理时间和占用的内存空间。只有极少数编辑功能需要软件在最大版本的图像中处理。

5. RAW 图像格式

图像文件扩展名为 RAW。RAW 是一种无损压缩格式,其文件内容是未经相机处理的原始数据,文件尺寸要比 TIFF 格式略小。RAW 格式的图像上传到电脑之后,要用图像编辑软件的 Twain 界面直接导入成 TIFF 格式才能处理。

6. PNG 图像格式

图像文件扩展名为 PNG。PNG 的全称是 Portable Network Graphics(便携网络图形),是 Web Graphics 公司开发的一种较新的图像文件格式。PNG 格式和 GIF 格式相比可以不受 256 色的局限,和 JPEG 格式相比具有无损压缩的特点。PNG 格式最大的优点是可以得到高质量的图像,缺点则是文件尺寸较大。

7. Photo CD 和 Pro Photo CD 图像格式

Photo CD 是柯达公司开发的一种专门用于在 CD-ROM 上传输幻灯片和胶片负片的文件格式。图像编辑和分类程序可以打开 Photo CD 图像,但是不能以这种格式保存。Photo CD 格式可以用五种不同的分辨率保存同一图像,从 128×192 一直到 2048×3072 像素。Pro Photo CD 格式是专为需要超高图像分辨率的专业人员而设计的,可以按 4096×6144 像素分辨率保存图像。

9.2 数码相机分类及特点

关于数码相机的分类方法比较多。如果按照镜头性能来分,可分为定焦数码相机与变焦数码相机;如果按照感光器件的不同来分,可分为矩阵CCD数码相机、线性CCD数码相机、CMOS数码相机;如果按照市场定位来分,则可分为专业级、准专业级、消费级、入门级数码相机。

9.2.1 专业级数码相机

专业级数码相机是专业摄影人士(影楼、新闻摄影)所使用的设备,是数码相机中的顶级产品。与其他档次的数码相机相比,专业级数码相机有如下几个突出的特点:

(1) 单镜头反光式取景且镜头可换。单镜头反光式取景的原理是这样的:影像通过组合棱镜将镜头所指景物经折反射到机背的取景目镜中,其光路结构原理如同折射式望远镜;在按下快门的瞬间,反光镜迅速翻起遮住取景光路,影像即直射胶片(或CCD),因此在按动快门瞬间,取景器中看不到被摄景物。

不是单镜头反光式取景的相机不能称为专业相机,但是并非所有单镜头反光式的数码相机都可称为专业型相机。有些数码相机是单反式取景,各项性能也不错,但大多被称作"准专业"机型,主要原因就是它们不能更换镜头。专业级数码相机以配接同类型传统相机卡口类型的所有镜头。专业级的相机镜头不但意味着大口径、有多片非球面镜片、多层镀膜等,更意味着分工明确、系列化,从鱼眼、广角、标准、中焦、长焦直到望远镜头一应俱全,分别适用于不同场合。

专业级数码相机之所以需要更换不同的镜头,是因为变焦镜头的成像质量难以达到最佳效果。变焦镜头通常由若干组不同形状的镜片组成,通过改变各镜片的相对位置来改变焦距,无论采用什么镜片、怎样组合,都是在一个或几个焦距点的成像质量最佳,目前还没有一款变焦镜头在任何焦距点都能保证有完美的成像质量。一些配备了5倍、10倍甚至更高光学变焦镜头的数码相机,在一些焦距位的枕形失真或桶形失真相当严重,这自然令专业人士不屑一顾。

(2) 高性能的感光成像器件。无论使用CCD还是CMOS,专业级数码相机的像素分辨率自然是极高的。但分辨率的差异不是最主要的,根本性的差异是成像器件的面积。感光器件面积越大、成像就越大,相同条件下能记录的图像细节就更多,各像素间的干扰也小,成像质量也就越好。除面积之外,感光器件色彩深度(色彩位数)也是一个重要指标,非专业级数码相机感光器件的色彩位数一般为24位,而专业级数码相机成像器件的色彩位数至少是36位的,甚至有些已经达到了48位。高数据位的感光器件不仅使感光范围扩大了,每一级的取样级差也小了,所记录的图像也就更加细腻。

(3) 具备传统专业胶片相机的所有功能,并可使用同类型胶片相机的专用闪光灯及附属设备。专业数码相机的价格非常昂贵,并且只是单独机身、并不包括镜头,有些镜头甚至比机身的价格还高。市场上常见的专业级数码相机有佳能EOS系列、尼康D系列等。

9.2.2 准专业级数码相机

为了满足数码摄影发烧友、业余摄影爱好者以及诸如婚纱摄影、个人数码影像工作室等行业用户，许多厂商推出了在配置和性能上略低的准专业级数码相机，价格适中，并且具有成像质量高、拍摄的照片有特色、支持大幅面输出、功能丰富、操作简便等特点。从具体指标上来看，准专业级数码相机特点主要体现在以下几个方面：

(1) 大倍率、高性能的变焦镜头。准专业级数码相机一般采用一支大倍率的变焦镜头，光学变焦范围至少应在5倍以上，并且具有大口径、大光圈、多片多组、包含非球面镜片等特点。

(2) 400万至500万像素的CCD感光成像部件。400万像素的数码相机可以轻松输出精美的8英寸照片以及质量较好的15英寸照片；500万像素的数码相机可以输出精美的10英寸照片，能够输出A3幅面(略小于18英寸)的照片。

(3) TTL单反式取景或EVF电子取景方式。这也是区分准专业级数码相机与消费级数码相机的一个重要标专。普通光学取景与LCD取景最大的缺点就是误差较大，自然难以应用到专业领域。因此，准专业级数码相机通常要采用专业的TTL单反式取景或比较先进的EVF电子取景方式。

(4) 具备低速快门。高速快门有利于拍摄快速运动的物体，但是如果拍摄静物的话，快门的速度过快反而会使照片模糊。对于准专业相机来说，除了拥有相当高速的快门之外，还应该具备低速快门。

(5) 丰富的手动控制功能。这里的手动控制是指相机的光圈、快门、焦距、曝光方式、测光方式、白平衡等可手动调整，对于专业领域摄影至关重要。

(6) 具备连拍和微距拍摄的能力。连续拍摄既能够反映出相机的存储速度和电路反应能力，微距拍摄则体现出镜头的性能。

9.2.3 消费级与入门级数码相机

所谓“消费级数码相机”是相对于专业级、准专业级而言，其市场定位主要面向各种实际的生活用途，如行政办公、家庭娱乐、旅游等。

消费级数码相机比较难以从配置上严格界定。一方面，消费级数码相机型号众多，从自动化程度较高的“傻瓜”机到具有一些专业操作方式的机型不一而足；另一方面，消费级数码相机面向的用户群也十分复杂。从目前的市场来看，大多数厂商都将消费级数码相机的CCD像素分辨率锁定在500万像素左右。

入门级数码相机最大的特点就是操作简单、价格低廉，从几百元至上千元不等，一般具有300万至400万的像素分辨率、定焦镜头或2～3倍光学变焦，功能相对较少。

9.3 数码摄影快速入门

本节以清华紫光UnisDC T8(400万像素，3倍光学变焦)为例介绍数码相机的一些基本操作。

9.3.1 了解数码相机的构成与操作方式

除了相机本身外，数码相机通常还具有手带、相机袋、电池、充电器、连接线、驱动光盘等附件。打开相机包装后，应仔细查看所有的配件并了解其作用。相机附件在不用时最好按原位放好，以便随时使用。

图 9.4 所示是紫光 UnisDC T8 的组件示意图。使用者通过“模式表盘”、“导航”按钮、“缩放”按钮及“菜单”按钮完成大部分的操作，利用 LCD 进行取景及回放（也可以使用光学取景器取景），通过麦克风及扬声器录制声音及回放。

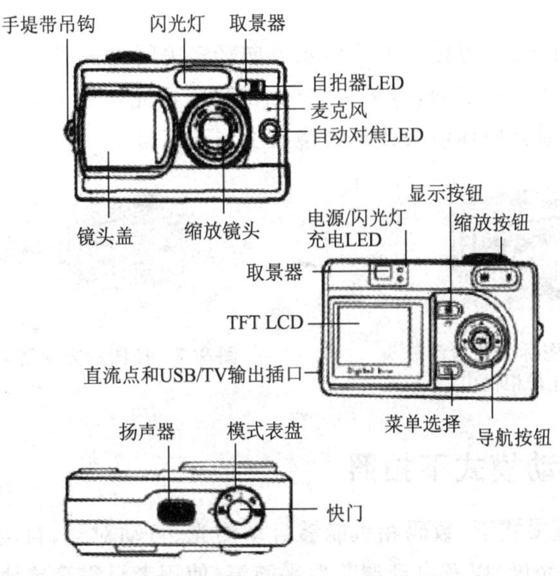

图 9.4 数码相机基本构成

9.3.2 安装电池及存储卡

紫光 UnisDC T8 使用专用锂电池及 SD 卡，二者共享同一个空间和仓盖。安装电池及存储卡的步骤如下，示意图如图 9.5 所示。

(1) 按箭头标示的方向滑动电池/SD 卡仓盖，然后抬起以打开。

(2) 将附带的锂电池装入电池仓内，确保“＋”极与“－”极的方向正确。

(3) 将 SD 卡插入卡槽中。

(4) 关闭仓盖。

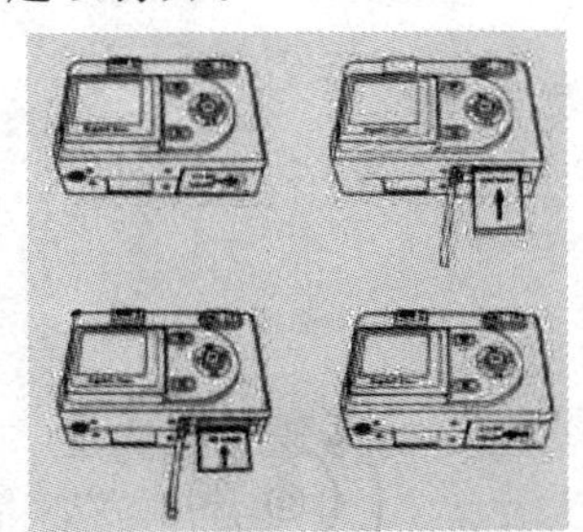

图 9.5 安装电池及 SD 卡

在电池的使用过程中，还应注意以下事项：

- 对于锂电池，在第一次使用前必须完全充电。
- 在相机打开的状态下，不要打开仓盖取出电池或 SD 卡。

· 如果相机提示电池电量不足(提示符通常为或),应及时充电或更换电池。

· 如果长时间不使用相机,应取出电池和SD卡。

9.3.3 打开/关闭数码相机

紫光 UnisDC T8 的电源与滑动镜头盖是联动的。若要打开相机电源,可按图 9.6 所示方向滑动镜头盖,如果镜头盖打开时镜头没有伸出,则可能是镜头盖没有完全打开,应尽量滑动镜头盖,直到听到轻微的"咔哒"声。电源打开后,相机背面的 LED 指示灯将呈绿色。

若要关闭相机电源,可按图 9.7 所示方向轻轻关闭镜头盖,直到它碰到镜头筒,它们一旦接触,镜头将自动缩回,等镜头完全缩回后,再完全关上镜头盖(不要用力使镜头盖顶着镜头,否则会损坏镜头或导致镜头工作不正常)。

图 9.6 按图标方向滑动镜头盖以打开相机电源

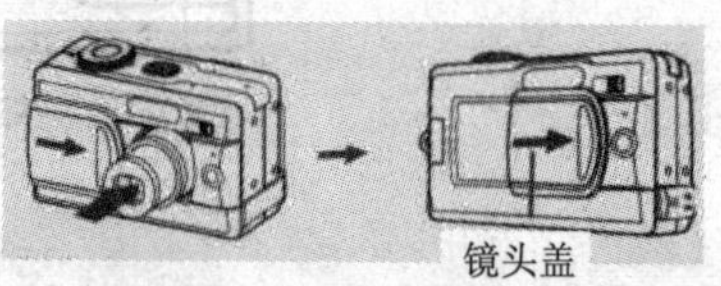

图 9.7 按图示方向滑动镜头盖以关闭相机

9.3.4 在自动模式下拍照

在全自动拍摄模式下,数码相机能够自动测光、自动对焦、自动控制曝光组合(光圈、快门及 ISO 感光度)以及自动调节白平衡等,使用者只需简单地按下快门。

(1) 启动相机后,将模式表盘转到"捕获"模式,如图 9.8 所示。此时,相机 LCD 上会显示当前相机的各种工作参数,包括图像质量、变焦等级、闪光模式、测光方式、ISO 感光度值、白平衡方式、曝光补偿值、照片计数、电池状态、当前日期等,如图 9.9 所示。在自动拍摄模式下这些参数一般不需要调整。

图 9.8 转动模式表盘到"捕获"模式

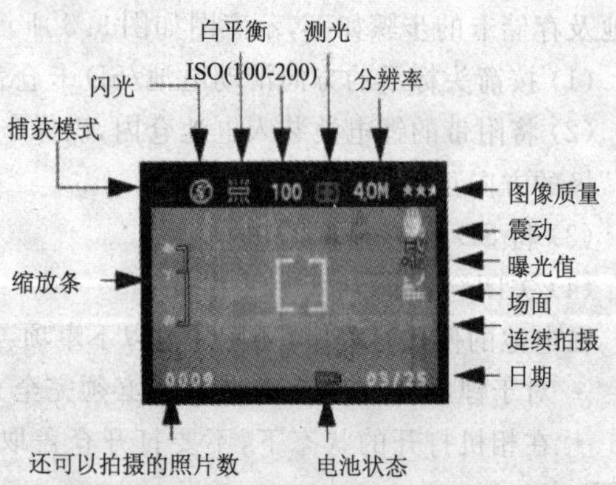

图 9.9 "捕获"模式下的状态显示

(2) 通过光学取景器或 LCD 取景，使对景框格对准拍摄对象。

(3) 在拍摄过程中，成功取景后，应首先轻轻地半按快门按钮，以激活相机镜头的自动对焦系统。如果自动对焦成功，取景框格会由白色变为绿色；如果对焦失败，框格呈红色。当自动对焦成功后，可完全按下快门按钮以完成拍摄过程。

9.3.5 曝光控制参数设置

在使用 UnisDC T8 的过程中，只需按一下“菜单”按钮，然后根据 LCD 上的图示，利用导航按钮即可设置与曝光控制相关的各种工作参数，如分辨率、图像质量、彩色效果、测光方式、白平衡、图像锐度、曝光补偿、场景模式、ISO 感光度等等。

以闪光灯设置为例，操作步骤如下：

(1) 在“捕获”模式下，按一下“菜单”按钮。

(2) 利用导航按钮的左按钮或右按钮，选择到“闪光灯设置”。

(3) 利用导航按钮的上、下按钮选择相应的闪光灯工作模式。具体模式及说明见表 9.1。

(4) 设置完毕后，再按一下“菜单”按钮退出设置。

表 9.1 闪光灯工作模式及其图示

闪光灯	工作模式图示	功能简介
闪光关闭		不使用闪光灯
自动红眼消除		相机根据拍摄环境光线强弱自动决定是否闪光。当需要时，红眼消除功能也会同时激活
强制闪光		每次拍照时都使用闪光灯
夜间闪光		相机会延长机械快门动作，并允许闪光灯延迟闪光

9.3.6 将数码照片传送到电脑中

紫光 UnisDC T8 通过一条 mini USB 线缆与电脑进行连接，连接后就可以将相机中的图像或简短录像下载到电脑中。以下面的介绍中，我们假设使用者已经安装了相机的工作程序及驱动软件。

1. 利用 Photo Impression 下载图像

(1) 打开电脑。

(2) 用 USB 电缆连接相机和电脑。

(3) 打开相机的电源。

(4) 启动已经安装好的 Photo Impression 软件，如图 9.10 所示。

图 9.10 在电脑中启动 Photo Impression

(5) 选择“来源文件夹”(from folder)，可以从被视为新磁盘的相机中下载要编辑的图像。

(6) 按照提示进行操作,将照片下载到计算机。

2. 在电脑中直接访问图像

紫光 UnisDC T8 提供了 MSDC 支持,可以直接将图像或电影从相机中转移到电脑中,操作步骤如下:

(1) 当相机连接到电脑时,在"我的电脑"中会显示一个名为"400_camera"的外部存储器。

(2) 在"我的电脑"中双击"400_camer"盘符。

(3) 打开"dcim"文件夹,可以看到相机中已有的图像或电影。

(4) 将所需的文件直接从相机复制或移动到电脑。

9.4 数码摄影经验与技巧

用数码相机拍摄照片很简单,但要拍摄出比较专业的照片却不大容易。不少初级用户拍摄出来的照片往往会出现图像暗淡、缺乏活力、噪点多、景深浅(特别在微距模式下)、偏色等问题。其实,只要掌握一些数码摄影的经验和技巧,在拍摄时适当注意一下操作的细节,就能拍摄出比较令人满意的作品。

9.4.1 数码摄影从入门到专业的几个要点

1. 合理选用图像分辨率

从图像原理上讲,数码照片的像素(分辨率)越高图像质量就会越好,因此有人强调在任何时候都要采用最高的分辨率进行拍摄。但对于不同的应用场合来说,高像素的图像有时显得没有必要,并且数据处理的时间长、占用的存储空间大。从实际情况的推算来看,200 万像素的数码相机大约与 1200dpi 的扫描仪拥有同等的数字影像撷取能力,而 600 万像素的数码相机则可达到 2400dpi 的扫描仪的能力。

由于数码相机储存空间有限,因此要因地制宜合理地选用图像分辨率。对于一般的电脑应用来说,可选择 1280×960;如应用于印刷,可选择 1600×1200;如果是拍生活照,选用 2048×1536 比较适合。另外,在影响质量要求不是极高的情况下,还可以选择 JPEG 等图像压缩格式,以节省更多的存储空间。

2. 拍摄时要注意距离

使用数码相机进行拍摄时,像素的多少将决定图像的清晰度。远距离的物体由于其成像在感光组件上的像素点较少,因此容易显得不清楚。所以,在数码摄影过程中应尽量地接近所拍摄的物体。当然,这种接近也不是没有限制的,还要参考相机的对焦能力及闪光灯距离,如果打闪光灯的话,太近会出现曝光过度的现象。一般来说,相机与被摄物之间保持 1~2m 的距离比较容易拍摄出清晰的照片。

3. 合理用光

无论是初学者还是资深的摄影师,在拍摄时都要讲究用光。即使是初学者,至少也需要知道分辨光的强度与光线的方向。

分辨光的强度:强光通常是由单一光源发出的,比如太阳、聚光灯、闪光灯或单只灯泡等。在这种照明下,被摄体反差较大,细节和质地被突出,拍摄时可以获得纪实效果。相反地,漫射光线产生的光质较软,室内间接的照明、户外的树荫下和阴天时都属于这种情况,在这种光线条件下拍摄肖像和静谧的户外风景最为理想。

讲究用光角度:用光的角度不同,被摄体的质感会相应地被强化或削弱,被摄体的形状会被突出或淡化。照片的基调是愉快的还是忧郁的,也会因用光的角度不同而有所不同。从相机上方或后方(通常称之为正面光)投射过来的光线会降低被摄体的层次感,原因是正面光不利于营造高光和阴影。较好的选择是让光源偏于一侧,同被摄体构成大约45°角的侧光,就可以很好地表现被摄体的形状和细节。如果光线从被摄体身后射来,就形成了所谓的"逆光"现象,被摄对象在逆光中显得富于戏剧性,逆光中拍摄的人物肖像的发际会产生漂亮的轮廓光,反差大的逆光还可以产生剪影的效果。

4. 掌握拍摄模式

数码相机大多会提供一些预先设定好的拍摄模式,如普通、电影、全景、光圈优先、快门优先、风景、肖像和夜景等。使用这些预设模式,用户在拍摄时就不必再调整焦距、光圈,对于非专业用户非常适合。

· 电影模式:可以记录 AVI 或 MPEG 格式的动画。

· 全景模式:可以拍摄一些场景很宽的照片,如拍摄一幅全景图。

· 风景模式:数码相机自动设定好适合拍摄风景的焦距和光圈,偏重于小的光圈并加大景深。

· 肖像模式:比较适合拍摄人物,一般偏重于宽一点的光圈曝光系统,以减少背景的景深。

· 夜景模式:用于拍摄夜晚或黎明时的景物,使用较慢的快门速度,可以用闪光灯实现慢同步效果。

· 快门优先和光圈优先:可以使数码相机在控制其他曝光数值时相应地控制快门速度或者光圈值。

5. 合理使用曝光补偿

曝光补偿使用户可以对相机的自动拍摄进行加亮或变暗。加亮照片,则增加曝光,变暗照片,则减少曝光。增加或减少曝光的度量称为"级"(EV),比如,增加曝光1级,就是增大光圈1级或放慢快门速度1级。

当在逆光条件下拍摄时,如果不使用曝光补偿,拍摄出来的相片主体会很暗,在这种情况下就应该使用闪光灯或者增加曝光时间来进行曝光补偿。

使用曝光补偿时,经常以1/3级进行递加或递减,下面是几种典型设置:

· +2:在光线明暗对比强烈,被摄主体非常暗的情况下使用。

· +1:对于侧面照明或背部照明的景物,海滩或雪景,落日或其他景物效果最好;拍摄白色对象,如白色床单上的一只白猫时效果也不错。

· 0(默认):对平均照明的景物效果最好,阴影区与亮光区相比不算太暗的情况下效果也不错。

· −1:适用于背景比被摄主体暗很多的景物,如非常暗的墙壁上的肖像画;也适用于非常暗的对象,如黑色阴影里的一只小黑猫。

· −2:适用于不寻常对比的景物。例如一个非常暗的背景占据图像的大部分,而要保留景物的最亮部分的细节。

6. 正确运用闪光灯

中低档数码相机都具备自动闪光、消除红眼与关闭闪光灯这三种基本闪光灯工作模式,较高档的机型中会提供强制闪光、慢速同步闪光等模式。

(1) 自动闪光。此为默认工作模式,数码相机会自动判断拍摄场景的光线是否充足,如果不足,就会在拍摄时自动启动闪光灯,以弥补光线。

(2) 消除红眼。“红眼”现象在拍摄人像时会经常发生,尤其是在拍摄距离较近或拍摄环境较阴暗的情况下。出现这种现象的原因是因为闪光灯的光线照射到人眼的瞳孔中,由瞳孔再反射到镜头上,由于瞳孔中的视网膜布满了红色的细血管,因而反射到镜头上的光线也就变成红色,拍摄到照片上的人眼就是红色的。在“消除红眼”模式下,数码相机先让闪光灯用很小的功率快速预闪一次或数次,使人的瞳孔适应之后,再进行正式的闪光与拍摄,从而避免“红眼”现象。

(3) 关闭闪光。强迫数码相机关闭闪光灯。一般用于禁止使用闪光灯的场合,如博物馆。

(4) 强制闪光。不论环境光线如何,都启用闪光灯,通常用于拍摄背对光源的人物,也就是“逆光”的情况。

(5) 慢速同步闪光。在光线昏暗的环境下拍照时,如果使用闪光灯加较高的快门速度进行拍摄,很容易造成前景主体太亮,甚至是白晃晃的一片,而背景却依旧灰暗,无法辨别细节。使用“慢速同步闪光”功能可以延迟数码相机的快门释放速度,以闪光灯照明前景,配合慢速快门为弱光背景曝光。这样,就能够拍摄出前、后景均匀曝光的照片。在使用“慢速同步闪光”模式时还要注意一点,即在弱光环境拍摄时,使用慢速快门可能会因为拍摄人的手抖动而导致照片模糊,建议使用三脚架支撑数码相机,以保持稳定。

9.4.2 人物肖像摄影技巧

1. 保持眼睛水平线的拍摄位置

拍摄人物时,最好使相机与被摄者的眼睛呈水平线,以眼睛水平线拍摄的照片会显得比较生动。例如,给小孩子拍照时,就要弯下膝盖,使相机与小孩的眼睛大体上处于同一水平上。相机朝上或朝下拍摄都会使被摄者失真变形,而且相机靠得越近,失真就越厉害。

2. “先背景、后人物”的构图方式

拍摄人物肖像，应以人物为体，背景为辅助，如果被摄者身后有一大群人就会影响整张照片的视觉感受。因此，在拍照前，首先应将注意力集中在背景的处理上，选择好背景，再考虑拍摄人物主体的神态和位置。选择背景可以从以下三个方面入手：

· 正确对焦：将被摄者作为相机的对焦点，使被摄取者成为取景器的主体。当使用变焦相机时，可以切换到长焦端，以放大取景器中被摄者的大小。

· 改变角度：向左、右、上、下变换拍摄角度可产生不同的背景，在通过取景器进行取景时，应尽量多变换角度，选择最好的拍摄位置。

· 大光圈：如使用的是可调节光圈的单反相机，可以选择大光圈使背景位于焦点之外，从而突出被摄者。

3. 注意防“红眼”

使用带内置闪光灯的相机尤其是傻瓜相机时，照片往往会产生“红眼”现象。对于这种情况，一方面可以提高室内照明情况，以缩小人的瞳孔；另外，也可以利用相机闪光灯的“防红眼”工作模式，使相机在正式曝光前预闪几次，使被摄者的瞳孔缩小，以减轻红眼程度。

4. 使用强制闪光改善光影平衡

在“强制闪光”模式下，即使拍摄环境光线充足，相机也会进行闪光。强制闪光用于照亮阴影，并将光滑表面反射的光线“添加”到被摄者的眼睛上，从而使被摄者的眼神更加生动，对于去除在正午太阳下拍摄时，眼睛或鼻子下留下的阴影非常有用。

5. 善用自拍功能

数码相机大都具有自拍功能。该功能可让快门释放延迟一段时间，拍摄者可利用这段时间离开相机站到被拍摄的位置上，从而实现自拍。一般来说，自拍时最好使用三脚架固定相机以减少震动，获得最佳效果。如果没有三脚架，也可以将相机放在稳固的物体上。

9.4.3 拍摄制作全景数码照片

广义的全景照片(Panorama Pictures)泛指所有大视角的照片，如传统摄影中用超广角鱼眼镜头所拍摄的照片，拍摄出的照片透视效果强烈，影像有变形现象。狭义的全景照片指通过拼接所形成的大视角照片，可以是一维拼接(横向或纵向)或二维拼接(横向和纵向全部拼接)。通过二维拼接的方式还可以突破数码相机分辨率的瓶颈，制作出超级分辨率的大幅图片。

全景拍摄方法通常有相机旋转拍摄、相机平移拍摄或围绕被摄体拍摄等几种。

旋转相机拍摄最为常用，用于表现空旷地带周围的景物。对于延续分布的拍摄对象，如一条街的街景，可以采用平移拍摄，然后拼接缝合形成街景长卷。大的圆形被摄体的表面可以围绕拍摄然后拼接，感觉就像世界地图的表现方法。

在数码影像技术出现以前，人们获取全景照片通常采用两种方法：用专用的全景相机旋转拍摄或专业的暗房师手工拼接。这两种方法都是普通摄影爱好者难以做到的。数码相机的普及使全景摄影变得容易，只要有一台数码相机和可以运行图像处理软件的电脑，一般用户也可以尝试制作出专业的全景照片。

1. 全景数码照片拍摄要点

用来拼接全景的照片有一定要求，如曝光值相近、色调相近、依次排列、相互稍微重叠等，拍摄时要注意以下几点：

(1) 焦距的选择：有人认为拍摄全景照片时要使视角尽可能的大，因此用最短的焦距，这样需要拼接的照片幅数比较少。其实这是一种误解，虽然需要拼接的照片少了，但由于广角镜头透视效果强烈，尤其是画面的边缘，容易发生扭曲，拼接时的效果很差。

(2) 曝光参数：目前许多数码相机提供专门的全景模式，在此模式下，相机会自动按拍摄全景照片的要求设置曝光参数。对于没有全景功能的数码相机，在拍摄时要注意两点：

· 测光时使用平均测光，曝光时使用手动曝光或 AE 锁锁定曝光参数，同一组全景照片的拍摄过程中不能改变光圈、速度、ISO、分辨率及其他设置。

· 使用固定白平衡，如果使用自动白平衡可能造成不同照片的色调不一致。

(3) 拍摄方法：拍摄时依照一定顺序（由左至右或由上到下等）拍摄，最好使用三脚架配合云台平稳旋转。旋转拍摄时要注意转轴垂直，围绕拍摄或逐点平移拍摄时要注意相机高度、角度一致，一般不要使用闪光灯，闪光灯会造成近亮远暗。拍摄时相邻两幅照片之间要有一定重叠，佳能、卡西欧等品牌的一些数码相机在全景模式下 LCD 显示有辅助提示。避免在光照条件剧烈变化的时候（如行云遮日）拍摄，以免各幅画面之间曝光相差太大。拍摄时还要注意避免在衔接处出现移动物体（如车辆及行人）。虽然选择有明显标志的位置作为衔接点有利于一些自动软件识别、拼接，但最好还是选择无明显标记、容易混合的部位作为结合部，如水面、远山及天空，这样拼接起来不容易看到接缝。

2. 带全景拍摄功能的数码相机

(1)奥林巴斯 C 系列数码相机。奥林巴斯 C 系列数码相机都具有全景摄影功能，但要使用奥林巴斯品牌的 SM 卡此功能才有效。

(2)卡西欧 QV 系列数码相机。卡西欧 QV 系列数码相机在拍摄模式选择中有专门的全景模式。在此模式下，拍摄第一张后，在随后的拍摄中，LCD 取景器左侧会出现上一幅照片的边缘虚影，以方便用户接着拍下一张。但是在环境光线较亮时，此虚影非常难以分辨，因此作用有限。但在此模式下拍摄的一组照片，在浏览时会自动拼接成一幅长轴，十分便于查看拍摄效果。

(3)佳能 PowerShot 系列。佳能 PowerShot 系列数码相机如 G1、G2、S30、S40 等，使用全景模式拍摄照片时比较方便，从拍摄模式拨盘中可以直接选择全景模式，如

图 9.11 所示。在全景模式下又有从左至右、从右至左、从上到下、由下而上、上下左右五种拼图方式可供选择。拍摄完第一张后，LCD 中会清晰地显示前一张的局部，可以直接、准确地拼接。

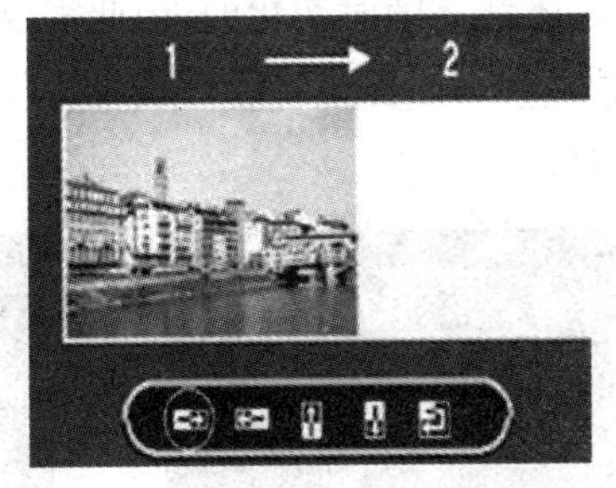

图 9.11　佳能 PowerShot 系列数码相机的全景拍摄模式

9.4.4　微距摄影技巧

微距摄影、广角摄影、长焦远摄都是令摄影爱好者非常着迷的事情，不论是日常生活中的花鸟鱼虫，还是大自然中每一个平凡的细节，通过微距摄影都可以产生令人感动的艺术效果。

所谓"微距摄影"，一般指拍摄比物体正常尺寸要大的图像，即图像大小与实物大小的比例超过 1∶1。对于传统的胶卷相机来说，微距摄影需要使用一些放大图像的特殊配件(如微距接腔等)，而数码相机在微距拍摄上则具有先天的优势，许多数码相机都能直接生成效果完美的微距图像。

进行微距摄影一般只需一台具有较好微距拍摄功能的数码相机以及三脚架和快门线就可以了。虽说许多数码相机都提供微距拍摄模式，但功能有强有弱。理光数码相机历来以其卓越的 1cm 微距拍摄而著称，理光 Caplio G4 Wide 还具有 4cm 远摄微距功能，即在 4cm 的距离上实现 1cm 距离的近拍效果。尼康的 CoolPix 系列数码相机的微距拍摄功能也不错，最近可达 3cm。此外，其他大多数数码相机都具有 6cm～15cm 左右的微距拍摄能力。

在进行微距拍摄之前，要认真查看说明书以了解数码相机的操作方法，以及该相机微距拍摄的对焦距离，即相机和物体的距离。这一点很重要，相机和物体之间的距离必须在规定的范围之内，否则无法准确对焦。

在进行微距拍摄时，由于镜头的放大倍率很大，因此轻微的震动也会影响图像的清晰，这时必须使用三脚架。即便如此也无法保证绝对的稳定，因为在按下快门的一瞬间很也容易造成相机的抖动，因此还要使用快门线，以将震动的影响降到最低。

在微距拍摄过程中，为了达到满意的效果，还要特别注意以下几点：

(1) 使用手动对焦。在进行微距拍摄时，自动对焦往往会出现焦点错误的情况，应尽量使用手动对焦。

(2) 光圈控制景深。光圈的大小直接影响到景深，光圈大景深浅，光圈小景深大，在微距摄影中为了展现物体的完整细节(如图 9.12 所示)，应多采用小光圈。但光圈小时快门就慢，因此三脚架的作用就显得非常重要。

(3) 简化背景、突出主体。选择合适的背景可以更好地突出主体。这里要注意色彩的深浅搭配，深色的主体宜选择浅色背景，反之亦然。如图 9.13 所示，暗淡的背景更能突出明亮的主体。应尽量避免杂乱无章的背景。

(4) 光线的运用。要确保光线能够平均地照射在被摄物体上，并注意观察光线的照射方向，在多数情况下，从侧面射入的光线能更好地突出物体的质感，如图 9.14 所示。光线是随时变化的，因此需要相应地改变拍摄角度。由于强烈的阳光会导致照片色调暗淡，阴影也比较严重，最好将拍摄时间选择在早上或黄昏，避免正午阳光强烈时拍摄。

图 9.12 小光圈可获得大的景深

图 9.13 暗淡的背景更能突出明亮的主体

图 9.14 正确运用光线更能突出景物的质感

9.4.5 正确选用滤光镜

滤光镜的主要作用是过滤光线。在黑白摄影中运用滤光镜可以改变景物的影调，使所拍的照片更接近于自然；在彩色摄影中运用滤光镜，可以改变光源的色温、被摄者的颜色或者实现特殊的视觉效果。常用的滤光镜有几以下种：

（1）紫外线滤镜。又称 UV 镜，如图 9.15 所示。在传统摄影中，UV 镜可以过滤日光中的紫外线等杂光，使拍摄的照片更加清晰。由于数码相机使用 CCD 感光，阳光中杂光的波长不会影响 CCD 的性能，因此 UV 镜的用处并不明显。不过，还是有不少人愿意为数码相机配备 UV 镜，因为 UV 镜是透明的滤光镜，可以用它来保护镜头。

（2）偏振镜。又称偏光镜，简称 PL 镜，它能够有效减弱或者消除非金属表面的反光。偏光镜在黑白和彩色摄影中均能使用。彩色摄影时加上偏光镜，可以使天空的颜色变得深暗，而仍能保持景物的其他原有色彩。另外偏光镜可以有效提高色彩的饱和度，提高反差，在风景摄影、花卉摄影和拍摄某些特定的反光比较强烈的景物时很有用处。

（3）柔光镜。有时柔和的影像比清晰的影像更能产生温馨浪漫的气氛。柔光镜适合于人像拍摄和风景拍摄，对于年老者的皮肤、皱纹或者人物面部的瑕疵有抑制美化作用。

（4）色温滤镜。色温滤镜可以调整光源中的色温。根据摄影经验，室内的灯光和室外的阳光的色温是不相同的，在一天当中早晨、黄昏光线的色温和中午光线的色温也是不同的。适当利用色温滤镜对色温加以校正，可以得到理想的效果。

图 9.15 UV 镜及转接环

（5）中密度镜。中密度镜的作用是阻挡一部分光线，但不改变光的构成。举例来说，如果一台数码相机的 ISO 感光值不能更改，但又需要在阳光强烈的室外拍摄，或是需要在正常光线条件下用较长的曝光时间，这时就可以充分发挥中密度镜的作用。

9.4.6 数码摄影常见问题及解决方法

1. 室内拍摄模糊不清

在晴朗天气进行户外拍摄时,照片效果一般不会有大问题。但是在室内利用自然光拍摄时,照片常常会变得模糊不清。

【原因分析】 室内光线一般较户外暗,如不想打开闪光灯拍摄破坏现场气氛,而是利用自然光进行拍摄,相机的自动曝光系统就会自动将镜头的光圈值开到最大,同时也会将快门值调到较慢。在慢快门的情况下拍摄,只要有轻微手震或被拍摄的人物有少许移动,就会令照片变得模糊不清。

【解决方法】 (1) 将相机安装在三脚架上拍摄,可避免出现手震情况。

(2) 调高相机的ISO感光值,一般数码相机都提供ISO 100至ISO 400的感光值,只要将ISO感光值调至ISO 400以上,即使手持相机拍摄也可降低照片模糊的情况。

2. 焦点不正前虚后清

在日常拍摄生活照时常常会遇到照片“前虚后清”的情况:即当被拍摄的人物不在画面中央时,出现背景清楚但主角朦胧甚至暗淡无光的情况。

【原因分析】 出现这种情况主要是由于拍摄时没有将相机的焦点正对欲拍摄的人物。大部分数码相机的对焦点预设在画面中间,所以当被拍人物不在画面正中时,而拍摄者又没有用正确手法处理,相机的自动对焦及测光系统便会错误地把背景当作欲拍摄的主体,导致被拍人物朦胧不清或暗淡无光。

【解决方法】 (1) 先将画面中央的对焦点对正欲拍摄的人物面部,半按快门按钮完成对焦及测光程序,按着快门按钮不放,横向移动相机至欲拍摄的背景。

(2) 如果数码相机本身拥有多个对焦点的话,只要直接将对焦点调校至欲拍摄的人物上即可;或利用相机本身的自动对焦功能,自行选择以距离最近相机的一点作为对焦点,也可达到同样的效果。

3. 整体效果暗淡无光

有时,在户外自然光下拍摄,照片整体效果仍然偏暗。如打开闪光灯拍摄又怕会过亮,破坏现场环境的自然光线。

【原因分析】 天色灰暗、现场环境光线不足或是逆光拍摄时,都会出现照片偏暗的情况。

【解决方法】 使用数码相机的曝光补偿功能,只要将曝光补偿值增大一至两级,一般偏暗的情况就会有所改善。

4. 严重偏色

照片出现十分严重的偏色情况,最常出现的情况是整张照片都偏蓝;在室内拍摄时,有时又会出现被拍人物出现面色发青的恐怖效果。

【原因分析】 该问题通常是由于白平衡设定不正确所致。可能是因为以前手动调校过的白平衡设定不适合现场拍摄环境的光源，或是因为现场为混合光源的环境中有多种不同色温的光源同时存在，令相机本身的测光系统无法正确判断该用何种白平衡设定。

【解决方法】 只需手动设定好正确的白平衡即可。数码相机大多提供多种白平衡设定，如日光、阴天、钨丝灯、荧光灯等等，以配合不同色温的光源。一些较高级的机种还提供了手动调校色温值的功能，如 3000K、6500K 等，当遇到混合光源的现场环境，可直接将色温值调校到最佳效果。

5. 晚间拍摄有人无景

在夜晚使用闪光灯拍摄人像，照片上人像虽有，但人物背后的美丽夜景却消失了。

【原因分析】 利用内置闪光灯进行拍摄时，相机会自动将快门速度调得较高，因曝光时间不够，人物背后光线较弱的夜景不能得到很好地曝光。

【解决方法】 (1) 将相机安装到三脚架上，启用快门优先模式，调校快门至较慢速度，如 1～2 秒等，通过长时间曝光使被拍人物背后的夜景重现。不过在曝光过程中被拍人物不能活动，否则影像会变得模糊不清。

(2) 利用数码相机的闪光灯慢同步模式。在闪光灯拍摄后，继续曝光一点时间，令背景的微弱光线也能拍摄下来，这样便可保证被拍人物及背后夜景都能清晰地重现于照片中。利用此方法如果仍有背景模糊情况，最好还是将相机安装在三脚架上进行拍摄。

6. 动态效果不理想

拍摄快速移动的人物或对象时，常常会出现模糊不清甚至完全拍摄不到的情况。

【原因分析】 一般是由于快门值设定不够快，或是没有完全掌握按下快门键与真正拍摄时机之间的时间差距所致。

【解决方法】 (1) 如果相机支持“快门优先”曝光模式的话，可先将相机调校至更高速的快门值，如 1/500 秒、1/2000 秒等，然后使用“快门优先”模式进行拍摄。通常，快门速度越快就越能捕捉高速移动的主体。不过，设置快门速度时还要参考现场环境的光线是否足够，如果光线不足，快门速度设得太高会令照片变暗。

(2) 使用数码相机的高速连拍功能，在一秒之内拍摄多张照片，配合较高的快门值设定，最后在数张照片中选择一张最满意的。

9.5 数码相机保养与维护

9.5.1 数码相机维护与保养常识

数码相机是一种精密光学机电装置，其正常使用寿命不仅取决于相机本身的制造工艺，还取决于日常的维护与保养。

1. 妥善保存

数码相机在保存时要远离灰尘和潮湿。长期不用时应取出电池、卸掉皮套，将皮套、机身和镜头上的指纹、灰尘擦拭干净后，存放在有干燥剂的盒子里。数码相机是精密的机器，放在平常的衣橱、柜子容易受到湿气的影响，时间一长会影响相机的使用寿命。在有条件的情况下，应该放在能够控制温度、湿度的封闭空间。

2. 防烟避尘

数码相机要在清洁的环境中使用和保存。外界的灰尘、污物和油烟等不仅会增加相机的调整开关与旋钮的惰性、导致相机产生故障，也会弄脏相机镜头，影响拍摄的清晰度。在户外空旷地区，拍摄时风沙会比较大，这容易刮伤相机的镜头，甚至会损伤对焦环等机械装置。因此，除了正在拍摄时，应随时用护盖将镜头盖住。另外，配一个 UV 镜也是保护镜头的好方法。

3. 远离高温、潮湿

数码相机不能直接暴露于高温环境下，例如被太阳晒得炙热的汽车前窗下。如果数码相机不得不晒在太阳下，最好用一块有色且避沙的毛巾，或裱有锡箔的遮挡工具来避光。不要用黑色工具，因为黑色会吸收阳光，使情况变得更糟。在室内时，不要把相机放在高温、潮湿的地方。

根据厂家的维修结论，水是数码相机最危险的“杀手”，它所造成的损失将是难以挽回的。在实际使用过程中，一方面要避免饮料及茶水等泼溅到相机上，另一方面，在潮湿环境下工作时一定要采取严格的防护措施。在需要到海边、河流、湖泊等地方拍摄时，最好购买与机型配套的防水外壳，将数码相机安置其中并将机壳锁好，就可以放心地拍摄了。另外，数码相机对湿度非常敏感，使用时的相对湿度通常在 30%～80%，如果环境湿度太高，镜头、取景器和相机内部会产生水汽，而湿度太低又容易产生静电，同样对相机的使用不利。因此，拍摄者可以随身带一个防水塑料袋，在非常潮湿或尘土的气候里，在袋子侧面挖一个刚好放得下相机镜头的小洞，然后把相机放在袋子里，不让雾气、湿气和尘土进入相机，以延长相机的使用寿命。

如果不小心让数码相机受到雨淋，或是从寒冷的环境中进入室内后相机内产生结雾现象，不要急于启动相机，否则有可能造成内部芯片的短路，要先用干布擦拭，然后放置于通风处任其自行干燥或者用 40℃左右的热风吹干。为了防止将相机从寒冷区进入温暖区时出现结雾现象，可以使用报纸或塑料袋等将相机包好，直至相机温度升至室内温度时再使用。

4. 防　寒

在寒冷的环境中数码相机很难正常工作，过冷的温度可能对相机造成永久的损伤。如果必须要在寒冷的环境下使用时，要注意给相机以及电池保温，在不必要的时候关闭液晶屏，这样有助于拍摄的顺利进行，并且延长相机的使用寿命。

在低温环境下必须携带额外的电池，因为相机在低温下可能会停止工作，这就好像在寒冷天气下要给汽车预热一样。

5. 防 震

数码相机的防震能力远不如传统相机，把数码相机摔到地上或者与坚硬的物体撞击，会对相机造成严重的伤害，甚至报废。最好的方法是为数码相机配备一个摄影包，花费不多，收效却大。

9.5.2 数码相机易损硬件的日常维护

镜头、液晶屏、存储卡、电池等都是数码相机中工作比较频繁、并且也容易外露的部件。对于这些易损硬件，在日常使用及维护过程中要格外精心。

1. 镜头维护

由于镜头在工作时总是暴露在空气中，因此镜头上落上一些灰尘是很正常的，但如果镜头上的灰尘较多时，将会严重影响数码照片的质量，例如出现斑点或图像对比度减弱等。另外，在使用过程中，拍摄者的手有可能会在镜头上留下指纹，这样也会影响取景及拍摄。

镜头是数码相机中比较娇贵的部分，在相机不使用时，最好盖上镜头盖。对镜头的保养要非常小心，只有在必要时才对镜头进行清洗。镜头上只有一点点尘土对图像质量影响不大，当镜头上出现污迹、斑点时就需要对镜头进行清洗。清洗镜头时，先使用软刷和吹气球去除尘埃颗粒，然后再使用镜头清洗布。滴一小滴镜头清洗液在拭纸上(注意不要直接将清洗液滴在镜头上)，并用专用棉纸反复擦拭镜头表面，然后用一块干净的棉纱布擦净镜头，直至镜头干爽为止。

千万不要用硬纸、纸巾或餐巾纸等来清洗镜头，这些产品都包含有刮擦性的木质纸浆，会严重损害相机镜头上的易损涂层。

2. 液晶显示屏维护

在使用、存放中，不要让彩色液晶显示屏表面受重物挤压，更要注意不要脱手将相机掉到地上而摔坏液晶显示屏。彩色液晶显示屏表面脏了，只能用干净的软布轻轻擦拭，不能用有机溶剂清洗。

彩色液晶显示屏的背后有一个无法从表面看到的灯，如果彩色液晶显示屏显示的影像变暗，或显示影像上斑斑点点，或根本就不能显示影像，多半是灯泡老化所致，遇到这种情况一般只能更换相应的灯泡。

如果担心数码相机的液晶显示屏会被刮花或拍摄时沾上指纹及人脸上的油渍，可以贴上 PDA 专用的透明贴纸。

有些彩色液晶显示屏显示的亮度会随着温度的下降而降低，这属于正常现象，不必维修。一旦温度回升，显示屏亮度将会自动恢复正常。

3. 存储卡维护

无论是装载或取出存储卡，都要在数码相机关机的状态下进行。装载存储卡时，要注意存储卡装入的方位，漫不经心地随意插入可能会造成存储卡槽和存储卡损坏。

在格式化存储卡时，不同的数码相机对存储卡的格式化方式也有所不同。许多数码相机的随机存储卡在出厂时已进行过格式化，在购买后可直接使用。格式化存储卡常用的方法，通常是利用数码相机的液晶显示屏所显示的“功能菜单”指示一步一步进行，这种方法比较直观、简捷，一般不会误操作而造成存储卡损伤。格式化存储卡时，大多数数码相机菜单中所显示的是“Format”（格式化），也有少数数码相机显示“Initialize”（初始化）。

要尽量避免在高温、高湿环境下使用和存放存储卡；不能对存储卡施加重压或弯曲存储卡；避免存储卡从高处掉落到地面或遭受撞击；避开静电、磁场，在存放和运输途中，尽可能将已存有影像文件的存储卡置于防静电盒中；将存储卡远离液体和腐蚀性的材料。

另外，数码相机标配的存储卡最好在相应的数码相机上进行格式化，一般不要在电脑上进行格式化，由于格式不同，可能会影响使用或损害存储卡。

4. 可充电电池维护

对于充电电池来说，正确的充电方法很重要。如果是第一次使用的新电池或有几个月没有用过的电池，初次充电时时间要长一些：锂电池的充电时间一般要超过 6 小时，镍氢电池一般要超过 14 小时。平时充电电池的充电时间，则取决于所用充电器和电池，以及电压是否稳定等因素。总之，要延长充电电池的使用寿命，应保证每次充电时将电量充足，并严格按照产品的使用说明进行。

为了延长拍摄时间，拍摄过程中要尽量避免使用不必要的变焦操作，如果实在要变焦，最好通过移动拍摄位置来得到相同的变焦效果；其次是避免频繁使用闪光灯，闪光灯是耗电大户；再者，在不使用数码相机的时候要将相机关闭。其实在拍摄过程中相机的实际工作时间很短，大部分时间都处于闲置阶段，不使用时关闭相机可以节省很多电量。

长时间不使用数码相机时，必须将电池从数码相机中或是充电器内取出，并将其完全放电，然后存放在干燥、阴凉的环境，不要将电池与一般的金属物品存放在一起。电池长时间存放在数码相机或是充电器内，可能会造成漏电及损坏等问题。

9.6 数码相机常见故障及解决

数码相机是非常精密的光、机、电设备，对于普通用户来说，如果发现相机有异常现象，一般不要自行拆卸，最好去厂商指定的维修点进行咨询和维修。下面介绍一些数码相机常见的故障和解决办法，谨供读者参考。

9.6.1 数码相机常见操作性故障及处理

1. 数码相机完全不能工作

【原因】 (1) 电池电能耗尽或安装不正确。

(2) 相机内的微处理器工作异常。

【措施】 (1) 更换或重新安装电池或给电池充电。

(2) 拔下相机的所有电源，一分钟后再重新连接上，然后再向下滑动 POWER 开关接通电源，检查相机是否工作正常。

2. 电量残余指示不正确

【原因】 在非常热或非常冷的地方长时间使用相机或电池组寿命已到。

【措施】 更换新电池组。

3. 快门按钮不工作

【原因】 (1) 数码相机未开机。

(2) 数码相机正在处理照片，就绪灯在闪烁。

(3) 存储卡或内置存储器已满。

【措施】 (1) 打开或启动相机。

(2) 耐心等待直至就绪灯停止闪烁，然后再拍摄下一张照片。

(3) 插入有可用内存空间的存储卡或将存储卡照片传送至电脑，然后将存储卡上的照片删除。

4. 照片部分缺失

【原因】 (1) 拍照时有东西遮住镜头。

(2) 眼睛或照片没有对准、放置在取景器中央。

【措施】 (1) 拍照时，手、手指或其他物体离开镜头。

(2) 将照片放置在取景器中央时，在物体周围留有空间。

5. 存储的照片被损坏

【原因】 在就绪灯闪烁时，取出存储卡。

【措施】 关闭相机。在取出存储卡前，确保存储卡存取灯不在闪烁状态。

6. 照片色彩太深

【原因】 (1) 闪光灯没有开启或工作不正常。

(2) 物体离闪光灯太远，无法使闪光灯起作用。

(3) 物体位于亮光(背光)之前。

【措施】 (1) 按正确的操作方法启用闪光灯。

(2) 移动拍摄位置，使相机和物体之间的距离小于 2.4 米(7.9 英尺)。

(3) 更换拍摄位置，避免光线在被摄物体的背面。

7. 照片色彩太浅

【原因】 (1) 在不需要使用闪光灯的场合使用了闪光灯。

(2) 使用闪光灯时，离物体距离太近。

(3) 测光传感器被盖住。

【措施】(1) 将闪光灯的工作模式更改为 Auto(自动)。

(2) 移动相机,使相机和物体之间的距离拉大(不要超过闪光灯的有效工作距离)。

(3) 握住相机时,请勿让手或其他物体遮住测光传感器。

8. 照片不清晰

【原因】(1) 镜头脏了。

(2) 拍照时,相机与物体距离过近。

(3) 拍照时,物体移动或相机抖动。

(4) 相机存放在电视机或其他具有较强磁场设备的附近。

【措施】(1) 清洁镜头。

(2) 移动相机,使相机和物体之间的距离拉大。

(3) 拍照时,握住相机的手要稳或使用三脚架,另外,尽量抓拍被摄物相对静止的状态。

(4) 使相机远离电视机等设备。

9. 影像太黑

【原因】被摄物体位于光源后方或光线太暗。

【措施】调节曝光值。

10. 不能从数码相机中删除影像

【原因】影像处于保护状态。

【措施】解除保护。

11. LCD 突然变黑

【原因】在开机状态下,若长时间不操作,数码相机会自动关闭 LCD 节省电能。

【措施】按一下菜单操作键。

12. 影像上记录的日期和时间不正确

【原因】相机中日期和时间的设定不正确。

【措施】设定正确的日期和时间。

13. 数码相机无法与电脑通信

【原因】(1) 电脑上的 USB 端口配置有问题。

(2) 相机电源关闭。

(3) 笔记本电脑禁用。

(4) USB 电缆连接不牢。

(5) 软件未安装。

(6) 电脑上运行的应用程序过多。

【措施】(1) 重新配置 USB 端口。

(2) 打开相机。

(3) 笔记本电脑的某些高级电源管理应用程序会关闭端口，以便节省电池，请停用这一功能。

(4) 重新连接电缆与相机和电脑端口(在传送照片之前)。

(5) 在电脑上安装数码相机的驱动软件。

(6) 断开相机与电脑的连接。关闭电脑所有应用程序或重新启动，再次连接相机。

9.6.2 与存储卡有关的故障及其排除

数码相机的存储卡种类比较多，而且存储卡是一个经常需要插入、取出的部件，出现操作故障或损坏肯定是难免的。

1. 数码相机无法识别存储卡

【原因】 (1) 该存储卡不是相机的标配卡。

(2) 该存储卡可能已损坏。

(3) 存储卡插入方向不正确。

【措施】 (1) 购买一张相机标配存储卡，重新插入。

(2) 重新格式化存储卡，若格式化后仍不能使用，则需要购买新卡。

(3) 将存储卡拔出，检查存储卡上指示的插入方向，重新插卡。

2. 存储卡被锁住

【措施】 将存储卡锁滑到“解锁”位置。

3. 在插入或取出存储卡时，相机检测到错误

【原因】 在插入或取出存储卡时，未关闭相机电源。

【措施】 关闭相机，然后重新打开。在插入或取出存储卡时，要确认相机已关闭。

4. LCD 显示“存取存储器卡错误，需要格式化存储卡”

【原因】 存储卡已损坏，或是使用另一部相机、电脑进行格式化后不能被识别。

【措施】 在本机重新格式化或替换新的存储卡。

5. LCD 显示“存取内置存储器错误”

【原因】 相机内置存储器损坏。

【措施】 格式化内置存储器。

6. LCD 显示“存储卡已满，不能复制照片”

【原因】 存储卡上没有足够的空间。

【措施】 插入有可用内存空间的存储卡，或将存储卡照片传送至电脑，然后将存储卡上照片删除。

7. LCD 显示“内置存储器已满”

【原因】 相机内置存储器上没有空间。

【措施】 从内置存储器中删除一些照片。

9.6.3 变焦镜头常见故障及处理

变焦镜头状况的好坏对于数码相机的拍摄工作至关重要，如果变焦镜头出现故障，轻则使数码相机拍摄效果不佳，重则使相机停止工作。

1. 变焦镜头的类型及结构

变焦镜头的类型很多，大多具有两组以上的移动镜组，变焦镜筒壁的螺旋槽内有滚柱或滑块支撑移动镜组。但是不同品牌的镜头在结构设计方面不尽相同，这些镜头或带有可拆换的接口，或带有与镜头一体的特定连接座。变焦镜头可采用独立的变焦环，也可采用一体化设计。一体化型的对焦筒带有轴向槽，只要卸下橡胶套环便可看到滑块，从轴向槽内取出一两个滑块后，就可拧下整个前部组件。

镜头的近摄功能并不会增加镜头的复杂程度，通常只是变焦功能的扩展。如果变焦范围的两端都调试准确，且机构工作正常，那么近摄功能也不会有什么问题。

处理变焦镜头需耐心细致，因为光学及机械部件在操作中可能被污染。变焦筒及镜组的滑动接触部件配合得十分严密，极细小的尘埃和脏物都会破坏变焦时运动的稳定平滑。所以在维修前必须清洁工作台，并在放置零部件处垫一层纸巾。还要准备好纸、笔，随时记录关键环节事项。

2. 光阑叶片被油污沾染

光阑叶片被油污沾染是常见的变焦镜头故障之一。通常变焦镜头的光学结构是：后镜组位于光阑后方，而两个变焦组位于光阑前方，光阑是静止的。在有的照相机结构中，光阑是移动镜组的一部分，如要拆卸光阑叶片，就需要取出整个镜组。

如果变焦机构的运动相当平滑，且无明显的自行滑移，只是感觉不太均匀，则不必进行修复，因为非专业维修人员要对此进行修缮是不太可能的，相反只会使情况变得更糟。早期的一些变焦镜头带有可调节的摩擦垫，但调整的结果往往导致变焦运动变得不平滑。但是，如果感觉到机构中有沙粒或是有明显的自动滑移，通过仔细的清洁、重新添加润滑油脂、固紧螺钉或调换滚筒及滑块可以解决问题。彻底清洁机构的工作量非常大，要卸下所有的运动部件、清除原有的油脂(这是去除沙粒的途径)，然后重新添加润滑油脂，进行安装并调试。

3. 变焦镜头受外力损伤

变焦镜头受外力的损伤，容易导致变焦镜筒扭曲、塑料滑块断裂或螺旋槽凹陷。如果发现变焦机构过紧或被卡住，很可能是由于前部受力使得螺旋槽被挤压所致。若情况不严重，可予以修复。首先取下外卡环和镜筒，卸下一个塑料滑块，然后将它沿槽滑动，这样很快就能找到槽的变形部位。再用一塑料楔插入该部分槽中进行矫正，矫正过程中要随时进行调试、检查。注意不要使用金属棒或其他尖锐的物体，以免损坏槽内的滑动表面。如槽口被扩展过宽，则机构可能在其他部位被卡住。

塑料滑块及滚柱会因受力而断裂。测试方法是：抓住镜头进行前后推拉，若有过量滑移(1mm 以上),则可能是滚柱或滑块折断。此外,机构内的断裂料屑也会限制变焦,因此必须彻底清除,更换滚柱。

金属滚柱被撞击后,可能会嵌入槽壁,使变焦过程在某一点变得明显不均匀,也有可能卡住机构。突起周围的不平处可用锉刀修磨,但对突起本身不必再进行处理,因为运动中有些小小的不均匀并无大碍,修磨后必须清除所有的碎屑。

变焦镜筒的任一部分损坏,都需要调换新的镜筒,当然变焦机构通常价格十分昂贵,调换也十分繁琐,在使用过程中要注意做好变焦镜筒的防护,最好不要发生损坏。

4. 变焦镜头中的螺钉松动

变焦镜头的另一个常见故障是螺钉松动,导致镜头因晃动而不能移动。如果转动对焦环及变焦环没有任何效果,可取下橡胶套圈,在环的周围有些固定螺钉,将它们拧紧即可。

螺钉经常松动的另一个部位在镜头基部。许多镜头在镜筒的两部分交接处可调,通常椭圆孔用于调整总的对焦距离。如果这些调节螺钉松动,会导致镜头晃动或照片离焦。解决办法是:松开套筒上的 3～4 颗普通螺钉,取下套筒。在多数设计中,松动的螺钉即位于套筒下,两部分镜筒之间可能还有些垫圈。重新装配好这两部分,并拧紧螺钉即可。

第10章　数码摄像机

10.1　概　述

20世纪70年代，美国安培公司推出了世界上第一台实用型摄像机。几年后，JVC推出了第一台家用摄像机，同时问世的还有JVC独立开发的VHS格式录像带。VHS摄像机清晰度比较低，所摄画面的水平清晰度只有250线，后来S-VHS、VHS-C、V8、Hi8等格式相继问世，其信号录制质量有所提高，所摄画面的水平清晰度最高可达到400线，但这些格式的视频都是以模拟信号来存储的。

1998年，日本的两大摄像机制造商松下和索尼联合全球五十多家相关企业联合开发出新一代DV(Digital Video)——数码视频摄像机，简称“数码摄像机”。数码摄像机以数码信号方式录制视频，其技术核心是将模拟的视频信号转换为数码化的0、1信号，并以数码记录的方式，通过磁鼓螺旋扫描记录在6.35mm宽的金属视频录像带上，从而提高了录制图像的清晰度，使图像质量轻易达到500线以上。另外，由于数码摄像机内部集成了A/D转换电路，可以直接将模拟的图像信号转化为数码信息，不仅有效避免了图像传输线路中的干扰问题，而且由于摆脱了标准视频信号格式的制约，对外的信号输出使用更加高速和灵活的数字信号传输协议，可以做成各种分辨率的形式以满足不同应用的需要。

数码摄像机发展至今经历了多次技术改进，从普通枪机到一体机，宽动态，低照度，分辨率、信噪比等技术指标迅速提升，与数码摄像机相关的各种技术已经发展成熟，如自动聚焦技术、防振防抖动技术、系统降噪技术、数据存储技术等等。

10.1.1　数码摄像机工作原理

数码摄像机工作原理简单地说就是光/电/数字信号的转换与传输，即通过感光元件将光信号转变成电流，再将模拟电信号转变成数字信号，由专门的芯片进行处理和过滤后得到的信息还原出来就是我们所看到的动态画面。

数码摄像机的结构大致分为三部分：光学系统(主要指镜头)、光电转换系统(或称影像传感器，主要指摄像管或固体摄像器件)以及电路系统(主要指DSP，数字信号处理器)。

光学系统的主要部件是光学镜头，它由透镜系统组合而成。这个透镜系统包含着许多片凸凹不同的透镜，其中凸透镜的中间比边缘厚，因而经透镜边缘部分的光线比中央部分的光线会发生更多的折射。被摄对象的影像经过光学系统透镜的折射，在光电转换系统的摄像管或固体摄像器件的成像面上形成“焦点”。光电转换系统中的光敏元件会把“焦点”处的光学图像转变成电信号。这些电信号经过电路系统的进一步放大后，形成符合特定技术要求的信号，再由DSP处理后形成视频信号输出。

数码摄像机的影像传感器是摄像机的核心器件之一，能把光线转变成电信号，通过模/数转换器转换成数字信号，其性能高低直接影响数码摄像机的品质。与数码相机相同，目前数码摄像机的影像传感器也分为CCD(电荷耦合元件)和COMS(互补金属氧化物半导体)两种，二者的外观如图10.1所示。

图10.1 CCD和CMOS感光芯片

CCD数码摄像机的基本工作原理为：被摄物体的图像经过镜头聚焦至CCD芯片上，CCD根据光的强弱积累相应比例的电荷，各个像素积累的电荷在视频时序的控制下，逐点外移，经滤波、放大处理后，形成视频信号输出。其工作原理如图10.2所示。

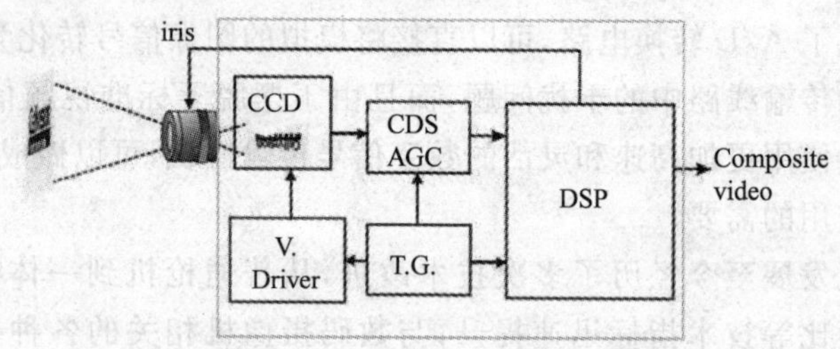

图10.2 CCD数码摄像机的工作原理

CMOS数码摄像机的基本工作原理为：被摄物体的图像经过镜头聚焦至CMOS传感器，CMOS感光后生成一个电信号，再把电信号转化为数字信号，再通过专门的算法把数字信号还原为图像，这其中，影像的计算处理是一个非常关键的步骤。

在传统观念中，CCD代表着高分辨率、低噪点等优点，而CMOS由于噪点问题，一直与电脑摄像头等低端应用联系在一起。这主要是因为CCD具有灵敏度高、抗强光、畸变小、体积小、寿命长、抗震动等优点，另外，CCD在工作时，所有的电荷只经过一个“放大器”进行电压转变，形成电子信号。而CMOS在工作时，每个像素需要单独搭配一个“放大器”，这就带来了两个问题：一方面，在每个像素中“放大器”都要占用一定面积，这部分面积不能感光，会直接造成图像损失；另一方面，要让每个“放大器”的放大效果保持均衡很困难，这也会增加噪点。

但是，自 2006 年索尼首先推出晶锐 CMOS 影像处理器以来，CMOS 在高清领域已经开始逐渐取代 CCD 的位置。晶锐 CMOS 传感器在传统 CMOS 像素排列的基础上，将像素点旋转 45 度，不仅提高了感光区域的面积，还使得水平和竖直方向的分辨能力更强，获得更丰富的画面层次与影像质量。加上 CMOS 本身拥有的处理速度快、低能耗、高灵敏度、高动态范围等优点，晶锐 CMOS 成为目前高清普及的最大动力。而 CCD 却明显具有局限性。其主要体现在：CCD 在工作时，上百万个像素感光后会生成上百万个电荷，所有的电荷全部经过一个"放大器"进行电压转变，形成电子信号，因此，这个"放大器"就成为一个制约图像处理速度的"瓶颈"。

由于 CMOS 中每个像素点都有一个单独的放大器，因此 CMOS 没有 CCD 的"瓶颈"问题，能够在短时间内处理大量数据，输出高清影像，因此也能都满足高清 HDV 的需求。另外，CMOS 工作所需要的电压比 CCD 低很多，功耗大约只有 CCD 的 1/3。因此，电池尺寸可以做得更小，摄像机的体积也可以做得更小。

索尼专门为 CMOS 感光芯片开发了"增强型影像处理器"，它使用了一种全新的算法，能够更好地提升 HDV 影像的动态范围，平衡光暗度，表现影像的层次感。所谓"动态范围"是指一台摄像机在暗处拍摄物体时候的影像再现能力，这是考察数码摄像机成像质量的一个重要标准，高动态范围可以在暗处实现原始影像真实重现和同时具有很好的细节表现力。"增强型影像处理器"把原始的影像信号分离成为"图像信号"和"亮度信号"，画面的明暗处被分别优化处理，更加逼真传神。

随着 CMOS 制造工艺和影像处理技术的不断突破，业内对 CMOS 的前景预测也越来越乐观，高清数字影像的普及更是 CMOS 技术发展的一个难得机遇。而且，与 CCD 相比，CMOS 的制造原理更加简单、体积更小、功耗更低。种种资料表明：图像传感器领域正面临着一个重大转折，尽管从目前的状况看，CMOS 与 CCD 图像传感器的应用市场仍然有一个分界，但这个界限似乎越来越模糊。

10.1.2　数码摄像机种类

根据感光芯片的不同，数码摄像机可分为 CCD 数码摄像机和 CMOS 数据摄像机；根据功能的不同，数码摄像机可分为红外线摄像机、网络摄像机、强光抑制摄像机等。最常用的分类方式是根据记录介质的不同来分类，包括 Mini DV（采用 Mini DV 带）、Digital 8 DV（采用 D8 带）、数码摄录放一体机（采用 DVCAM 带）、DVD 摄像机（采用可刻录 DVD 光盘存储）、硬盘摄像机（采用微硬盘存储）和闪存摄像机（采用 SD 或 MMC 等闪存卡）。

图 10.3　DV 磁带、微硬盘与 SD 卡

1. Mini DV

以 Mini DV 为纪录介质的数码摄像机在市场上占有主要地位。Mini DV 磁带的外观如图 10.3 所示。DV 格式是一种国际通用的数字视

频标准，最早在1994年由10多个厂家联合开发而成，它采用1/4英寸的金属磁带来记录高质量的数字视频信号。DV视频的特点是：影像清晰，水平分辨率高达500线，可产生无抖动的稳定画面。DV视频的亮度取样频率为13.5MHz，与D1格式相同。为了保证最好的画质纪录，DV使用了4：2：0(PAL)数字分量记录系统。

DV可以录取48kHz、16bit的高保真立体声音频，质量等同于VCD的音频效果；还可以降低层次，以12bit、32kHz的采样频率进行录音，质量优于FM广播。

DV摄像机体积小巧、重量轻、方便携带，可通过IEEE1394或USB接口与PC机相连，将DV带上的音视频转录到PC机上进行非线性编辑。由DV转录到PC机上的视频文件为AVI格式，未经压缩的AVI文件非常大，通常10分钟的AVI就会占用2GB的空间，但是它的图像和声音效果十分出色，可压缩成DVD格式或家庭录像机的VHS格式。

2. Digital 8(D8)

Digital 8与DV带一样，拥有500线水平分辨率的画质，视频质量要好于传统摄像机。与DV带不同的是，Digital 8采用8mm的金属磁带，比DV带要粗。Digital 8兼容传统的8cm磁带，灵活性和适应性显得更高。

D8磁带的尺寸为15×62.5×95mm，体积只有传统录像带的1/5大小。D8能够与以前的Hi8和V8录像带通用，只不过D8磁带中储存的是数字信号，所以清晰度非常高。

3. 摄录放一体机

摄录放一体机又称为DVCAM。DVCAM格式由索尼在1996年研发成功，其性能和DV带几乎一样，所不同的是两者磁迹的宽度。DV带的磁迹宽度为10μm，而DVCAM的磁迹宽度为15μm。由于记录速度不同，DV是每秒18.8mm，而DVCAM是每秒28.8mm，所以两者在记录时间上也有所差别，DV带可以记录60～276分钟的影音，而DVCAM带可以记录34～184分钟的影音。

在视频和音频的采样方面，DV和DVCAM基本相同，记录码率为25Mbps，音频采用48kHz和32kHz两种采样模式。

4. 光盘式DV

光盘式DV又称为DVD数码摄像机，其存储介质采用DVD-R或DVD-RW。对于普通家庭应用来说，DVD数码摄像机操作简单、携带方便，拍摄结束后可直接用DVD播放器播放，省去了后期编辑的麻烦。DVD数码摄像机的代表机型是索尼HDR-UX5E，如图10.4所示。

DVD数码摄像机与Mini DV的用法不同。开始拍摄之前，如果使用DVD-RW可重复擦写光盘，首先要进行光盘初始化。在拍摄过程中会有两种存储模式可供选择：DVD-Video和DVD-Video Recording。不管使用哪种模式，在拍摄完成之后都要进行所谓的“光盘封口”操作，否则光盘就不能直接在DVD播放器上播放。

采用VIDEO模式(DVD-Video)拍摄的光盘可以在大部分DVD播放机上直接播

放，但是不能在摄像机和电脑上直接编辑（后期可以通过软件转换格式后编辑），适合不经常编辑视频的初级用户。

采用 VR 模式（DVD-Video Recording）拍摄的光盘可以在摄像机上直接编辑视频，但是并非所有的 DVD 播放机都能兼容这种模式，适合精通视频编辑的操作者使用。

5. 硬盘式 DV

硬盘式 DV 采用 IBM 微硬盘（Micro Drive）作为存储介质，这种数码摄像机最初由 JVC 在 2005 年推出，代表机型为 JVC GZ-MG40，如图 10.5 所示。

微硬盘的外观和 CF 卡一样，卡槽可以和 CF 卡通用，体积比磁带和 DVD 光盘更小，使用寿命也是众多存储介质中的佼佼者，可反复擦写 30 万次。使用也非常方便，将 DV 连接至电脑上，或将将微硬盘放到读卡器中，即可直接将动态影像直接拷贝到电脑上，省去了 Mini DV 采集的麻烦。

目前的微硬盘容量一般都在 40G 以上，可以录制超过 10 小时的高清动态影像。

图 10.4　索尼 HDR-UX5E

图 10.5　JVC GZ-MG40

6. 闪存高清数码摄像机（HDV）

闪存（Flash Memory）是电可擦除只读存储器（EEPROM）的变种，是一种长寿命、非易失性（在断电情况下仍能保持所存储的数据）存储器。闪存上的数据存取不以字节为单位，而是以固定的区块为单位，区块大小一般为 256KB 到 20MB。由于闪存具有存取速度快、无噪音、低功耗等特点，近年来闪存的应用范围越来越广。目前，闪存正朝大容量、低成本的方向发展，未来甚至有可能取代硬盘。

在数码摄像机领域，闪存最初被应用于低端的 CMOS 迷你型摄像机，较常见的是用 SD 卡、MMC 卡来代替 DV 带存储影音数据。现在这种摄像机已经过时，取而代之的是基于闪存的高清数码摄像机。

2003 年，索尼、佳能、夏普、JVC 四家公司联合宣布了 HDV 标准。2004 年，索尼发布了全球第一部家用高清数码摄像机 Handycam HDR-FX1E，这是一款符合 HDV1080i 标准的高清数码摄像机。数字高清晰度电视（HDTV）是数字电视（DTV）标准中最高级的一种，它是指在拍摄、编辑、制作、传输、接收、播出等一系列过程中都使用数字技术。HDTV 的扫描格式共有 3 种，即 1280×720p、1920×1080i 和 1920×1080p，我国采用的是 1920×1080i/50Hz。其中字母 i 代表隔行扫描，字母 p 代表逐行扫描。而1080、720则代表垂直方向所能达到的分辨率。1080p是目前最高规格的家用高清信号格式。

图 10.6 三星闪存高清摄像机 SC-HMX20C

HDV可以录制高质量、高清晰的数字化影像。HDV标准既可以和现有的DV磁带一起使用,也可以使用新型的闪存存储器作为记录介质。目前,三星、佳能等公司都有相应的闪存高清DV产品,闪存容量一般为4GB或8GB,支持1到2小时的影像拍摄,并且可以通过更换闪存卡扩充存储容量。图10.6所示是三星闪存高清摄像机SC-HMX20C。闪存高清DV被认为是继硬盘式DV之后的第四代DV产品。

10.2 数码摄像机关键技术

10.2.1 镜 头

数码摄像机之所以能够摄影成像,是通过镜头将被摄物体的光线投在影像传感器的成像面上。因此说,镜头就是摄像机的眼睛。市场上常见的各种摄像机镜头都是加膜镜头。加膜就是在镜头表面涂上一层带色彩的薄膜,用以消减镜片与镜片之间产生的色散现象,还能减少逆光拍摄时所产生的眩光,保护光线顺利通过镜头,提高镜头的透光率,使所摄的画面更清晰。

1. 成像原理

焦距是焦点距离的简称。例如,把放大镜的一面对着太阳,另一面对着纸片,上下移动到一定的距离时,放大镜就会把光线在纸片上聚成一个很亮的光点,这个光点甚至能在纸片上烧出一个焦黑的小孔。这时,从透镜中心到纸片的距离,就被称为透镜的焦点距离。对摄像机来说,焦距相当于从镜头"中心"到摄像管或固体摄像器件成像面的距离。

因为镜头拍摄影像的大小是受焦距控制的,因此在摄像过程中,摄像者经常变换焦距来进行造型和构图,以形成多样化的视觉效果。例如,在对同一目标拍摄时,镜头的焦距越长,镜头的水平视角越窄,拍摄到景物的范围也就越小;镜头的焦距越短,镜头的水平视角越宽,拍摄到的景物范围也就越大。

一个摄像机镜头能涵盖多大范围的景物,通常以角度来表示,这个角度称为镜头的视角。被摄对象的光线透过镜头在焦点平面上结成可见影像所包括的面积,被称为镜头的视场。但是,视场上所呈现的影像,中心和边缘的清晰度和亮度不一样。中心部分及比较接近中心部分的影像清晰度较高,也较明亮;边缘部分的影像清晰度差,也暗得多。这些边缘部分的影像,对摄像来说是不能用的。所以,在设计摄像机的镜头时,只采用视场。

通常，焦距越短，视角和视场就越大。所以短焦距镜头又被称为广角镜头。

2. 景深原理

当镜头聚集于被摄景物的某一点时，该点在成像器件上就能清晰地结像。并且，在该点前、后一定范围内的景物也能被记录得较为清晰。这种在焦点前、后能够被记录得“较为清晰”的被摄景物纵深范围被称为景深。位于焦点之前的被称为前景深，位于焦点之后的被称为后景深，二者合在一起被称为全景深。一般所说的景深就是指全景深。

有些影像画面上被摄体前面清晰而后面模糊，有些则是后面清晰而前面模糊，还有些则是只有被摄体清晰而其前后都模糊，这些现象都是由镜头的景深特性所造成的。正确地理解和运用景深，将有助于拍出满意的画面。决定景深的主要因素有如下三个方面：

(1) 光圈。在镜头焦距相同、拍摄距离相同时，光圈越小，景深的范围越大；光圈越大，景深的范围越小。这是因为光圈越小，进入镜头的光束越细，近轴效应越明显，光线会聚的角度就越小。这样在成像面前后。会聚的光线将在成像面上留下更小的光斑，使得原来离镜头较近和较远的不清晰景物具备了可以接受的清晰度。

(2) 焦距。在光圈系数和拍摄距离都相同的情况下，镜头焦距越短，景深范围越大，镜头焦距越长，景深范围越小。这是因为焦距短的镜头比起焦距长的镜头来说，对来自前后不同距离上的景物的光线所形成的聚焦带(焦深)要窄很多，因此会有更多光斑进入可接受的清晰度区域。

(3) 物距。在镜头焦距和光圈系数都相等的情况下，物距越远，景深范围越大；物距越近，景深范围越小。这是因为远离镜头的景物只需做很少的调节就能获得清晰调焦，而且前后景物结焦点被聚集得很紧密。这样会使更多的光斑进入可接受的清晰度区域，因此景深就增大。相反，对靠近镜头的景物调焦，由于扩大了前后结焦点的间隔，即焦深范围扩大了，因而使进入可接受的清晰度区域的光斑减少，景深变小。正因如此，镜头的前景深总是小于后景深。

3. 变焦镜头

摄像机的镜头可划分为标准镜头、长焦距镜头和广角镜头。以 16mm 的摄影机为例，其标准镜头的焦距是 25mm，之所以将此焦距确定为标准镜头的焦距，其主要原因是这一焦距和人眼正常的水平视角(24 度)相似。在使用标准镜头拍摄时，被摄对象的空间和透视关系与摄像者在寻像器中所见到的相同。焦距 50mm 以上称为长焦距镜头，16mm 以下的称为广角镜头。摄像机划分镜头的标准基本与 16mm 摄影机相同。但是，目前摄像机大多只采用一个变焦镜头，即利用一个透镜系统实现从“广角镜头”到“标准镜头”以至“长焦距镜头”的连续转换，从而给摄像操作带来极大的方便。

变焦镜头由许多单透镜组成。最简单的是由两个凸透镜组成的组合镜。现设定两个透镜之间的距离为 X，通过实践可以得知，只要改变两个凸透镜之间的距离 X 的长短，就能使组合透镜的焦距发生变化。这就是变焦镜头的基本原理。但是，这种组合透镜的缺点是，当改变了X的距离后，不仅使焦距发生了变化，而且成像面的位置也会有所改变。为了使成像面的位置不变，还必须再增加几组透镜，并有规律地共同移动。因此，摄像机中的变焦镜头至少要有三组组合透镜，即调焦组、变焦组和像面补偿组。如果像距太长、成像面亮度不足，需要缩短像距时，还要再增加一组组合透镜，这组透镜叫物镜组。

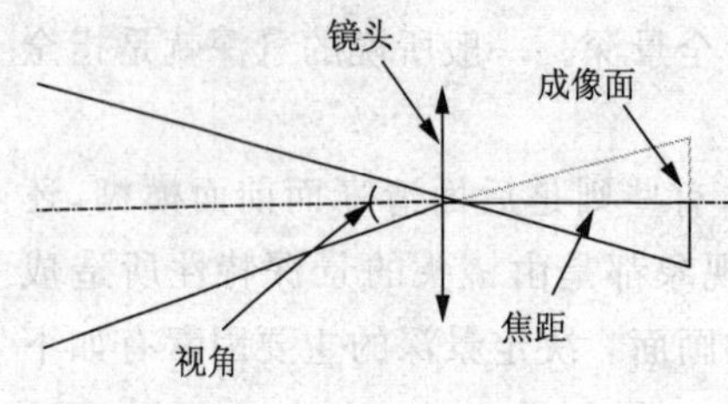

图10.7 光学变焦原理

变焦镜头在变焦时，视角也发生了改变，但焦点位置与光圈开度不变，如图10.7所示。通常所说的镜头的变焦倍数，是指变焦镜头的最长焦距与最短焦距之比。目前，在一些普及型的摄像机中，其变焦镜头的变焦范围大体上是从10mm到90mm，故其变焦倍数约为6～8倍。还有些摄像机变焦镜头的倍数可达到30～37倍。另外，有些机器上还装有一个变焦倍率器，使镜头焦距可以在最长焦距的基础上再增加一倍，从而延伸了镜头的长焦范围。但是，这种变倍装置会影响图像的质量，使用时要格外谨慎。

在实际拍摄时，当把变焦镜头从广角端渐渐地变为长焦端时，其画面的视觉效果好像是摄像机离景物越来越近，这种效果便是所谓的“推镜头”。相反的变化效果便是“拉镜头”。摄像机镜头进行变焦距的变化有两种控制方法，一是电动变焦，二是手动变焦。电动变焦靠电动推拉杆(T推，W拉)来控制，手在推拉杆上用力的大小可改变镜头运动的速度。电动变焦的特点是镜头在推拉的过程中变化均匀。手动变焦是通过直接用手拨动变焦钮实现的，手动变焦一般是在镜头需要急速推拉时才使用。

10.2.2 数码摄像机自动聚焦及其原理

所谓对焦系统，简单地说跟人眼的生理功能差不多，是一种模仿人眼功能的模块。对于数码摄像机来说，普通的数码摄像机均采用自动对焦系统，部分高端专业摄像机才采用手动对焦系统。

自动对焦技术是计算机视觉和各类成像系统的关键技术之一，在数码相机、数码摄像机等成像系统中有着广泛的用途。传统的自动对焦技术较多采用测距法，即通过测出物距，由镜头方程求出系统的像距或焦距，进而调整镜头使之处于准确对焦的状态。随着现代计算技术的发展和数字图像处理理论的日益成熟，越来越多的自动对焦方法基于图像处理理论对图像有关信息进行分析计算，然后根据控制策略驱动电机，调节系统使之准确对焦。

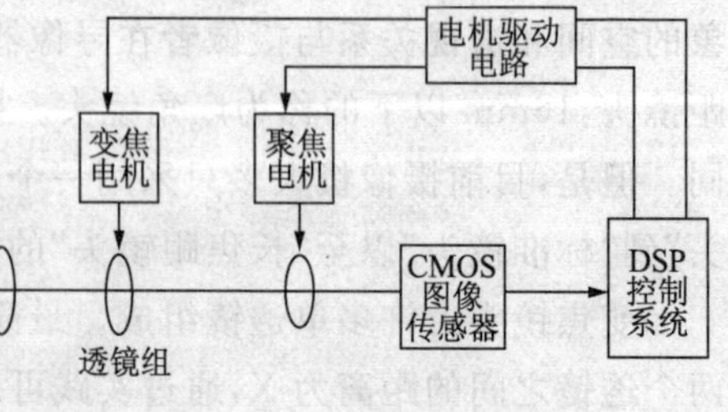

图10.8 自动对焦系统

一个典型的自动对焦系统应具备以下几个单元：成像光学镜头组、成像器件、自动对焦单元、镜头驱动单元，如图10.8所示。

成像光学镜头组包括光学滤波器、变焦

透镜组和对焦透镜组；成像器件是指 CMOS 或 CCD 数字图像传感器；自动对焦单元的核心器件是 DSP 芯片，它负责图像信息的采集、计算、控制策略的选择和控制信号的产生；镜头驱动单元包括步进电机及其驱动电路，该单元接受自动对焦单元的控制，驱动成像光学镜头组中的变焦透镜组和对焦透镜组进行位置调节，最终使图像传感器输出准确对焦的图像。

10.2.3　数码摄像机防抖技术

防抖概念最早由尼康公司提出，该公司在 1994 年推出了具有减震(VR)技术的袖珍相机。1995 年，佳能公司发布了世界第一款带有图像稳定器的镜头 EOS 75－300mm F:4－5.6 IS，其中的“IS”就是影像稳定系统(Image Stabilizer)的缩写，也就是防抖系统。目前数码相机的防抖技术主要有三个类别：光学防抖、电子防抖和 CCD 感光器防抖。数码摄像机的防抖技术源自数码相机，主要有光学防抖和电子防抖两类。

光学防抖的原理如图 10.9 所示。光学防抖是依靠在镜头内的陀螺仪侦测到微小的移动，并且立即将传感信号传送至微处理器计算需要补偿的位移量，然后驱动补偿镜片组，根据镜头的抖动方向及位移量进行补偿，从而有效地克服因摄像机(或相机)振动产生的影像模糊。

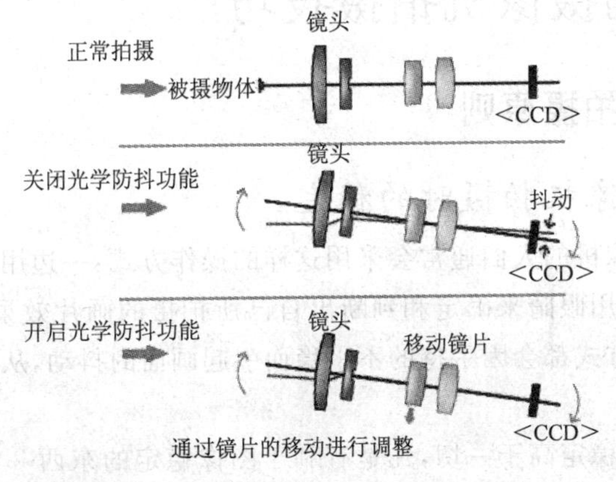

图 10.9　光学防抖原理

电子防抖本质上就是 ISO 防抖，即通过提高 ISO 值，从而提高快门速度达到防抖目的。虽然这是解决防抖问题的一个好方法，不过由于目前感光元件的制造技术还不够成熟，高 ISO 必然带来高噪点，其效果往往得不偿失。

以下介绍几种具体的防抖系统。

1. IS 防抖系统

IS(shift-type optical Image Stabilizer technology，移相型光学图像稳定技术)防抖系统是依靠磁力包裹悬浮镜头，来克服因摄像机振动产生的图像模糊，这对于大变焦镜头数码摄像机所能起到的效果特别明显，是典型的光学防抖技术。镜头内的陀螺仪侦测到微小的移动，并将信号传至微处理器计算需要补偿的位移量，然后通过补偿镜片组，根据镜头的抖动方向及位移量加以补偿。IS防抖系统的代表厂家是佳能。

2. O.I.S防抖系统

O.I.S系统的全称是光学图形稳定器(MEGA O.I.S.)，也是依靠磁力包裹悬浮镜头来实现防抖功能。该技术采用了运动传感器，可以通过陀螺仪传感拍摄时轻微的抖动，由镜筒中间的抖动补偿透镜装置根据光轴偏移进行移动，使用磁力滑动悬空状态的抖动补偿透镜。O.I.S防抖系统的代表厂家是松下。

3. Super Steady Shot 防抖系统

Super Steady Shot 防抖技术基本和IS防抖系统如出一辙，也是通过陀螺仪精确感应相机抖动的方向及幅度，然后过滤掉其中的干扰信号，并且放大振动信号，传输到处理器进行分析计算，得到镜头补偿所需要移动的距离，接着传送到驱动电路，驱动镜头按照处理器计算的数据控制镜头组内部一个可以移动的镜片向反方向移动，以抵消抖动的影响。代表厂家是索尼。

另外还有尼康的VR防抖系统和宾得的SR防抖系统，但这两家主要以生产相机为主，在数码摄像机中并没有引入这两个厂家的防抖系统。

10.3 数码摄像机拍摄技巧

10.3.1 基本拍摄原则

1. 保持摄像机拍摄时的稳定

许多初接触摄像机的人们通常会采用这样的操作方式：一边用电子取景器或液晶屏来拍摄取景，同时用眼睛来确定和判断出自己所拍摄的画片效果，或者单手持机边走边拍。这些操作方式都会因手持的不平稳而引起画面的抖动，从而导致画面的可视性大大降低。

对于摄像来说，稳定高于一切，凡是有利于图像稳定的东西一定要坚持。保持摄像机稳定最好的方法是利用三脚架，用带云台的三脚架来支撑摄像机效果最好，不但能有效地防止机器的抖动，保持画面的清晰稳定、无重影，而且在上下移摄与左右摇摄时也会运行平滑、过度自然。在固定场合长时间拍摄一定要使用三脚架，比如拍摄婚礼仪式、日出、瀑布等，在光线昏暗和拍夜景的情况下也需要使用三脚架。三脚架应安放在稳固、平坦的表面上，尽量远离振动源(如公路、振动的机械等)。如果有风，可以在三脚架上加配重物以加大三脚架的稳定性，比如背包、石块等。支撑摄像机的常用设备还有独脚架、胸架等，它们更简单、轻巧、携带方便。

不过，大多数摄像者并不经常使用三脚架，通常情况下都是手持拍摄，这时候就需要掌握正确的持机要领。

站立拍摄时，用双手紧紧地托住摄像机，肩膀要放松，右肘紧靠体侧，将摄像机抬到比胸部稍微高一点的位置。左手托住摄像机，帮助稳住摄像机，采用舒适又稳定的姿势，确保摄像机稳定不动。双腿自然分立，约与肩同宽，站稳并保持身体平衡。

跪姿拍摄时，左膝着地、右肘顶在右腿膝盖部位，左手同样要扶住摄录机，以获得最佳的稳定支撑。在拍摄现场也可以就地取材，借助桌子、树干、墙壁等等固定物来支撑、稳定身体和机器。姿势正确不但有利于操纵机器，也可避免因长时间拍摄而过累。

在确实需要移动拍摄的场合，如果镜头移动拍摄的长度较短，最好屏气，一口气将它拍完。如果移动拍摄的场景比较长，应均匀呼吸、缓慢移动，并让自己持机的手、臂保持放松。实际的经验表明，越是抱紧就越容易抖动。另外，在移动中拍摄时，尽量不使用长焦而使用广角镜，这样能取得比较好的效果。当镜头被调到最大倍数的变焦位置时，这时只要稍微有一点颤抖都会使镜头产生相当大的晃动，为此需要特别留意。还有在拍摄过程中需要按动某些功能键或手动变焦时，不要用力过猛，以免牵动镜头引起晃动。

现在大多数码摄像机配置有电子防抖功能，手持摄像机时，开启此功能可达到一定的画面防抖效果。

2. 保持摄像机拍摄时间

有经验的摄像爱好者都会有这样的感受，若一个拍摄镜头时间太短，则图像会令人看不懂，而且看得很累。反之，一个镜头的时间太长，则影响观众的观看热情。所以，每个镜头的时间掌握是很值得研究的。一般的原则是：特写 3～4 秒，中近景 4～5 秒，中景 5～6 秒，全景 6～7 秒，特大全景 6～11 秒，而一般镜头拍摄以 4～6 秒为宜。具体的把握需要在实际中体会。记数开始时间以镜头对焦准确为主，一般自动对焦都有个过程，像索尼和松下摄像机的自动对焦功能比较快，镜头转换目标后，能很快准确对焦，而 JVC 摄像机的自动对焦相对慢，这就要求拍摄者将过程稍微延后 1 到 2 秒。

3. 保持摄像机构图平衡

数码摄像构图的关键在于营造一种视觉平衡感。比如，在拍摄自然风光时，地平线要尽量避免处在画面的等比线上，因为这样做会把画面均分为两半，给观看者以呆板的感觉。地平线处在画面下方，会给人以宁静的感觉，而处于上方，则给人一种活泼、有力的感觉。拍摄人物时，要突出人物主体，同时避免把人物主体本身有意无意地分割成左右或上下两半。对头部和眼睛的特写，可以使画面突出。

动态成像的构图规则与静态摄影构图类似，不但要注意主角的位置，而且还要研究整个画面的配置，保持画面的平衡性和画面中各物体要素之间的内在联系，调整构图对象之间的相对位置及大小，并确定各自在画面中的布局地位。一幅完美的构图，至少应满足这样两点：一是画面整洁、流畅，避免杂乱的背景；二是色彩平衡性良好，画面要有较强的层次感，确保主体能够从全部背景中突显出来。

另外，在拍摄过程中还需要保持画面的水平，如果拍摄的画面倾斜严重，在播放时也会影响观看效果。

4. 正确把握变焦

新手在拍摄过程中喜欢不停地使用变焦功能,这样的画面看起来总是在不停地放大和缩小,容易让观众产生视觉疲劳,并且频繁使用变焦功能也比较耗电。

通常来讲,平常拍摄时应以固定镜头为主,不需要做太多变焦动作,以免影响画面稳定性。需要进行画面的变化时,可利用取景大小的不同或角度及位置的不同,对景物的大小及景深做变化。简单地说,就是拍摄全景时摄像机靠后一点,若想拍其中某一部分时,摄像机就往前靠一点,位置的变换如侧面、高处、低处等不同的位置,其呈现的效果也就不同,画面也会更加丰富。

拍摄时多用固定镜头,可增加画面的稳定性。尽量少用令画面忽大忽小的变焦拍摄,除非使用三脚架固定,否则长距离的推近拉远很容易造成画面的抖动。

正确运用变焦功能需要把握恰当的技巧及时机。例如,当要表达某件物品或人物的位置时,以一个长约 3 秒的烛光特写为例,可慢慢地将镜头拉远,使画面渐渐出现原来是一个插满蜡烛的蛋糕。这个动作让画面更为生动有趣。不需要旁白及说明,即可令观看者由画面的变化看出拍摄者所要表答的内容及含意,这就是所谓的“镜头语言”。反之,推近的变焦拍摄则可用来说明特定的目标或人物。例如:画面开始是一群小孩在表演舞蹈的全景,几秒钟后画面渐渐推近到其中一个小孩的半身景,然后镜头就跟着他。这种拍法就像在告诉观众,这个小孩就是被拍摄的主角。以上这两种常用的变焦拍摄方法各有意义,如果运用恰当会产生画龙点睛之效。

在拍摄时尽量不要一个镜头变焦拍到底,而是要经常变换镜头。当拍摄完一个镜头之后,如果需要换一个角度继续拍摄,切忌一边按着 REC 键拍摄,一边走动和变换角度。同时要注意在变焦过程中突出要拍摄的重点,同时拍摄者要对整个拍摄的背景预见性,并且要变化运用由远及近和由近及远。由远及近适合于拍摄场景相对广阔同时可以突出近处的拍摄主体,而由近及远则能很好地给人以个体和整体的融合之感。无论是拉近还是推远的变焦拍摄,每做完一次后就暂停,换另外一个角度或画面后,再开机拍摄。

在实际拍摄过程常常会遇害到一个画面无法将景物的全景拍摄进来的情况,这时可以让摄像机由右到左或是左到右的扫摄,这也是摄像机的优点之一。但不少操作者在做这个动作时,画面常常晃来晃去或是忽快忽慢,看起来非常不顺畅。造成此类问题的主要原因是拍摄者身体转动方式不对,或是转动角度太大,或是犹豫不决、没有一气呵成。正确的做法是以腰部为分界点,下半身不动上半身移动。

5. 注重环境与细节的拍摄

对细节刻画得是否成功,是衡量一部 DV 影像作品重要指标。摄像机通过镜头焦距的变化能够更为宏观或微观地审视景物,它所呈现出来的视觉空间是一个由全景与细节交织构成的主观世界。不少新手还不太习惯让摄像机观察自己的肉眼看不真切的地方,因而他们所拍摄出来的往往是人所共见的平庸影像。优秀的拍摄者是全方位的观察家,他们善于用镜头捕捉神情微妙的面孔、紧张发抖的双手、衣衫下摆的民间纹样、窗外叮咚作响的风铃以及种种一现即逝的精彩瞬间。

10.3.2　拍摄时应注意的问题

1. 光线的运用

光是数码摄像最重要的构成元素，对光线的处理往往要比处理其他元素重要而且困难得多。光的作用不仅仅是使目标在摄像机的影像传感器上成像，好的摄像师还可以利用不同性质的光线表达出不同的意境。

在拍摄中首先要注意光的强度，对于摄像的照明，强光源常常要作为主光来使用，而弱光源要作为辅助光来使用，它可以减弱主光所造成的强烈阴影，同时不至于投射出多余的影子。但如果光线过强则往往收不到很好的效果，因为强光下形成的阴影会过于夸张，光影效果不自然。拍摄时，如果光线过强，可以通过加装漫射屏或反射板等方法，来削弱光线的强度。和强光相比，散光的光影效果较为柔和自然，可以使主体受光面均匀、反差适中。

其次要注意光的方向，避免在逆光下拍摄，因为这样很容易使高光部分过度曝光，而阴影部分看不清楚，造成细节的缺失。最常使用的光向是侧顺光，即光线从摄像机的左边或右边侧面射向被摄主体，侧顺光是使用单光源摄像时较理想的光线。多数情况下可使用 25°～45°侧顺光来进行照明，即摄像机与被摄主体之间的连线，和光源与被摄主体之间的连线形成的夹角为 25°～45°。此时面对摄像机的被摄主体部分受光，出现了部分投影。这样能更好地表现出人物的面部表情和皮肤质感，既保证了被摄主体的亮度，又可以使其明暗对比得当，呈现出立体感。而其他不同方向的光线，如顶光、俯射光、平射光及仰射光等，建议新手慢慢体会、慢慢掌握。

最后还要注意光的色调，不同光线其色调不同。通常用色温来描述光的色调，色温越高，蓝光的成分就越多；色温越低，橘黄光的成分就越多。在不同色温的光线照射下，被摄主体的色彩会产生变化。在这方面，白色物体表现得最为明显：在 60W 灯泡下，白色物体看起来会带有橘色色彩，但如果是在蔚蓝天空下，则会带有蓝色色调。摄像机是靠调节白平衡来还原被摄主体本来的色彩。

2. 选择拍摄角度

人类视觉会因眼前景物的不同而产生心理上的不同感受。例如：将人物或物体用全景画面及特写画面这两种不同的画面大小来拍摄，给观看者的感受是截然不同的。同样的景物以不同角度拍摄，也会给人不同的感受。

在平常的拍摄中，角度一般以平视居多。不过，由于画面上缺乏角度的变化，所以看多了会令人感觉平淡乏味。如果在拍摄中适时地变换一下拍摄角度，会让整个影片更有变化及可看性。即使是一些很平常的家庭纪录片，但由于拍摄者的取景变化丰富，同样也能让观看者感到生动有趣。当我们用一个低角度以仰拍方式来拍摄一个人物时，会让原本矮小的人看起来挺拔许多；但如果换成以高角度俯拍，则会使其显得渺小可怜。虽然主角是同一个人，但用不同的拍摄角度，却呈现出不同的感觉，这就是拍摄角度应用的奥妙之处。

一般在拍摄体型较胖的人时，应尽量避免镜头靠得太近以仰拍的方式来拍摄，因为这会令其显得更胖。如果让镜头远一点用仰拍来拍摄，则而会让人物显得高挑及修长。如果用这种角度来拍摄特写或胸上景，可以让被摄者的脸部下方的轮廓看起来较修长，对于拍摄女孩子的效果会比较好一点。当我们要表现女孩子楚楚动人、惹人怜爱的感觉，以全身景俯拍也可以得到不错的效果。

3. 白平衡调整

对于一些中、低档的摄像机来说，很多使用者都会发现有时在光线很好的条件下，拍摄出来的画面也会在颜色上有一定失真。例如在白炽灯下拍出的图像色彩明显偏红，或是在荧光灯下拍摄图像有些偏绿等。这些都是由于感光元件没有人眼那样的自动调节功能，因此就有必要对它输出的信号进行一定的修正，这种修正称为白平衡。

摄像机都有白平衡感测器，一般位于镜头的下面。它会试图把白色制成纯白色。如果这个最亮的部分是黄色，它会加强蓝色来减少画面中的黄色色彩，以获得更为自然的色彩。摄像机只要在拍摄白色物体时正确还原物体的白色，就可以在同样的照明条件下正确还原物体的其他色彩。如果在阳光明媚的室外拍摄，可以选择自动、室外、晴天模式，DV 的白平衡功能会加强图像的黄色，以此来校正颜色的偏差。如果在这种环境下设定为室内拍摄模式，则白色物体会出现偏蓝色彩。如果在阴雨天或者室内拍摄，可以选择室内、阴天、灯光模式，DV 的白平衡功能会加强图像的蓝色，以此来校正颜色的偏差。如果在这种环境下非要设定为室外模式，白色物体会出现偏黄色彩。另外，在室内钨丝灯的光线下拍摄时，可以设定为室内模式或者灯光模式。

自动模式是由 DV 的白平衡感测器进行侦测以后自动进行白平衡设置，这种模式只有在室外使用时色彩还原比较准确，在其他拍摄环境下使用自动模式色彩还原不够准确。当外界条件超出白平衡自动调节范围时，图像会略带红色或蓝色；即使在白平衡自动调节功能范围内，如果有 1 个以上的光源，自动白平衡调节仍可能无法正常工作，在这种情况下，就需要手动调节白平衡。进行手动调节前需要找一个白色参照物，如白纸一类的东西，有些 DV 备有白色镜头盖，这样只要盖上白色镜头盖就可以进行白平衡的调整了。

操作过程大致如下：把摄像机变焦镜头调到广角端，将白色镜头盖（或白纸）盖在镜头上，盖严；白平衡调到手动位置，把镜头对准晴朗的天空，注意不要直接对着太阳，拉近镜头直到整个屏幕变成白色；按一下白平衡调整按钮直到寻像器中手动白平衡标志停止闪烁（不同的机器，其表示方法有所不同），这时白平衡手动调整完成。

10.3.3 特殊场景拍摄

1. 室外自然光拍摄

室外自然光自然光线主要是阳光，它有三种不同的形态，即直射的阳光、散射的“天光”和环境的反光。阳光下的所有景物的光效都是由这三种形态的光线所构成。

在同一地方随着季节的变化，太阳在空中的方位也发生着变化，在同一季节，随着地理位置的不同太阳的方位也不同。在一天时间中，太阳的位置也不断发生着变化，与地平面形成不同的入射角，并由于大气层的影响使光线的色温也发生着变化。拍摄者要善于把握阳光的变化规律，选择适合造型表现的时机和光线效果。

(1) 黎明与黄昏。从东方发白到日出之前为黎明时刻，从太阳落山到天空星星出现之前为黄昏时刻。在这两段时间中，在日出和日落方向，靠近地面的天空较亮，正顶天空较暗，地面上景物被微弱的天空散射光所照明，普遍亮度较低。这种光线不易表现景物的细部层次，而适合于拍摄剪影效果。黄昏时刻运用人工光补亮地面景物，可以拍出背景层次细腻而丰富的夜景效果。

(2) 早晨与傍晚。当太阳从地平线升起到 15°角的高度之间为早晨光调，当太阳从离地面 15°角的高度降到地平线以下为傍晚光调。在这两段时间中，由于阳光入射角比较低，各种垂直于地面上的物体被照得明亮，并形成长长的投影。如果用逆光拍摄，景物受光面与未受光面反差较大。当空气中水蒸气比较多时，天边形成一层晨雾或暮霭，阳光被大量散射，光线较为柔和，在被摄体上构成富有表现力的、为天空散射光充分柔化了的明暗变化。

早晨和傍晚时刻景物色彩丰富，冷暖对比鲜明，是拍摄风景的黄金时刻。早晨和傍晚的差异在于景物的色彩感受不同。傍晚时分，地面在一天的日照之后温度较高，空气中的尘埃和水蒸气更多，对阳光的反射和折射更加强烈，因此阳光的色温较早晨为低，景物的色彩较早晨偏暖。而早晨空气比较清新，大气中的悬浮物也大都落于地面，因此阳光的色温比傍晚时要高，从画面看来，景物的色彩也不像傍晚时刻那么“暖”。

这两段时间光线由暗到亮(早晨)或由亮到暗(傍晚)的变化很快，色温也从低色温到高色温(早晨)或由高色温到低色温(傍晚)变化很快。拍摄时必须抓紧时间，并注意随着光线色温的变化随时调整白平衡。一般日出、日落气氛的镜头都在这一时间段中拍摄。

(3) 上午与下午。当太阳与地平面的夹角由 15°上升到 60°角，或从 60°下降到 15°角时，即是我们通常所说的上午和下午。这两段时间中太阳的光线变化不大，色温相对稳定在 5400K～5600K 之间，晴朗天气时，光照充足，地面景物的垂直面和水平面均能得到较均匀的照射，并形成一定的入射角，能较好地表现物体的立体形态和表面结构。这两段时间是外景自然光下拍摄的主要创作活动时间。

(4) 中午。当太阳由上午 60°角移至下午 60°角这段时间为中午。在北半球夏季的中午，太阳近乎垂直照射成顶光效果且光照强烈。景物水平面被普遍照明，而垂直面受光很小或几乎没有。这种光线不利于表现人物的面部造型及物体的质感，镜头俯拍时，由于地平面景物均匀反光画面中缺少影调层次变化。同时由于阳光照射到地面的路径相对短些，光照强烈且散射光少，阴影部分不能获得足够的散射补光，景物明暗反差显著增大。这段时间不是户外拍摄的最好时间。

2. 室内自然光拍摄

室内自然光拍摄,是指在白天利用直射或漫散到室内的自然光线拍摄室内的人物和景物。室内自然光是最明亮、经济的室内摄像照明光源,同时也是真实地再现白天室内环境和人物活动的有效手段。

(1) 室内自然光特征。室内自然光与室外自然光相比,光线照射要复杂、多变,常在同一室内同时出现多种光线效果。室内自然光除了受天气阴晴、地理纬度、季节时间等因素影响外,还普遍具有如下特征:一是除门窗等开口有部分直射阳光外,大部分空间为散射光和漫射光照明;二是尽管都是阳光照明,但室内色温偏高于室外色温,并且越是远离门窗的地方,色温越高,呈灰蓝或青蓝色调;三是室内光线投入的地方,不由太阳所处方位决定,而由门窗在室内方位决定。如果门窗在北边,该房间光源则不在南边而在北边。如果一间屋内多处有门窗,该屋内光线呈多光源效果;四是室内亮度间距大于户外,越是远离门窗的物体,光线亮度减弱越为明显,在同一室内光线亮度可差四五挡以上。

(2) 室内自然光直接拍摄。室内自然光拍摄是用 DV 拍摄过程中经常会碰到的情况,拍摄者应依据室内客观条件的不同做出相应的光线处理和画面表现。

当室内自然光亮度达到摄像机记录景物的最低照度值时,就可采用直接拍摄的方法。直接拍摄有很大的优点,一是画面内无人工光照明,完全现场光效,光线真实、自然;二是室内人物不受光线影响,容易抓拍人物真实的表情和动作。但是,直接拍摄也有一些难以避免的缺点。一般来说,采用现场条件的自然光进行拍摄,除门窗等强光位置外,室内其他部分缺少明亮的光调,画面色调容易偏蓝,并且不够透亮,给人一种"发闷"的感觉。因此,在室内自然光照明条件下直接拍摄时应注意以下三个方面。

一是摄像机镜头尽量避开强光窗口,以防止窗外亮度与室内景物亮度间距过大而出现室内景物严重曝光不足的现象。避开强光窗口可以有效地减少画面中的亮度反差和亮度不平衡,通过提高室内景物的曝光量相对提高画面中室内景物的亮度。比如,拍摄室内人物应尽量避免对着窗户,因为如果按窗口的强光亮度来曝光的话,人物就会成为剪影,面部表情难以看清;而如果依据人脸亮度控制曝光,那窗口的强光则将因曝光过度而出现大面积"呲光"。

二是在光线亮度不平衡的室内运用运动镜头时,最好用手动光圈。随着镜头的运动随时调整曝光量,使拍入画面的景物亮度平衡而一致。如用自动光圈,由于摄像机内电三测光系统自动调整曝光量的速度慢于拍摄时镜头运动的速度,画面中会出现忽明忽暗的现象,破坏整个现场的光调气氛。

三是注意选择色调和亮度反差大的物体,拉开画面的影调层次,在室内光线色温较高的地方调整白平衡,减少画面中的蓝紫光调。

(3) 室内补光拍摄。当室内自然光亮度达不到摄像机记录景物的最低照度值时,或者室内光线亮度极不平衡时,可用人工光提高室内亮度或平衡室内光线。因人工光源色温大多为 3200K,而室内自然光色温普遍高于 5500K,两种色温的光线交叉照明会使画面中人物与景物色调相比严重偏色,因此在补光拍摄时首先应注意平衡光线色温。

平衡色温的方法一般是提高人工光色温，将低色温向高色温“靠拢”，就是在人工光灯头前加挂 5500K 色温纸，使通过的照明光线色温由 3200K 变成 5500K。通过人工光提高室内亮度或平衡室内光线时，还应注意尽量保持室内自然光效气氛。补光时参照窗口光线的入射方向和角度，并通过提高灯位，让人物离开墙壁等方法，尽量减少投影、减少多光源现象。

在室内屋顶较低，四周墙壁反光率较高的情况下，可采用反射补光法。即不直接将人工光投射到被摄体上，而是投射到室内天花板或墙壁上甚至反光伞上，通过光线的反射再投射到被摄体上，形成一种均匀、柔和的照明光线。这种补光法既可以整体提高被摄体的亮度，又不破坏室内原有的光调气氛，是一种理想而简便的补光法。

3. 会议拍摄

(1) 拍摄准备。首先需要事先了解会议内容，实地考察会场的大小、灯光情况、主宾位置、拍摄者的位置等，以便打下草稿确定要拍摄的内容。在会议的前一天准备好需要的摄像器材并把 DV 的电池充足电。

(2) 拍摄会议背景。会议拍摄内容包括时间、地点、人物、会议的开始、经过和结束六要素。在会议开始之前可以拍摄一些会议背景材料，例如会场内、外的布置等。在拍摄会议的时间、地点和参会人员时需要注意这样几点：

· 一般摄像机都有时间记录功能，在拍摄时把这项功能打开。如果觉得光有时间显示还不能说明问题，还可以在后期制作时加上解说。

· 可以先到会场外面拍摄横幅等宣传标语，这样可以起到表达会议内容的作用。

· 在会议当天提前到场，把重要来宾的签到拍摄下来。重要来宾在会议开始前有时会到贵宾室休息，这时要拍下主宾之间握手交谈的画面。

(3) 会前拍摄。在会议开始之前，先拍摄会场的总体布置(包括主席台全景和会场全景)，接下来拍摄主持人宣布会议开始，全体参会人员鼓掌的画面。在拍摄时画面变换要慢，以突出会场严肃的气氛。

(4) 会中拍摄。会议开始后，参加会议的人应该是重点拍摄对象，对于重要的发言人应该用全身或是半身特写画面，并尽量把镜头画面对着重要发言人。对于其他发言人也要进行拍摄，这不仅是对参会人员的尊重，也是为了完整体现会议内容。再有就是要拍摄台下听众的场面，这样可以使会议影像记录显得更丰满、生动。

有时对于较长的会议可能无法完全记录，就需要选择拍摄有代表性的发言人。但这时仍然不要忘记拍摄听众，在发言者交接的时候不妨把画面对着听众，拍摄他们专注的神情或做笔记的动作。

在拍摄发言人时最好采用正面拍摄，这样能够清楚地展现被摄对象的正面全貌。在拍摄时被摄人物要位于拍摄画面的中心部位，通过发言人的眼神、表情和姿态来展示其发言的说服力和吸引力。除此之外还要注意被摄对象的姿势和手势。

由于所拍摄的会议记录主要是用来制作专题片或新闻片，因此拍摄方法和拍摄新闻一样，只不过更讲究艺术性。需要注意的是专题素材在画面上不要追求花样，切不可将画面变换特技用于拍摄专题素材，因为画面特技处理通常是在后期制作中再完成的。在拍摄过程中最好多使用“切”的画面，以方便后期配音。所谓“切”就是固定摄像机位置，调整好光圈、速度、白平衡后连续拍摄若干秒。

(5) 会后拍摄。会议结束时，应先将摄像机镜头画面对着主席台，然后再把画面转向起立鼓掌的听众，此时要对全景有一定的层次把握。最后把摄像机架在出口处拍摄与会者出场的画面，以“渐变黑幕”的画面变换方式结束本次会议拍摄。有些会议在结束后会有主要领导接见会议来宾的活动，这时应在拍完最后一个发言者后马上到达接见活动现场，提前做好拍摄的准备工作。在拍摄时要注意拍下主宾亲切握手的画面。

(6) 注意事项。一是要注意声音的录制。在拍摄时应该将摄像机的麦克风对准发言人的位置，这样可以使录音更清晰。如有必要，可以在会议现场安装专门的录音设备，录下整个会议的过程以备后期编辑使用。

二是要注意会议主题。在拍摄前一定要搞清楚所要拍摄的主题，最好先和发言人交流，弄清楚会议的主次关系，做到拍摄时“抓大放小”，从而完成一次很好的会议拍摄记录。

10.4 数码摄像机日常保养

10.4.1 数码摄像机主要配件

1. 电 池

一般来说，DV 原配电池的容量都比较小，特别是小型化设计也限制了厂商采用容量较大的电池。不足 2 小时的连续拍摄时间对于往往无法满足许多应用场合，因此选配 1 块备用电池是非常必要的。一般来说，DV 电池的体积越大也意味着蓄电量越多，不过重量也越重、价钱也越贵，可以根据自己的实际需要来选择。一般原装的 DV 电池价格较贵，也可选择国产通用电池。目前国内一些正规厂家的产品均通过了中国轻工业总会电池质量监督检测中心的产品质量认证和 CE 认证，例如瑞能、万信、世界通等厂家的产品在质量上都是非常不错的。

2. DV 带

除了采用微硬盘、DVD 光盘或闪存盘作为存储介质的 DV 产品外，DV 带是 DV 拍摄必不可少的耗材。DV 磁带宽度为 6.35mm，带盒体积为 66mm×48mm×12.2mm，标准 SP 模式的摄像时间为 60 或者 80 分钟。

3. 摄像灯

由于 CCD 尺寸等条件的限制，家用 DV 在低照度下的表现往往不够理想，会产生大量噪点。虽然很多 DV 都支持夜拍，有的还带有小型摄像灯，但是在光线较差的情况下还是效果不佳。对于这些情况，可以配置一个小巧的摄影灯来解决问题。市场上比较常见的有索尼 S3D(如图 10.10 所示)、IRH2、FDH4 等。

4. 麦克风

虽然数码摄像机本身一般带有麦克风功能，但其效果不是很好。对于要求较高的用户来说，可采用外接麦克风的方法来解决，摄像专用麦克风的外形如图 10.11 所示。

图 10.10　摄像灯

图 10.11　摄像专用麦克风

5. 三脚架

目前大多数 DV 在防抖方面还不能完全令人满意，所以一个合适的三脚架对于一些相对定点的拍摄是大有帮助的。目前市场上三脚架产品林林总总，价格也从几十元到数千元不等。选用时要注意三脚架本身要够高，这样才能拍到更广阔的景色，在购买时最好选择名牌大厂的产品，使用时要仔细阅读说明书的要求合理使用。

6. 外接滤镜

(1) UV 镜。在拍摄时 DV 镜头很容易直接接触到灰尘、水滴或手指印，导致镜面磨损及影响画面的清晰。因此在镜头外面加装一片透明的保护镜片，可保护镜头不会直接受到污染或损伤，这就是 UV 镜。市场上 UV 镜品种很多，一般用户可购买 100 元左右的 UV 镜，如索尼、肯高等品牌。图 10.12 所示是几种不同口径的 UV 镜。

(2) 广角镜。数码摄像机的镜头视角一般都比较窄，要想拍完一个完整的全景画面是比较困难的，因此摄像机厂商都会另外生产一些外接广角镜供使用者选购。广角镜可以加大数码摄像机的视觉角度，一般有 X0.5、X0.7 倍率等等，数值越小表示视角角度越广阔。图 10.13 所示是索尼 0630 广角镜。不过，角度过于广阔的话会造成画面的畸变，选购时也不必过于追求倍率很大的广角镜。

图 10.12　不同口径的 UV 镜
(27mm，30mm，43mm)

图 10.13　索尼 0630 广角镜，
适合 30mm 口径摄像机

(3) 增倍镜。数码摄像机一般都具有10倍以上的光学变焦,有的甚至达到24倍。但是对于一些需要长距离拍摄的情况(比如拍摄野生鸟类生活场景),这些变焦还是不够的。增倍镜外观如图10.4所示,变焦倍数一般为2到4倍。举例来说,如果数码摄像机本身是10倍光学变焦的话,接一个2倍的增倍镜,就可以达到20倍光学变焦的效果。

(4) 偏光镜。又称线性偏光镜,外观如图10.15所示。偏光镜的最大用途是消除反光,使影像色彩更鲜艳。偏光镜的原理是利用偏振光的特性,以偏光镜片把它们“过滤”掉,进而消除水面、玻璃、非金属表面等产生的反光。偏光镜镜面近似黑色,镜头外边缘可以转动,一般用于拍摄水面或者玻璃橱窗内的景物。一些电影甚至全片用偏光镜拍摄,以使画面有更浓艳的色彩,使演员脸上连半点反光也没有。不过,偏光镜会把光度减两级,在白天日光下使用还可以,在弱光环境下则不适合使用。

图10.14 3.8倍高级增倍镜

图10.15 偏光镜

10.4.2 数码摄像机保养

1. 整机的保护

携带数码摄像机外出时,应把机器放在比较结实的摄像包中。一个合格的DV摄像包外部材质应比较耐磨,四面应有较厚的海绵保护层,内部要柔软,并且应该有可调隔板和各种可放附件的口袋。

拍摄时一定要拿稳机器,防止机器由于意外的碰撞脱手而跌落在地。可以利用一条肩带把数码摄像机挎到肩上,这样比较省力,并且在拍摄时可以更稳固地拿住机器。

2. 镜头的保护

镜头的保护是非常重要,如果镜头上沾上了灰尘,应用擦眼镜或擦照相机镜头所使用的软布,轻轻地拭去摄像机镜头上的灰尘。对于粘在镜头边缘部位的灰尘,可用细棉花棒轻轻擦拭。清洁镜头时要注意几点:

(1) 不要用沾有酒精的软布或棉花棒擦拭镜头。因为经常用酒精擦拭容易使镜头变色,而一旦镜头染上了颜色,就不能拍摄出真实的色彩了。

(2) 不要在刚吃完饭或嘴里还有食物的时候对着镜头哈气,因为这样容易使嘴里的东西粘到镜头上。

(3) 不要用刚拿过食物的手去触摸镜头,这样很容易弄脏镜头。

(4) 清洁镜头时,可顺便擦拭一下镜头防护罩的内侧。因为在拍摄过程中,防护罩的内侧也容易粘上灰尘。

3. 注意防水防潮

要尽量避免在雨天或雪天进行拍摄工作,因为这会使机器受损,时间长了还可能导致镜头内侧的玻璃上出现霉菌。如果必须在一些空气湿度较大的场合下拍摄时,例如瀑布、海滨等风景点,应特别注意避免淋雨、溅水和摄像机落水等情况发生。可以配备一个如图 10.16 所示的防水罩来保护镜头。如果没有防水罩,可以暂时用手帕等盖住机身,以免机体受潮。

图 10.16 防水罩

另外,在摄像包中放一小袋干燥剂,也可以有效地防止摄像机受潮。

4. 正确使用电池

数码摄像机一般使用锂离子电池。外出旅行时应该把电池存放在干燥、阴凉的环境,而且尽量避免将电池与其他金属物品存放在一起,以防止发生电池短路的情况;外出旅游容易使电池变脏,这样也会导致电池电量的"流失",因此一定要注意保持电池两端的接触点和电池盖子的清洁。再有,不使用数码摄像机时一定要取出磁带并卸下电池。

5. 避免湿气凝结现象

在天气比较冷的地方旅游时,要避免在低温下长时间拍摄,以防止机器的提前老化。另外,当把数码摄像机从寒冷的地方拿到比较温暖的地方时容易发生湿气凝结,此时会因为摄像带与摄像机的磁鼓粘连,摄像机自动保护,摄录按钮暂时失效,无法继续拍摄,所以要注意避免这种情况的发生。

如果必须要把数码摄像机从寒冷的地方拿到比较温暖的地方,例如从滑雪场回到宾馆房间的时候,可以先将数码摄像机装在塑料袋中,然后密封,当袋内空气的温度达到周围环境温度时再取下塑料袋,这样就可以有效地防止湿气凝结现象。

第 11 章　移动存储设备

近年来，各类 PSD(Portable Storage Device，可移动存储设备)异军突起，广泛应用于台式 PC、笔记本电脑、掌上电脑、数码相机、数码摄像机等领域。移动存储作为一种技术解决方案包括两方面的含义：一是数据通过移动存储设备在不同的数码产品之间交换；二是数据的离机存放与备份。目前已有的移动存储设备可概括为以下五代：

第一代移动存储设备：磁带，3.5in、5.25in 软盘/软盘驱动器。

第二代移动存储设备：以 CD-ROM 为代表的光介质存储器。

第三代移动存储设备：Zip(大容量软驱)、MO(磁光盘)等。

第四代移动存储设备：Jaz、ORB 活动硬盘。

第五代移动存储设备：移动硬盘、闪存盘、存储卡、微型硬盘等。

11.1　移动硬盘

移动硬盘是目前最流行的大容量移动存储设备，它汲取了固定硬盘的技术特点，使用 USB 或 IEEE 1394(火线)等支持热插拔功能的高速传输接口来传输数据，具有技术成熟、安装简单、轻巧便携、超大容量、稳定安全、存取快捷等优点。

在结构上，移动硬盘主要包括三部分：外壳、2.5in 笔记本电脑硬盘、IDE→USB 转换器件。IDE→USB 转换器件一般采用美国 ScanLogic 公司生产的控制芯片。一方面，笔记本电脑硬盘具有抗震能力强、能耗较低、体积细小的优势；另一方面，众多制造商在移动硬盘的功能和性能提高上也尽量优化设计，使得移动硬盘的防滑、抗震、防潮、防磁、防静电等性能得以大幅提高。以著名的爱国者移动存储王 III 代(产品外观如图 11.1 所示)为例，为了防范移动硬盘因跌落或遭撞击而导致的数据受损，其产品采用了三维动态吸震技术、液压平衡滚轴系统、微气囊弹性缓冲技术、g-safe 重力感应存储保护技术等先进设计，在数据安全性方面性能极佳。

目前市场上还有另外一种形式的移动硬盘产品——移动硬盘盒，外观及内部结构如图 11.2 所示。利用一块旧的笔记本电脑硬盘，再花几分钟时间把硬盘安装到移动硬盘盒中(其实也就是将硬盘与移动硬盘盒中的 IDE 接口连起来)，就完成了一块 DIY 移动硬盘的制作。虽然 DIY 移动硬盘与品牌移动硬盘在性能上并不存在天壤之别，但二者之间毕竟是有差距的，主要是品牌移动硬盘在电气性能、防震、防静电等方面要好一些。

图 11.1　爱国者移动存储王

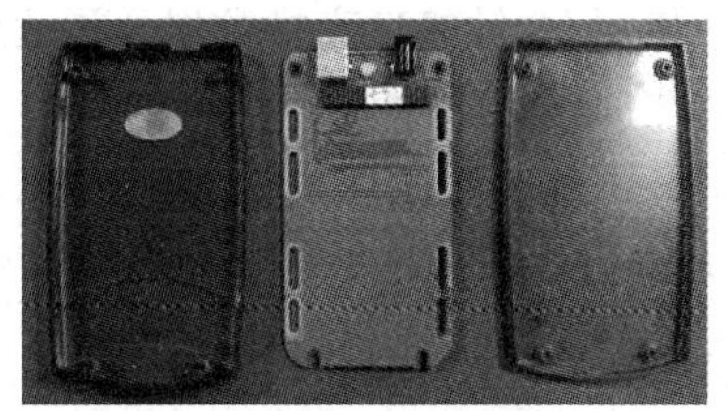

图 11.2　USB 移动硬盘盒

11.2　U 盘(闪存盘)

“闪存”(Flash Memory)是近年来应用非常广泛的一种非易失性存储器，它具有存取速度快、支持电擦/写、断电后数据不丢失、低功耗、抗震、价格低等优点，非常适合作为“电子硬盘”。

闪存盘以先进的 Flash 存储器芯片为存储介质，经过专门设计和包装，大多具备防磁、防震、防潮等特性，大大增强了数据的安全性。闪存盘的最大特色是小巧，通常重量在 15～20g 左右，体积有如一块口香糖，携带使用极其方便。一般的硬盘都怕摔，几乎一摔就坏，移动硬盘也不例外。但闪存盘在数据保护方面就显得强一些，除了具有写保护装置外，很多闪存盘都可以承受 3m 以上的自由落体碰撞。

闪存盘大都采用 USB 接口作为数据传输通道，存取速度比较理想。正因如此，闪存盘也被称作“U 盘”。许多 U 盘在移动存储功能的基础上又添加了一些新的特性，如：

- 加密型 U 盘。可通过软件或硬件方式对 U 盘内的数据进行加密。
- 启动型 U 盘。利用 U 盘可直接启动计算机。市场上大多数此类产品是将自身虚拟成 A 盘或 C 盘启动系统。
- MP3 型 U 盘。U 盘内嵌 MP3 播放器，能够自动识别 MP3 文件并播放，MP3 播放与数据存储同步应用，互不干扰。

11.3　存储卡

卡式存储器主要应用在数码相机、掌上电脑等便携式数码产品中，容量通常在几百 MB 至几 GB 之间，具有体积小、重量轻、速度快的特点，配上相应的读卡器就成为性价比较高的移动存储工具，是近年来颇为时尚的移动存储解决方案。就制造材料上来看，除了 IBM MicroDrive 之外，绝大多数存储卡都使用闪存作为存储介质。常见的存储卡有如下几种：

1. Compact Flash Card(CF 卡)

CF 卡问世于 1994 年，由美国 SanDisk 公司研制开发成功。Ⅰ型 CF 卡的尺寸为 43mm×36mm×3.3mm，写入速率可达 1.4MB/s，储存容量从 8MB 到 256MB 不等，其外观如图 11.3 所示。目前比较流行的是尺寸为 43mm×36mm×5mm 的Ⅱ型 CF 卡,它使用 50 针接口交换数据。了适应不同的数字集成电路,CF 卡被设计为可在3.5～5V 之间运行。

CF 卡的工作原理如图 11.4 所示,它把闪存模块与控制器结合在一起,这样可以使 CF 卡的外部设备做得比较简单,提高了兼容性。

图 11.3　Compact Flash Card

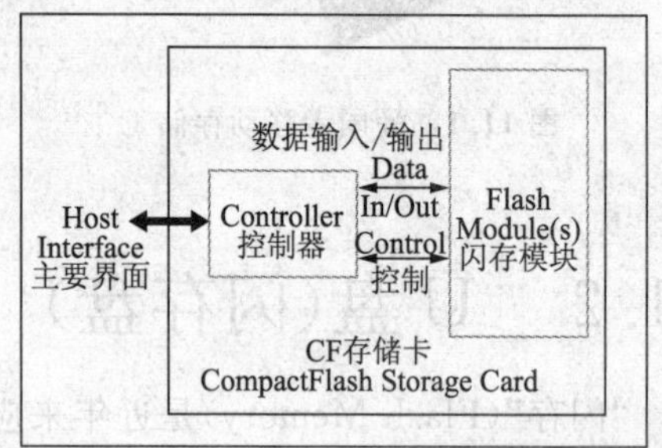

图 11.4　CF 卡的工作原理

2. Smart Media Card(SM 卡)

SM 卡是日本东芝于 1995 年 11 月发布的便携式闪存卡,亦称为"智能媒体卡"。SM 卡体积相当小巧,仅为 45mm×37mm×0.76mm,重量仅 1.8 克,是目前所有移动存储卡中最薄的,外形如图 11.5 所示。与 CF 卡相比,SM 卡为减小体积、缩小厚度而没有集成控制器,只有闪存和必要的 22 针接口。

许多数码相机厂家和 MP3 播放器厂商都对 SM 卡提供了支持。不过,SM 卡的缺点也很明显:用户必须使用配有读写以及控制功能的专用设备,这带来了明显的兼容问题。此外,SM 卡规范升级、变化较大,对早期的读写设备也可能造成兼容问题。SM 卡的另一大败笔是具有 3.3V 和 5V 两种规格,却不能同时支持,这更限制了其使用自由度。

3. SONY Memory Stick(SONY 记忆棒,MS 卡)

Memory Stick 是日本 SONY 开发的微型移动存储卡。如图 11.6 所示,Memory Stick的体积只有半块口香糖大小,使用闪存作为存储介质,体积为50mm×21.5mm

图 11.5　Smart Media Card

图 11.6　SONY Memory Stick

×2.8mm，重量仅 4 克。与 CF 卡类似，在 Memory Stick 的内部集成有控制器，与外界采用 10 针接口进行数据交换。由于 SONY 公司的产品遍及消费电子领域、IT 领域及通讯领域，所以在许多数码产品中都可以看到 Memory Stick 的踪影。

4. IBM MicroDrive(IBM 微盘，MD 卡)

IBM MicroDrive 采用 CF Type Ⅱ工业接口标准，内部采用 GMR 磁头等先进技术，将构造完全与电脑硬盘驱动器相同的磁盘驱动器(盘片尺寸只有 1 元硬币大小)压缩到一块大小等同于 Compact Flash 卡的空间中，如图 11.7 所示。第一代 IBM MicroDrive 的容量为 170MB 和 340MB，第二代 IBM MicroDrive 的容量为 1GB。IBM MicroDrive 具有体积小、容量大、可靠性高、轻巧便携等特点，适合笔记本电脑、数码相机、MP3 随身听等设备使用。

5. Multi Media Card(MMC 卡)

MMC 卡是 1997 年 SanDisk 与西门子公司联合开发的一种小型闪存卡，尺寸只有 32mm×24mm×1.4mm，外形如图 11.8 所示。MMC 卡虽然比 SM 卡厚，但整体体积却比 SM 卡小，重量也比 SM 卡轻，仅 1.5 克。目前市场上有许多 MP3 播放机都使用 MMC 卡。

MMC 卡被设计为一种低成本的数据平台和通讯介质，其接口只有 7 针，工作电压为 2.7～3.6V。MMC 卡也把存储模块和控制器集成在同一张小卡片上，以保证 MMC 卡的兼容性和灵活性。MMC 卡有 MMC 和 SPI 两种工作模式。MMC 模式是标准的默认模式，具有 MMC 的全部特性；SPI 模式只是 MMC 协议的一个子集，主要用于只需要小数量的卡(通常是 1 个)和低数据传输率(和 MMC 协议相比)的系统，这种模式可以极大降低设计成本，但性能不如 MMC 模式。

图 11.7　IBM MicroDrive

图 11.8　Multi Media Card

6. Secure MMC(SMMC 卡)

鉴于 MMC 卡在版权保护上的不足，日立(Hitachi)、西门子(Siemens)、三洋(Sanyo)和富士通(Fujitsu)等几家公司联合推出了 Secure MMC。SMMC 卡采用了日立的 SuperH RISC 微处理器内核，能高速执行与安全相关的操作(如加密/解密等)，具有很强的版权保护功能。配合日立、三洋和富士通开发的 UDAC-MB(Universal Distribution With Access Control-Media Base)版权保护技术，SMMC 卡可以用于提供基于移动电话的音乐发行服务。由于 SMMC 卡被设计为向上兼容，因此它可以插入到 MMC 插槽中使用。

7. Secure Digital Card(SD 卡)

SD 卡是日本的松下、东芝以及美国 SanDisk 三家公司共同开发的一种小型闪存卡，亦称为“安全数字卡”。如图 11.9 所示，SD 卡的外形尺寸为 24mm×32mm×2.1mm，比 MMC 卡厚 0.7mm，和普通的小面额邮票差不多大小。SD 卡是在 MMC 卡的基础上发展而来的，换句话说，是加入了版权保护措施的 MMC 卡。SD 卡是目前最小的移动存储器之一，它不仅体积小、重量轻，而且功耗极低，读写电流仅 23mA。SD 卡的接口是一种十分简单的 7 针接口。目前支持 SD 卡的厂商十分广泛，便及通信、汽车、摄影等诸多行业。

SD 卡内置的数据安全技术遵从 CPRM(Content Protection for Recordable Media，针对存储介质的内容保护组织)下属的 SDMI(Secure Digital Music Initiative，数字音乐保护组织，由美国的众多硬件厂商、音像公司和录制工业协会等组成)的相关规定，其加密算法和授权认证技术标准都由 IBM、Intel、松下和东芝这 4 家公司所组成的为数字内容版权保护技术进行认证的组织所制订。在采用了这一安全技术以后，SD 卡内的控制电路首先会侦测正在使用它的外部设备是否合法，只有经过授权的合法设备才会被允许在其受保护的区域内进行读或写操作。

8. Extreme Digital Card(xD 卡)

xD 卡是富士与奥林巴斯推出的新一代存储卡，与其他存储卡相比，xD 卡具有体积小、容量大、速度快、生产成本低等技术特点。如图 11.10 所示，xD 卡的外形尺寸为 20mm×25mm×1.7mm，只有 SD 卡的一半。xD 卡的读写速度是目前所有存储卡中最快的。

图 11.9 Secure Digital Card

图 11.10 xD 卡

第4部分 有线/无线通信系统

第 12 章　固话系统

12.1　有线通信线路

12.1.1　现代电信网络体系结构

现代电信网是由一定数量的节点(包括终端设备和交换设备)和连接节点的传输链路有机组合在一起的通信体系,用以实现两个或多个规定节点间的信息传输。其一般结构从纵向来看是协议分层结构,从横向来看是业务网和支撑网组成的结构,如图 12.1 所示。

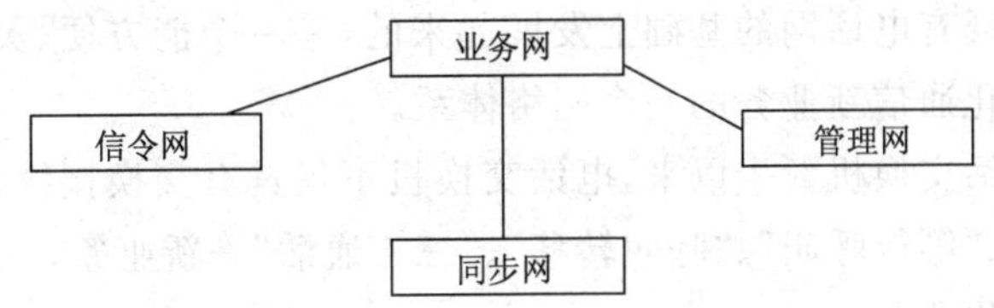

图 12.1　现代电信网的网络构成

业务网也就是用户信息网,是现代通信网的主体,是向用户提供诸如电话、电报、传真、数据、图像等各种电信业务的网络。业务网按其功能又可分为用户接入网、交换网和传输网三个部分。

支撑网又分为信令网、同步网和管理网。信令网的功能是实现网络节点间(包括交换局、网络管理中心等)信令的传输和转接。同步网的功能是实现数字交换局之间、数字交换局和传输设备之间的信号时钟同步。管理网是为提高全网质量和充分利用网络设备而设置的。

12.1.2　电话网

电话通信网是主要提供交互性话音通信业务的电信网,简称电话网。电话网是一种电信业务量最大、服务面积最广的专业网,可兼容其他许多种非话业务网,是电信网的基本形式和基础。按照地理范围,电话通信网又包括本地电话网、长途电话网和国际电话网。

电话网主要由四部分组成:发送和接收电话信号的用户终端设备、进行电路交换的交换设备、连接用户终端和交换设备的线路以及交换设备之间的链路。

电话网的基本结构形式分为多级汇接网和无级网两种。我国电话网由四级长途交换中心和一级本地网端局组成五级结构。其中一、二、三、四级的长途交换中心构成长途电话网，由本地网端局和按需要设置的汇接局组成本地电话网。

为了节约投资成本，电信网络计划者尽可能地将数据和语音通信综合起来，以更有效地利用对基础设施的投资。分组交换技术的出现使服务商和最终用户可以将声音和数据综合起来。这种趋势并不是要用 Internet 取代电话网，而是两者的互补集成。目前，传统电话网中的数据通信总量已经超越语音通信总量，并且仍在不断增长。数据网络的重要性以及数据网络容量的不断扩展给数据与话音的融合提供了基础。在承载话音方面，VoATM 技术、VoFR 技术，以及 VoIP 技术在不断发展之中。

传统话音通信网与现代数据通信网的融合，开创了电信业发展的新纪元，在一个统一的数据通信网络平台上传输话音、图形、图像、视频、数据及多媒体信号已是大势所趋。IP 协议不仅已成为互联网的标准协议，而且已普遍为电信业所接受。IP 技术的发展给电信运营商带来了新的机遇和挑战。

12.1.3 智能网

智能网是在现有电话网的基础上发展起来的，是一个能方便、灵活地向用户提供和处理各种智能化通信新业务的一个网络体系。

自从程控电话交换机诞生以来，电话交换机不仅具有交换接续电话的能力，还可提供"热线电话"、"等待呼叫"、"呼叫转移"、"三方通话"等新业务。这些新的业务功能属于早期的智能化业务。

随着电话业务的发展和用户对智能化电话服务的需求增多，传统电话交换机的负担开始变得过重，而且要在传统交换机上开设新的业务也很不方便，由此催生了"智能网"的概念。智能网的基本思想是让交换机主要负责交换接续这一最基本、最主要的任务，而把交换接续以外的各种智能化新功能集中由智能网来解决。

智能网概念最早由美国贝尔通信研究所提出。第一代智能网是 1981 年投入使用的，当时主要提供"800"业务。拨叫 800 号的用户不用付电话费而由被叫单位集中付费，因此这种业务又称为"被叫集中付费"。这种业务为公司企业开展业务提供了方便，能吸引大量用户给公司企业打电话联系业务。因此世界上很多国家都开办了这种业务。

1992 年 10 月，在东京召开的交换研讨会上对智能网的定义达成了共识："智能网是用于产生和提供电信新业务的体系概念。"认为智能网是具有较高"智商"用来生成和处理智能新业务的网络。但是智能网不是独立存在的网络，是叠加在电话交换网上的。智能网和交换网依靠公共信道信令系统密切联系在一起。

电信部门在提供 800 业务时，除了要记录用户呼叫的地点、时间、次数、通话的时间和通话费用等外，还需要根据用户要求提供多种智能化的服务，如"遇忙或无应答时转接"、"加入话音提示"、"限在某些地区使用"、"拨叫次数的限制"等等。

智能网是以计算机和数据库为核心的，它的主要组成部分包括业务交换点、业务控制点、信令转换点、业务管理系统等。业务交换点(SSP)是用户进入智能网的接入点,它是一个交换机,用来识别用户对智能网的呼叫,把用户的请求传送给业务控制点。业务控制点(SCP)是智能网的中心,通常由大、中型计算机和大型数据库组成,完成各种智能业务的实现,它接受 SSP 送来的信息,向数据库查询并向 SSP 发出处理的信令。

12.1.4　分组交换网

分组交换网是继电路交换网和报文交换网之后发展起来的新型交换网络,主要用于数据通信。分组交换采用存储转发交换方式,它将用户的报文划分成一定长度的分组,以分组为单位进行存储转发,因此比电路交换的利用率高,比报文交换的时延要小,而具有实时通信的能力。分组交换采用时分复用技术,将一条数据链路复用成多个逻辑信道,最终构成一条主叫、被叫用户之间的信息传送通路,称为“虚电路”。

分组交换网的基本特点是:

- 分组交换具有多逻辑信道的能力,中继线的电路利用率高。
- 可实现分组交换网上的不同码型、速率和规程之间的终端互通。
- 分组交换具有差错检测和纠正的能力,电路传送的误码率极小。
- 分组交换的网路管理功能强。

分组交换的基本业务有交换虚电路(SVC)和永久虚电路(PVC)两种。交换虚电路如同电话电路一样,两个数据终端要通信时先用呼叫程序建立虚电路,然后发送数据,通信结束后用拆线程序拆除虚电路。永久虚电路如同专线一样,在分组网内两个终端之间申请合同期间提供永久逻辑连接,无需呼叫建立与拆线程序。

分组交换网由分组交换机、网路管理中心、远程集中器、分组装拆设备以及传输设备组成。

分组交换机实现数据终端与交换机之间的接口协议(X. 25)、交换机之间的信令协议(X. 75 或内部协议),并以分组方式的存储转发提供分组网服务,与网路管理中心协同完成路由选择、监测、计费、控制等。根据分组交换机在网络中的地位,分为转接交换机和本地交换机两种。

网路管理中心(NMC)与分组交换机共同协作保证网路正常运行。其主要功能有网路管理、用户管理、测量管理、计费管理、运行及维护管理、路由管理、搜集网路统计信息以及必要的控制功能等等,是全网管理的核心。

分组装拆设备(PAD)的主要功能是把普通字符终端的非分组格式转换成分组格式,并把各终端的数据流组成分组,在集合信道上以分组交织复用,接收方再将收到的分组格式作相反方向的转换。

远程集中器的功能类似于分组交换机,通常含有 PAD 的功能,它只与一个分组交换机相连,无路由功能,使用在用户比较集中的地区,一般装在电信部门。

公用分组交换网的基本结构如图 12.2 所示。

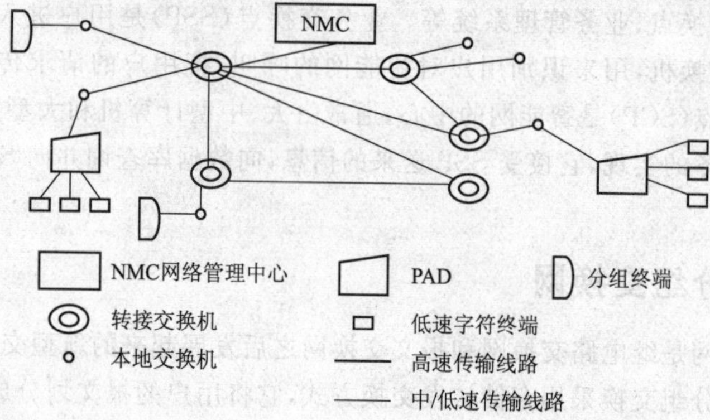

图 12.2 公用分组交换网的基本结构

随着分组交换技术的发展，分组交换网的性能不断提高，功能不断完善，分组交换机的分组处理能力、交换机间的中继线速率不断提高，分组交换机时延不断缩短。这些都意味着现有的分组交换网的能力几乎达到了极限。但是在目前的数据通信业务中，分组交换业务已不再是数据通信业务发展的主流，DDN网也不再大量扩容，帧中继/ATM网络增长率相对较高，IP网络成为新的业务增长点。

12.1.5 脉冲编码调制(PCM)技术

目前，我国的固定电话通信网络仍然以模拟网络为主，用户终端多为模拟电话机。因此，来自用户端的话音信号在进入数字交换机之前需要先通过用户接口电路进行模数转换，将模拟话音编码成数字化话音信号。

话音信号的数字化方法很多，常用的有脉冲编码调制(PCM)、增量调制(DM)、线性预测编码(LPC)等。程控数字交换机系统中主要采用PCM数字化方法。

PCM主要包括抽样、量化与编码三个过程。首先，模拟话音经防混叠低通滤波得到限带(300～3400Hz)的话路信号，将其抽样变成脉冲调幅(PAM)信号。根据抽样定理，只要抽样频率fs大于或等于模拟信号最高频率fm的2倍，即可保证在接收端能够恢复出原模拟信号(CCITT建议规定fs＝8kHz)。然后将幅度连续的抽样信号用四舍五入的方法量化为有限个采样值的量化信号，再经过编码变换成二进制代码。对于电话应用，CCITT G.711/712建议每抽样值编为8位码，这样共有256个量化级，因而每路模拟话音相应的数字话音标准数码率为64kb/s。

在PCM设备中，各路编码信号先经过时分多路复用，合成的码流再通过信道(或线路)传送到接收端。在接收端先进行信号整形、定时提取及分路，再经数模变换(即PCM解码)，还原为PAM抽样保持信号。根据抽样定理，借助低通滤波器便可以从中恢复出模拟话音信号。

话音信号在量化过程中必然会产生误差(失真)，引起通话时附加量化噪声。对于线性量化情况，量化噪声功率仅与量化间隔大小有关，因而大信号时信噪比高、小信号时信噪比低。为解决线性量化时小信号音质差的问题，实际中通常采用不均匀分层的办法，让量化特性在小信号时分层密（即量化间隔小），而在大信号时分层疏（即量化间隔大）。这样就能在编码位数较少的情况下，得到小信号较高的信噪比，以改善通话质量。为此需要在发送端先将话音信号进行非线性幅度压缩，再进行线性量化与编码，与此对应，在接收端解码后则需对话音信号加以扩张，以补偿因压缩而造成的非线性。

12.2　程控交换机

100 多年来，电话交换技术的发展经历了三个阶段：人工交换、机电交换和电子交换。人工交换机问世于 1878 年，它借助话务员进行话务接续。1893 年，步进制交换机问世，标志着电话交换技术进入机电交换时代。在步进交换方式中，用户可以通过话机拨号脉冲直接控制步进接续器做升降和旋转动作，从而自动完成用户间的接续。1938 年，纵横制交换机问世，它在步进制交换机的基础上进一步改进，包括：利用继电器控制的压接触接线阵列代替大幅度动作的步进接线器，减少了磨损和杂音；由直接控制改为间接控制方式，提高了灵活性和控制效率。

1965 年，美国贝尔公司生产出第一台商用存储程序控制电子交换机，标志着电话交换机从机电时代进入电子时代。存储程序控制电子交换机通常又被称为“程控交换机”，它将用户信息和交换机的控制、维护、管理等功能以程序方式存储到计算机的存储器内。当交换机工作时，控制部分自动监测用户的状态变化和所拨号码，并根据要求执行程序，从而完成各种交换功能。

按照用途分类，程控交换机可分为市话、长话和用户交换机；按接续方式，可分为空分和时分交换机；按信息传送方式，可分为模拟交换机和数字交换机。

程控空分交换机的接续网络采用空分接线器（或交叉点开关阵列），话路部分一般传送和交换的是模拟话音信号，因而又称为程控模拟交换机。这种交换机不需进行话音的模数转换，用户电路简单、成本低，主要用作小容量模拟用户交换机。

程控时分交换机内部交换的是 PCM 数字话音信号，因而又称为程控数字交换机，它是现代数字通信技术、脉冲编码调制（PCM）技术、计算机技术与大规模集成电路技术有机结合的产物。数字交换系统可以直接处理、传送和交换数字信息，比模拟交换系统的抗干扰性强且成本低，易于实现时分多路复用，易于实现数据加密。由于程控数字交换技术的先进性和设备的经济性，使电话交换迈上了一个新的台阶，并且为开通非话业务、实现综合业务数字交换奠定了基础。随着微处理器技术和专用集成电路的迅速发展，程控数字交换机的优势越来越明显。

12.2.1　程控交换机基本构成

程控交换机将各种控制功能编成程序，存入存储器，利用对外部状态的扫描数据和存储程序来控制、管理整个交换系统的工作。程控交换系统基本结构如图 12.3 所示。

交换网络的基本功能是根据用户的呼叫要求，通过控制部分的接续命令，建立主叫与被叫用户间的连接通路。在纵横制交换机中它采用各种机电式接线器（如纵横接线器、编码接线器、笛簧接线器等),在程控交换机中目前主要采用由电子开关阵列构成的空分交换网络以及由存储器等电路构成的时分接续网络。

用户电路的作用是实现各种用户线与交换之间的连接,通常又称为用户线接口电路。根据交换机制式和应用环境的不同,用户电路也有多种类型,对于程控数字交换机来说,目前主要有与模拟话机连接的模拟用户线电路(ALC)及与数字话机、数据终端(或终端适配器)连接的数字用户线电路(DLC)。

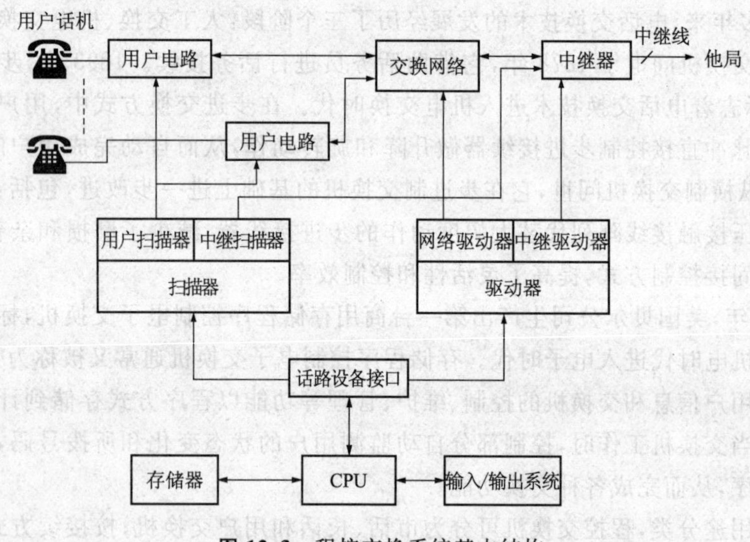

图 12.3 程控交换系统基本结构

出入中继器是中继线与交换网络间的接口电路,用于交换机中继线的连接。它的功能和电路与所用的交换系统的制式及局间中继线信号方式有密切的关系。

控制部分是程控交换机的核心,其主体设备是CPU,其主要任务是根据外部用户与内部维护管理的要求,执行存储程序和各种命令,以控制相应硬件实现交换及管理功能。根据其配置与控制方式的不同,程序交换机的控制功能分为集中控制和分散控制两类。为了更好地适应软硬件模块化的要求,提高处理能力及增强系统的灵活性与可靠性,目前程控交换系统的分散控制程度日趋提高,已广泛采用部分或完全分布式控制方式。

12.2.2 用户交换机

用户交换机又称集团电话,是机关或企业等单位内部进行电话交换的一种专用交换机,其基本功能是完成单位内部用户的相互通话,并且也可以通过出入中继线接入公用电话网。由于这类交换机系单位内部专用,因此可以根据用户需要增加若干附加性能以提供使用上的方便,具有很大的灵活性。

用户交换机是市话交换机的一种重要补充,因为它为市话网承担了大量的单位内部用户间的话务量。用户交换机在各单位分散设置,更靠近用户,因而缩短了用户线距离,节省了用户电缆。用户交换机用少量的出入中继线接入市话网,可起到话务集中的作用。

用户交换机分为通用型程控用户交换机和专用型程控用户交换机两大类。通用型适用于一般企业、机关、工厂、学校等以话音业务为主的单位，容量一般在几百门以下，其系统结构简单、体积较小、使用方便、价格便宜。

专用型用户交换机是根据不同单位的特殊需要而定制的，常见的有宾馆型、医院型、银行型、办公自动化型等。不同类型之间的区别大都是通过交换机管理软件实现的。

(1) 宾馆型。宾馆型程控用户交换机出局话务量大，一般不需要直接拨入功能(DID)，因此话务台功能要强。同时，宾馆型程控用户交换机应有完善的计费系统。另外，为满足宾馆客房管理需要，还可提供房间控制、留言中心、客房状态、自动叫醒、综合话音和数据系统等功能。

(2) 医院型。医院型程控用户交换机除具有宾馆型的一些功能外，还具有呼叫寄存、呼叫转移、病房紧急呼叫、热线电话及配合救护车的移动通信接口的功能。

(3) 银行型。银行型必须具备总行和分行间的通信联络，以及呼叫代答、警卫线路、外线保留、办公自动化等功能。

(4) 办公自动化型。办公自动化型用户交换机着眼于提高办公效率以及实现综合数字业务服务，应具备缩位拨号功能、全自动直接拨入功能以及其他非话业务功能。

12.3　电话机

12.3.1　电话机结构与通话原理

电话是通过电信号双向传输话音的设备。从功能上讲，电话机包括五大功能部件：送话器、受话器，叉簧，振铃和电话回路。一个简单的电话通信过程可分为如下几个步骤：

(1) 主叫方摘机。主叫方拿起电话机的话筒，这时，电话机上承载送受话器的部分(叉簧)就会弹起来，使电话机与交换机之间的电路连通。如此时交换机有空，便向电话机送去一个连续的拨号音，表明可以拨号了。

(2) 拨号。主叫方通过按键或旋转拨号盘拨号时，向交换机送去的是直流脉冲信号或双音频信号，不论是哪一种，其作用都是控制电话局里的交换机，让它去完成主叫用户和被叫用户之间的连接。

(3) 响铃。若被叫电话空闲，交换机便向他发送一个振铃电流，使对方的电话机响铃。

(4) 被叫方摘机。被叫方拿起电话机的话筒，主叫方与被叫方的电话线路接通。

(5) 送话。传统的送话器由炭盒(装有炭粒的小盒子)、振膜和固定电极。当说话者对着送话器讲话时，声带的振动激励空气振动，形成声波，振膜随声波频率变化做幅度不等的振动，使碳粒时而压紧(电阻减小)、时而放松(电阻增大)，造成两个电极之间的电流也跟着变化，从而使声音大小的变化转换为电信号强弱的变化。现在的电话机中已经用压敏电阻代替了传统的炭盒。

(6) 信号传递。话音信号电流沿着线路传送到对方电话机的受话器内,

(7) 受话。受话器的主体是一个绕有线圈的永久磁铁,由通信线路传来的话音电流通过线圈产生一个磁场,吸引磁铁前面的薄铁片产生振动、发出声音,电流的大小决定了振动频率的大小,从而还原出不同频率的声波,声波通过空气传至听话者的耳朵中,还原出语音。这样,就完成了一个简单的通话过程。

一个"真正的"电话在组成上如图 12.4 所示。

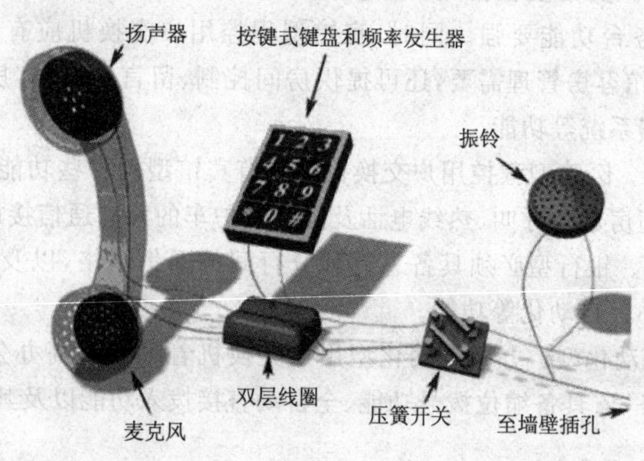

图 12.4 电话机的内部结构

电话机产品按功能可以分为普通按键电话机、主叫号码显示电话机、录音电话机、免提电话机、短信电话机、无绳电话机等。

12.3.2 无绳电话

无绳电话外观如图 12.5 所示。这种电话机由座机和手持机两部分组成,使用时,将座机接入有线电话网,用户可离开座机几十米远,利用手持机收听和拨叫电话,座机与手持机之间通过无线方式连接。无绳电话机实质上是全双工无线电台与有线市话系统及逻辑控制电路的有机组合,它能在有效的场强空间内通过无线电波媒介,实现手持机与座机之间的"无绳"联系。座机和手持机在工作时使用的频率是不一样的,称为双工频率。

图 12.5 无绳电话机

无绳电话最早首次出现于 1980 年前后,当时的工作频率为 27MHz。1986 年,美国联邦通信委员会(FCC)允许将 47.49MHz 的频段提供给无绳电话使用,这不仅改善了无绳电话信号易受干扰的问题,还降低了耗电量,但此时的无绳电话在工作距离和音质上依然欠佳。1990 年,FCC 向无绳电话开放了 900MHz 的频段,使得无绳电话的音质变得清晰,传播距离更远,可供选择的信道也变得更多。1995 年,人们开始在无绳电话中应用数字扩频(DSS)调制技术,此技术可让

数字信息在手持机和座机之间通过多个频率分段传播，从而使他人很难窃听无绳电话的通话内容。1998 年，FCC 开放了 2.4GHz 频段供无绳电话使用，此频率不仅增加了无绳电话的工作距离，还使其脱离了大多数无线电扫描仪的频段，从而进一步提高了安全性。近年来，无绳电话的应用已非常普及，国外的无绳电话已实现系统化、数字化、综合化。

以下分座机与手持机两部分来分别说明无绳电话的内部结构与工作机制。

(1) 座机。无绳电话的座机部分的结构如图 12.6 所示，它主要包括电话线接口、无线电部件、电源等部件。

电话线接口部件功能有两个。首先，它将振铃信号发送给振铃(如果振铃位于座机上)，或发送给无线电部件，进而传播给手持机。其次，它们与座机的无线电部件之间互相发送和接收电话线中电流的微小变化。当使用者说话时，电话线中的电流将产生微小的变化，这些变化将发送给对方。

无线电部件用于接收来自电话线接口和用户控件(键盘、按钮)的电信号，然后将这些信号转换为无线电波，并通过天线传播出去。无线电部件使用两个石英晶体分别用于设置发送和接收的无线电频率。无线电部件还包括一个无线电放大器，用于增强传入电信号的强度。

(2) 手持机。手持机可以工作于室内的任意位置或者室外，但必须处于座机发射器所允许的范围内。手持机不仅具有标准电话的所有配置(扬声器、麦克风和拨号键盘)，还配有一个调频无线电收发器。手持机的结构如图 12.7 所示。

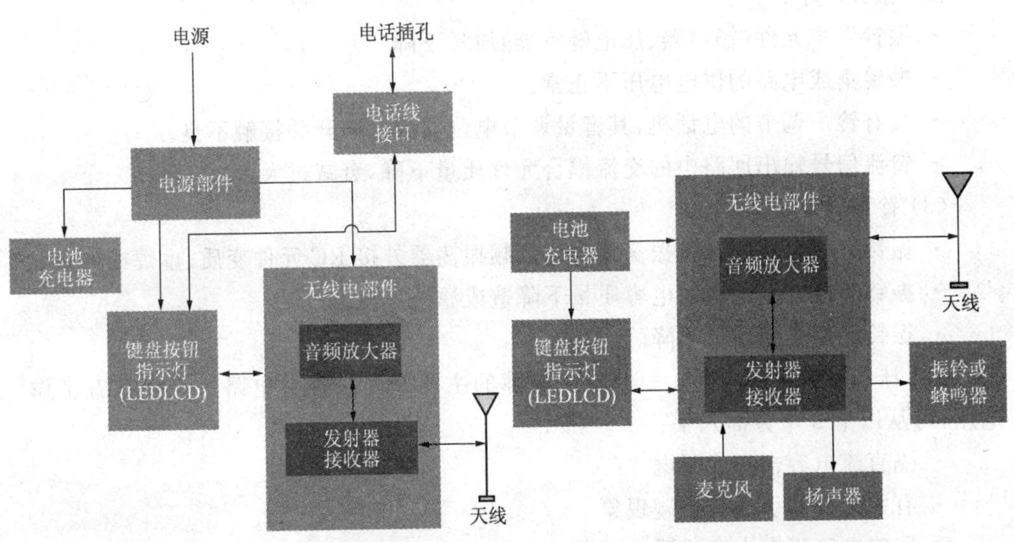

图 12.6　无绳电话座机部件结构　　　**图 12.7**　手持机部件结构

扬声器负责将电信号转换为声音；麦克风负责接收声音并将其转换为电信号；键盘用于电话拨号；蜂鸣器或振铃用于通知使用者有传入的呼叫；音频放大器用于放大麦克风和扬声器之间往来的电信号；无线电部件负责发送和接收调频无线电信号；电

池或可充电电池为手持机提供电源。

12.3.3 电话机常见故障分析与维修

市场上的电话机品种繁多、功能各异，各厂家在电路设计、生产工艺上各有不同，而且大多数电话机的说明书中未附电路原理图，这都给电话机维修带来不便。但就电话机电路的组成原理来说，主要还是由三大部分组成：振铃电路、拨号电路、通话电路。以下就从这三方面分析电话机常见故障。

1. 振铃电路故障原因分析

振铃集成电路主要有两种形式：一种是需要外接桥式整流电路的；另一种是具有内部整流桥的。需外接桥式整流电路的振铃集成电路常用的有 LS8204、CSC8204、TA31001P、KA2410、HY9106 等；具有内部桥路的振铃集成电路常用的有 LH1240、LS1240、CSC1240(A)、KA2418 等。这两种振铃集成电路在原理上并无多大差别。

与振铃电路有关的故障主要有：

(1) 无振铃声：

- 叉簧接点和铃声开关接触不良，振铃电路电源供电不正常。
- 振铃集成电路的外围元件损坏(开路或短路)。
- 铃流信号输出回路或振铃发声元件损坏。
- 振铃集成电路本身损坏(可用电压测量法测各脚电压，或用替换法判别)。

(2) 振铃声小：

- 振铃发声元件(扬声器、压电蜂鸣器)质量下降。
- 振铃集成电路的供电电压不正常。
- 具有铃声调节的电话机，其音量调节电位器或铃声开关接触不良。
- 铃流信号输出回路中的交流耦合元件质量下降，衰减过大。

(3) 铃声异常：

- 振铃集成电路的音频振荡器与超低频振荡器外接 RC 元件变质、虚焊或失效。
- 振铃集成电路的滤波电容质量下降造成滤波不良。
- 振铃元件本身质量下降。

(4) 挂机后铃声不间断。引起这一故障的主要原因是振铃电路一直存在着工作电压，可从以下 3 个方面入手：

- 隔直流电容击穿或漏电。
- 有关元件和引线有搭碰现象。
- 印制电路板有击穿或漏电现象。

2. 拨号电路故障原因分析

拨号集成电路品种繁杂，有脉冲方式(如 OM1032P、STC2560、UM9151、WE9104、LH25610 等)，有双音频方式(如 MK5087、LH1075、WE9187、UM95087、LH2559 等)，有脉冲/音频兼容方式(如 WE9140、WE9142、WE9148、HM9102、

HM9104、W91310、UM91210 等)。下面以脉冲/音频兼容拨号电路为例分析故障原因。

(1) 无信号音,音频与脉冲两种方式均不能拨号:

· 叉簧开关接点接触不良。

· 极性保护电路的二极管开路(可测量其输出端的直流电压是否正常,通常为 5～9V)。

· 脉冲开关管开路(可将脉冲开关管 c、e 极短路来判断,若短路后能听到信号音,说明脉冲开关管截止未导通)。

· 拨号集成电路工作异常(测量拨号集成电路的电源电压是否正常,检查启动电路是否正常)。

(2) 能听到信号音,但音频与脉冲两种方式均不能拨号:

· 检查晶体振荡器是否正常(可用替换法判别)。

· 脉冲开关管与双音频放大管均击穿短路。

· 拨号集成电路损坏(可用电压测量法来判断)。

(3) 双音频方式不能拨号,其他正常。此类故障多由音频拨号电路部分故障引起。

· 双音频发送电路的音频放大管损坏,音频放大电路中的电阻、电容变质。

· 拨号状态开关接触不良。

· 集成电路损坏。

(4) 某一行(列)或某个按键不能拨号。某一行(列)不能拨号的故障多为键盘输入线断开或虚焊,少数情况是拨号集成电路的行或列输入端内部电路故障引起的,需更换集成电路。某个按键不能拨号的情况大多数是按键触点接触不良造成的,用无水酒精清洗即可。

3. 通话电路故障原因分析

目前,国产话机的通话电路有分立元件的,也有集成电路的。常用的集成电路有 TEA1060 系列、WE9185、CSC285A、MC34014、LH1067,等等。

(1) 不能送话和受话。此类故障一般发生在送话与受话电路的公共部分。

· 电源供给电路工作不正常。

· 静噪控制电路损坏。

· 集成电路本身损坏。

(2) 受话正常,不能送话:

· 手柄螺旋绳有断线。

· 送话器连线脱焊、断线或送话器本身损坏。

· 与送话有关的集成电路外围元件开路或虚焊。

· 集成电路本身损坏。

(3) 送话正常,不能受话:

· 手柄螺旋绳有断线。

· 受话器连线脱焊、断线或受话器本身损坏。

· 与受话有关的集成电路外围元件虚焊或损坏。

· 集成电路本身损坏。

(4) 送话声小或声音过大：

· 送话声小故障多为送话器质量变差、灵敏度低所致，或者送话器工作电压过低(通常驻极体送话器工作电压为3～12V)。

· 声音过大则多为送话增益调节的负反馈电阻变大或开路。

(5) 受话音小或声音大而失真：

· 受话声小多为受话器性能下降，集成电路外围元件损坏(如耦合电容)。

· 声音大而失真则多为受话增益调节的负反馈电阻开路或虚焊。

上面只是分析了引起故障的主要原因，实际工作中情况会更复杂些。维修电话机时，首先要弄清故障现象，根据故障现象判断其故障的大致范围是在振铃电路、拨号电路还是通话电路，然后再作进一步分析，缩小范围，直至最后将故障点定位而排除故障。

第 13 章　移动通信

13.1　无线通信基础知识

通信系统是指实现信息传送过程的系统。按传输信息的物理特征可分为电话、电报、传真通信系统，广播电视通信系统，数据通信系统等；按信道传输的信号类型可分为模拟和数字通信系统；按传输媒介（信道）的物理特征可以分为有线通信系统、无线通信系统和光纤通信系统。

无线通信系统主要由发送设备、接收设备和传输媒体组成。其中，发送设备主要指变换器（换能器）、发射机和天线。变换器将待发送的信息变换为电信号，例如话筒将声音变为电信号；发射机将变换器输出的电信号变为强度足够的高频电振荡；天线将高频电振荡变成电磁波辐射出去。

无线通信的传输媒体是无线电波，是一种波长比较长的电磁波。在自由空间中，电磁波的波长与频率存在以下关系：

$$c = f\lambda$$

式中，c 为光速，f 和 λ 分别为无线电波的频率和波长。对频率或波长进行分段，分别称为频段或波段。不同频段信号的产生、放大和接收的方法不同，传播的能力和方式也不同，应用范围也不同。无线电波占据的频率范围很广，如表 13.1 所示。

表 13.1　无线电波各波段的波长、频率、频段及主要用途

波段名称	波长范围	频率范围	频段名称	主要用途
超长波	10^4~10^5m	3~30kHz	甚低频VLF	海上长距离通讯
长波	10^3~10^4m	30~300kHz	低频LF	电报通信
中波	200~10^3m	300~500kHz	中频MF	无线电广播、电视
中短波	50~200m	500~6000kHz	中高频IF	无线电广播、电视
短波	10~50m	6~30MHz	高频HF	无线电广播、电视
米波	1~10m	30~300MHz	甚高频VHF	电视、导航、广播
分米波	1~10dm	300~3000MHz	特高频VHF	电视、雷达、导航
厘米波	1~10cm	3000~30 000MHz	超高频SHF	雷达、卫星通讯
毫米波	1~10mm	30 000~3×10^5MHz	极高频EHF	电视、雷达、导航
亚毫米波	1mm以下	3×10^5MHz以上	至高频	卫星广播与通信

电磁波从发射机天线辐射后，不仅电波的能量会扩散，接收机只能收到其中极小的一部分，而且在传播过程中，电波的能量会被地面、建筑物或高空的电离层吸收或反射；或在大气层中产生折射或散射，从而造成强度的衰减。根据无线电波在传播过程所发生的现象，电波的传播方式主要有绕射（地波）、反射和折射（天波）、直射（空间波）三种。决定传播方式的关键因素是无线电信号的频率。

沿大地与空气的分界面传播的电波叫地表面波，简称地波。传播方式为绕射，传播途径取决于地面的电特性。地波在传播过程中，由于能量逐渐被大地吸收，很快减弱（波长越短，减弱越快），因而传播距离不远。但地波不受气候影响，可靠性高。超长波、长波、中波无线电信号，都是利用地波传播的。短波近距离通信也利用地波传播。

利用天空的电离层折射和反射而传播的电波称为天空波，简称天波。电离层只对短波波段的电磁波产生反射作用，因此天波传播主要用于短波远距离通信。天波有两个突出特点：一是传播距离远，同时产生中间静区地带；二是传播不稳定，随昼夜和季节的变化而变化。因此，短波通信要经常更换波段，以保证质量。

空间波又称为直射波，是由发射点从空间直线传播到接收点的无线电波。直射波传播距离一般限于视距范围。直射波在传播过程中的强度衰减较慢，超短波和微波通信就是利用直射波传播的。在地面进行直射波通信，其接收点的场强由两路组成：一路由发射天线直达接收天线，另一路由地面反射后到达接收天线。因此，如果天线高度和方向架设不当，容易造成相互干扰（例如电视的重影）。限制直射波通信距离的因素主要是地球表面弧度和山地、楼房等障碍物，因此超短波和微波天线要求尽量高架。

无线通信需要将信号以电磁波的形式从天线辐射出去的，因此存在两个问题：

(1) 无法制造合适尺寸的天线。当天线尺寸与波长相比拟时，信号才能被天线有效辐射。当很多实际信号的频率或波长很难制造出对应的天线。例如音频信号的频率范围为20Hz～20kHz，经计算可知实际上需要的天线尺寸为几百公里，显然无法制造出这样的天线。

(2) 由于大量干扰使得接收者很难选出要接收的信号。影响无线通信的干扰源有：其他电台发射的无线信号，各种工业设备辐射的电磁波，大气层和宇宙中固有的电磁干扰等。这就要求接收装置能从众多的电磁波中选出有用的微弱信号。

为解决以上两个问题，无线通信的发射机和接收机在设计上必须借助线性和非线性电子线路，对携有信息的电信号进行变换和处理。除放大外，最主要的技术是调制和解调。调制就是用由携有信息的电信号去控制高频振荡信号的某一参数，使该参数按电信号的规律而变化；解调是调制的逆过程，即将已调波转换为载有信息的电信号。

通过调制技术，不仅能够显著减小所需要天线的尺寸，而且可将不同电台发送的信息分配到不同频率的载波信号上，使接收机可选择特定电台的信息而抑制其他电台发送的信息和各种干扰。

13.2 移动电话

13.2.1 1G、2G 和 3G 手机

移动电话俗称“手机”，在港台地区通常称为“手提电话”或“手电”，是可以在较广范围内使用的便携式电话终端。

目前，在全球范围内广泛使用的是所谓的第二代手机（2G），以 GSM 制式和 CDMA 为主。它们都是数字制式的，除了可以进行语音通信以外，还可以收发短消息（SMS）、MMS（多媒体短信，彩信）以及实现网络应用（WAP）等。在中国内地及台湾地区以 GSM 最为普及，CDMA 手机也很流行。目前整个行业正在向第三代手机（3G）的迁移过程中。

第一代移动电话（1G）是指模拟信号的移动电话，也就是在 20 世纪八九十年代出现的“大哥大”。最先研制出大哥大的是美国摩托罗拉公司的 Cooper 博士。由于当时的电池容量限制和模拟调制技术需要硕大的天线和集成电路的发展状况等制约，这种手机外表四四方方，形如方砖，能够移动通信但算不上便携。这种手机有多种调制制式，如 NMT、AMPS、TACS，但是基本上都使用频分复用方式，只能进行语音通信，通话质量不稳定，且保密性差，无线带宽利用不充分。

第二代移动电话（2G）就是我们目前常见的手机，通常使用 GSM、CDMA 或 PHS 这些十分成熟的标准，具有稳定的通话质量和合适的待机时间。在 2G 中，为了适应数据通信的需求，一些中间标准也在手机上得到支持，例如支持彩信业务的 GPRS 和上网业务的 WAP 服务，以及各式各样的 Java 程序等。

第三代移动通信系统（3G）的手机现在已经研制成功，但是由于相关网络没有普及，并未得到广泛的应用。3G 手机的研发初衷是开发一种可以全球通用的无线通信系统，但实际最终的结果却是出现了多种不同的制式，主要有 WCDMA、CDMA2000 和 TD-SCDMA 等等。这些新的制式都是基于 CDMA（码分多址）技术。

未来的手机将会更加智能化、微型化、安全化和多功能化，更多的多媒体功能将被引入，手机将会具有更强的运算能力，甚至成为个人的信息终端，而不仅仅只有通话和传送文字消息的功能。

13.2.2 SIM 卡

SIM 卡（Subscriber Identity Model，客户识别模块）又称为智能卡、用户身份识别卡。对于 GSM 网络来说，一块 SIM 卡惟一标识一个客户。一张 SIM 卡可以插入任何一部 GSM 手机中使用，而使用手机所产生的通信费则被记录在该 SIM 卡所惟一标识的客户账户上。

1. SIM 卡内部结构

SIM 卡是一块带有微处理器的 IC 芯片，外形尺寸为 25mm×15mm，略小于普通

邮票。SIM 卡内部包括 5 个功能模块:CPU、程序存储器 ROM、工作存储器 RAM、数据存储器 EEPROM 和串行通信单元。

SIM 卡有 5 个引脚分别与手机电路相连,分别为:电源(Vcc)、时钟(CLK)、数据 I/O 口(Data)、复位(RST)、接地端(GND)。

SIM 卡的存储容量有 8KB、16KB、32KB、64KB 等。目前中国移动已推出存储容量为 4GB 的 SIM 卡。以 8KB 的 SIM 卡为例,可存储的信息包括:

- 100 组电话号码及其对应的姓名文字。
- 15 组短信息。
- 5 组以上最近拨出的号码。
- 4 位 SIM 卡密码(PIN 码)。

2. SIM 卡的卡号

每一块 SIM 卡都有一个惟一的编号,称为卡号,由 20 位数码组成。国内 SIM 卡卡号的组成为:前 6 位(898600)是中国的代号;第 7 位是业务接入号,对应于 135、136、137、138、139 分别为 5、6、7、8、9;第 8 位是 SIM 卡的功能位,一般为 0,现在的预付费 SIM 卡为 1;第 9、10 位是各省的编码;第 11、12 位是年号;第 13 位是供应商代码;第 14~19 位是用户识别码;第 20 位是校验位。

3. SIM 卡的密码

SIM 卡密码即 PIN 码,存储于 SIM 卡中。SIM 卡有两个 PIN 码:PIN1 码和 PIN2 码。通常所说的 PIN 码是指 PIN1 码,它是 SIM 卡的使用密码。激活 PIN1 码后,每次开机都必须输入正确的 PIN1 码才能登录网络。SIM 卡的初始 PIN1 码一般为 1234 或 0000。如果连续三次输入错误的 PIN1 码,会导致 SIM 卡被锁住,手机屏幕上会出现 Blocked 提示信息。遇到这种情况,需到当地营业厅去解锁。

PIN2 码对普通用户是保密的,它与网络的计费(如储值卡的扣费等)和 SIM 卡内部资料的修改有关。因此,即使 PIN2 码锁住也不会影响正常通话。在设置固定号码拨号和通话费率(需要网络支持)时需要 PIN2 码。每张 SIM 卡的初始 PIN2 码都不一样的,如果三次错误地输入 PIN2 码会导致 PIN2 码被锁定。遇到这种情况时只有到营业厅去解锁。

4. SIM 卡遗失或损坏

如果 SIM 卡不慎遗失或被窃,可到当地的营业厅申请挂失,以免 SIM 卡被盗用。SIM 卡挂失后可申请补办。

如果手机屏幕上显示 Bad Card 或 SIM Error,则表明 SIM 卡已损坏无法使用,可携带原卡到营业厅更换。

13.2.3 移动电话常见故障及解决

1. 手机常见故障类型

如果按故障性质的不同划分,手机故障可分为五种类型:不开机故障、不入网故障、不识卡故障、不显示故障和其他故障。

如果不拆开手机，仅从手机外表来观察故障，故障可分为三大类型：

(1) 完全不能工作，即按下手机电源开关后无任何反应。

(2) 不能完全开机，即按下手机电源开关后能检测到电流，但无正常开机提示信息。

(3) 能正常开机，但有部分功能发生故障，如按键失灵、显示不正常、无声、不能送话等。

如果拆开手机，从手机机芯来观察故障，故障也可分为三大类型：供电充电及电源部分故障、软件故障和收发通路部分故障。

上述各类故障之间有着千丝万缕的联系。例如：手机软件故障会影响电源供电部分、收发通路锁相环电路、发送功率等级控制、收发通路的分时同步工作等，而收发通路的晶体振荡器又为手机软件工作提供运行的时钟信号。

2. 手机常用维修方法

手机属于通信类电器，其维修方法在许多方面与其他电器有着共同的特点。但由于手机软件的复杂性和采用 SMT(表面安置工艺)的特殊性，又使得手机维修有其自身的特点。在手机维修中常采用的方法有以下几种。

(1) 补焊法。手机电路的焊点面积都很小，因此能够承受的机械应力也很小，极容易出现虚焊故障。补焊法就是通过原理分析判断故障可能出在手机的在哪一单元，然后在该单元进行大面积补焊并清洗。即对相关的、可疑的焊接点均补焊一遍。补焊的工具可用热风枪或尖头防静电烙铁。

(2) 电压法。加电后通过测试电路中几个关键点的电压，就可以快速地判断出故障范围和故障点。这种方法简单、方便，只需要一个万用表即可。电压测试主要包括：电源输出电压是否正常、接收电路供电是否正常、集成电路的供电是否正常等。

需要说明的是，手机射频电路的很多电压都是受控的，有些受波段选择信号的控制，有些受 RXON 或 TX-0N 信号的控制，有些则同时受几个控制信号的控制。也就是说，这些受控电压在不需要时是不输出的(如发射电路的供电电压在待机状态下是测不到的)。另外，若控制信号为脉冲信号(如 RXON、TXON 等)，则输出电压也为脉冲电压，此时用万用表测量这些电压，要远小于标称值。

(3) 电流法。电流法是通过观察不同工作状态下的工作电流，来判断出故障的大致部位。使用这种方法需要配备一台内含电流、电压表的多功能稳压电源，便于维修时使用。

(4) 电阻法。电阻法的特点是安全、可靠。当用电流法判断出手机存有短路故障后，用电阻法深入排查故障点是十分有效的。另外，电阻法还可用来检查电阻、晶体管是否正常，以及电路之间是否存在断路故障。

(5) 信号追踪法。信号追踪法主要用于查找射频电路的故障，也可用于查找音频电路故障。使用这种方法一般需要配合射频信号发生器(1～2GHz)、频谱仪(1GHz 以上)、示波器(20MHz)等仪器。

(6) 清洗法。很多手机故障是由于手机进水受潮或内部触片、簧片接触不良所导致的,因此清洗法在手机维修中非常重要。清洗时,一般将整个主板拆下(最好将显示屏也拆下),然后放入超声波清洗器内用无水酒精进行清洗,清洗后,用电吹风吹干后方可通电试机。

(7) 重新加载软件。手机的控制软件相当复杂,在使用过程中很容易出现数据出错、部分程序或数据丢失的现象。重新对手机加载软件也是一种常用的、有效的维修方法。这种方法需要专用的维修仪器。

(8) 跨接法。跨接法是一种应急方法,常用于腐蚀较严重、因人为原因造成的电路断路的手机。维修时可用很细的高强度漆包线(φ0.1)跨接 0Ω 电阻或某一单元。

(9) 人工干预法。手机维修过程中,当判断某一元件损坏时,若没有现成元件可换或很难买到替代器件,可采用改变某一电路的方法来修复手机。另外,手机中的许多供电电压和电路都是受控的,维修时若不采取人工干预的方法,检修将十分麻烦。例如,在维修无发射故障时,需要测量功放、TXVCO 的供电电压等,测量时又要加电开机,又要按发射键,又要用示波器测,搞不好就会断电,非常麻烦。如果采用给 TX-ON 信号加高电平,就可使功放电路、TXVCO 供电处于连续工作状态,虽然不能让整个发射系统完全工作,却可以方便地测量 TXVCO 及功放的供电,对判断故障十分有利。

(10) 压紧法。手机中大量采用了 BGA 封装的集成电路,这些集成电路很容易因手机坠地、热膨胀等因素引起虚焊,造成手机不开机、不入网、不显示、不识卡等故障。此时可尝试用压紧法进行判断。例如对疑似故障的集成电路用橡皮压紧,然后开机,看故障有无变化。若有变化,则说明该集成电路存在虚焊,可对其进行补焊。

第 14 章 传真机

传真机(Fax)是一种通过公用电话网或相应网络上传输文件、报纸、相片、图表及数据等信息的通信设备。传真机集计算机技术、通信技术、精密机械与光学技术于一体,其信息传送速度快、接收输出的副本质量高,具有其他通信工具无法比拟的优势,并在办公自动化领域占有极其重要的地位。

20 世纪 90 年代,随着计算机网络的兴起,人们已可利用计算机网络发送和接收图文声像并茂的多媒体信息,当时曾有人预言传真机将逐步退出历史舞台。但时至今日,传真机因功能实用、操作简捷,依然非常受广大办公用户的欢迎。随着大规模集成电路、微处理器技术、信号压缩技术的应用,传真机正朝着自动化、数字化、高速、保密和体积小、重量轻的方向发展。

14.1 传真机分类及功能特点

14.1.1 传真机的种类

传真机的分类方法非常多。按照信号形式可以分为模拟传真机和数字传真机;按照图像色彩可以分为黑白传真机和彩色传真机;按占用频带可分为窄带传真机(占用一个话路频带)、宽带传真机(占用 12 个话路、60 个话路或更宽的频带);按副本输出方式可分为热敏纸传真机(也称为卷筒纸传真机)、热转印式普通纸传真机、激光式普通纸传真机(激光一体机)、喷墨式普通纸传真机(喷墨一体机);按照用途可分为文件传真机、相片传真机、报纸传真机、气象传真机、信函传真机等。

(1) 文件传真机。文件传真机主要用于传送和接收印刷、打印文件或手稿,也可传送或接收图表资料以及有限层次的半色调图像。目前,文件传真三类机(G3)已被广泛用于通信、办公自动化和电子邮政业务中。

(2) 相片传真机。这类传真机能够传送多色调的相片、图像,在接收端使用相纸或底片等输出,它主要用于新闻通讯社发送、收集和交换新闻照片和图像。这也是传真最早的用途之一。

(3) 报纸传真机。能够传送整版报纸,以便远离大城市的地方也能够就地制版、印刷、发行传真版报纸,使全国各地都可以看到当天的重要报纸。

(4) 气象传真机。专门用于发送、接收气象图的传真机,在气象、军事、航空、航海、渔业等方面具有重大作用。

(5) 信函传真机。具有自动拆、封装置,用于传送邮政信函传真业务的传真机。

文件传真机是当前应用最广泛的机种。原CCITT(国际电报电话咨询委员会)根据在一条300Hz～3400Hz带宽的电话线路上传输一张A4幅面的文件所需的时间长短,把传真机分为一、二、三类。

一类传真机(G1)采用双边带调制,其发送信号不采取任何频带压缩措施,能够在电话线路上以3.85L/mm(线/毫米)的扫描密度、在6min内传送一页A4幅面文件。

二类传真机(G2)采用频带压缩技术,能够在电话线路上以3.85L/mm的扫描密度、在3min内传送一页A4幅面文件。

三类传真机(G3)在调制前采取数据压缩算法以减少报文信号中的信息冗余度,能够在电话线路上以3.85L/mm的扫描密度、在1min内传送一页A4幅面文件。

一类传真机、二类传真机都是模拟传真机,现已被三类传真机全面取代。三类传真机又被称作数字传真机,它将模拟的原始信号转换成数字信号并进行编码和压缩,能够较大幅度地减少报文信号中的冗余度,提高传输效率。同时,三类传真机开始采用大规模集成电路与固体化器件,易于实现数字化、自动化、小型化及规格化。

随着通信技术的不断发展,未来通信网将逐渐由电话综合数字网(IDN)演变成综合业务数字网(ISDN),提供端到端的数字连接,支持一系列广泛的业务,包括电话和非电话业务。基于这种发展背景,文件传真四类机(G4)应运而生。四类传真机支持并兼容三类传真机的通信功能,主要用于公共数据网(PDN)上(包括电路交换网、分组交换网和综合业务数字网),配上适合的调制解调器也可在公用电话交换网上使用。

四类传真机的信号编码方式为三类传真机编码的改进型,提高了可靠性,输出分辨率也比三类传真机高,因而传输速度快、功能强、接收质量好,能够以64kbps传输速率在15s内传送一页A4幅面文件。

因四类传真机对通信网络的质量要求很高,因此目前广泛使用的仍是三类传真机。

14.1.2 传真机的常用功能

各类传真机发展到现在,功能越来越丰富。普通商用/家用传真机常见的功能主要有:

(1) 电话/传真切换。自动识别来电是传真还是电话。如果是人工按键拨号则视为电话,不启动传真功能;如果是机器自动拨号则视为传真,自动启动传真功能。

(2) 电话录音。有些传真机附带有留言录音功能,和普通的录音电话功能相同。

(3) 快速拨号。主要有单触式快速拨号、编码式快速拨号等方式。单触式快速拨号:将一些常用的电话号码存储,并用一个按键来代替号码,拨号时只需按一下这个键即可。编码式快速拨号:将常用的电话号码编成一系列的代码以取代电话号码的拨号方式,又称链式拨号,例如拨IP卡,将服务号码为一个快捷键,将卡号存为另一个快捷键,将密码为第三个快捷键,这样一次通话拨三次快捷键即可。

(4) 复印。在三类传真机中,操作者按下“START、COPY”键可开始复印文件,有些传真机还提供复印件增黑或变浅等效果。

(5) 保密通信。传真机为需要保密的传真用户在机内设置信箱。发送端根据预知的保密信箱号码，把需要保密的稿件发送到接收端的保密信箱中。在接收端，只有持有保密信箱密钥的人才能打开信箱，令传真机将保密文稿打印出来。

(6) 自动传真。由传真机自己完成传真过程，而不需要人工的干预，具体操作首先由客户通过电话按键来选择所需的某一特定的传真服务，然后传真服务器会根据客户的输入，自动动态地生成传真文件，并自动给客户发送传真。

(7) 自动重拨。在自动发送传真时，若发送没有成功，传真机可以自动重复拨号。

(8) 预约发送。通过预先设置，使传真机可以在指定的日期和时间自动发送文件。例如，可以通过设置，让传真机在通信费用较低的夜间或路线干扰较小的时间里自动发送文件。

(9) 多址发送。又称为“广播发送”或“多站发送”。将多个接收方的电话号码编为一组，然后自动依次拨通分组内的电话号码，分别发送，不用再一个一个地拨号发送，以节省拨号时间，提高办公效率。

(10) 印章发送。印章发送是指传真机发送文件时，在固定位置和正文一起传送到接收方的图案。印章发送增加了传真的保密性和趣味性。传真机设置的印章有两种类型：一种是自制印章，即用户根据自己的喜好制作的文字图像，可以包含有本人地址、照片、公司徽章等，然后使用传真机特定的纸张扫描到传真机中；第二种是传真机提供的印章样品，如“请来电话”，“急件”，“阅后请销毁”等等。印章的规格一般是80mm×25mm。

(11) 静音接收。可以在电话打进来时不振铃直接转入传真接收状态。

(12) 无纸接收。有些传真机内置存储器，当记录纸用完后，接收的文件可以暂时存储在存储器中，安装记录纸后自动打印存储的文件。

(13) 报告/参考系统。根据操作者需要反馈工作信息，包括出错报告、日志报告、系统配置报告、功能列表、存储号码列表、安装帮助等。

(14) 网上传真。直接通过计算机网络发送传真给任意本地传真机(需要通过代理服务商)。

(15) 自动进稿。自动进稿(Auto Document Feeder，ADF)指传真机可以自动进给多页文件并对文件分页，进行多页稿件发送。

(16) 自动切纸。针对热敏纸传真机而言。传真机自带有切纸刀，每传送一页就自动切纸。

(17) 自动展平。针对热敏纸传真机而言。由于记录纸是桶状的，接收文件后会卷曲，自动展平功能指传真机在接收文件后将记录纸自动展平。

14.2　传真机组成结构

传真机在结构上主要由主控电路、传真图像输入机构、传真图像输出机构、调制解调电路、操作面板及电源组成。

1. 主控电路

主控电路由 CPU(8 位或 16 位)、ROM、RAM、地址译码器和传输控制电路组成。

主控电路对传真机的工作方式和状态进行控制，特别是发送传真操作和接收传真操作。发送传真操作包括传真图像扫描输入、图像数据传送、图像数据处理及调制输出；接收传真操作包括传真信号接收、解调、存储及输出。传真机工作时主控电路从ROM中读出程序并运行，运行过程中的数据存储在RAM中。

传输控制电路由可编程I/O接口和可编程DMA控制器组成，主要功能是配合主控电路完成信号传输。

主控电路是传真机的指挥控制中心。三类传真机的通信全过程均遵照CCITTT的T.30建议所规定的传真规程进行。

2. 传真图像输入机构

传真图像输入机构的工作原理类似扫描仪，在主控电路发出的信号控制下完成传真稿的扫描输入和图像数据处理，从而使二维的图像信号变换成一维的传真信号（电信号）。

传真输入机构由传真稿输入传动机构、光电图像传感器、模拟信号处理器、A/D转换器及灰度校正电路、门阵列、二进制和半色调ROM和存储器组成。

传真稿输入传动机构由传真稿光电检测器、走纸步进电机构成。发送传真时，传真稿从传动机构进入，光电图像传感器将传真稿上的图像信号转换为模拟电信号，送模拟信号处理器处理。处理后的模拟电信号，送A/D转换器转换为数字信号，送入门阵列，在主控电路发出的有效行处理信号和读处理信号控制下输出。

由于图像传感器的非线性，由A/D转换器输出的信号，不能直接作为图像信息输出，输出的图像信息是根据A/D转换器输出的数字信号在ROM中读出的信息。此图像信息经压缩编码后送往调制器调制输出。

目前普及型传真机使用的光电图像传感器大多是接触式CIS器件，也有些传真机使用CCD器件作为图像传感器。传真机的两个重要参数灰度级和图像分辨率主要取决于光电图像传感器的性能。

3. 传真图像输出机构

传真图像输出机构就像一台打印机，负责完成已接收传真稿的打印输出。有些传真机设有并行接口，可将传真图像输出至计算机或打印机。传真图像输出电路由单片微处理器、扩展输入输出接口、A/D转换器和存储器组成。

4. 调制解调电路

调制解调电路由调制器、解调器和线路接口控制电路组成，负责传真信息的调制发送、接收解调和线路切换。

线路接口控制电路是电话和传真机之间连接和切换控制的专用接口，主要由线路切换电路、振铃信号检测电路和摘机传感器组成。

调制器在传真图像信息上加入调制信号，将信号转换为可用电话线传输的信号，然后通过接口电路输出。

为节省传输数据时间，调制图像信息时传真机会按一定规则对传真图像信息进行压缩编码。解调器滤除接收到传真信号中的调制信号，将其还原为传真图像信息，经解压缩电路解压后，送传真图像输出机构输出。传真图像的压缩编码是基于图像信号的统计特性进行的，目的在于降低传真信号的冗余度、提高通信效率。前者为一维编码，后者为二维编码。大部分三类传真机的数据压缩编解码方案都采用 MH 码(改进的霍夫曼码)和 MR 码(改进的像素相对地址指定码)。

5. 操作面板

操作面板主要由单片微处理器、扩展接口、按键、LCD 显示屏组成，功能是按键控制、LCD 显示控制和主电源开关控制。

6. 电　源

大多数传真机使用类似计算机的开关式稳压电源，为整机提供能源。开关式稳压电源主要由输入滤波整流电路、控制驱动电路、开关电路、5V 输出电路、±12 输出电路(或 24V 输出电路)及保护电路组成。

综上所述，就结构和工作原理而言，传真机像一台带有打印机、扫描仪、调制解调器的专用电脑。

第5部分

多媒体视/音频系统

第 15 章　音响系统

音响系统在日常的生活中无处不在，无论是工作，还是休闲娱乐。本章主要介绍常用的音响设备，从桌面的麦克风、CD 机到家用音箱、礼堂中的扩声设备。

15.1　麦克风和耳机

15.1.1　麦克风

麦克风又称为扩音器和话筒，是一将声音转换成电子信号的转换器，常用于公共演讲、互联网的语音视频会议等。麦克风常与音响等设备一起使用，将人的声音或者其他声源转换成电子信号后放大输出。

根据内部结构的不同，麦克风一般分为动圈式、晶体式、炭粒式、铝带式和电容式等几种，其中最常用的是动圈式麦克风和电容式麦克风。动圈式麦克风比较耐用、便宜，而电容式麦克风耐用性较差、价格高，但它的灵敏度高、频率响应好、音质好。

动圈式麦克风是通过振膜感应声波造成的空气压力变化，带动置于磁场中的线圈切割磁力线产生与声压强度变化相应的微弱电流信号。通常动圈麦克风噪音低，无需馈送电源，使用简便，性能稳定可靠。

电容麦克风的核心是一个电容传感器。电容的两极被狭窄的空气隙隔开，而空气隙形成电容器的介质。在电容的两极间加上电压时，声振动引起电容变化，电路中电流也产生变化，将这信号放大输出，就可得到质量相当好的音频信号。

另外还有一种驻极体式电容麦克风，采用了驻极体材料制作麦克风振膜电极，不需要外加极化电压即可工作，简化了结构。这种麦克风非常小巧、廉价，同时还具有电容麦克风的特点，被广泛应用在各种音频设备和拾音环境中。

麦克风的主要技术特性有：

(1) 灵敏度。在 1kHz 的频率下，0.1Pa 规定声压从麦克风正面 0°主轴上输入时，麦克风的输出端开路输出电压，单位为 10mV/Pa。灵敏度与输出阻抗有关，有时以分贝(dB)为单位，并规定 10V/Pa 为 0dB。因麦克风输出一般为毫伏级，所以，其灵敏度的分贝值始终为负值。

(2) 频响特性。频响特性是麦克风 0°主轴上灵敏度随频率而变化的特性。麦克风应有合适的频响范围，且在该范围内的特性曲线要尽量平滑，以保证音质和抑制声反馈。同样的声压、但频率不同的声音施加在麦克风上产生的灵敏度是不一样的。频响特性通常用通频带范围内的灵敏度相差的分贝数来表示。通频带范围愈宽，相差的分贝数愈少，表示麦克风的频响特性愈好，也就是麦克风的频率失真小。

(3) 方向性。麦克风对于不同方向来的声音灵敏度会有所不同，这称为麦克风的方向性。方向性与频率有关，频率越高则方向性越强。为了保证音质，要求麦克风在频响范围内应有比较一致的方向性。方向性用麦克风正面0°方向和背面180°方向上的灵敏度的差值来表示，差值大于15dB者称为强方向性麦克风。

在麦克风的产品说明书上常见到主要频率的方向极坐标响应曲线图案，常见的类型有单方向性“心形”、双方向性“8字形”、无方向性“圆形”、单方向性“超心型”等几种。

麦克风灵敏度的方向性是选择麦克风的一项重要指标。有的麦克风是单方向性的，有的则是全方向性的，也有一些是介于二者之间，其方向性是心形的。

全方向性麦克风从各个方向拾取声音的性能一致。当说话者要来回走动时采用此类麦克风较为合适，但在环境噪声大的条件下不宜采用。

心形方向麦克风的灵敏度在水平方向呈心脏形，正面灵敏度最大，侧面稍小，背面最小。这种麦克风在多种扩音系统中都有优秀的表现。

单方向性麦克风又称为超心形麦克风，它的方向性比心形麦克风更尖锐，正面灵敏度极高，其他方向灵敏度急剧衰减，特别适用于高噪音的环境。

(4) 输出阻抗。从麦克风的引线两端测量的麦克风本身的阻抗称为输出阻抗。目前常见的麦克风有高阻抗与低阻抗之分。高阻抗的数值约1000～20000Ω，它可直接和放大器相接；面低阻抗型为50～1000Ω，要经过变压器匹配后，才能和放大器相接。高阻抗的麦克风输出电压略高，但引线电容所起的旁路作用较大，使高频下降，同时也易受外界的电磁场干扰。所以，麦克风引线不宜太长，一般以10～20m为宜。低阻抗输出无此缺陷，所以噪音水平较低，传声器引线可相应的加长，有的扩音设备所带的低阻抗传声器引线可达100m。如果距离更长，就应加前级放大器。

15.1.2 耳 机

耳机算得上是人们生活中随处可见的微型音响系统，无论是MP3、手机、随身听、多媒体电脑等，耳机都是不可缺少的设备。本节简要介绍耳机的种类和原理。

1. 耳机的种类

一般来说，耳机是根据其驱动器(换能器)的类型和佩带方式来分类的。

(1) 按驱动器分类，耳机一般分为动圈式、等磁式、静电式和驻极体式。

· 动圈式耳机是最普通、最常见的耳机，它的驱动单元基本上就是一只小型的动圈扬声器，由处于永磁场中的音频线圈驱动与之相连的振膜振动。动圈式耳机效率比较高，大多可为被普通音响上的耳机输出电路所驱动，且可靠耐用。

· 等磁式耳机的驱动器类似于缩小的平面扬声器，它将平面的音圈嵌入轻薄的振膜，像印制电路板一样，可以使驱动力平均分布。磁体集中在振膜的一侧或两侧，振膜在其形成的磁场中振动。等磁体式耳机振膜不像静电式耳机振膜那样轻，但拥有同样大的振动面积和相近的音质，由于其振膜质量较大，再加上磁路结构，使它的效率偏低，不如动圈式耳机容易驱动。

· 静电式耳机有轻而薄的振膜，由高直流电压极化，极化所需的电能由交流电转化，也有用电池供电的。振膜悬挂在由两块固定的金属板（定子）形成的静电场中，当音频信号加载到定子上时，静电场发生变化，驱动振膜振动。单定子也是可以驱动振膜的，但双定子的推挽形式失真更小。静电耳机必须使用特殊的放大器将音频信号转化为数百伏的电压信号，通过在功率放大器的输出端连接变压器的办法也可以驱动静电耳机，这一方案在 20 世纪 60～70 年代的静电耳机上得到广泛采用，它是对静电耳机放大器昂贵的成本的妥协，信号质量达不到专门设计的静电耳机放大器的水平。

· 静电式耳机结构精密，对材料要求高，而且多为手工装配调试，故价格昂贵。静电耳机由于定子和振膜间的距离有限，振膜的行程受限，所能到达的声压级没有动圈式耳机大，但它的反应速度快，能够重放出各种微小的细节，失真极低。

· 驻极体耳机也叫固定式静电耳机，它的振膜本身就是极化的或者由振膜外极化物质发射的静电场极化，不需要专门设备提供极化电压。驻极体耳机具有静电耳机大部分的特点，但是驻极体会逐渐去极化，其寿命一般约 5～10 年。

(2) 按佩戴方式分类，耳机一般分为头戴式、耳塞式和挂耳式。

· 头戴式耳机大多是封闭结构，所以携带不太方便，但其表现力十分强，隔绝度也非常好。如果追求音质的话，不推荐使用部分带有话筒的头戴式耳机，因为音频输入和输出部分会相互干扰。

· 耳塞式耳机的驱动器直接入耳，体积很小，容易驱动，但抗干扰能力差，身旁有手机通信时经常听到沙沙的电流声，音质也很难达到最佳。高端耳塞的性价比远远不如对应等级的头戴式耳机。

· 挂耳式耳机综合了头戴式和耳塞式的优点，方便携带，佩戴舒适，外形时尚。

2. 耳机的内部结构

耳机的内部结构主要包括四部分：磁路系统、振动系统、腔体声学系统、线材系统。

(1) 磁路系统。目前为应用主流的是动圈式耳机，它的驱动单元基本上就是一只小型的动圈扬声器，由处于永磁场中的音圈驱动与之相连的振膜振动，磁路系统由恒磁体、极板和极靴组成，对耳机的性能和可靠性有直接的影响。恒磁体的一面是平板型的极板，另一面是呈“T”形的极靴，极板和极靴间形成一个微小的环形磁间隙，振动系统的音圈就悬挂在这个间隙内。

(2) 振动系统。振动系统由音圈和振膜组成。振膜是声辐射元件，推动空气振动发声，直接影响耳机频率响应和灵敏度。振膜的性能主要取决于制造材料、形状和制造工艺。制造振膜的材料要求单位面积质量尽量小、机械强度高、内阻尼大。机械强度越高、质量越轻，振膜的有效频率范围越宽广、输出声压级越高；内阻尼大，在大信号下失真小。

音圈是动圈耳机的振动源，耳机的大部分参数，如阻抗、灵敏度、额定功率等都与它相关。音圈的性能主要取决于所用的材料和音圈的匝数(即音圈导线的长度)。

(3) 腔体和孔等声学结构。腔体和孔等声学结构是影响耳机性能的一个重要部分。固定磁路系统和振动系统是一个塑料框架，叫台面，振膜的边缘就粘合在这个框架上。这个框架要有足够的刚性，不会因为固定磁路和振动部分发生形变，而且尽量少的传递振动。磁路和振动系统后面是耳机的外壳，外壳与台面之间形成一个腔体，这个腔体的大小、形状、内部填充的阻尼材料的位置、种类、数量影响耳机的频率响应，一般说这个腔体越大越容易获得高质量的低频。

当耳机的线圈中流过音频电流时，线圈中心的小铁芯就会随音频电流变化而产生不同强弱的磁力，从而吸引着金属膜片作相应的振动，以产生声音。由于膜片的振动规律与音频电流的变化规律基本相同(因线圈的自感引起一定的阻尼作用，但人耳觉察不到)，而音频电流的变化又与传输的声音(或唱片、录音磁带)的振动规律相同，因此从耳机中就能听到声音了。

3. 耳机的技术参数

耳机的技术参数很重要，但有时也会让人产生误解。一款参数良好的耳机，实际性能也许并不出色。一款指标平庸的耳机，音色可能很出众。参数只是了解耳机的一个方面。

(1) 阻抗。耳机交流阻抗的简称，不同阻抗的耳机用于不同的场合，低阻抗耳机更容易驱动。在台式机或功放、VCD、DVD、电视等机器上，通常会使用高阻抗耳机，而各种便携式随身听 MP3 等一般使用低阻抗耳机。

(2) 灵敏度。即灵敏度级，灵敏度高意味着达到一定的声压级所需的功率小，这一点与阻抗有相似之处。动圈式耳机的灵敏度一般都在 90dB/mW 以上。如果是为便携设备选耳机，灵敏度最好在 100dB/mW 以上。

(3) 失真。由于耳机自身的功率较低，耳机的谐波失真一般比音箱小很多，在最大承受功率时其总谐波失真(THD)小于等于 1%，人耳基本不能辨别。

(4) 频率响应。频率响应是耳机灵敏度在不同频率下得出的不同数值。人的听觉范围是 20Hz～20000Hz，超出这个范围的声音绝大多数人是听不到的。将灵敏度对频率的依赖关系用曲线表示出来，便称为频率响应曲线。一般耳机的频率响应不平坦度为±10dB，专业耳机和某些高档耳机的频率响应不平坦度为±3dB，所以说频率响应并不是越高越好。

耳机的质量可以用万用表的 R＊100Ω 电阻挡来检查。用表棒去搭耳机的两根引出线时，表针应偏移一定位置，同时耳机中有响亮的“咯咯”声。如果表针不动，耳机中也无声或声音极轻，则说明耳机是坏的或质量很差。

15.2 音箱及配套设备

音箱也是一种能够将音频信号变换为声音的设备，它的体积比耳机大得多，在办公和家庭中都有广泛的应用。

15.2.1 音箱的结构

在整个音响系统中，音箱又被称作扬声单元，且有高音单元、低音单元之区分。在结构上，音箱大致可分为三个部分：扬声器、箱体和分频器。

(1) 扬声器。扬声器有很多种类：按换能方式可分为电动式、电磁式、压电式、数字式等；按振膜结构可分为单纸盆、复合纸盆、复合号筒、同轴等；按振膜开头可分为锥盆式、球顶式、平板式、带式等；按重放频可分为高频、中频、低频和全频带扬声器；按磁路形式可分为外磁式、内磁式、双磁路式和屏蔽式等；按磁路性质可分为铁氧体磁体、钕硼磁体、铝镍钴磁体扬声器；按振膜材料可分纸质和非纸盆扬声器等。

· 电动式扬声器应用最广，它利用音圈与恒定磁场之间的相互作用力使振膜振动而发声。电动式的低音扬声器以锥盆式居多，中音扬声器多为锥盆式或球顶式，高音扬声器则以球顶式和带式、号筒式最为常见。

· 锥盆式扬声器的结构简单，能量转换效率较高。它使用的振膜材料以纸浆材料为主，或掺入羊毛、蚕丝、碳纤维等材料，以增加其刚性、内阻尼及防水等性能。新一代电动式锥盆扬声器使用了非纸质振膜材料，如聚丙烯、云母碳化聚丙烯、碳纤维纺织、防弹布、硬质铝箔、CD波纹、玻璃纤维等复合材料，性能更加出色。

· 球顶式扬声器有软球顶和硬球顶之分。软球项扬声器的振膜采用蚕丝、丝绢、浸渍酚醛树脂的棉布、化纤及复合材料，其特点是重放音质柔美；硬球顶扬声器的振膜采用铝合金、钛合金及铍合金等材料，其特点是重放音质清脆。

· 号筒式扬声器的声波辐射方式与锥盆式扬声器不同，其振膜振动后，声音经过号筒再扩散出去。其特点是电声转换及辐射效率较高、距离远、失真小，但重放频带及方向性较窄。

· 带式扬声器的音圈直接制作在整个振膜上，音圈与振膜间直接耦合。音圈生产的交变磁场与恒磁场相互作用，使带式振膜振动而辐射出声波。其特点是响应速度快、失真小，重放音质细腻、层次感好。

(2) 箱体。箱体用来消除扬声器单元的声短路，抑制共振，拓宽频响范围，减少失真。音箱的箱体外形结构有书架式、落地式、立式、卧式等形式；箱体内部结构有密闭式、倒相式、带通式、空纸盆式、迷宫式、对称驱动式和号筒式等多种形式，使用最多的是密闭式、倒相式和带通式。

落地音箱通常是大型音箱，箱体高度在750mm以上；书架音箱的箱体高度在750mm以下，高度在450mm～750mm之间的为中型书架音箱；高度在450mm以下的为小型书架音箱。

家庭影院系统的前置主音箱通常为立式音箱，也有使用书架式或落地式的，具体应根据视听室面积大小、功放功率及个人爱好而定。通常，视听室面积在$15m^2$以下的宜选用中型书架音箱，低于$10m^2$的应选用小型书架音箱，大于$15m^2$的房间可选用中型书架音箱或落地音箱。前置主音箱、中置音箱和环绕音箱均以倒相式设计居多，其次是密闭式和1/4波长加载式、迷宫式等。超重低音音箱以带通式和双腔双开口式居多，其次是倒相式、密闭式。

(3) 分频器。分频器有功率分频和电子分频器两种，主要作用都是频带分割、幅频特性与相频特性校正、阻抗补偿与衰减等。

· 功率分频器也称无源式后级分频器，是在功率功放之后进行分频的。它主要由电感、电阻、电容等无源组件组成滤波器网络，把各频段的音频信号分别送到相应频段的扬声器中去重放。其特点是制作成本低、结构简单，适合业余制作，但插入损耗大、效率低、瞬态特性较差。

· 电子分频器也称有源式前级分频器，由各种阻容组件与晶体管或集成电路等有源器件组成。它能把前置放大器输出的音频信号分成不同频段，再送入功率放大器进行放大处理。其特点是各频段频谱平衡、相互干扰小、输出动态范围大，本身有一定的放大能力，插入损耗小，但电路构成要相对复杂一些。

分频器按分频频段可分为二分频、三分频和四分频。二分频是将音频信号的整个频带划分为高频和低频两个频段，三分频是将整个频带划分成高频、中频和低频三个频段，四分频是在三分频的基础上多划分出一个超低频段。

分频点与分频斜率是直接影响分频品质的两个参数。

分频点是指两个相邻扬声器（如二分频中的高音与低音，三分频中的高音与中音、中音与低音）的频响曲线在某一频率上的相交点，通常为两个扬声器中功率输出的一半处（即－3dB点）的频率，要根据音箱和每个扬声器的频率特性和失真度等参数决定。通常二分频分频器的分频点取1kHz～3kHz之间，三分频取250Hz～1kHz和5kHz两个分频点。

分频斜率（也称滤波器的衰减斜率）用于反映分频点以下频响曲线的下降斜率，用分贝/倍频程（dB/oct）来表示，有一阶（6 dB/oct）、二阶（12 dB/oct）、三阶（18 dB/oct）和四阶（24 dB/oct）之分。阶数越高，分频点后的频率曲线斜率就越大。较常用的是二阶分频斜率。高阶分频器可增加斜率，但相移位大；低阶分频器能产生较平缓的斜率和很好的瞬态响应，但幅频特性较差。决定高、低音滤波的阶数主要应考虑到扬声器本身在分频点处相位的良好衔接问题。

15.2.2 音箱电路

一般的多媒体音箱都是有源音箱，与无源音箱相比多了一个电源部分，因此其电路包括电源电路、放大电路、功放电路三部分。

（1）电源电路。音箱内部使用低压直流电，因此音箱电源部分的主要作用就是变压、整流和滤波。变压器将220V的交流市电变压为低压交流电，然后由整流电路将低压交流电整流为直流电，一般采用四个二极管作全桥整流。

整流后电压波形还不够平滑，因此需要一个滤波电路，它主要包括几个大容量的滤波电容。有源音箱中的电源滤波非常重要，有些音箱在没有音频输出的时候会“嗡嗡”地响，就是因为电源部分交流分量没有滤波干净所造成的。

（2）放大电路。音频信号进入音箱后，需要对它进行初级放大。三极管、场效应管都能对音频信号进行放大，如果要获得高放大率，可以将多个三极管或场效应管进行组合，也可以直接采用运算放大器来实现。运算放大器集成度高、性能稳定，目前大部分音箱设计都采用它。在放大电路中，还会放置音量调节、高音/低音调节等开关，调节后的信号被送入功放电路中进行放大，最后输出到扬声单元。

(3) 功放电路。功放电路的全称是功率放大电路，其作用是放大信号的功率，包括电压和电流，使输出的信号有足够的功率去推动扬声单元。功放电路的核心器件是大功率的功率管(其实就是三极管)，它主要用于放大信号的电流，信号电压一般放在前级放大电路中放大。由于大电流会产生高热量，所以功放电路要特别注意散热。

15.3　便携式音频设备

便携式音频设备主要有收音机、磁带随身听、CD 唱碟机、MP3 播放器等。

15.3.1　收音机

广播和收音机发明于 20 世纪初。随着大规模集成电路的发展，收音机的体积也从笨重演变到小巧甚至微型，而音质却越来越好。本节主要简要介绍调幅、调频收音机的基本组成及原理。

1. 收音机的种类

收音机按波段分类可分为：调频/调幅两波段、调频立体声/调幅两波段、调频/中波/短波 3－5 波段、调频/中波/短波 8－12 波段、调频立体声/中波/短波 8－12 波段、电视伴音收音机等。按电路技术特点可分为：传统超外差式、带数字电子钟及钟控功能(LCD 型/LED 型/荧光型显示)、模拟调谐/数字显示频率和时间、频率合成式(PLL)数字调谐(数字式、可记忆频率)、采用二次变频技术(高灵敏度和优良选择性)、高灵敏度短波/单边带(SSB 接收机)收音机等。

2. 收音机工作原理

收音机的基本工作原理可以简单归纳为三步：第一步要接收到相应频率的无线电波；第二步是从无线电波中解调出声音信号；第三步是把声音信号还原成人耳能听到的声音。

广播电台的每一套广播节目都有固定的频率，一台收音机一次也只能收听一个频率的广播节目。所以收音机必须具备选择接收无线电波的能力。收音机首先依靠其本身配置的天线将各种频率的无线电波接收进来，然后通过一个具有选择功能的电路来择取收听者所需的电台频率，同时滤除其他频率的无线电波。这一选择过程被称为调谐，也就是人们常说的选台。

在接收到需要收听的电台高频电波后，接下来就要把"搭载"在电波上的声音信号提取出来，这一过程称为解调。解调是通过特别设计的电子线路来完成的，无线电波的调制的方式有调幅和调频两种，这两者对应的解调方式或解调电子线路也不同。需要说明的是，从天线上直接接收到的无线电信号是非常微弱的，在通过调谐电路后还需经过放大电路放大到一定幅度才能送往解调电路。

从无线电波中解调出来的声音信号是一种幅度很低的电信号，人耳是听不到的，因此就需用功率放大电路将其放大，再通过喇叭或耳机还原成人耳能够听到的声音。

3. 收音机的组成结构

最简单的收音机可以划分为这样几个部分：天线和地线、检波器、耳机。它的组成框图如图 15.1 所示。

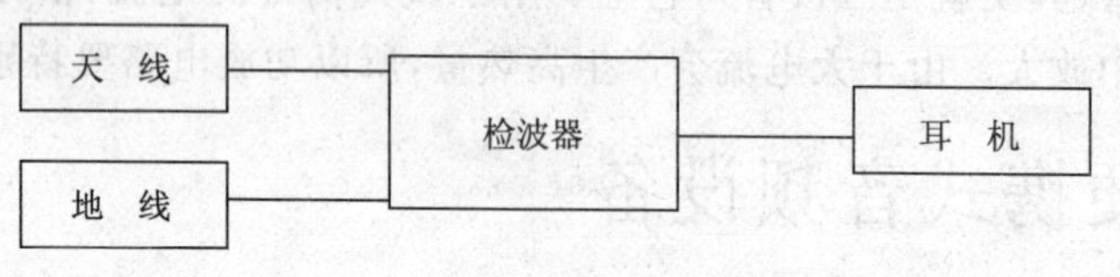

图 15.1 收音机原理图

天线和地线是收音机接收无线电波的门户。传播中的无线电波遇到天线，就会在天线、地线之间感应出与无线电波的频率相同的微弱高频电流。

从天线、地线间感应到的高频电流频率很高，必须取出其中包含的音频成分，然后让音频电流去推动耳机，才能使耳机发声，这个过程称为“检波”。检波器一般用晶体二极管作检波元件。检波的过程与广播电台的调制过程正好相反，它是将已调幅的高频信号还原成原来的音频信号，因此检波又可称为“解调”。

4. 收音机性能指标

(1) 接收频率范围。指收音机所能收听的频率范围，也称波段，一般用频率表示，有时也用波长表示。收音机波段越多，接收频率范围越宽，能够收听的电台就越多。

(2) 灵敏度。表示收音机正常工作时接收微弱无线电波的能力。通常用磁性天线处的电磁波电场强度来表示灵敏度，单位是毫伏/米(mV/m)。

(3) 选择性。一般指收音机选择电台信号的能力，即收音机分隔邻近电台信号的能力。选择性好坏以输入信号失谐±10kHz 时灵敏度衰减程度来衡量，单位是分贝(dB)。显然，分贝数越大，选择性越好。

(4) 电源消耗。收音机的电源消耗有几个衡量指标，包括：无信号时消耗(指没有接收信号时电源输出的直流消耗)、额定功率时消耗(指接收信号时不失真功率的直流消耗)、最大输出时消耗(指不考虑失真时最大输出功率的直流消耗)。

5. 影响收音机信号的因素

大气中传播的中波、短波等无线电波都会遇到各种干扰因素，从而影响收听的质量。

中波的传播主要受电离层的影响，因此夜间收到的中波电台会比白天多。

短波信号由天线发出后，经电离层反射回地面，又由地面反射回电离层，可以反射多次，因而传播距离很远，并且不受地面障碍物阻挡。而地球上空的电离层对短波的反射能力并不稳定，路径衰耗、时间延迟、大气噪声、多径效应、电离层衰落等因素，都会造成信号的弱化和畸变。

居住的地方如果是钢筋结构的大楼或周围有高层建筑时，广播信号会被屏蔽掉一部分，室内的信号会比室外微弱很多。

另外，电视机、日光灯、可控硅调光台灯、计算机、汽车发动机、电动马达等电器设备以及其他任何信号发射台也都会对收音机的信号接收产生一定的干扰。

15.3.2 CD 唱碟机

CD 唱碟机是激光唱碟机(Compact Disc Player)的简称，是一种重放 CD 光盘的设备。由于 CD 光盘上录制的是数字音频信号，因此 CD 系统的全称是 CD-DA(Compact Disc-Digital Audio)系统，即激光唱盘-数字音频系统。CD-DA 系统在记录时先用模拟/数字变换器(A/D)把模拟音频信号变换成数字音频信号，经编码处理后用激光刻录在光盘上，以光盘信息坑的形式把数字音频信息记录下来。重放时再利用激光拾取光盘上记录的数字信号，经解调和数字/模拟变换电路还原出模拟音频信号。

1. CD 光盘

CD 光盘又称为激光唱片(Compact Disc)，它是利用激光进行记录和重放声音的载体。与传统的电唱盘相比，CD 光盘具有电声性能好、记录密度高、寿命长、功能多等优点。CD 光盘结构如图 15.2 所示。

CD 光盘盘片外径 120mm，中心孔直径 15mm。从中心孔沿径向往外分五个区域，在直径 26～33mm 之间是夹片区，46～51mm 之间是导入区，51～116mm 之间是数据区，116～117mm 之间是导出区，117～120mm 之间是边沿区。

CD 光盘的厚度为 1.2mm，从剖面看从下往上分三层：底层为衬底，一般用透明的聚碳酯塑料压铸而成，具有良好的导光、耐热、耐湿和成型性能，是构成信息坑的主体；中间层为铝反射层，用金属铝在衬底上蒸镀形成，厚度约为 0.01μm，作用是反射激光；最上层为保护层，一般用硬质的聚丙烯酸酯构成，起保护铝反射层的作用，一般在上面还印有商标等内容。

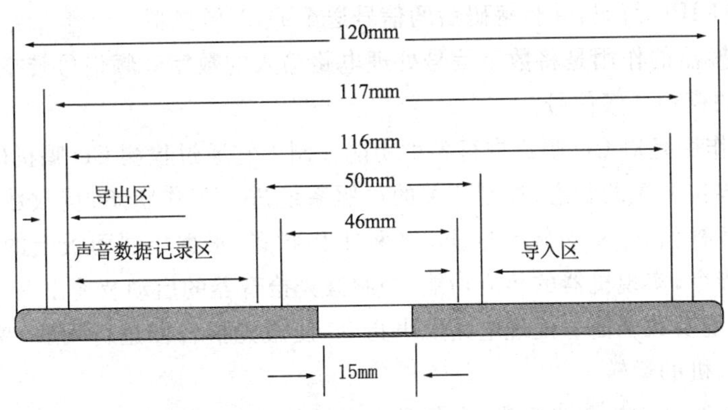

图 15.2 CD 光盘结构

CD 唱碟机中播放的 CD 唱片采用是 CD-DA 格式，其光轨的特点是有一个区段、多条光轨，即一个曲目对应一条光轨，不设目录结构。

2. CD唱碟机的构成

CD唱碟机的电路原理框图如图15.3所示，主要包括激光拾音器系统、伺服系统、数字信号处理系统、D/A解码系统及微处理器(CPU)等部分。

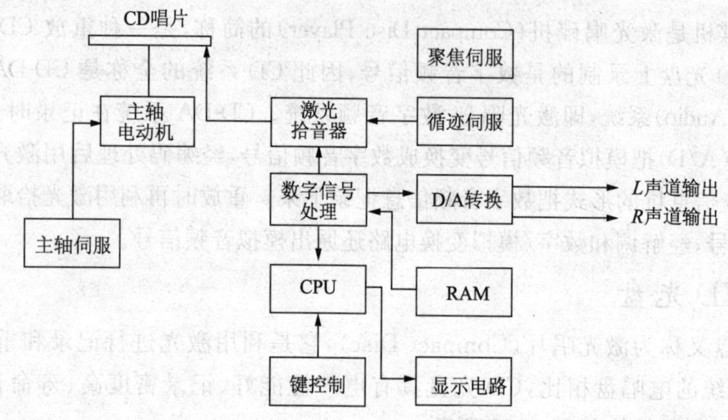

图15.3 CD唱碟机电路框图

激光拾音器的作用是将CD唱片上的凹坑信号转换为光信号，并将光的强弱变化转换为相应的电信号输出。

伺服系统的作用是使CD唱机内的主轴电动机稳定地运转，带动CD唱片旋转，使激光拾音器能够正常进行径向和上下移动，正确地寻找到CD唱片上的信号轨迹及其中的信号。

伺服系统主要包括主轴伺服、循迹伺服及聚焦伺服。

数字信号处理电路的作用是将激光拾音器输出的电信号所合成的射频信号进行EFM解码和CIRC解码，并将解码后的信号送至D/A转换器。

D/A转换器的作用是将数字信号处理电路输入的数字音频信号转换为可供放大器进行放大的模拟音频信号。

CPU的作用是对CD唱机进行各种功能控制。它通过检测CD唱机碟片仓、进出仓及激光头零位开关的状态，控制相关的伺服系统进入工作状态；接收数字信号处理电路输出的各种信号；驱动显示屏显示各种工作状态；根据机器面板上的各种按键所输入的各种指令，实现机器的相应功能；控制激光拾音器的启动及输出功率的大小；向循迹、聚焦系统及数字信号处理电路发出指令，使激光拾音器进行伺服、聚焦动作，同时控制主轴电机的运转。

激光拾音器又称为激光唱头，它是激光唱机的核心的部件，主要由激光二极管、聚焦线圈、循迹线圈、光学系统和传动部分组成。

3. CD唱碟机的调试和维护

CD唱机的调试主要包括VCO(压控振荡器)、聚焦偏置、聚焦增益、循迹平衡、循迹增益及激光二极管输出功率的调试。这些部位的工作参数在机器出厂时均已调试在最佳位置，一般无需调试。但如果机器经过修理或一些部件老化，电路的参数发生了变化，就需要进行重新调试了。

15.4 Hi-Fi 音响系统

所谓 Hi-Fi 音响系统即高保真度的重放系统。在 Hi-Fi 音响系统中，为了保持组合音响的高保真度，从节目源设备到重放设备都必须是立体声重放系统。

Hi-Fi 音响系统按结构可分为一体式、套装式及组合式。一体式的音响系统是将各种功能器材和扬声器组装在一个机箱内，不可以随意拆开，此类机器一般为低档普及型机器。套装式音响系统在组合上由制造商设计，各个单元之间可以拆开。音响组合则是根据个人的爱好选择各种型号的器材，进行自由组合。

Hi-Fi 音响系统主要由听觉系统（人耳）、硬件系统（器材）、软件系统（信号源）及听音环境组成。如图 15.4 所示。

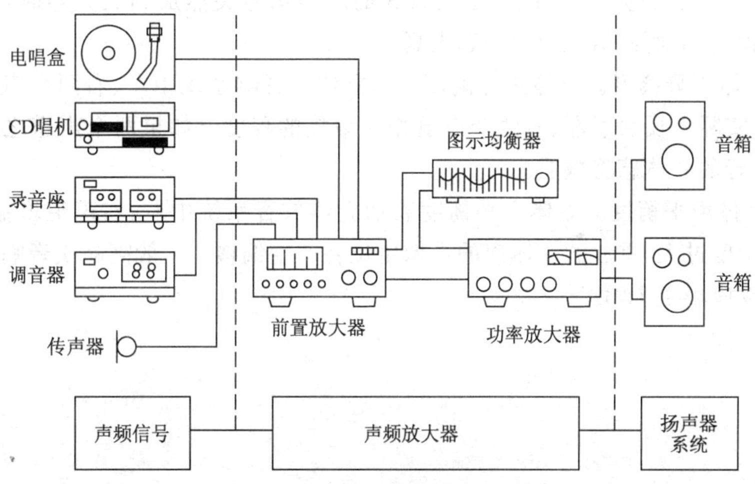

图 15.4 Hi-Fi 音响系统的构成

Hi-Fi 音响系统整体技术指标性能的优劣取决于每一个单元自身性能的好坏，其技术指标主要有六项：频率响应、信噪比、动态范围、失真度、瞬态响应、立体声分离度、立体声平衡度。

(1) 频率响应。频率响应是指音响设备重放时的频率范围以及声波的幅度随频率的变化关系。一般检测此项指标以 1000Hz 的频率幅度为参考，并用对数以分贝(dB)为单位表示频率的幅度。Hi-Fi 音响系统的总体频率响应理论上要求为 20～20000Hz，在实际使用中由于电路结构、元件的质量等原因，往往不能够达到该要求，但一般至少要达到 32～18000Hz。

(2) 信噪比。信噪比是指音响系统对音源软件的重放声与整个系统产生的新的噪声的比值，其噪声主要有热噪声、交流噪声、机械噪声等等。一般检测此项指标以重放信号的额定输出功率与无信号输入时系统噪声输出功率之比的对数值，单位为分贝

(dB)。一般音响系统的信噪比应在85dB以上。

(3) 动态范围。动态范围是指音响系统重放时最大不失真输出功率与静态时系统噪声输出功率之比的对数值,单位为分贝(dB)。一般性能较好的音响系统的动态范围在100dB以上。

(4) 失真。失真是指音响系统对音源信号进行重放后,使音源信号的某些部分(波形、频率等等)发生了变化。主要有谐波失真、互调失真和瞬态失真。

· 谐波失真是指音响系统重放后的声音比原有信号源多出许多额外的谐波成分,这些谐波成分信号是信号源频率的倍频或分频,是由负反馈网络或放大器的非线性特性引起的。高保真音响系统的谐波失真应小于1%。

· 互调失真也是一种非线性失真,它是两个以上的频率分量按一定比例混合、各个频率信号之间互相调制,通过放音设备后产生的新增加的非线性信号,该信号包括各个信号之间的和及差的信号。

· 瞬态失真又称瞬态响应。是当较大的瞬态信号突然加到放大器时,由于放大器的反映较慢,从而使信号产生瞬态失真。

(5) 立体声分离度。立体声分离度表示立体声音响系统中左、右两个声道之间的隔离度,它实际上反映了左、右两个声道相互串扰的程度。如果两个声道之间串扰较大,重放声音的立体感将减弱。

(6) 立体声平衡度。立体声平衡度表示立体放音系统中左、右声道增益的差别,如果不平衡度过大,重放的立体声的声像定位将产生偏移。一般高品质音响系统的立体声平衡度应小于1dB。

第16章 彩色电视系统和标准

电视机的使用最早可以追溯到20世纪初。电视机通常可按以下四种方式分类：

(1) 按色彩：彩色电视机、黑白电视机。

(2) 按尺寸：5英寸、14英寸、18英寸、21英寸、25英寸、29英寸、34英寸、背投。

(3) 按屏幕：球面彩电、平面直角彩电、超平彩电、纯平彩电

(4) 按显像管：普通电子管彩电、液晶显示彩电、等离子彩电。

电子管彩电的核心是CRT(Crystal Ray Tube，阴极射线管)。使用CRT技术的电子管电视机也叫三枪投影机，其工作原理与CRT显示器没有什么不同。CRT产品的亮度比较低，使用中老化现象也比较严重，现在随着数字化潮流的发展已开始逐步淡出市场。

等离子电视采用等离子显示器(Plasma Display Panel，PDP)，其工作原理是利用惰性气体电子放电，产生紫外线激发屏幕上所涂的红、绿、蓝荧光粉发光，从而呈现出彩色画面。普通电子管电视在画面切换时会出现视觉观察不到的画面，因此长时间观看电视会造成视觉疲劳。等离子电视完全消除了画面晃动现象，且清晰度高，不会造成视觉疲劳和对眼睛的损伤。

液晶电视采用液晶显示器(Liquid Crystal Display，LCD)，具有图像无闪烁、厚度薄、重量轻等特点。目前，液晶显示器和液晶电视已得到广泛应用，但在大屏幕化方面仍落后于等离子显示器。

16.1 电视信号的制式

电视的视频信号是一种模拟信号，由视频模拟数据和视频同步数据构成，用于接收端正确地显示图像。电视信号的细节取决于应用的视频标准或者“制式”，目前全球有三大制式：NTSC(National Television Standards Committee，美国全国电视标准委员会)、PAL(Phase Alternate Line，逐行倒相)以及SECAM(SEquential Couleur Avec Memoire，顺序传送与存储彩色电视系统，法国采用的一种电视制式)。

16.1.1 NTSC制式

NTSC制式的特点是将两个色差信号分别对频率相同而相位相差的两个副载波进行正交平衡调幅，再将已调制的色差信号相加后形成的色度信号插入到亮度信号频谱的高端空隙中。

平衡调幅是一种特殊的调幅方式，按此方式调制后产生的调幅波称为平衡调幅

波。这种调幅波的突出特点是没有副载波。为了解调出原来的两个色差信号，需要在接收机中设置副载波再生电路，以便恢复失去的副载波。另外，在接收机中还设有两个同步检波器，它们在副载波帮助下将两个色差信号解调出来。该制式的主要缺点是对信号的相位失真十分敏感，容易产生色调失真，为了减小色调失真，对发射端与中间传送设备的性能指标要求较高。目前，美国、日本、加拿大等国家采用此制式。图16.1所示是NTSC制式的频谱。

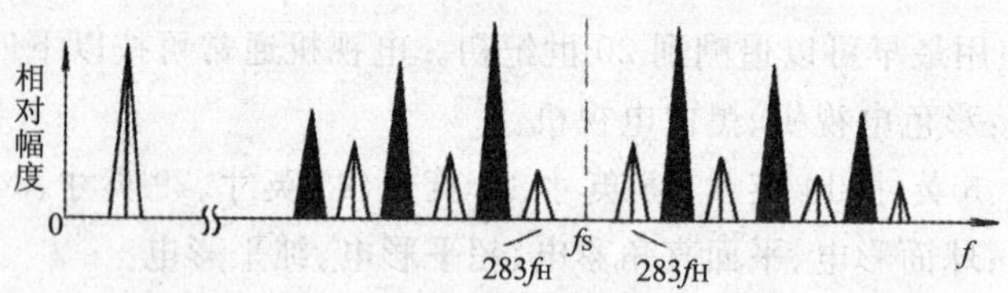

图 16.1 NTSC 制式的频谱

16.1.2 PAL 制式

我国采用的电视标准是PAL制式，它规定每秒25帧，每帧625扫描行。由于采用了隔行扫描方式，625行扫描线分为奇数行和偶数行，分别构成每一帧的奇、偶两场。由于在每一帧中电子束都要从上面开始扫描，因此存在着电子束从终点回到起点的扫描逆程期，在这期间被消隐的扫描行是不可能显示出图像的。

扫描逆程期约占整个扫描时间的8%，因此625行中用于扫描图像的有效行数只有576行，由此推导出图像在垂直方向上的分辨率为576点。按现行4:3宽高比的电视标准，图像在水平方向上的分辨率应为576×4÷3=768点，从而得到768×576这一常见的图像大小。另外，在进行计算机视频捕捉时，还会遇到遵循CCIR601标准的PAL制式图像尺寸，其大小为720×576。对于NTSC制式，它规定每秒30帧，每帧525行，同样采用了隔行扫描方式，每一帧由两场组成，其图像大小是720×486。

PAL制克服了NTSC制的相位敏感性，在原来正交平衡调幅和同步检波等基本措施的基础上，将其中一个调幅的红色差信号进行逐行倒相，使任意两个相邻扫描行的红色差信号相位总相差180度，利用相邻扫描行色彩的互补性消除由相位失真引起的色调失真。图16.2所示是PAL制式的频谱。

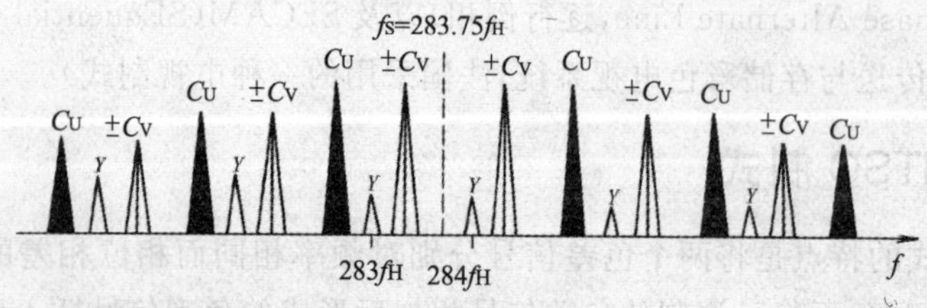

图 16.2 PAL 制式的频谱

16.1.3　SECAM 制式

SECAM 制式是法国在 1966 年开始应用的一种电视制式，是一种顺序传送调频制式。由于这种制式采用调频方式传送色度信号，抗干扰能力强，传输失真较小，允许相位失真最大值为±40°。卫星电视的色度信号就采用了这种制式调制。另外，由于色度信号逐行传送，消除了两色差的串扰，且由于采用调频方式传送，接收机可直接用鉴频器进行检波，不必再恢复副载波，也不需要传送副载波相位信息。但是，由于 SECAM 制式不是采用频谱间置方式处理色度信号与亮度信号的组合，而是用调频方法，亮度信号与色度信号的互相干扰较大，兼容性较差。此外，当输入信号信噪比过低时，接收机的输出信噪比急剧下降，来自色度通道的杂波干扰会使屏幕上出现较粗长的小条形状，称为“银效应”。

上述三种制式在传送色差信号时采用的方法不同，所以三种制式之间不能相互兼容。表 16.1 列出了部分国家或地区采用的电视制式。

表 16.1　部分国家和地区电视制式

国家或地区	彩色制式	国家或地区	彩色制式
中国	PAL	菲律宾	NTSC
日本	NTSC	俄罗斯	SECAM
美国	NTSC	泰国	PAL
英国	PAL	马来西亚	PAL
德国	PAL	法国	SECAM
荷兰	PAL	意大利	PAL
香港	VPAL	波兰	SECAM
新加坡	PAL	匈牙利	SECAM

16.2　电视信号的传输与接收方式

电视信号的发送传输和接收有三种形式：地面广播系统、卫星电视广播系统、有线电视系统。

(1) 地面广播系统。电视台通过电视发射天线向周边地域空间发射电磁波信号。这种方式的优点是成本低、覆盖范围宽，电视机使用不受场所限制，缺点是电视信号容易受地面障碍物(如高楼)阻挡和反射，形成多径干扰，图像经常出现重影。另外，这种传送方式的电视信号强度按距离的平方成反比，并且在传输过程中容易受到各种信号干扰，离电视台稍远一些的地区接收到的电视信号非常差，图像画面经常出现雪花状干扰条。

(2) 卫星电视广播系统。这种方式的优点是覆盖面大、转播电视质量高、适应性强，缺点是成本高。信号接收者需要购置专门的卫星接收机顶盒，并安装一个抛物面微波天线。目前，我国还没有发射 K 波段的电视卫星，接收 U 波段通信卫星信号需用 1.5m 的抛物面微波天线，安装和使用比较困难，只适用于政府部门和企事业单位。

(3) 有线电视系统。这种方式通过同轴电缆传输电视信号，不受外界干扰，亦不会对其他信号产生干扰，使信号的频谱能得到充分利用，图像质量在所有传输系统中是最好的。目前，有线电视信号已把V波段的频谱全部利用完，U波段的低端也利用了大部分，工作频段包括VHF(12个)和UHF(56个)两个频段，共计68个频道，另外还增加了37个有线电视专用频道。

16.3　彩色电视机组成及原理

16.3.1　CRT彩色电视机组成及原理

CRT彩色电视机各单元电路的组成和工作原理如图16.3所示。

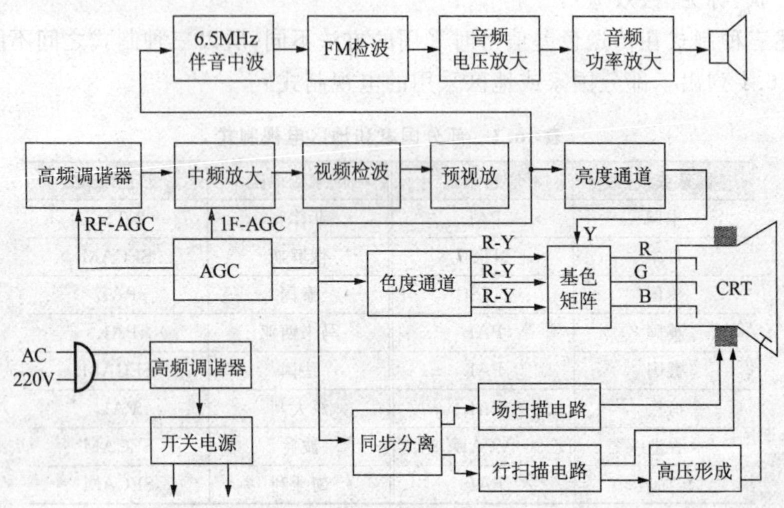

图16.3　CRT彩色电视机组成

1. 图像中放

彩色电视机图像中放与黑白电视机基本相同，除主要放大38MHz图像中频信号外，还要衰减31.5MHz伴音中频信号及邻近频道信号，以避免31.5MHz伴音中频与33.57MHz副载波中频产生2.07MHz差拍干扰信号。

2. 伴音、亮度、色度通道

伴音通道由伴音中频放大、FM检波、音频电压放大及音频功率放大电路组成。对于多制式彩电，FM检波要适应6.5MHz、6.0MHz、5.5MHz、4.5MHz四种频率。高档大屏幕彩电采用双声道音频放大电路，并设立环绕声功能电路。

彩色电视机中的亮度通道相当于黑白机中的视放电路，亮度通道一般设有亮度调整控制、对比度调整控制、亮度信号延时线、自动亮度限制(ABL)、箝位与消隐等电路。高档大屏幕彩电的亮度通道还设立了各种画质提高电路，如黑电平伸长电路、轮廓校正电路等。

色度通道的主要任务是从色度信号 C 中恢复产生 R-Y、G-Y、B-Y 色差信号。彩色制式不同,色度通道电路也不同,PAL 制色度通道由信号处理及副载波恢复电路两大部分组成。目前,多制式彩电是主流产品,其色度通道也是 PAL、NTSC、SECAM 制均可以接收的色度通道。

3. 高频调谐器

高频调谐器又称为高频头,它由输入回路、高放、本振及混频等电路组成,高频调谐器的主要任务是变频及调谐选台。

4. 视频检波

彩色电视机视频检波电路的任务是:从图像中频信号中检出视频信号,将 31.5MHz伴音中频信号变换成 6.5MHz 第二伴音中频信号。对于多制式彩电,共有 6.5MHz、6.0MHz、5.5MHz、4.5MHz 四种第二伴音中频信号,为了使彩色全电视信号与第二伴音信号相互分离后送入各自的通道,要设立 6.5MHz、6.0MHz、5.5MHz、4.5MHz 选频及陷波制式开关切换电路。

5. 基色矩阵与激励电路

基色矩阵电路的主要任务是将 R-Y、G-Y、B-Y 三个色差信号分别与 Y 信号相加混合,以便产生 R、G、B 三基色信号并把三基色信号放大到约 100VPP 幅度,然后加到显像管的 R、G、B 阴极。另外,为了补偿显像管的 R、G、B 电子束调制特性,还要设立白平衡调整电路。

6. 扫描电路

彩色电视机扫描电路与黑白机几乎相同,其任务是为偏转线圈提供锯齿波电流。彩色显像管所需的偏转功率更大,阳极电压更高(25～30kV)、电子束电流更大,故一般设有自动亮度限制(ABL)电路及扫描过流过压保护电路。对于大屏幕多制式彩电,还要设立 50Hz/60Hz 场扫描切换电路、枕形失真校正电路、高压稳定电路、动态聚焦电路等。

7. 电源电路

彩色电视均采用高效率的开关电源电路,先对 220V 交流电进行整流滤波,获得约 300V 的未稳直流电压,然后再变换成 110～140V 稳定直流电压给行扫描电路供电,并由行输出级产生 12V 直流电压给各信号通道供电。

以上只是简单介绍了彩色电视机中的一些基本电路。近年来,彩色电视机中还出现了一些新电路,如红外遥控微处理机控制电路、AV 输入/输出电路、NICAM 数码立体声电路、画中画(PIP/TIT)与画外画(POP)电路、卡拉 OK 电路、AI 人工智能电路等。

8. 彩色 CRT 显像管

彩色 CRT 显像管的原理如图 16.4 所示。荧光屏上按一定规律布满了能发出红、绿、蓝三色的荧光粉,三支电子枪分别受R、G、B信号调制,在行、场偏转线圈磁场的作用下,三电子束同时按同一规律沿屏幕扫描,并在R、G、B信号的控制下轰击屏幕上相邻的三种荧光粉点,使之发出红、绿、蓝三种光。根据三基色原理,不同分量的红、绿、蓝三种光就可组成各种彩色,彩色显像管装有校正会聚的装置,以保证三电子束会聚良好。

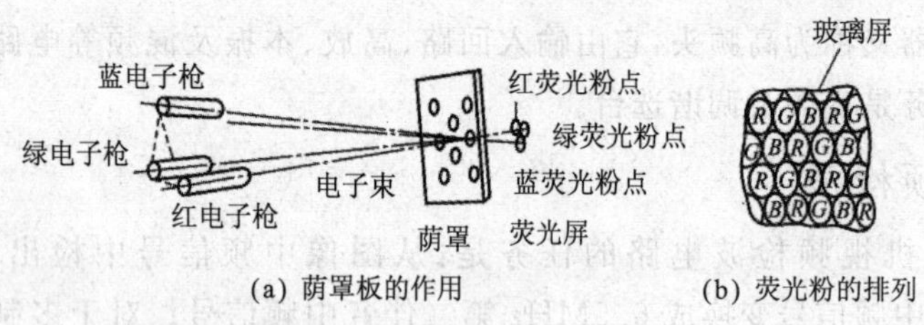

图 16.4 彩色显像管原理图

16.3.2 液晶电视的组成

高清晰、高亮度、宽视角、影像逼真、画质细腻而富立体感是液晶电视带给观看者的第一印象,而轻薄、省电、无闪烁、无辐射则是液晶电视远胜于传统CRT彩电的优势。液晶电视的接口也极为丰富,可接驳电脑、DVD等设备,有些制造商还将读取移动存储器的功能整合进了液晶电视。目前,主流液晶电视的尺寸为20～42英寸。

液晶电视的线路组成如图16.5所示,各部分的说明如下:

· 普通模拟电视信号处理模块:该模块与传统电视机中的电视信号处理部分功能相同,其可接受多种输入信号格式,如RF电视射频信号、CVBS复合电视信号、S-Video信号、色差分量信号等。RF电视射频信号的接收一般使用一体化二合一高频头

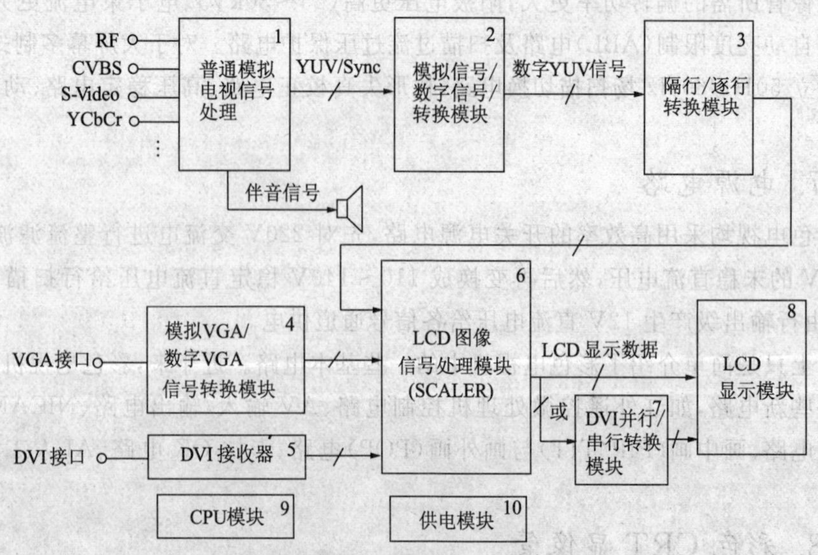

图 16.5 液晶电视的线路组成

进行处理,处理后可直接输出复合电视信号和解调的伴音信号。同时,高频头也可输出第二伴音中频信号SIF提供给带丽音解码的机型使用。高频头输出的复合电视信号经视频解码IC处理后,输出模拟YUV(或RGB)信号及行场同步信号供数字板进行处理使用。

- 模拟信号/数字信号转换模块:该模块对三通道模拟YUV(或RGB)信号进行AD转换处理,转变为24路数字YUV(或RGB)信号,提供给隔行/逐行处理板使用。
- 隔行/逐行转换模块:该模块把隔行格式的数字YUV(或RGB)信号进行逐行处理后输出一标准逐行格式的数字YUV(或RGB)信号。
- 模拟VGA/数字VGA信号转换模块:该模块的功能是把PC输出的标准模拟VGA视频信号转变成24位并行数字VGA视频信号。
- DVI串行/并行转换模块:这部分的功能主要由DVI接收器来实现。其功能是接收PC输出的标准串行数字视频DVI信号,然后将其转变为24位(或48位)并行数字视频信号。
- LCD图像处理模块(SCALER):该模块的核心是一个高性能的平板图像处理器,可对前端进来的多种格式数字视频信号进行处理,输出平板显示模块可接受的平板图像显示数据格式。其主要功能有:数字色度亮度处理、彩色γ校正、图像大小缩放、画质改善、运动补偿、边缘平滑等。
- DVI并行/串行转换模块:这部分的功能主要由DVI发送器来实现。其接收平板图像处理器输出的24位(或48位)平板图像显示数据,然后将其转变为DVI标准的串行输出数据格式,直接连接带DVI输入接口的LCD显示模块。
- LCD显示模块:该模块是液晶电视的显示终端,其接收平板图像处理器输出的平板图像显示数据(或DVI格式的平板图像显示数据,与LCD显示模块的输入接口有关),经内部时序控制电路转换后驱动LCD屏显示出正确的视频图像。
- CPU模块:提供人机接口及对电路的各个功能模块进行功能设置和控制。

供电模块:对电源接口输入的12V和24V直流电进行DC/DC转换后,提供系统需要的各种不同电压。

16.3.3　电视机遥控系统

彩色电视机红外线遥控系统主要由遥控发射器、遥控接收器、中央微处理器、存储器、接口电路和本机键盘矩阵等组成。观看者可通过遥控器控制电视机的开关、选台和调节音量、色调、亮度、对比度等,操作十分方便。

图16.6所示是彩电红外遥控系统的组成框图。

1. 红外遥控信号发射器

红外遥控信号发射器主要由键盘矩阵、遥控器专用集成芯片、激励器和红外发光二极管等组成。其工作过程是:首先,由专用集成芯片将每个按键的键位码经内部遥控指令编码器转换成遥控编码脉冲;然后,将编码脉冲对38MHz左右的载波进行脉冲幅度调制；最后，用已调制的编码脉冲激励红外发光二极管，使其以中心波长为940nm的红外光发出红外遥控信号。

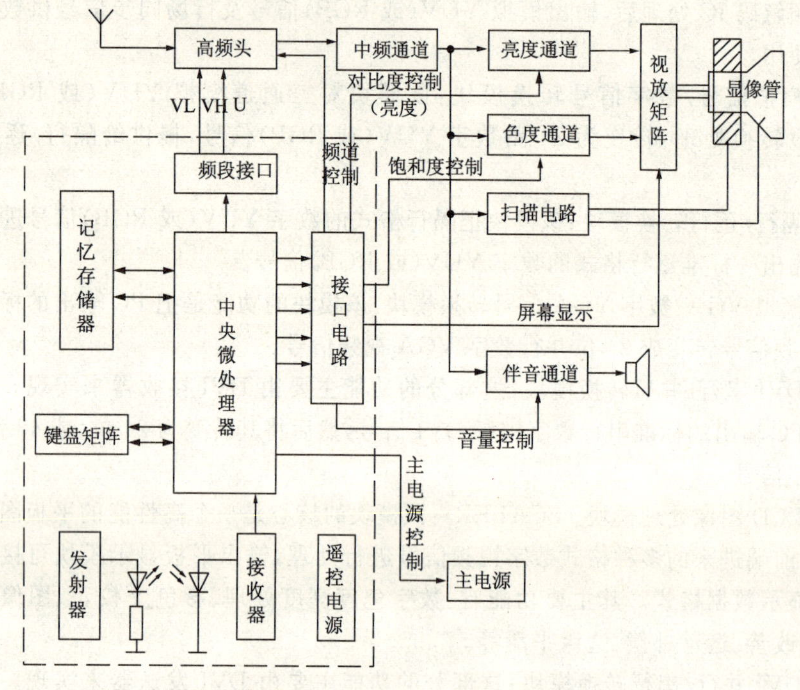

图16.6 彩电红外遥控系统框图

2. 红外遥控接收器

红外遥控接收器一般由红外光电二极管、前置放大器、解调等电路组成。红外光电二极管属光敏元件，无红外光照时其内阻极高（约几兆欧），有红外光照时，其内阻可下降为几千欧。因其结电容较小，故其频率响应较宽，具有较高的灵敏度。

当收到红外遥控信号时，光电二极管被激励，产生光电流，再经前置放大器放大、限幅、整形，峰值检波等，得到遥控编码脉冲，送入中央微处理器去解码并控制有关电路。

3. 中央微处理器

中央微处理器根据红外遥控接收器送来的遥控指令，由内部的指令译码器进行识别译码，在内部的只读存储器中取得相应的指令控制程序，产生出相应的控制信号，通过接口电路去控制相应的单元电路。

4. 存储器

存储器是配合中央微处理器的读写存储器，用于存储各电视频道的选台数据及模拟数据，包括调谐电压、频段、音量、对比度、亮度和色饱和度等等。在选用预选单元时，对应单元的选台数据被读出，各模拟量数据也被读出，分别送至相应的接口电路。存储器所存的数据信息在断电后不会丢失。

5. 接口电路

接口电路介于中央微处理器与被控制电路之间，其主要作用是进行数/模转换和电平移位。这里的数/模转换是指将中央微处理器输出的数字信号转换成被控电路所需的模拟电压，例如选台调谐电压、音量控制电压、色饱和度控制电压等等。所谓电平移位就是将数/模转换后的直流电平转换成被控电路所要求的电平。例如，在调谐选台时，要求加在高频调谐器内变容二极管上的电压范围为 0～30V，而中央微处理器输出的电压不超过 5V，所以需要电平移位。

6. 本机键盘矩阵

除使用遥控发射器能对彩电实现控制外，通常在彩电面板上还设置有若干按键，组成本机键盘矩阵。本机键盘按键同样可实现各种控制功能，并且它所产生的编码信号无须进行调制及解调，而是直接通过电阻送到中央微处理器中。

第 17 章 数字电视

数字信号处理技术的发展为电视技术带来了革新。它采用数字信号处理技术，能够更清晰地显示画面，为人们带来全新的视觉感受。

数字电视可分为“一体机”和“分体机”两种。“一体机”就是电视显示器内置机顶盒的完整功能(信源解码、信道解码、条件接收)。目前，由于我国的数字电视标准尚未完善和普及，所以市场上还没有这样的数字高清电视机。“分体机”是不带机顶盒的数字电视显示器，目前，市场上的高端电视机(等离子、液晶和背投电视)大多属于分体机，用户需购置机顶盒后才能收看数字高清电视节目。

本章将主要介绍一体机，有关分体机中的机顶盒部分请参阅后面章节。

17.1 数字电视技术概述

数字电视是指从演播室到发射、传输、接收的所有环节都使用采用数字信号和数字化电视设备。数字信号的传播速率是每秒 19.39 兆字节，如此大的数据流的传递保证了数字电视的高清晰度，克服了模拟电视的先天不足。

数字电视信号的具体传输过程是：由电视台送出的数字化图像及声音信号，经数字压缩和数字调制后，形成数字电视信号，再经过卫星、地面无线广播或有线电缆等方式传送，由数字电视接收后，通过数字解调和数字视音频解码处理还原出原来的图像及伴音。因为全过程均采用数字技术处理，因此，信号损失小、接收效果好。

与传统的模拟电视技术相比，数字电视技术与有如下优点：

(1) 信号杂波比和连续处理的次数无关。数字信号的信噪比在传输过程中不会降低，而模拟信号在处理和传输中会不断产生新的杂波。

(2) 可避免系统的非线性失真的影响。而在模拟系统中，非线性失真会造成图像的明显损伤。

(3) 数字设备输出信号稳定可靠。

(4) 易于实现信号的存储，而且存储时间与信号的特性无关。

(5) 由于采用了数字技术，与计算机配合可以实现设备的自动控制和调整。

(6) 数字技术可实现时分多路，充分利用信道容量。

(7) 压缩后的数字电视信号经数字调制后，可实现开路广播，在设计的服务区内(地面广播)，观众能以极大的概率实现“无差错接收”。

(8) 在同步转移模式(STM)的通信网络中，可实现多种业务的动态组合。

(9) 很容易实现加密/解密和加扰/解扰技术，便于专业应用(包括军用)以及广播应用。

数字电视广播的信号流程包括制作编辑、信号处理、广播传输和接收显示几个过程。目前用于数字节目制作的手段主要有:数码摄像机和数码照相机、计算机、数字编辑机、数字字幕机;用于数字信号处理的手段有:数字信号处理技术(DSP)、压缩、解压、缩放等技术;用于传输的手段有:地面广播传输、有线电视传输、卫星广播及宽带综合业务网(ISDN)、DVD 等;用于接受显示的手段有:阴极射线管显示器(CRT)、液晶显示器、等离子体显示器、投影仪等等。

在整个数字电视广播过程中,视频编码、数字电视的复用系统、信道编解码是几项非常关键的技术。

1. 视频编码

数字化后的电视信号数据量极大,一般 1 秒钟的视频图像数据量就高达 27MB,码率高达 216Mbps,对硬件要求十分严格。因此,数据压缩技术是影响数字电视信号能否正常传输与播出的关键问题。目前,应用于广播电视领域的数字压缩技术标准主要有 MPEG-1、MPEG-2、MPEG-4 等几种。

MPEG(Moving Pictures Experts Group,运动图像专家组)最早创建于 1988 年,它是在 International Standards Organization(ISO,国际标准化组织)的召集下,为数字视频和音频制定压缩标准的专家组,专门负责为 CD 建立视频和音频标准,其成员均为视频、音频及系统领域的技术专家。该小组最初在 1992 年提出并制定 MPEG-1 压缩编码标准,应用于激光视盘的节目传播,使得 VCD 大量普及。该小组又在 1994 年制定了 MPEG-2 压缩标准,为视/音频服务与应用的交互性操作开创了可能性,带动了 DVD 及数字电视等多种消费电子产业。

MPEG-1(ISO/IEC1172)是为工业级标准而设计的,可适用于不同带宽的设备,如 CD-ROM、Video-CD、CD-I 等。MPEG-1 的编码速率最高可达 4～5Mbps。MPEG-1 的基本算法对于每秒 24～30 逐行扫描帧、分辨率 360×280、1.2Mbps 标准数据流的运动图像有很好压缩效果,但随着图像速率的提高,解码后图像质量较差。MPEG-1 主要应用于影视方面,而且技术已经非常成熟,VCD 影碟就是基于 MPEG-1 标准,其图像质量和清晰度早已被广大用户接受,因而在家庭视频播放领域基本取代了传统的 VHS 录像带。

MPEG-2(ISO/IEC 13818)是 MPEG-1 的一种兼容型扩展。该标准所追求的是 CCIR601 建议的图像质量,是专为 DVB、HDTV 和 DVD 等制定的 3Mbps～10Mbps 的运动图像及其伴音的编码标准。MPEG-2 在 NTSC 制式下的分辨率可达 720×486,可提供广播级的视频以及 CD 级的音质。MPEG-2 的音频编码可提供左右中及两个环绕声道,以及一个重低音声道,以及多达 7 个伴音声道。同时,由于 MPEG-2 的出色性能表现,其无需改动就能适用于 HDTV,这使得原打算为 HDTV 专门设计的 MPEG-3 还没问世就被抛弃了。

MPEG-2 支持隔行扫描视频格式和其他先进功能。MPEG-2 以可扩展档次的形式来定义,每个档次支持一种特殊应用所需的功能,因此它是一种通用标准。但是

MPEG-2 标准数据量比较大，一部影片的数据量通常大到 8G 字节左右，不便存放和传输。对于最终用户来说，由于电视机分辨率限制，MPEG-2 所带来的高清晰度画面质量(如 DVD 画面)在传统的电视上效果并不明显，倒是其音频特性(如重低音，多伴音声道等)更引人注目。

基于 MPEG-2 标准的 DVD 的推出使得 VCD 在市场上风光不再。由于一路 MPEG-2 码流中可以同时传输多套电视节目，用户可以根据喜好收看其中某一套节目，即视频点播(VOD)业务。数字机顶盒的推出也是成功运用 MPEG-2 标准的典型，它是广播业务走向全数字化的过渡产品。DVD 和数字机顶盒现在已逐渐成为消费主流。MPEG-2 标准现在能够为有线电视网、电缆网络以及卫星直播提供广播级的数字视频(DVB)。

继成功定义了 MPEG-1 和 MPEG-2 之后，MPEG 专家组从 1994 年开始制定全新的 MPEG-4 标准。MPEG-4 标准将众多的多媒体应用集成于一个完整的框架内，旨在为多媒体通信及应用环境提供标准的算法及工具，用于实现音视频数据的有效编码以及更为灵活的存取。

MPEG-4 试图达到两个目标：一是低比特率下的多媒体通信；二是多工业的多媒体通信的综合。MPEG-4 视频格式大大优于 MPEG-1 与 MPEG-2，视频质量与分辨率高，而数据率相对较低。最主要的原因在于 MPEG-4 率先采用了 ACE(高级译码效率)编码运算规则，与 ACE 有关的目标定向可以启用很低的数据率，可以将整部视频电影以完全 PAL 或者 NTSC 的分辨率及立体声(16 位，48KHz)存储在单个 CD-ROM 上。也就是说，110 分钟 MPEG-4 格式的电影可以轻松地存放 700MB 空间上，而 MPEG-2 格式的电影在相同的分辨率下则需要约 11 倍以上的储存空间。

MPEG-4 作为最新的视频格式已受到广泛的关注，并逐渐被应用于多个领域，包括数字电视、动态图像、实时多媒体监控、低比特率下的移动多媒体通信、Internet/Intranet 上的视频流与可视游戏、基于面部表情模拟的虚拟会议、DVD 上的交互多媒体应用、基于计算机网络的可视化合作实验室场景应用、演播电视等。

2. 数字电视的复用系统

数字电视的复用系统是高清晰数字电视的关键部分之一。从发送端信息的流向看，它将视频、音频、辅助数据等编码器送来的数据比特流，经处理复合成单路串行的比特流，送给信道编码及调制。在接收端，这一过程正好相反。

模拟电视系统不存在复用器。在数字电视中，复用器把音频、视频、辅助数据的码流通过一个打包器打包(其实是数据分组)，然后再复合成单路。HDTV(高清数字电视)数据的打包更使其具备了可扩展性、分级性、交互性的基础。

付费电视是现在和将来电视发展的一个方向。复用器可对打包的节目信息进行加扰，使其随机化，接收机必须用正确的密钥才能解扰。

在高清晰数字电视复用传输标准方面，美国、欧洲、日本都采用了 MPEG-2 标准。美国已有了 MPEG-2 解复用的专用芯片。

HDTV 数据包长度是 188 个字节，正好是 ATM(异步信元传输)信元的整数倍。随着今后以光纤为传输介质、以 ATM 为信息传输模式的宽带综合业务数字网的发展，可用 4 个 ATM 信元来完整地传送一个 HDTV 传送包，因而可以实现 HDTV 与 ATM 的方便衔接。

3. 数字电视的信道编解码及调制解调

数字电视信道编解码及调制解调的目的是通过纠错编码、网格编码、均衡等技术提高信号的抗干扰能力，通过调制把传输信号放在载波或脉冲串上，为发射做好准备。我们目前所说的各国数字电视的制式、标准不能统一，主要就是指各国在该方面的不同，具体包括纠错、均衡等技术的不同，以及带宽的不同和调制方式的不同。

数字传输的常用调制方式有：

(1) 正交振幅调制(QAM)：调制效率高，要求传送途径的信噪比高，适合有线电视电缆传输。

(2) 键控移相调制(QPSK)：调制效率高，要求传送途径的信噪比低，适合卫星广播。

(3) 残留边带调制(VSB)：抗多径传播效应好(消除重影效果好)，适合地面广播。

(4) 编码正交频分调制(COFDM)：抗多径传播效应和同频干扰好，适合地面广播和同频网广播。

美国地面电视广播迄今仍占其电视业务的一半以上，因此，美国在发展高清晰度电视时首先考虑的是如何通过地面广播网进行传播，并提出了以数字高清晰度电视为基础的标准 ATSC。美国 HDTV 地面广播频道的带宽为 6MHz、调制采用 VSB，美国的卫星广播电视采用 QPSK 调制，电缆电视采用 QAM 或 VSB 调制。

从 1995 年起，欧洲陆续发布了数字电视地面广播(DVB-T)、数字电视卫星广播(DVB-S)、数字电视有线广播(DVB-C)的标准。欧洲数字电视首先考虑的是卫星信道，采用 QPSK 调制，地面广播数字电视采用 COFDM 调制、8M 带宽，电缆数字电视采用 QAM 调制。

日本数字电视首先考虑的是卫星信道，采用 QPSK 调制，并在 1999 年发布了数字电视的标准 ISDB。

4. 数字电视信号传输

数字电视信号由信号源到数字电视之间的传递系统被称为链路，如图 17.1 所示。它包含 5 个部分：信源编码和压缩、复用和传送、信道编码和调试、信道、接收机。

· 信源编码是指设法减少比特率，也就是进行数据压缩。

· 复用和传送是指将数字化的数据流分割成许多信息包，并清晰标注每个包的类型及使用方法，再将视频数据流包、音频数据流包、辅助数据流复用为一个单一的数据流。

· 信道编码和调制是指利用数据流信息来调制发射信号的方法，包括信道编码和利用单载波或多载波方案的差错防御技术。

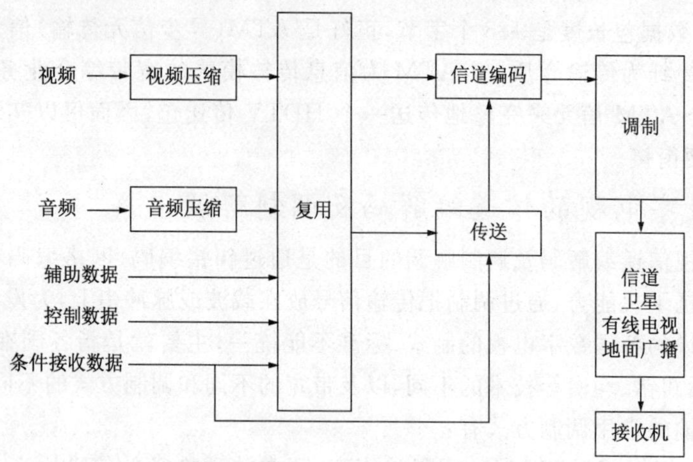

图 17.1 数字电视信号传输链路

- 信道可以是卫星信道、有线电视线缆或地面广播等。
- 接收机包括解调、信道解码、解复用、视/音频解码以及显示设备等。

17.2 数字电视组成

图 17.2 所示是数字电视的原理框图。从图上看，其基本功能部分与模拟电视机基本相同。其中，虚线框内的视频信号的处理是用数字电路完成的，其中包括了低电平的同步和扫描电路。

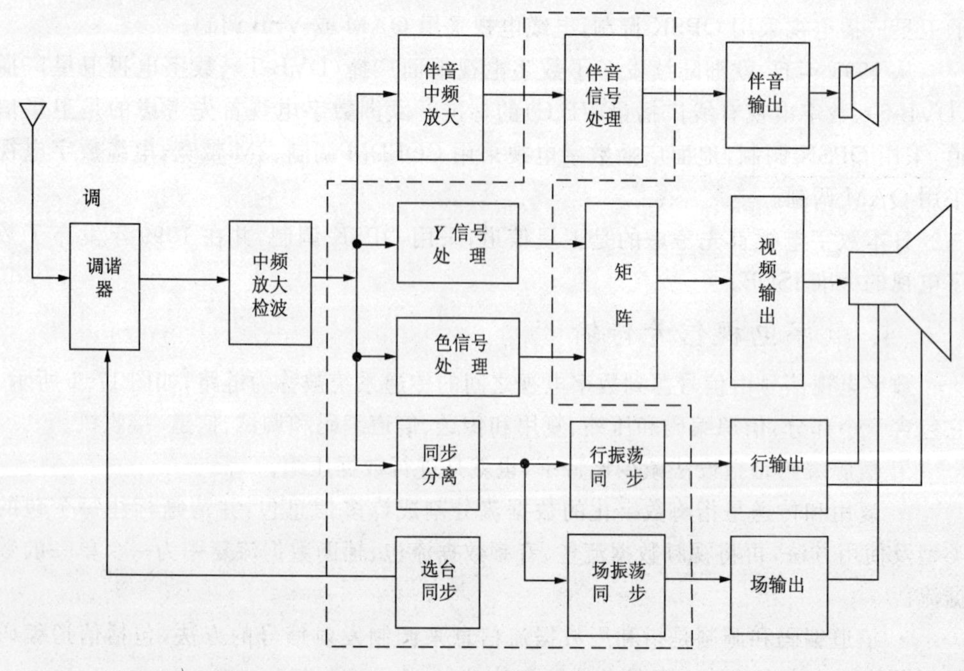

图 17.2 数字电视原理框图

图 17.3 所示是一款数字电视的电路构成图。从调谐器、图像中放、伴音中放部分出来的是模拟信号：视频全电视信号和基带伴音信号（Ⅰ、Ⅱ路），它们被分别送到视频处理和音频处理单元。具体介绍如下：

(1) 视频部分：视频部分包括 VCU（编、解码）、VPU（视频处理）、MCU（时钟）三块集成电路，以及分立元件的末级 RGB 视频功放电路。A/D、D/A 转换电路都集成于 VCU 中。

(2) 偏转部分：偏转部分由包括偏转处理芯片 DPU 以及分立元件的行、场输出电路。来自 VCU 的数字全电视信号进入 DPU 后，先经过低通滤滤器以滤除杂波干扰，然后检测出同步脉冲的幅度，根据幅度大小可以自动选择两种箝位方式，即同步顶箝位或后肩箝位。

(3) 音频部分：音频部分的功能是由 ADC2300 和 APU2400 完成的。输入的两路模拟伴音信号，先在 ADC 中进行 Σ-Δ 方式的脉冲密度调制（PDM），脉冲的密度代表信号电平，再经过数字音频滤波器转换成 35kHz 抽样频率、16bit 字长的数字音频信号。

(4) 控制部分。中央控制单元 CCU 是整个电视机控制的中心。CCU 中主要包括 8 位微处理器（8049）、ROM、RAM、调谐分辨率为 62.5kHz 的锁相式频率合成器、用于接受红外遥控的红外遥控解码器、用于用户指令键盘和 4 位 LED 频道指示的 I/O 端口、用于输入/输出控制信号和输入调整指令的系统总线接口等。

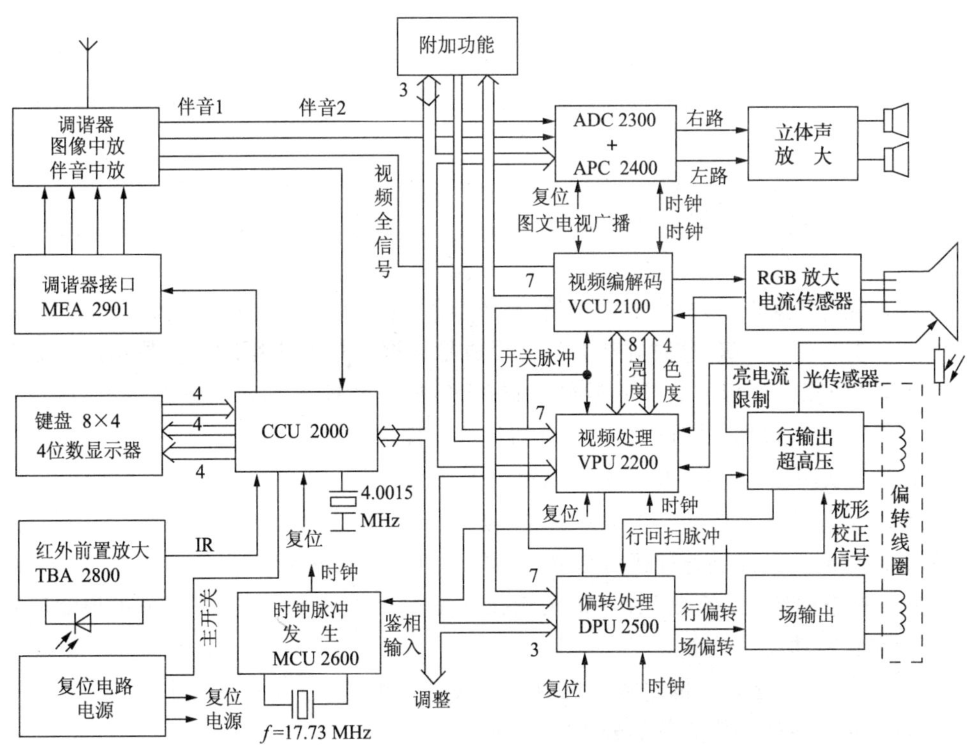

图 17.3　数字电视电路构成

第18章 数字机顶盒

数字机顶盒是信息家电之一,它能够让用户在现有模拟电视上观看数字电视节目,进行交互式数字化娱乐、教育和商业化活动。本节简要介绍机顶盒的关键技术、原理以及故障分析和检修。

从广义上说,凡是与电视机连接的网络终端设备都可称为机顶盒。从过去基于有线电视网络的模拟频道增补器、模拟频道解码器,到将电话线与电视机连接在一起的“维拉斯”上网机顶盒、数字卫星综合接收解码器(IRD,Integrated Receive Decoder)、数字地面机顶盒以及有线电视数字机顶盒等等,都可称为机顶盒。从狭义上说,如果只列举数字设备的话,可将机顶盒分为上网机顶盒、数字卫星机顶盒(DVB-S)、数字地面机顶盒(DVB-T)、有线电视数字机顶盒(DVB-C)以及最新出现的IPTV机顶盒等。

18.1 数字机顶盒基本功能

数字机顶盒提供模拟音频和视频接口,同时还能够提供操作等接口装置。

数字机顶盒的基本功能是接收数字电视广播节目,使现有的模拟电视机能够接收和观看数字化电视节目,同时还提供数据广播和交互式多媒体应用功能。

(1) 电子节目指南(EPG):为用户提供一个容易使用、界面友好、可快速访问想看节目的一种方式,用户可以通过该功能看到一个或多个频道上近期将播放的电视节目。

(2) 高速数据广播:提供股市行情、票务信息、电子报纸等各种消息。

(3) 软件在线升级:软件在线升级可看成是数据广播的应用之一。数据广播服务器按DVB数据广播标准将升级软件广播出来,机顶盒能识别该软件的版本号,在版本不同时接收该软件,并对保存在存储器中的软件进行更新。

(4) 互联网接入:数字机顶盒可以通过内置的Cable Modem(电缆调制解调器)方便地实现互联网接入功能。用户可以通过机顶盒内置的浏览器上网、发送电子邮件;同时机顶盒也可以提供各种接口与PC相连,用PC与互联网连接。

(5) 有条件接收:有条件接收的关键技术是加扰和加密,相应的数字机顶盒应具有解扰和解密功能。

到目前为止,运营商围绕数字机顶盒的数字视频、数字信息与交互式应用三大核心功能开发的各种增值业务如表18.1所示。

表 18.1　数字机顶盒业务表

项　目	内　容
基本业务	模拟电视广播，FM 广播，模拟付费(加扰)电视
数字视频	卫星数字视频广播(DVB-S)，地面数字视频广播(DVB-T)，有线数字视频广播(DVB-C，MMDS 数字视频广播，数字付费(加扰)电视
数字音频	IP 电话/传真，音乐(MOD)，实时音频卡拉 OK 点播(KOD)
数字数据	信息点播(IOD)，数据广播(BIS)，股市证券信息广播(SIS)，VBI 图文电视，应用程序下载，远程数据库流向，电子商务，家居银行
交互式多媒体	互联网接入服务(IAS)，远程教育，远程医疗，网上购物，网上收费，电子广告，股市证券服务(SES)，网上(音/视频)广播业务，可视电话与电视会议，社区多功能服务

18.2　数字机顶盒的硬件结构

数字电视顶盒在构成上包括硬件和软件两大部分。在硬件结构上，数字机顶盒一般由调谐解调器、主芯片、内存、外部存储设备、智能卡(CA：Conditional Access)接口、回传通道以及视/音频输出接口等几大部分构成。

1. 调谐解调器

调谐解调器的作用是将接收到的调制数字信号解调还原成传输流。调谐解调器的不同就构成了不同的数字机顶盒，例如用于 QPSK 解调的卫星机顶盒(DVB-S)，用于 QAM 解调的有线数字机顶盒(DVB-C)以及用于 OFDM 解调的地面传输数字机顶盒(DVB-T)。目前市场上主流的调谐解调器厂商有 Thomson、Sharp 等。

2. 主芯片

随着芯片技术的发展，越来越多的厂家将机顶盒的功能更多地集成在一个主芯片里。例如大部分厂商都将 CPU、解码器、解复用器、图形处理器与视音频处理器集成在一个芯片中，以 Philips 为代表的一些厂商甚至将调谐解调器也集成在主芯片中，形成一体化的芯片解决方案，有效地降低了器件成本并提高了可靠性。

在主芯片中，首先根据传输流所传递的标志信息对接收到的传输流进行解复用，然后根据智能卡所传递的解扰信息对节目流进行解扰，解扰后的 TS 流送到视音频解码器中分别进行解码，还原成 AV 信号进行输出，同时也分离出复用在 TS 流中的各类系统数据表，送给机顶盒处理器分别输出。

另外，由于主芯片中集成了 CPU 和图形管理器，使得机顶盒可以完成更多的功能，例如运行各种软件(如股票接收、网页浏览等)，也可以通过图形管理器实现 2D 甚至 3D 的图形处理，为用户提供更美观的界面，实现交互式游戏等各种高画质应用。

3. 内　存

数字机顶盒所使用的内存主要有 Flash 内存和 SDRAM 内存两种。Flash 内存用来存储机顶盒的系统软件、驱动软件、应用程序以及一些用户信息，在系统断电时内容仍然保留。由于 Flash 内存是可擦写的，因此机顶盒可以通过在线方式对 Flash 中的软件进行更新升级。SDRAM 主要是用来存储应用程序数据。机顶盒的许多功能都需要内存来实现，如图形处理、视音频解码和解复用等，不同的应用需求，内存的大小配置也各不相同。

4. 外部存储设备

数字机顶的外部存储设备一般指外挂式硬盘，大容量的硬盘可以用于存储节目流以满足用户的个性化需求。数字机顶盒能否支持外挂硬盘一是由主芯片决定的。

5. 智能卡接口

通过读卡器读取智能卡中的数据用于数字电视节目的解扰，特别是在付费电视发展的今天，这是大多数数字机顶盒必不可少的部件。除了标准的读卡器外，在有些数字机顶盒中也采用通用接口 CI(Common Interface)来完成对智能卡的读取。CI 是一个由 DVB 组织为机顶盒和分离的硬件模块之间定义的标准接口，起源于 PCMCIA。

6. 回传通信接口

交互式应用的需求使机顶盒中内嵌了回传设备，这些设备可以包括网络适配器、调制解调器等通信接口，用于满足用户将信息回传到前端。

7. 其他设备接口

新技术的发展使机顶盒的物理接口也不断地增加，如 RS-232 接口、红外遥控器接口、无线键盘接口、Wi-Fi 接口等等，使得数字机顶盒可以同摄像机、DVD、PDA 等众多设备进行连接。

18.3 数字机顶盒的软件结构

数字机顶盒作为一个客户端系统，其软件结构分为三个主要的层:应用层、中间解释层和驱动层。每一层都包含了诸多的程序或接口等。

(1) 驱动层。驱动层包括机顶盒硬件的驱动程序和 API 接口，它主要用于完成对硬件设备的操作。

(2) 中间解释层。中间解释层将数字机顶盒的应用程序指令翻译成 CPU 能识别的指令，从而通过驱动层去调动硬件设备完成相应的操作。该层包括嵌入式操作系统、中间件、CA 驻留软件等。虽然中间件的使用可以给数字机顶盒软件的设计和应用带来极大好处，但其技术尚不成熟、对硬件要求高且使用成本很高。目前许多软件设计者采用直接调用驱动层的软件来编写应用程序，这虽然可以满足一时的需求，但随着应用需求的增加，使用中间件才是最好的解决方案。

(3) 应用层。应用层分为驻留应用程序和可下载应用程序两部分，不同的数字机顶盒软件设计理念使这两个部分包含的应用程序也不尽相同，合理规划这两部分的组成将有助于提高数字机顶盒的可靠性。目前国内数字机顶盒中的应用程序较少，主要以 EPG、数据广播、股票、简单的下载游戏等为主。随着双向网络的建设和交互式应用的普及，基于交互式的应用软件将越来越多。

加解扰技术用于对数字节目进行加密、解密。其基本原理是采用加扰控制字加密传输的方法,用户端利用 IC 卡解密。在 MPEG 传输流中,与控制字传输相关的有两个数据流:授权控制信息(ECMs)和授权管理信息(EMMs),由业务密钥(SK)加密处理后的控制字在 ECMs 中传送,其中还包括节目来源、时间、内容分类和节目价格等节目信息。对控制字加密的业务密钥在 EMMs 中传送,并且业务密钥在传送前要经过用户个人分配密钥(PDK)的加密处理,EMMs 中还包括地址、用户授权信息、用户可以看的节目或时间段、用户付的收视费等。

18.4　数字机顶盒常见故障及解决

有线数字电视是一个完整的电视系统,数字化的节目平台、传输平台、服务平台和监督平台,构成了一个端到端的服务体系,具有操作性强、节目质量稳定、互动功能齐备等诸多优点。在收看有线数电视过程中,一般不会出现收视故障。对于因调整设置不当而出现的问题,用户在日常使用中稍加留心便可以自行解决。以下列举一些数字机顶盒使用过程的常见故障及解决方法。

(1) 在彩色电视机上安装机顶盒后电视画面无彩色。这主要是由于彩色电视机接收制式设置错误造成的。利用彩色电视机的遥控器,按下“菜单”功能键,找到“图像制式”选项,将图像制式调整为 PAL 制式,电视画面就会自动变成彩色。

(2) 个别频道没有电视伴音。这是由于电视伴音声道设置不一致造成的。数字电视是标准双声道立体声伴音,但是目前由于部分节目源还是单声道播出,如果机顶盒声道设置与电视台播出声道不一致,就会收不到声音。用户可以利用机顶盒遥控器上的按键,切换一下声道,配合音量调整,即可解决此类问题。

有时电视节目中出现与电视画面不符的广播声音,这也是由于电视机伴音声道设置不一致造成,可将数字机顶盒的音频模式切换为电视伴音。

(3) 电视节目只有声音没有图像。这可能有两方面的原因:一是视频连接线没接好;二是当前数字机顶盒收听的是收音机节目。对于第一种情况,按照连接图重新连接好视频线。对于第二种情况,用机顶盒遥控器切换到电视节目模式。

(4) 节目菜单显示英文或无信息。数字电视顶盒是硬件与软件结合的高科技产品,为了用户接收方便,同步传送了 EPG 信息引导用户使用,并设有中文、英文两种文字模式。当出现英文或信息不全时,用户可按下机顶盒遥控器上的 # 号键进行切换。

(5) 数字电视有时出现马赛克或者节目接收不全。这是由于电视信号接收不良造成的。主要原因可能有:数字电视传输平台信号接收不良,具体的因素比较复杂;用户自行改造了家庭内部的有线电视线路,接线不规范或使用了不合格器材,电缆采用直接对接而不使用连接器,接头氧化造成接触不良;网络传输中有故障。遇到这种现象,用户首先要将家庭内部的电视线路整理一下,检查插头是否接触良好,查看模拟电视信号是否正常。

(6) 使用“节目搜索”功能搜索不到数字电视节目。这通常属于设置方面的问题。可检查一下检查机顶盒的网络设置参数与运营商提供的参数是否一致。

(7) 显示“请插入智能卡”或者“节目加密，无权收看”。这是由于未插入智能卡或者智能卡插入的方向不正确。应将智能卡芯片一面朝下插入智能卡插槽。

(8) 机顶盒遥控器失灵。可能的原因有两种：一是遥控器电池不足，二是遥控器未对准机顶盒上的红外线接口。可根据具体情况来解决。

第 19 章　录像机

家用录像机自出现以来，已经有二十多年的历史了。随着电子技术、超大规模集成电路和数字控制技术的日益进步，录像机技术也在不断地发展。目前，市场上常见的录像机种类有磁带录像机、光盘录像机和硬盘录像机。

1. 磁带录像机

磁带录像机（Video Cassette Recorder，VCR）即模拟视频磁带录像机，采用传统的模拟视频进行直接录像，不进行额外压缩和转换。磁带录像机早期多用于电视节目制作、视频录制和家庭视频图像的录制和放映，后来逐渐被引入监控系统。由于磁带录像操作麻烦、保存麻烦、录像时间短，现在已逐渐淡出市场。

2. 光盘录像机

光盘录像机使用光盘作为记录媒体，以数字化方式记录影音信息，是一种既能录像又能播放的数字视听产品。光盘录像机代表着视听产品的最新发展潮流，是未来数字家庭影院中的重要成员。

3. 硬盘录像机

硬盘录像机即数字视频录像机（Digital Video Recorder，DVR），采用硬盘作为记录媒体。DVR 本质上是一套能够进行视/音频录制、存储和处理的计算机系统，它整合了录像机、画面分割器、云台镜头控制、报警控制、网络传输等多种功能于一体。DVR 采用数字记录技术，在图像处理、图像储存、检索、备份以及网络传递、远程控制等方面也远远优于模拟监控设备，因此代表了电视监控系统的发展方向。

19.1　磁带录像机

磁带录像机的组成原理如图 19.1 所示。整机主要由视/音频信号处理系统、伺服系统、系统控制、机械系统和电源组成。

视频信号处理系统把视频电视信号分为亮度和色度两种信号，对这两种信号分别施以调频和降频处理，混合后形成适于视频磁头记录的混合信号，记录在录像带上。在重放时，该系统又通过磁头把磁带上记录的信号捡取出来，再把亮度和色度信号分离后分别进行鉴频和升频变换，最终恢复出原视频图像信号。

音频处理系统对电视伴音信号进行记录及重放处理，与录音机中的记录和重放处理电路相似。

伺服系统是录像机中必不可少的重要机构。该系统用以稳定录像及重放状态时磁头与磁带的相对速度,并使它们保持一致。通常,该系统对主导轴及视频磁鼓电机进行速度及相位控制。磁带录像机比较精密的机电产品,机械执行机构动作多、控制电路复杂。为了协调各部分的工作,必需设置以微处理器为核心的系统控制电路。

作为磁记录设备的家用录像机,还具有电视解调及频道选择电路。这样不依赖电视接收机便可以从射频电视广播中解调出视频电视信号来,记录时作为信号源用。同时为了便于使用家用电视接收机作为录像机的终端设备,家用录像机除备有视频及音频输出、输入插孔外,还备有电视射频调制器。

机械系统又称为走带系统,主要包括带盒舱、赋予磁带正确运行位置的各种导柱、全抹磁头、视频磁鼓、音控磁头、主导轴、压带轮、供带盘、收带盘以及传感电路等部分,以保证记录和重放时磁带以指定的速度运行。

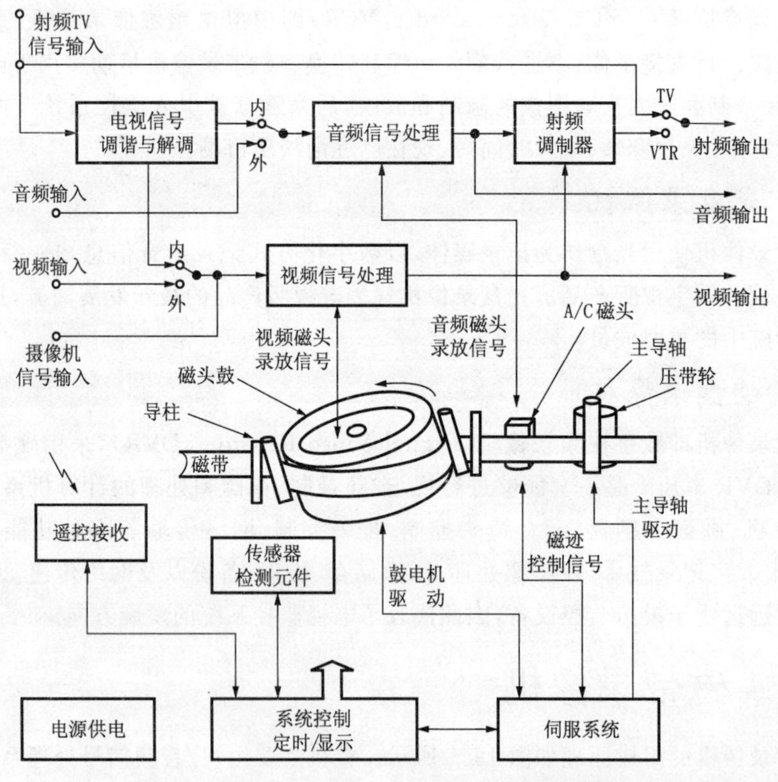

图 19.1　磁带录像机基本组成

磁带录像机的基本工作状态分为记录和重放两种。记录时,电视频道选择及电视解调器把射频电视信号分解为视频图像信号及伴音信号两大部分,分别送往视频及音频信号处理电路,变为便于记录的信号。重放时,视频磁头及音频磁头分别从视频磁带相应位置上把剩磁变为电信号送至视频及音频信号处理电路,恢复成视频全电视信号;再送至射频变换器,变为某频道的射频电视信号,经电缆送至电视接收机的天线输入孔，即可在电视机上播放出图像及其伴音来。

19.2 光盘录像机

光盘录像机可分为VCD光盘录像机和DVD光盘录像机。由于VCD光盘容量较小，所以随着DVD光盘的生产成本下降，DVD光盘录像机已经成为人们的首选。

19.2.1 DVD刻录格式

目前的DVD光盘录像机种类比较多，这主要是由DVD刻录格式不统一所造成的。目前至少存在四种DVD刻录格式。

(1) 一次性记录的DVD-R。DVD-R格式最早由日本先锋公司提出。像CD-R一样，刻录到DVD-R光盘上的数据不能进行删除、编辑等操作。除了因为反射层的染料不同以提供更小的记录点距和轨道而扩大数据记录量以外，DVD-R盘片在制造上采用了与CD-R盘片基本相同的技术。DVD-R的优点是物理特性上兼容传统DVD机和电脑DVD光驱动，缺点是只能一次性写入。

(2) 可反复擦写的DVD-RW。DVD-RW是DVD-R的一种扩展，类似CD-RW和CD-R之间的关系，其单面存储容量为4.7GB，也是由先锋公司创导的一种基于相变技术的可重复擦写DVD光盘。DVD-RW的优点是多次写入，与传统DVD机有良好的兼容性。DVD-RW的缺点是比DVD-RAM读取和写入速度慢，交互功能较弱。

(3) 可反复擦写的DVD-RAM。DVD-RAM也叫随机存储DVD，是由DVD论坛官方制定的最早的可录DVD格式，其工作特点比较类似电脑硬盘。由于DVD-RAM的技术限制，其兼容性是所有DVD刻录格式中最差的，其特殊外壳设计不能供普通的DVD播放机使用，其特殊的数据记录方式也不能被普通DVD播放机读取。

(4) 可重复擦写的DVD＋RW。DVD＋RW和DVD-RW基本上一样，主要区别在于数据存储和读写的物理凹槽经过了改善，能提供了比DVD-RW更好的寻迹能力。

DVD＋RW采用了与DVD-R一样的调制系统，在物理特性上也和DVD-9格式的DVD-Video相同，可以兼容大多数DVD播放机和电脑DVD光驱。在记录数据时，DVD＋RW可以采用CLV(恒定线速度)或CAV(恒定角速度)两种方式，后者可以提供较好的随机存储性能，这是比优于DVD-RW的地方，但其总体寻迹速度还是低于DVD-RAM。

19.2.2 DVD光盘录像机工作原理

实际上，DVD-RAM录像机、DVD-RW录像机、DVD＋RW录像机等只是记录格式和记录媒体所有不同，它们的其他信号处理电路完全相同或类似。图19.2所示为DVD光盘录像机的原理框图。

(1) 数字视频解码器。该模块的功能是把各种模拟信号转换成数字信号。如果光盘录像机接收的是数字电视信号，就不需要这一模块。

(2) IEEE1394(DV 输入)。通过 IEEE1394 接口,光盘录像机和数码摄像机之间可以直接实现数字对录,而不必经过任何模拟电路处理,完全保留了数码摄像机记录的图像。

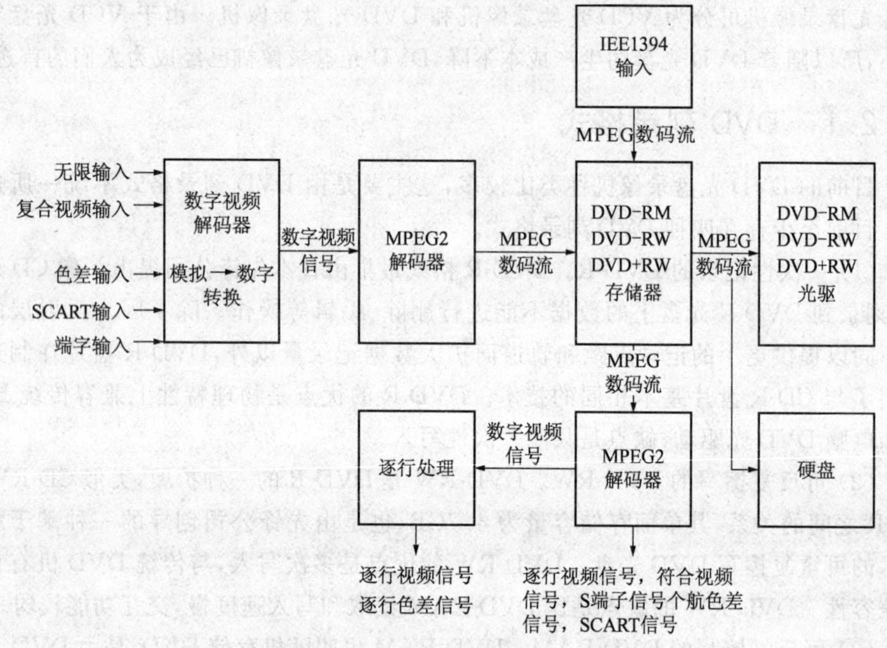

图 19.2 DVD 光盘录像机原理图

(3) 逐行处理。因为目前来说,数码光盘录像机还是价格比较高的产品,大多数的产品均不采用在 DVD 机中流行的 MPEG-2 解码器内置逐行处理,而采用专用逐行处理芯片来获得质量尽可能高的图像。飞利浦和松下的录像机均采用著名的 Faroudja 逐行处理芯片。

(4) MPEG 编码器、MPEG 解码器、光驱存取控制。在第一代光盘录像机中,均采用单独的芯片来实现上述三个功能,因而也导致早期的光盘录像机价格居高不下。在现在流行的光盘录像机设计方案中,均采用单个芯片来完成这三个功能,从而降低了生产成本。

(5) 存储媒体。DVD-RAM、DVD-RW 或者 DVD+RW 这三种媒体的记录容量现在均只有 4.7GB(D5 标准),因此最多只能记录 2 个小时标准质量的图像。在实际产品中,为了解决容量的问题,通常会在光盘录像机中增加 40GB 或 80GB 的硬盘,这样标准图像记录时间可以长达 30 个小时,而 VHS 质量的图像记录时间则可长达 120 小时。

19.3 硬盘录像机

目前硬盘录像机主要分为两类,一类是基于计算机架构的 PC 式硬盘录像机(又称工控式硬盘录像机),另一类是基于嵌入式处理器的嵌入式硬盘录像机。从目前的市场应用来讲,二者各有特色。早期的硬盘录像机都是基于计算机架构的PC式硬盘录像机,后来嵌入式硬盘录像机的市场份额逐渐加大,目前两者的市场份额基本持平。

PC式硬盘录像机又可细分为基于采集卡(又称软压卡)和基于压缩卡(又称硬压卡)的两种。嵌入式硬盘录像机由于技术因素,目前还是以低于16路视频输入的产品为主,高于16路的嵌入式产品较少见。

19.3.1 工控式硬盘录像机

工控式硬盘录像机是以计算机为核心系统,辅以视频采集卡或者视频压缩卡来实现视频信号的显示、压缩和存储的设备。

工控式硬盘录像机根据所使用的计算机架构可分为三种:

(1) 工控式硬盘录像机。使用工控式计算机底板和CPU卡,可适应恶劣的工作环境和长时间工作。但由于工控机本身的价格较高,因此这类产品的性能价格比不高,只适用于高端应用的场合。

(2) 普通PC硬盘录像机。一般也使用工控机箱,但计算机内部完全是普通商用PC架构,既可保证长时间连续工作,性价比较高,这一类产品占工控式硬盘录像机的绝大多数。

(3) 采用专用部件的工控式硬盘录像机。随着硬盘录像机的普及,很多传统的计算机设备制造商针对硬盘录像机应用特点,设计了专用的硬件如专用主板、专用硬盘、专用电源等。这些专用部件专门为硬盘录像机的特点和使用而设计,但价格又和普通的PC部件相当,因此这类硬盘录像机的装机量也在大幅增加。

从操作系统上来分,工控式硬盘录像机还可以分为Windows硬盘录像机和Linux硬盘录像机。

从承担视频压缩的设备上来分,工控式硬盘录像机主要分为软压缩PC硬盘录像机和硬压缩PC硬盘录像机。软压缩方式使用计算机的CPU来压缩视频信号,而硬压方式使用视频压缩卡上自带的嵌入式处理器来完成视频信号的压缩。

工控式硬盘录像机采用的视频压缩算法主要有MJPEG-1、小波变换、H.263、MPEG-4,H.264等几种,目前主流的算法是MPEG-4和H.264。

工控式硬盘录像机的主要部件包括:标准的工控机箱、计算机配件(或专业工控配件)、专业视频采集卡、专业监控软件、电脑显示器等。其组成框图如19.3所示。

19.3.2 嵌入式硬盘录像机

嵌入式硬盘录像机是近几年逐渐成熟的新一代硬盘录像机产品。嵌入式硬盘录像机在原理上和架构上与工控式硬盘录像机没有本质的差别,一般使用专用的嵌入式处理器和专用的主板,视频压缩芯片集成在主板上或采用插卡架构。嵌入式硬盘录像机与工控式硬盘录像机主要的区别在于主处理器和视频压缩芯片的选择上,主处理器一般采用Arm系列、Mips系列或者PowerPC系列等嵌入式处理器,视频压缩芯片则

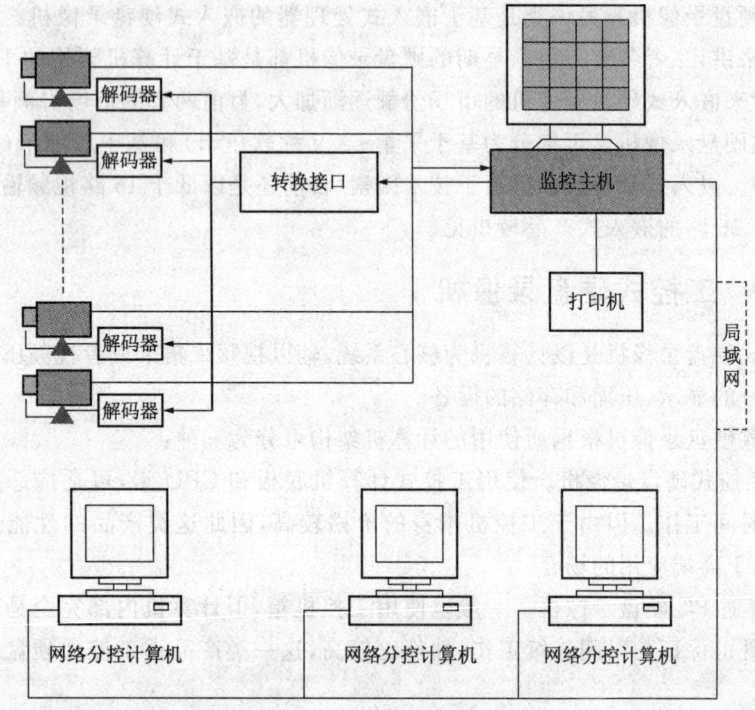

图 19.3 工控式硬盘录像机结构

有 ASIC 和 DSP 两种。图 19.4 所示为嵌入式硬盘录像机的组成原理图。

嵌入式硬盘录像机的发展依赖于 IC 技术的发展。近年来,以 Philips、TI、ADI 等为代表的 DSP 厂家不断推出功能强大的数字信号处理芯片,这些芯片是目前嵌入式硬盘录像机设计方案所采取的主要硬件。

嵌入式硬盘录像机一般采用嵌入式实时操作系统,比如 pSos 或嵌入式 Linux 等,且以后者居多。嵌入式实时操作系统的主程序简短,通常不需要专门的硬盘存储系统程序,不像普通计算机那样容易受到计算机病毒的攻击。

从功能上讲嵌入式硬盘录像机和工控式硬盘录像机基本上相似,但操作界面和人性化方面不如工控式硬盘录像机。另外,工控式硬盘录像机的各个零部件很容易组合,哪部分出了问题就解决哪部分,一般不需要整机维修。但嵌入式硬盘录像机的软件维护工作量小、操作简便,性价比比较突出,在没有特别要求的场合比工控式硬盘录像机更受用户欢迎。

就目前所存在的问题来说,嵌入式硬盘录像机最大的问题在于预览画面的质量不如工控式硬盘录像机。工控式硬盘录像机借助于最新的计算机技术,强大的显示能力是嵌入式硬盘录像机无法比拟的。嵌入式硬盘录像机还有一个缺点是录像回放方面,以硬件压缩卡为基础的工控式硬盘录像机目前可以进行多达 16 路视频的回放甚至更高(一般只依赖于 PC 机的硬件配置),而嵌入式硬盘录像机一般只能进行有限路数的回放。

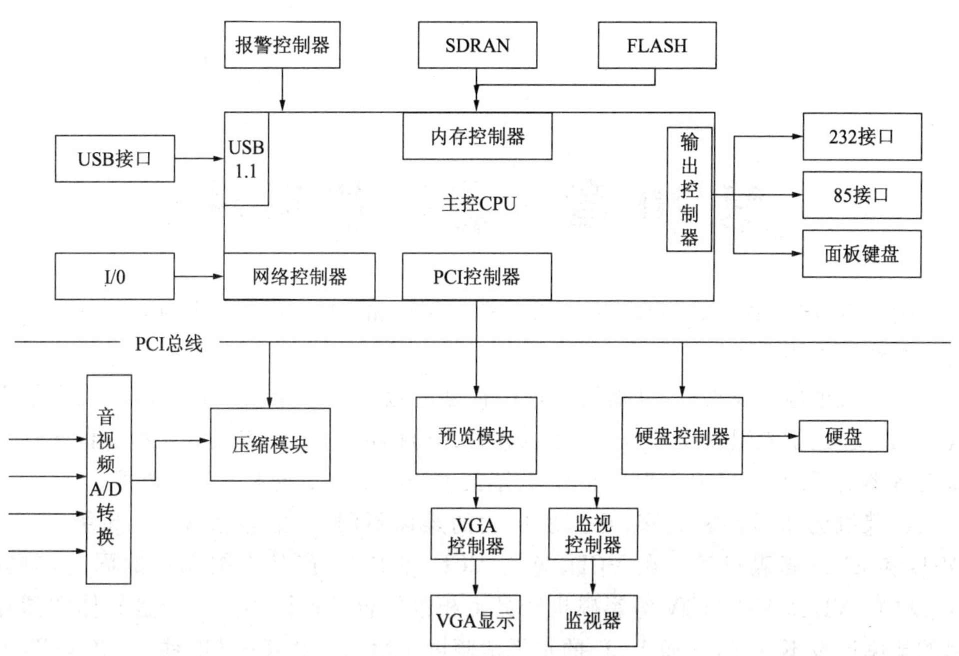

图 19.4　嵌入式硬盘录像机的组成原理

第 20 章　影碟机系统

随着 VHS 录像带在市场上的逐步消失，VCD 和 DVD 影碟机成为人们日常播放视频影音的主要方式。

影碟机也称为视盘机，可播放光盘中存储的数字化图像及声音。影碟机是数字视/音频技术、激光唱盘技术与计算机技术相结合的声像设备，是集光机电一体化的典型消费类电子产品，集中了激光技术、数字技术和精密加工技术等高新技术。

影碟机的型号品种繁多，根据所播放的媒体不同，一般包括 VCD、超级 VCD、DVD 和 EVD 影碟机等。在 VCD、超级 VCD 和 DVD 产品占据市场的同时，兼容 DVD 的 EVD、HVD、HDV 等影碟机产品也相继问世。不同类型的光盘媒体在播放时的清晰度也不一样，普通 VCD 的水平清晰度一般为 240 线～280 线，超级 VCD 的水平清晰度可达 350 线～380 线，DVD 的水平清晰度可达 530 线以上。

20.1　VCD 影碟机基本结构与工作原理

VCD 激光影碟机是集激光技术、超精密加工技术、大规模集成电路技术和数字技术等为一体的高科技产品，在结构上主要包括光学拾取系统、机械系统、信号解调系统、伺服系统和操作控制系统等部分，基本工作原理如图 20.1 所示。

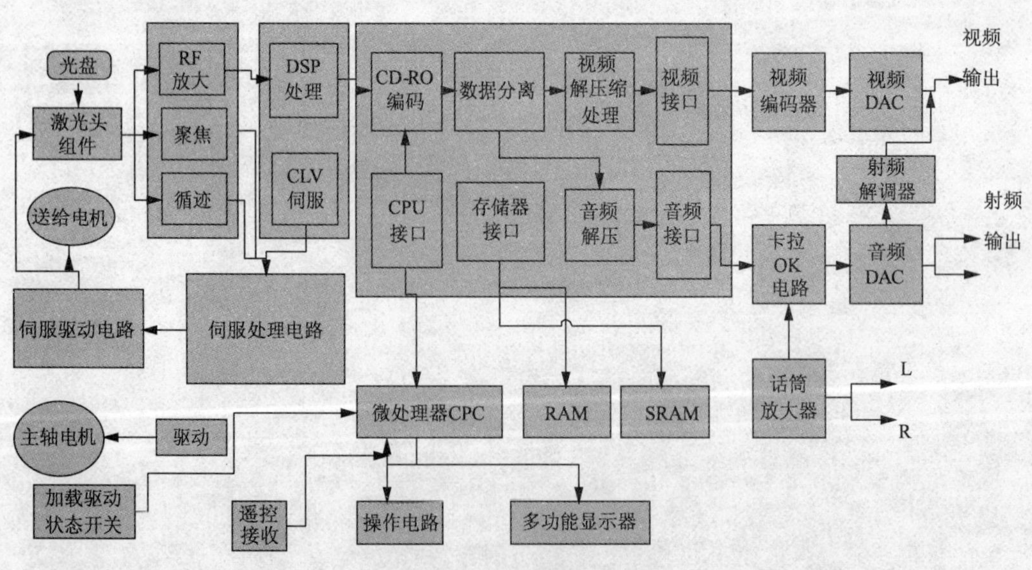

图 20.1　VCD 影碟机工作原理

1. VCD 影碟机的解码器

VCD 影碟机实际上是在 CD 机的基础上添加了一套音频、视频解压缩电路构成的，这些电路被集成在一块芯片上，称为解码器。解码器的性能和功能决定了 VCD 机整体的性能、功能及纠错能力。VCD 解码器内部构造十分复杂，它将音频、视频信号的解压缩都集成在一个大规模集成芯片上，其内部构成如图 20.2 所示。

市场 VCD 解码器种类很多，但基本功能都是相同的，只是外围电路、IC 引脚定义和集成电路结构有所不同。国产 VCD 机采用的解码器大都是 C-Cube 公司开发的以 CL480、482、484 为基础的集成电路，以及 ESS 公司的 ES3204、ES3208、ES3210 解码集成电路。

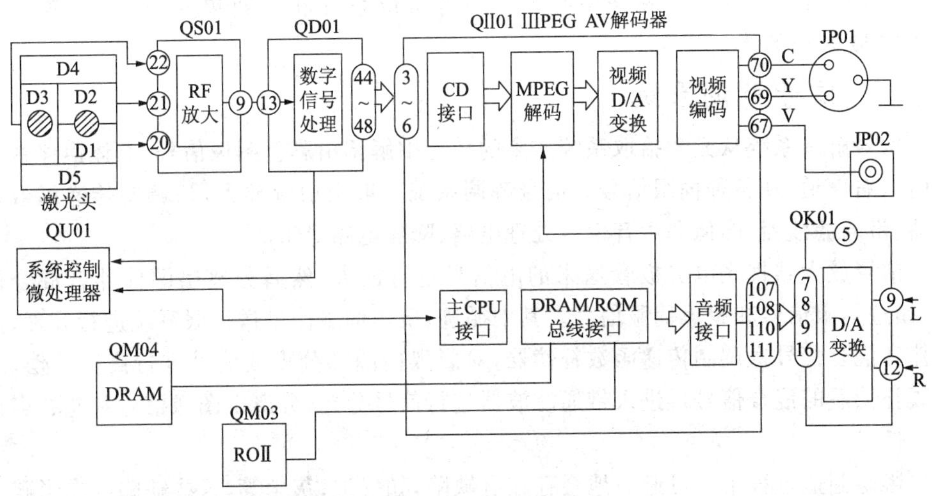

图 20.2 VCD 影碟机解码器内部结构

2. 光学拾取系统

光学拾取系统的作用是产生激光光源，并将它照射到影碟片的凹坑上，然后通过光电二极管接收从影碟上反射回来的激光信息，并将其转换成电信号。

光学拾取系统由半导体激光发生器、光学透镜、反射镜和光电二极管等组成。半导体激光器产生直径约 1mm 的激光束，通过圆柱形透镜和耦合镜到达衍射光栅。激光光束经衍射光栅的作用被分裂成一群彼此间隔相等的光束。其中中间的一束光强度最大，并仍按原光轴方向前进，称为主光束；而分布在主光束两侧较弱的光束称为副光束。在光学拾取系统中，主光束被用来拾取激光影碟上的图像信号和伴音信号，同时测出聚焦误差信号，而副光束被用来检测循迹伺服误差信号。从衍射光栅出来的主光束和副光束接着通过偏光棱镜、1/4 波长板、循迹反射镜、切线反射镜的引导到达物镜，经过物镜聚焦，保证了光束准确会聚于影碟片的信号面上。被影碟信号面反射回来的光再次通过物镜聚焦，经切线反射镜、循迹反射镜的引导到达 1/4 波长板。需要注意的是，如果没有 1/4 波长板和偏光棱镜的作用，由影碟片信号面反射回来的光经物镜聚焦后，仍将按原来入射光路返回到激光源。这不仅影响激光源的工作状态，引起激光束输出的不稳定，而且直接影响到信号的拾取。当在光路中加入了1/4波长板（入射和反射各一次）后，光束到达偏光棱镜时，偏光棱镜将改变反射光束行进的方向，将反射光束反射到轨迹镜，经轨迹镜、固定反射镜引导到达光电二极管，光电二极管将接受到的光信号转换成电信号输出。

3. 机械系统

机械系统带动激光影碟按要求稳定转动，同时带动光学拾取系统按指令移动。机械系统主要由影碟驱动电机、双磁铁中心定位环、横向移动电机、光学检拾器导轨等组成。新型激光影碟机一般都采用直接驱动电机，以简化传动机构，减少噪音，提高可靠性。双磁铁中心定位环将钳位系统和机架单元隔离，有效地抑制了机械振动的干扰。

4. 信号解调系统

信号解调系统从光学拾取系统送来的信号中解调出彩色图像信号、立体声伴音信号（左、右声道）和各种伺服信号。信号解调系统一般由前置放大器、调制传递函数补偿器、带通滤波器、图像和声音信号处理电路、降噪电路等组成。

前置放大器把光电二极管送来的电信号进行放大，然后分离出图像伴音混合信号、循迹伺服信号和聚焦伺服信号。其中循迹、聚焦伺服信号送伺服系统进行处理；图像伴音混合信号送调制传递函数补偿器，对影碟内圈部分重放信号进行高频补偿，经高频补偿后的混合信号再进入带通滤波器进行信号分离，分离出图像信号和左右声道伴音信号。

影碟制造过程中不可避免地会存在有缺陷，如气泡、灰尘等，这些缺陷会在影碟重放时引起图像信号和伴音信号的突然失落。图像信号的失落会在电视画面上形成刺眼的杂波，伴音信号的失落则会发出非常尖锐刺耳的声音。图像和伴音信号处理电路就是对图像和伴音失落信号进行补偿并处理的电路系统。当图像和伴音信号处理电路检测出伴音信号有失落时，便把该失落时刻前一行的伴音信号从存储器中取出，来代替失落的伴音信号，从而防止了刺耳的失落噪声产生。图像和伴音处理电路同时对带通滤波器送来的图像信号进行解调，解调出帧号码、章号码和同步信号，分别控制系统和时基电路。

图像和伴音处理电路同时对图像信号进行检测，一旦检测到有图像信号失落，即用行延迟线获得的失落时刻前一行的图像信号来代替，防止了因图像信号失落而产生杂波出现在电视画面上。

最后，降噪系统对伴音信号进行降噪处理，以消除信号拾取和转递过程中所产生的噪声，使伴音信号的信噪比达到70dB以上，达到极高的保真度。

5. 伺服系统

伺服系统的作用是保证光学拾取系统正确跟踪、扫描影碟的信号面，取出正确的信号，保证影碟按规定转速稳定转动，消除激光影碟因生产、使用过程中产生的中心孔偏离、碟片变形翘曲等缺点而引起的跟踪误差。

激光影碟机的伺服系统主要由以下几个部分组成:聚焦伺服系统、循迹伺服系统、滑动伺服系统、碟片驱动伺服系统和切线伺服系统。

聚焦伺服系统保证激光束正确地会聚到激光影碟的信号面上。当碟片本身产生不平、翘曲、偏心等变形情况时,能自动调整焦点,保证焦点时刻都落在碟片信号面上。

循迹伺服系统保证光学拾取系统的主激光束准确跟踪激光影碟信号面上的主信道。当碟片本身因制造、使用等原因产生中心孔偏离时,循迹伺服系统能自动调整主激光束的偏移量,使主激光束始终跟踪在碟片信号面的主信道上。

滑动伺服系统的作用是配合循迹伺服系统,在循迹伺服系统正确跟踪一条主信道的同时,使主光束根据激光影碟的信道排列规律,从内圈到外圈作径向移动。激光影碟上信道的分布是一个由内圈到外圈的连续螺旋圈。

在激光影碟机中一般把碟片驱动电机、光学检拾器、光学检拾器移动导轨安装在同一机架上,机架用铝材压铸而成。

碟片驱动伺服系统的作用是保证碟片驱动电机的旋转精确度,使碟片保持规定的转速。

切线伺服系统的作用是配合碟片驱动伺服系统克服因碟片偏心、弯曲等机械偏差而引起碟片信号面上主信道切线方向的线速度的跳动。碟片主信道线速度的跳动,会引起重放电视图像画面闪烁、色彩不稳定等情况。

6. 操作控制系统

操作控制系统的作用是接收操作者发出的操作指令,经微处理器处理后,指挥相应电路和机械部件完成各项动作,进入所需的工作状态。

操作控制系统由副微电脑、主微电脑、数据缓冲放大器、红外遥控接收器、红外遥控发射器、多功能显示屏和操作按钮等部件组成。

20.2 DVD影碟机基本结构与工作原理

DVD影碟机问世于1996年,以其清晰细腻的图像画面和完美的音响效果获得广泛赞誉。DVD机与VCD机一样都是光电机一体化的电器设备,是VCD机的继承和发展。因此,DVD机在结构上与VCD机有很多相同之如。

图20.3所示为DVD机的结构原理图,主要包括机芯(包括机械部分和激光头组件)和电子线路两大部分。机芯由光盘装卸机构、光盘旋转机构、进给机构和物镜机构以及光学装置等构成,电路部分由伺服电路、RF放大、DSP信号处理、解码电路、音频和视频D/A转换与模拟处理电路以及电源电路组成。

激光头从光盘上拾取信号送到RF放大电路放大混合,得到RF信号输出到数字信号处理(DSP)电路进行解调和纠错等处理后,然后将信号送至MPEG-2解码器。MPEG-2解码器对由DSP电路送来的信息数据信号进行分析,先区别是CD、VCD还是DVD,然后在相应软硬件的配合下,完成识别和输送工作。

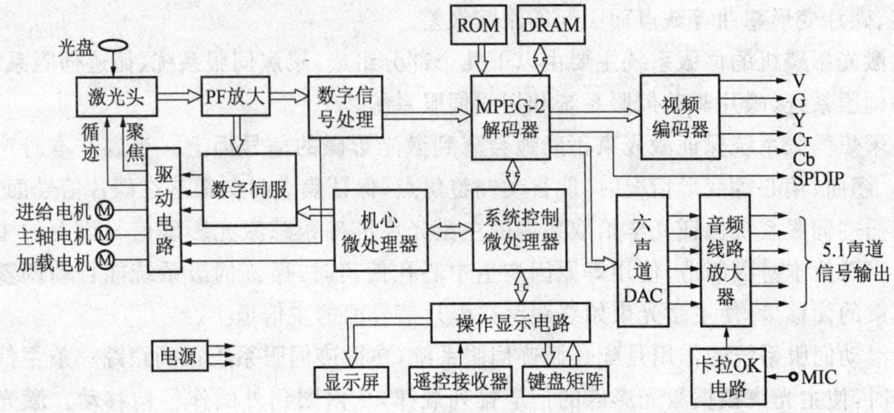

图 20.3 DVD影碟机的结构原理

DVD影碟机的解码器包括两部分：MPEG-2视频解码器、MPEG-2音频/杜比AC-3解码器。MPEG-2视频解码器对输入的压缩图像数据进行解压处理，得到数字视频信号YCrCb并送到视频编码器，视频编码器对数字视频信号进行处理，得到PAL制或NTSC制视频信号输出。MPEG-2音频解码器对输入的声音数据进行杜比AC-3解码处理，得到的数字音频信号送到六声道(或两声道)DAC电路进行处理，结果输出5.1声道(或L+R两声道)音频信号。DVD机可以设定多种视频、音频输出方式。其中视频输出有四种输出方式：复合视频输出(AV方式)、S视频输出、色差分量(Y、Cr、Cb)和三基色(R、G、B)输出方式；音频信号输出方式主要有两种：5.1声道或L+R两声道模拟音频信号方式和SPDIP标准格式数码音频信号方式，其中数码音频信号可由同轴电缆接口或光纤接口输出。

DVD机的伺服系统与VCD机大体相同，主要由聚焦伺服、循迹伺服、进给伺服和主轴伺服电路组成。但DVD机要求精度高，因此电路也较VCD机复杂。

DVD机的系统控制电路负责控制全机的运作。系统控制电路的核心是系统控制微处理器(CPU)。有些早期生产的DVD机，采用专用了的系统控制微处理器和机芯控制微处理器，而现在生产的DVD机将系统控制微处理器内置于解码芯片中、机芯控制微处理器则内置于数字信号处理芯片中。微处理器的工作需要得到相应软件设置程序(存储在Flash内存中)的支持。

操作/显示电路的作用是接收从按键送来的信号，并将此信号通过数据线传输到CPU，CPU据此发出操作指令去控制机器进入相应的工作状态；同时，它也接收CPU送来的显示数据信号，并处理成显示控制信号送显示屏。

遥控接收器用于接收遥控发射器所发出的红外光，并将其转换成电信号送给微处理器。

电源电路为整机各IC、电机及显示屏等提供所需的各种工作电压。DVD机的电源电路一般采用开关稳压电源，输出电压有+5 V、+3.3 V、+8 V、+12 V、−12 V、−25 V等直流电压和3.5 V左右的交流电压。

在DVD影碟机中，解码器和激光头都是非常重要的组成部分。DVD影碟机解码器在内部结构上一般包括：主处理器、总线接口单元(BIU)、内存管理单元(MMU)、串行口、DVD口、MPEG Demux引擎、MPEG视频译码器、视频输出处理机(VOP)、音频信号处理器(ASP)、音频输出处理器(AOP)和NTSC/PAL译码器(NPE)等部分。

目前DVD的激光头在构造上主要有四种：单光头单聚焦镜、单光头双聚焦镜、双光头双聚焦镜和单光头双波长。在技术上最为先进的是单光头双波长结构。这种结构采用一个激光头，内部安装两个不同的激光发射器(相当于将两个光头集成在一起)，技术含量高，通过使用一组聚焦镜所产生的650nm和780nm波长的激光拾取信号，来分别读取CD/VCD和DVD，在保持单光头单聚焦镜的优势基础上提高了读盘性能和认盘速度，又免去了因更换激光头或聚焦镜所带来的时间占用和机械故障。这种方式的兼容性非常好，能很好地兼容CD-R和CD-RW，是目前较为新型、全面的信号拾取方案。目前，先锋、明基(BenQ)等公司都采用这种技术。

20.3　影碟机常见故障及维护

1. 影碟机基本检修方法

维修影碟机应遵循从外到里、从简到难的原则。首先要观察故障现象，排除因操作者使用不当或外部其他设备(如外接电源电压不符合规定、电源及信号线接触不良、光盘本身的故障、电视机或音响故障)造成的故障后，才能开始拆机检修。

机器拆开后，不要盲目寻找故障点。对于选曲时好时坏、音像停顿、马赛克图像、图像出现网纹、伴音失真、不能认盘等故障现象，则应先清洗、检查激光头组件。对于机器不通电或通电后无任何动作，则应先检查保险丝及电源部分。

在检修影碟机遇到故障现象时有时无的现象时，应重点检查各部分的连接线是否有接触不良、断裂、人为插错等。

总之，在检修影碟机时应先将可能的简单故障原因完全排除后，才开始进行复杂故障的检查，否则会走很多弯路。

在检修一些表面上无从下手的疑难故障时，应着重检查各种状态检测开关、虚焊、连接线接触不好等故障原因。

在维修中一定要注意焊接质量，仔细检查所焊元件有无虚焊、是否装反、连接线的位置是否插错等，否则会造成一些莫明其妙的故障，以至扩大故障范围。

在检修影碟机时还应严格遵守有关安全操作规程，确保自身和机器的安全。在用观察法判断激光二极管是否衰老而导致发光量减弱时，绝对禁止直视！只能在与激光束成30°夹角范围以外观察，这对保护眼睛是非常必要的。

影碟机在读盘的过程中，有一种“哧哧”声，这是激光头聚焦和循迹的声音，属于正常现象。对同型号机器，声音越大，其聚焦和循迹能力越强，反之越弱，通过调整聚焦增益电位器(FG)和循迹增益电位器(TG)可以改变聚焦和循迹增益。在播放过程中，从侧面可以看到激光头的线圈和物镜随光碟上下起伏，在进行循迹操作时，可以看见线圈和物镜作径向移动调整。对于正常的影碟机，在播放过程中，聚焦声不会间断，在进行高速搜索时循迹声有变化，但声音应干净利落。

2. 激光头故障

在VCD影碟机的故障中，激光头故障率最高，约占自然故障和早期故障的60%～70%，其故障现象轻微时表现为图形或声音不正常，严重时表现为不能读取光盘。

当VCD影碟机出现读盘时间很长或不能识读目录、光盘不转动的故障现象时，应重点检测激光头。判别激光二极管是否损坏的方法有以下几种：

(1) 在聚焦访问期间，用激光功率计探头直接对激光头物镜进行检测。若激光功率计读数小于0.1mW，RF信号输出电压幅度又很低，则可判断激光二极管已老化或损坏。

(2) 在聚焦访问期间，用数字万用表监测激光二极管驱动电路中负载电阻上的压降(只适用于CDMl4机芯)，估算出激光二极管的电流，当电流超过100mA且调节激光功率电位器电流不变化时，可判定激光二极管已损坏。若出现电流剧增不可控制，则说明谐振腔被损坏。

(3) 拆下机壳上盖，不装光盘，在物镜进行聚焦访问期间，从侧面观察物镜是否出现暗红色的光点。并用万用表测量APC电路中的激光功率检测光敏管(PD)的电压，正常情况下应为lV左右。若低于0.7V，说明激光二极管老化，为0V则表示损坏。

(4) 拆下激光二极管，测量其电阻，正常时反向电阻为无穷大、正向电阻为20～36kΩ。若正向电阻大于50kΩ，则表明性能下降；若正向电阻大于90kΩ时，表明激光二极管已经损坏。这一方法不仅可用于判别激光二极管的好坏，还可用于在购买激光头组件时选择判断激光二极管的优劣。

3. 电源电路故障

电源故障表现为不通电或通电后无动作、乱动作、显示不正常、二次受控电源不能开启等。电源电路是故障率较高的部位。检测电源电路故障时，应重点检测各非受控电压是否正常，检测二次受控电源是否能正常输出。

对于通电后出现机械、激光头乱动作的故障，在检修时应尽量仔细，以防故障扩大。每次通电时间应尽量短，以防激光头机械过冲到头而卡死，导致齿轮损坏、驱动电路和电源电路故障扩大。此类故障的故障部位一般在电源和电机驱动电路上，并且有时驱动元件表面有明显烧鼓的痕迹，如受控±5V或±12V电源变为单电源、电机驱动电路击穿等。若双电源变为单电源，一通电后将会使线圈带动物镜向上(前)或向下(后)卡住，时间稍长就可能烧坏线圈，导致更大损失。

对这类故障的检修最好先采用不通电的办法，直观地检查电源和电机驱动元件有无表面烧焦鼓泡的现象，同时检查电源部分有无保险丝烧断的情况。需要说明的是，为了保险起见，在影碟机中大量使用集成限流器和保险电阻作为保险。另外，若CPU损坏也会出现影碟机通电后乱动作的故障，此时开启电源后系统CPU表面通常有明显的温升。

于对烧断电源保险的故障，一定不要急于更换保险通电试机，应首先查明保险烧断的原因，并将负载短路故障排除后才能通电试机。检查负载短路故障时可断开各部分负载，以缩小检查范围。尤其值得一提的是，要注意因机械卡死导致电机驱动电流增大而损坏集成电路而烧保险的情况，需认真检查。

对于通电后机械不动作或动作不正常的故障，在断电的情况下如需退出机械，可用手动方式旋转加载电机或给加载电机通上3～9V直流电压的方法退出机械，也可以采用手动模拟方法检查机械对位是否正确，这样可以防止盲目通电损坏齿轮。

4. 伺服电路故障

伺服电路的故障率较低，其造成的故障现象多为不认盘，选曲、读盘性能不好，除激光头和连线外一般都为失调性故障。这时对伺服系统(包括机械部位)进行统调，就可解决问题。该部分的故障元件多产生在聚焦、循迹、进给和主轴等驱动电路上。

示波器是快速准确调整影碟机伺服系统不可缺少的测试仪器。由于激光头的高故障率，在维修激光头或更换激光头以后通常需要重调伺服和机械部分。

5. 视/音频信号处理电路故障

视/音频信号处理电路的故障特点是：由于该电路位于信号输出部分，出现故障后表现为图声异常，而读盘、显示正常。

检修视/音频信号处理电路时，应重点检查供电及连线，检测LRCK、BCK及DATA、晶振、复位等信号是否正常。

6. 控制电路故障

控制电路故障率较低，其故障现象主要表现为通过控制面板操作机器时控制失灵。检修时重点检测控制面板及连线是否接触良好，可用示波器检测复位、时钟、数据等信号是否正常，同时检测供电情况。

第 21 章 红外遥控器

红外遥控器是用于近距离无线遥控电器操作的装置，常用于各种消费类电子设备中，并且是一种故障率比较高的易损部件。

21.1 红外遥控器工作原理

红外线是电磁波的一种，其频率在 $1\times10^{12}\sim3.9\times10^{14}$ Hz 之间。人眼对红外线并无感觉，但人们的身体却能感觉到它(温度)。红外遥控是以红外线为载体来实现调制信号的传输的：由遥控器中的红外发光二极管发出红外线遥控信号，接收机则采用红外光电二极管将其接收，经解调后送到单片微处理器处理，实现各种遥控操作。

红外遥控系统一般由遥控器(发射器)、接收器和 CPU 组成。接收器和 CPU 部分位于电器主机上。遥控器产生不同的编码脉冲，输出各种以红外线为媒介的控制脉冲信号，这些脉冲是计算机指令代码，用来控制 CPU 的操作。接收器将收到的红外信号进行放大、限幅、检波、整形后送到 CPU，CPU 根据不同的信号发出控制信号到相应的控制电路。如彩电则可以进行频道转换、音量调整；空调可以进行工作模式的转换，温度、风向、风量的调整，等等。接收端的 CPU 必须与发射器芯片配对使用，因为 CPU 是根据发射芯片的不同编码指令脉冲而产生相应的控制功能，这些编码指令脉冲是生产厂家预先设计好的，所以各种遥控器之间是不能通用的。

红外遥控器的种类很多，但电路原理相似。一般由三大部分组成：一是按键扫描矩阵；二是专用集成电路；三是红外线发射部分。

1. 按键扫描矩阵

按键扫描矩阵是由集成电路的扫描输出、输入电路引脚组成横竖交叉矩阵。无键按下时，输入输出互不相连，输入口为低电平。当某一键按下时，相应的输入口即有信号送达，使专用集成电路得知哪一个按键被按下。每一只按键对应一组编码。在实际使用中，当两键同时按下时，一般不输出信号。当然，也有一些电路特设双键，当指定的双键按下时，它会发出一种指定的信号。

2. 遥控器专用集成电路

俗称集成块，是遥控器的核心部分。一般情况下，一种型号的集成块只对应一种格式。所谓格式，就是数码 1 和 0 的高低电平的脉宽及组成方式。一种 CPU 只接收规定的一种格式。现在也有将多种不同格式编码集成在一块电路中，通过外部引脚的接线来挑选编码格式，这种集成块可以适用多种 CPU。所谓万能遥控器的编码格式不是通过外部接线来选择，而是通过按键的输入信号来设置。

集成电路内部的工作时钟时外接振荡电路产生。一般彩电、音响类均用陶瓷谐振器，空调类选用石英晶体，阻容（RC）和电感电容（LC）一般用于玩具中。晶振频率一般在400kHz～480kHz左右（OTP电路一般选用4MHz）。振荡信号经过12次分频后产生38kHz（480kHz分频后为40kHz，455kHz分频为38kHz）的载波信号，送到时基产生器和控制电路。

时基产生器和控制电路将振荡电路送来的信号经过整形、分频等处理，产生了扫描用的时钟信号和控制信号，使集成块内有关电路按统一节拍工作。

键盘扫描信号输出电路按时钟信号的节拍给输出口按时序的先后顺序送出键盘扫描信号。

键盘信号输入电路根据输入信号的状态和输出扫描电路的状态，可知哪个按键被按下。

编码电路根据扫描输入电路的信号，将相应的标准码从存储单元中取出送至输出控制电路。

输出控制电路将编码信号调制上载波，从发射脚送出。

3. 红外线发射部分

该部分由晶体三极管提供功率放大，以足够的功率驱动红外线发光二极管，发射出红外线脉冲信号。

编码信号之所以要调制在38kHz的载波信号上，是因为驱动红外发射管工作的脉冲的最佳频率在38kHz附近。调制后的编码脉冲占空比降低了，这就使发射器工作的平均电流也变小了，从而降低了对电池的消耗。不按键时，振荡电路不起振，此时静态电流在微安级。按国家部标不大于3μA，所以红外遥控器不需要设置电源开关。

21.2　红外遥控器常见故障及维修

如果红外遥控器不工作或工作不正常，一般可按如下流程检查。

(1) 电源。检查电池是否已用完，集成块的电源和地线引脚与电池正负极是否相通、有无短路，电池弹簧是否生锈或接触不良。

(2) 晶振。检查电路外围元件晶振（谐振器）是否起振。用万用表测电路OSCO脚，应等于电源电压（3V），OSCI等于0V。按某一键时，OSCO脚电压降至电源电压的一半（1.5V），说明振荡电路工作。也可将遥控器靠近收音机，将收音机调到中波段，按键时，收音机有咯咯声，说明振荡电路工作。如不工作，可检查晶振、起振电容是否损坏。

(3) 发射部分。如果按键后起振，但遥控器不工作，可检查集成块输出脚有无信号输出。如无信号输出，说明集成块已坏；如有信号输出，可查驱动三极管、红外发射二极管是否损坏。

(4) 某些按键不起作用。检查这些按键是否在同一个输入、输出脚上。如果是则检查该脚按键的铜箔线是否断线或短路；否则除检查铜箔线外，还应检查键盘有无损坏，如碳膜层脱落、磨损，橡胶按键的导电黑粒脱落和磨损等。

(5) 遥控距离变近。检查电池是否快用完，电压低会导致三极管驱动功率不足，否则即是发射管老化，更换电池或发射管即可。

第6部分

资料输入、输出和复制设备

第 22 章　扫描仪

随着计算机桌面色彩制作系统的不断发展，在影像输入领域及办公领域中，行业用户对扫描仪的需求量越来越大，世界上许多印前设备制造商都将大量的精力投入到扫描仪的研发中。

扫描仪的光学分辨率从最初的 200dpi、300dpi、600dpi 已经发展到现在的 4800dpi、9600dpi。扫描仪分辨率的快速发展得益于 1999 年以后 CCD(Charge Coupled Device，电荷耦合器件)图像传感器方面出现的许多新技术，如佳能的 Varos 技术、爱普生的 HyPer CCD 技术、惠普的双 CCD 扫描技术等。到 2003 年，2400dpi 光学分辨率、USB2.0 接口、48-bit 色彩深度的扫描仪成为市场主流。随后，又由于双 CCD 技术的广泛应用，使得市场上的扫描仪无论是家用型、办公型还是商用型，分辨率几乎均可达到 4800dpi、9600dpi。

一般家用扫描仪都带有“扫描”、“复印”、“电子邮件”、“OCR(Optical Character Recognition，光学字符识别)”等功能键，只需简单按键操作即可完成相应功能。

在商用扫描仪中，Microtek 公司推出的直接光路技术是一种创新，它突破了传统的扫描仪结构，采用了双平台、双光源。由于光路的巧妙设计，使得扫描透射原稿和反射原稿的光路均得到优化，如 Artix can1ol0Plus、AritixScan1100 Plus 等扫描仪。在此基础上，Microtek 又推出了具有双平台、双光源、双镜头的 AritixScan2020、ArtixScan2500 扫描仪，在广告、桌面出版系统及印前制作领域得到了广泛应用。

高档专业级平台式扫描仪多采用 XY 扫描技术，保证了整个原稿平台范围内以最大的光学分辨率扫描。如柯达的 Eversmart SuPreme II、永佳极彩 II、网屏的 FT～55500、富士胶片的 Lanovia Quattro 等，其扫描的图像质量可与滚筒式扫描仪的扫描的图像质量媲美，并在一定程度上取代了滚筒式扫描仪，已在许多印刷厂得到广泛应用。

22.1　扫描仪工作原理及种类

扫描仪是一种光、机、电一体化的图形输入设备，采用 CCD 或 CIS 作为感光元件，通过对平面图像(如照片、画册、文稿及底片和反转片等)逐点光照扫描，产生图片的模拟信号，再经模/数(A/D)转换后产生计算机能识别和处理的数字化图像文件。扫描仪内部基本组成部件有光源、光学透镜、感光元件、模/数转换电路等，工作原理如图 22.1 所示。

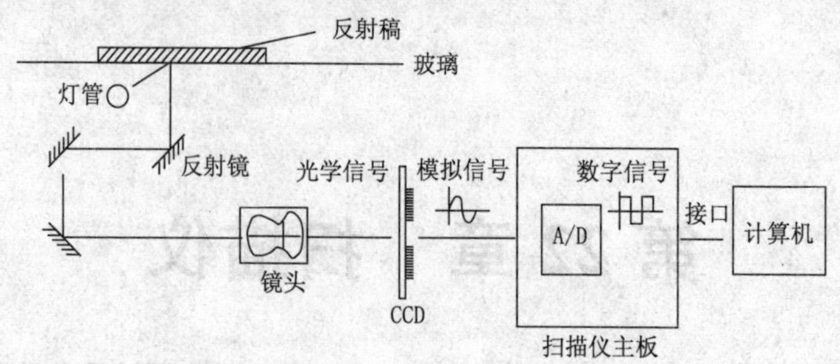

图 22.1 扫描仪工作原理图

从上图扫描仪的图像数字化过程来看，灯管发出光线，照射到扫描仪玻璃板上的反射稿件上，根据稿件不同地方亮、暗程度的不同，形成强弱不等的反射光线，然后通过一系列反射镜，聚焦在镜头另一端的 CCD 上，CCD 将光学信号转换为相应的电信号，这些信号最终通过 A/D 转换器转化为计算机所能识别的数字信号，然后经不同的接口，如 EPP、USB 或 SCSI 接口传送到计算机中。整个扫描过程涉及光学、机械、电子等不同方面，任何一个部件的设计都会影响到最终的数字化结果。不同档次扫描仪的内部构造基本相似，但所使用的部件及技术却大不相同。

CCD 是扫描仪的关键部件，它的品质直接影响着扫描仪的性能。目前市场上扫描仪所使用的感光器件有四种：电荷耦合元件 CCD（硅氧化物隔离 CCD 和半导体隔离 CCD）、接触式感光器件 CIS、光电倍增管 PMT 和互补金属氧化物导体 CMOS。光电倍增管的生产成本最高，通常在几十万元以上，而且扫描速度很慢，因而只用在专业的鼓式扫描仪上。而 CCD 和 CIS 的生产成本相对较低，扫描速度相对较快，扫描效果能满足大部分工作的需要，所以基于 CCD 或 CIS 的扫描仪最为常见。作为生产成本最低的 CMOS 器件，由于其扫描成像质量的限制，容易出现杂点，所以目前只应用在名片扫描仪上。

根据扫描仪扫描介质和用途的不同，扫描仪大体上可分为平板式扫描仪、名片扫描仪、底片扫描仪、手持式扫描仪、鼓式扫描仪、笔试扫描仪、实物扫描仪和 3D 扫描仪等。普通商用扫描仪主要按感光模式和接口进行分类。

1. 按感光模式分

扫描仪从感光模式来分，主要有电荷耦合器件（CCD）扫描仪及接触式感光器件（CIS 或 LIDE）扫描仪两种。

CCD 是传统的感光器件，其制造工艺及应用技术都已相当成熟，其图像质量几乎能满足所有方面的要求。使用 CCD 器件进行图像扫描，要求有一套精密的光学系统配合，这使得扫描仪结构复杂。传统 CCD 技术的工作原理很像复印机，它利用外部高亮度光源将原稿照亮，原稿的反射光经过反射镜、投射镜和分光镜后成像在 CCD 器件上。由于镜头成像有一定的清晰范围，所以原稿可以具有一定的景深，一般可以达到十几厘米，这意味着可以扫描具有立体表面的物体，也就是厂商们常说的 3D 扫描。但由于 CCD 扫描仪的光学系统比较复杂，很难缩小体积，所以 CCD 扫描仪一般体积较大，内部精密的光学系统也决定了其结构较为脆弱。

CIS 采用一种触点式图像感光元件（光敏传感器）进行感光，在其扫描平台下 1～2mm 处，有一排由 300～600 个紧密排列的红、蓝、绿三色 LED 传感器，它们所发的光混合在一起产生白色光源，取代了 CCD 扫描仪中的 CCD 阵列、透镜、荧光管或冷阴极射线管等复杂结构。CIS 扫描仪的工作原理很像传真机，它没有镜头组件，CIS 感光器件横跨整个扫描幅面宽度，而且最大限度地贴近原稿。CIS 采用发光二极管作为光源和二极管感光元件，结构简单紧凑，所以体积可以做得很小，CIS 产品的厚度通常不到 CCD 产品的一半。但由于 CIS 器件没有镜头成像部分，所以景深很小，一般只能扫描平面物体。CIS 器件属于半导体器件，在大规模生产后可以实现较低的成本。但 CIS 技术目前还处于发展阶段，其光学分辨率一般只有 300×600 dpi。CCD 扫描技术由于采用光学成像器件，扫描出的图像色彩与亮度都非常均匀，而且由于采用高亮度光源，所以可以达到非常高的色彩分辨率。而 CIS 技术使用的是大面积感光器件，在目前还很难保证扫描的均匀度，而且由于使用的是亮度较低的二极管发光器件，所以 CIS 的色彩分辨率也不如 CCD 器件出色。不过，由于 CIS 是一种新兴的“朝阳技术”，相信随着技术的发展，CIS 取代 CCD 技术之路不会太长。

2. 按接口分

扫描仪接口指扫描仪与电脑的连接方式，是扫描仪除成像技术之外最重要的技术之一，直接关系到扫描仪作为输入设备的工作效率。目前扫描仪的常见接口包括 EPP 并口（Enhance Parallel Port）、SCSI 接口和 USB 接口。

EPP 接口最大的特点是方便，可以直接连接到电脑的并口上。现在的加强 EPP 口和 USB、SCSI 接口的速度已经很接近，同时 EPP 接口对电脑要求低，486 以上任何机型都可以用。所以，老主板的电脑选择 EPP 接口的扫描仪是很好的选择。

USB 接口最大的特点是速度较快、安装方便，可以带电拔插，但它对主板质量要求高。据测试表明，如果主板对 USB 设备供电不足，就有可能导致扫描时死机。现在市场上大多数扫描仪产品采用 USB 接口。

SCSI 接口的优点是速度快、扫描稳定，扫描时占用系统资源少，缺点是成本较高，且安装麻烦，通常需要在电脑中安装一块 SCSI 接口卡。现在除高档专业扫描仪外，SCSI 接口用得越来越少了。

22.2 扫描仪性能指标

1. 光学分辨率

光学分辨率是指扫描仪物理器件所具有的真实分辨率。扫描仪的光学分辨率表示为两个相乘的数字，如 600×1200dpi，其中前一个数字代表扫描仪的横向分辨率。例如一个具有 5000 个感光单元的 CCD 器件，用于 A4 幅面扫描仪，由于 A4 幅面的纸张宽度是 8.3 英寸，所以，该扫描仪的光学分辨率就是 5000/8.3＝600dpi。光学分辨率越高，所能采集的图像信息量就越大，扫描输出的图像中包含的细节也越多。

对于平板式扫描仪，光学分辨率又分为水平分辨率和垂直分辨率。水平分辨率主要取决于线阵 CCD 的像素数和扫描的宽度（分辨率＝CCD 像素数/扫描最大宽度），垂直分辨率依据扫描仪中，步进电机在单位时间拖动扫描头移动的距离所具有的行数来确定。一般提到光学分辨率指的是水平分辨率。

对于滚筒式扫描仪，光学分辨率主要取决于扫描线数的宽度，即滚筒转一圈扫描头横向进给的距离。扫描线越细，分辨率越高；反之，分辨率越低。

2. 最大分辨率

在光学分辨率的基础上，如果通过软件对扫描形成的图像进行像素插入，也就是进行插值运算，也可以在一定程度上提高图像的分辨率，这就是最大分辨率，也叫插值分辨率。与光学分辨率不同，虽然最大分辨率能使扫描图像的分辨率提高，但不能实际增加图像中的信息量，有时反而会使图像看起来模糊。但是，用这种方法可以从软件上实现高放大倍率图像的扫描，一般最大分辨率通常是光学分辨率的 2～4 倍。

3. 动态范围

动态范围的概念与传统胶片性能中的感光度相类似。这个指标是指扫描仪分辨图像高光和暗部间层次的表现能力。动态范围越高，扫描仪对图像层次的表现力越强，所扫描的图像层次越丰富。目前绝大多数中、低档扫描仪都没有介绍动态范围的指标。一般配置、用于图像扫描的扫描仪，其动态范围应在 2.8 以上，高端扫描仪的动态范围基本都在 3.3 以上。

4. 颜色位数

颜色位数是指扫描仪对一种颜色所能识别的层次数。早期的扫描仪颜色位数仅有 1 位，只能记录两个灰度等级，即黑与白。目前常用扫描仪的颜色位数有 8 位、10 位、12 位和 16 位等四种，也就是常说的 24 位、30 位、36 位和 48 位扫描仪（因为每一种颜色是由相应的 RGB 三基色组成）。理论上 24 位扫描仪能区分 256 级灰度和 1677 万种颜色，30 位扫描仪能区分 1024 级灰度和 10 亿种颜色，而 36 位扫描仪能区分 4096 级灰度和 687 亿种颜色，48 位扫描仪能区分 65536 级灰度和 281 兆种颜色。因此，扫描仪的颜色位数越高，捕获的色彩越丰富，扫描的图像层次越多。

5. 灰度级

灰度级是指图像在无色彩的情况下，通过不同的亮度表现出来的黑白层次，常见的灰度级有 256 级（8bit）、1024 级（10bit）、4096 级（12bit）和 16384 级（14bit）。一般来说，灰度级是与色彩位数成正比，其数值一般是前者的三分之一。例如，佳能 N1220U 扫描仪的色彩位数为 42 位，而其灰度级则是 42÷3＝14 位。

6. 扫描速度

扫描速度决定了扫描仪的工作效率，它与系统配置、扫描分辨率设置、扫描尺寸及放大倍率等有密切关系。一般情况下，扫描黑白、灰度图像的速度为 2～100ms/线，扫描彩色图像的速度为 5～200ms/线。并非扫描仪的扫描速度越快越好，有些速度很快的扫描仪在扫描过程中可能会丢失一些图像信息。有些扫描仪在低分辨率时扫描速度快,但在高分辨率时扫描速度不一定快。

7. 幅 面

扫描仪的幅面有 A4、A3、A1 和 A0 几种。市场上大多数扫描仪以 A4 幅面为主,其他大幅面的扫描仪主要应用于专业领域。

22.3 扫描仪安装与使用

22.3.1 不同口扫描仪的安装

扫描仪的安装非常简单,只需把电缆的两头分别接到计算机和扫描仪上,再接上扫描仪的电源,然后查看操作系统是否检测出新硬件,最后安装扫描仪的驱动程序和使用软件即可。需要注意的是,不同接口的扫描仪在的安装方式上略有不同,下面以中晶 Artixscan 扫描仪为例介绍。

1. SCSI 接口

先将扫描仪的镜头锁解开,安装随机附带的 SCSI 卡。启动计算机,采用管理员身份登录,安装扫描仪的驱动程序。安装完毕后关闭计算机,将计算机与扫描仪用 SCSI 线连接,并锁紧两端的接头。打开扫描仪的电源,等扫描仪面板指示灯处于 READY 状态后,再打开计算机的电源。正常情况下,计算机启动后自动识别扫描仪。

2. 1394 接口

先将扫描仪的镜头锁解开,安装随机附带的 1394 接口卡。将 1394 连线接到 1394 接口卡上,扫描仪一头不接。启动计算机,安装扫描仪的驱动程序。安装完毕后重启计算机,打开扫描仪电源,等扫描仪面板指示灯处于 READY 状态后,再将 1394 线连到扫描仪上,计算机会自动识别扫描仪。

3. USB 接口

先将扫描仪的镜头锁解开,将 USB 线连到计算机上,扫描仪一头不接。在计算机上安装扫描仪的驱动程序,安装完毕后重启计算机。打开扫描仪的电源,等扫描仪面板指示灯处于 READY 状态后,再将 USB 线连到扫描仪上,计算机会自动识别扫描仪。

22.3.2 扫描仪使用技巧

1. 扫描前的准备工作

(1) 预热。在开始扫描之前,扫描仪需要预热一段时间(具体时间依机型与环境而定,通常为几分钟)。扫描仪在刚开启的时候,光源的稳定性较差,而且光源的色温也没有达到扫描仪正常工作所需要的值,此时扫描输出的图像往往饱和度不足。若想获得最佳的结果,应在开始扫描的 30 分钟前开启扫描仪。有些扫描仪在没有达到所需的工作温度会自动提醒，并执行预热程序，直到完全准备好为止。

(2) 清除扫描仪和待扫描材料上的污点和指纹。千万不要使用面巾纸进行清洁，因为面巾纸是由纸浆做成的，其纤维组织会在平台扫描仪上的玻璃片或滚筒扫描仪上的滚筒上造成它细微的划痕或在胶片和印刷品上留下痕迹。可以用护理棉签或特制棉布进行清洁。留在胶片上的指纹是不能直接擦除的，有时候可以从摄影器材商店购买清洁液，注意绝对不能用水。

(3) 整平待扫描材料。扫描一些没有卷曲的正方形材料要比稍后使用软件修整更容易些，结果也更好一些，因为若使用软件修整会降低图像的清晰度和质量。

2. 扫描图像的后期处理

几乎所有的图像扫描结果都不同程度地存在着反差失真、偏色和网纹等问题，尽管很多扫描仪厂商通过采用硬件或软件技术来抵消上述不利因素的影响，但是扫描影像的后期处理还是必不可少的。通常，可利用 Photoshop 等图像处理软件进行扫描后期处理。

· 整体反差失真：由于平板式扫描仪会混淆影像的动态范围，压缩影像亮处与暗处的差距，造成影像整体反差失真。可在 Photoshop 中通过调整图像色阶来解决。

· 影像偏色：由于光学系统等多方面的原因，扫描仪获取的图像极易发生偏色现象，造成色彩不正。可在 Photoshop 中通过调整图像变化来解决。

· 网纹(网点)：绝大多数印刷品都采用的是丝网印刷技术，在扫描过程中这些网点会“原形毕露”，若不加以处理，再次印刷输出时，网点就会更加突出、影响印刷质量。可通过 Photoshop 中的去斑滤镜来解决。

· 焦距不准：如同照相机一样，采用光学系统的扫描仪也存在焦距误差，尤其是 CIS 器件的扫描仪，从而导致扫描出来的影像不够清晰。可通过 Photoshop 中的锐化滤镜来解决。

3. 利用扫描仪进行文本识别

利用扫描仪和 OCR(Optical Character Recognize，光学字符识别系统)软件配合，可将报纸、杂志等媒体上的印刷体文字、表格和图形扫描到电脑中再识别出来，从而实现数据的高速录入。一般说来，OCR 软件的识别率主要受原稿质量、OCR 软件版本、OCR 的参数设置及扫描时的参数设置等四个方面的影响。建议通过以下几方面的措施来提高 OCR 软件的识别率。

(1) 尽量选用印刷质量较高的原稿，原稿要清洁、无灰尘。

(2) 扫描时，应将原稿摆放整齐，避免过度倾斜。万一倾斜，可用 OCR 软件的“倾斜校正”功能进行校正，以利于 OCR 软件的版面分析。

(3) 若扫描的影像杂点较多，则应首先进行去除杂点的处理，然后再进行 OCR 识别。

(4) 对于一般的报刊、杂志，扫描时选择 300dpi 左右的分辨率就可以了，过高的分辨率反而可能降低识别率。这是因为过高的分辨率会更“仔细”地扫描文稿的细节，使得文稿中的瑕疵、缺陷在扫描结果中更突出,导致识别率下降。

22.3.3 扫描仪使用注意事项

(1) 不要带电接插扫描仪。在安装EPP并口的扫描仪时,为了防止烧毁主板,接插时必须先关闭计算机。而且不同的扫描仪支持的并口模式不同,如EPP、ECP等,应根据说明书来设置正确的并口模式,并通过实践选择最优设置,不当或错误的并口设置会降低扫描仪的性能,甚至引发故障。

(2) 定期清洁扫描仪。扫描仪是一种比较精密的设备。扫描仪中的玻璃平板、反光镜片以及镜头等,如果落上灰尘或者其他一些杂质,就会使扫描仪的反射光线变弱,影响图片的扫描质量。因此,要尽量保证扫描仪工作环境的清洁。

可根据实际需要对扫描仪定期进行清洁。清洁时先用柔软的细布擦去外壳的灰尘,然后再对玻璃平板进行清洗。可先用玻璃清洁剂擦拭一遍,再用软干布擦干净。不要使用有机溶剂来清洁扫描仪,以防损坏扫描仪的外壳以及光学元件。

(3) 不要将压缩比设置太小。在用扫描仪完成图像扫描任务后,常常需要选择合适的图像保存格式来保存文件。有的用户在选用JPG格式时,总认为压缩比设置得越小越方便保存和传输,但是如果设置得太小将会严重丢失图像信息。

(4) 注意更新扫描仪的驱动程序。许多用户平时只注重升级显卡等设备的驱动程序,却往往忽略了升级扫描仪的驱动程序,而驱动程序又直接影响扫描仪的性能,并涉及各种软、硬件系统的兼容性,为了让扫描仪更好地工作,应经常到其生产厂商的网址下载更新的驱动程序。

(5) 不要使用太高的分辨率。有不少人在扫描时喜欢把扫描仪的分辨率设置得很高,但大多数情况下这样做是没有必要的。通常,扫描一般文稿时选择300dpi左右的分辨率就可以。

22.3.4 扫描仪常见故障及处理

扫描仪出现故障时,普通用户可采用观察法、测试法、排除法等维修手段,自己动手解决一些简单的故障。对于较严重的元件损伤型故障,应交专业人员维修。

1. 开启扫描仪时出现SCSI Card not found提示

当遇到不良电路状况(电压不稳或短路等),SCSI卡上的保险丝会自动断开,因而出现该提示。待线路良好时扫描仪会自动与电脑连接上。

2. 扫描仪指示灯为橘黄色

扫描仪启动后指示灯一直呈橘黄色,则应关闭扫描仪电源,并检查扫描仪电源插头与插座是否接触良好,以及电源的接地是否良好,然后过一分钟再打开扫描仪电源开关。

3. 系统找不到扫描仪

此故障最为常见。碰到该故障时,第一步先检查扫描仪的电源及线路接口是否接好；第二步进入 Windows“设备管理器”查看是否有该扫描仪设备显示；第三步观察扫描仪的 Ready 指示灯是否正常亮着，如果指示灯闪烁，说明该扫描仪状态不正常，则必须重装驱动程序；第四步查看扫描仪的 IRQ 或 I/O 地址是否与其他设备有冲突，如有冲突，则应重新调整设置。

4. 扫描仪没有准备就绪

打开扫描仪电源后，若发现 Ready(准备)灯不亮，应先检查扫描仪内部灯管。若发现内部灯管是亮的，可能与室温有关，解决的办法是让扫描仪通电半小时后关闭扫描仪，然后过 1 分钟再打开它，通常问题即可解决。若扫描仪仍然不能工作，则先关闭扫描仪，断开扫描仪与电脑之间的连线，将 SCSI ID 的值设置成 7，大约 1 分钟后再把扫描仪打开。冬季气温较低时，最好在使用前先预热几分钟，就可避免开机后 Ready 灯不亮的情况。

5. 扫描出来的画面颜色模糊

首先看看扫描仪上的平板玻璃是否脏了，如果比较脏，就用镜头纸或干净的软布擦拭清洁。注意不要用酒精擦洗，用酒精擦洗的后果会使得以后扫描出来的图像存在偏向红色的失真效果。其次再查看扫描时所用的分辨率，如果用 300dpi 的分辨率扫描 1200dpi 以上的图像，扫描结果肯定是模糊的。此时只要提高扫描分辨率就可解决问题。最后再查看一下扫描仪的光学镜头是否有灰尘，如果有则可以用专用小型吸尘器处理。

6. 图像显示与原稿颜色差别太大

出现这种情况通常是扫描仪的色彩设置或亮度、对比度设置不当所造成的。扫描仪在使用前应该进行色彩校正，否则很可能使扫描的图像失真。另外，在扫描过程中应根据实际需要对扫描驱动程序对话框中的“亮度”、“对比度”选项进行具体调节。

7. 扫描时断断续续

出现这种情况可能是因为系统内存太小，从而导致扫描仪先扫描一部分，再扫描另外一部分，然后再把二者平滑连接。解决方法有两种：一是扩充内存容量；二是调整系统的虚拟内存设置。另外，如果扫描时用户所设置分辨率高于扫描仪的光学分辨率，则扫描速度会变慢，这是正常现象。

8. 扫描时发出的噪音很大

这通常是由扫描仪工作时机械部分的移动所产生的，噪音的大小与扫描速度有关，可通过扫描仪附带的工具软件将扫描速度设置成中速或低速来解决问题。另外，扫描仪机械部分缺乏润滑剂也会导致扫描时噪音增大。这时可拆开机器盖子，将缝纫机油滴在面巾纸上，将镜组两条轨道上的油垢擦净，再将缝纫机油滴在传动齿轮组及皮带两端的轴承上，注意油量要适中，最后还要适当调整皮带的松紧。

第 23 章　打印机

打印机本身就是一个微型计算机系统，全机的工作都由打印机中的嵌入式 CPU 控制，打印机的控制程序存放在 ROM 中。打印机内的 CPU 接收来自主机的控制命令以及打印机控制面板的各种指令，并对各种指令进行解释执行。

23.1　打印机的种类

按照工作原理，打印机可分为针式打印机、喷墨打印机、激光打印机、热转换打印机四类。

针式打印机是典型的击打式打印机，其工作原理是根据字符或图像信息驱动打印头上的钢针，在打印头的移动过程中，钢针通过色带将点阵信息印在纸张的对应位置上。针式打印机的优点是结构简单、打印耗材便宜、维护费用低、可打印多层介质（如银行等需打印多联单据），缺点是噪声大、分辨率低、体积较大、打印速度慢、打印针易折断。

喷墨打印机是继针式打印机之后发展起来的，其基本原理是：在强电场作用下，墨水通过喷嘴高速喷射在纸上形成图像和文字。喷墨打印机的优点是噪声低、打印质量比针式好、彩色效果好、速度快，缺点是不能打印多层介质、打印成本较高。喷墨打印机按喷墨形式还可分为液态喷墨和固态喷墨两种。

激光打印机利用电子成像技术进行打印的。当调制激光束在硒鼓上沿轴向进行扫描时，按点阵组字的原理，使鼓面感光，构成负电荷阴影。当鼓面经过带正电的墨粉时，感光部分就吸附上墨粉，然后将墨粉转印到纸上，纸上的墨粉经加热熔化形成永久性的字符和图形。激光打印机的主要优点是印字质量高、分辨率高、噪声低、速度快、色彩艳丽，如果缓冲区大，占用主机的时间将相对减少；缺点是价格高、打印成本较高、不能打印多层介质、体积较大。

热转换打印机是利用透明染料进行打印的。根据工作方式的不同，热转换打印机又分为热（染料）升华打印机、固体喷蜡打印机、热蜡打印机和微干处理打印机，这些打印机具有输出质量高、图像清晰艳丽、可以使用多种打印介质等特点，但成本高、速度慢，因此主要被应用于专业图像输出领域，如出版、制作精美画册、广告和美工等需要高档彩色输出的场合。

随着信息技术的飞速发展，各种打印机的应用领域已向纵深发展，形成了适用于不同领域的产品。按照用途的不同，打印机又可分为家用打印机、商用打印机、专用打印机、大幅面打印机等几类。

家用打印机是指与家用电脑配套的打印机。目前，低端的彩色喷墨打印机逐渐成为家用打印机的主流。

商用打印机主要用于商业印刷，由于这一领域对印刷质量的要求比较高，因此通常选用具有较高分辨率的激光打印机。

专用打印机一般指各种微型打印机、存折打印机、平推式票据打印机、条形码打印机、热敏印字机等用于专用系统的打印机

大幅面打印机一般是指能输出 A3 以上幅面的打印机。大幅面打印机也可以分为喷墨型、喷蜡型、激光型。当前大幅面彩色打印机普遍使用喷墨技术，其技术本质与小型喷墨打印机相同。大幅面打印机的用途过去主要集中在工程建筑领域，但随着其墨水耐久性的提高和图形分辨率的增加，大幅面打印机也开始被越来越多的应用于某些特殊专业领域，如婚纱影楼、广告设计、AutoCAD 等等。

23.2 打印机常用术语

· 字间距：相邻两字符的中心距。

· 行间距：相邻两行的中心距。

· 页长：打印纸纵向长度内所能打印的行数。

· 字符结构：打印字符汉字的纵向或横向点阵数。

· 回车时间：指打印头打印一行到终端（右端）后，再回到起始打印位置（即左端）所需的时间。

· 换行时间：指从当前印字行换到下一行所需的时间。它与换行行距有关，行距大则换行时间长。

· 单向打印：每行打印结束后均使打印头返回到行首。

· 双向打印：不论本行打印结束时，打印头处在该行的哪个位置，它都首先判断一下打印的信息首或尾谁离该位置最近。若离行尾近打印头直接移到行尾反向向行首逐字打印；或若离首近，则先移到行首，然后顺向打印。

· 成行度：指同一根针打印一行时，偏离基准位置的最大距离。

· 成列度：指打印任意一列点偏离基准位置的最大距离。

· 点密度：在打印机单位长度上打印针所打印出的点数，单位用点数/mm 或点数/英寸（DPI）表示。点密度又称为印字分辨率。

· 字密度：在打印机单位长度上能打印出的字符数，单位用 CPI（字符/英寸）表示。打印机通常给出标准字密度，使用时可根据需要适当扩展或压缩。

· 行密度：在打印纸单位长度上所能打印的行数，用行/英寸表示。

· 自检打印（Self-Printing）：一种打印机检查方法。启动打印机自检时，它会自动将存放在打印机 ROM 中的字符和图形点阵打印出来。

· 英寸（Inch）：一英寸等于 25.4mm。

· 十六进制数倾印（Hex dump mode）：一种用以检查打印机接收到从计算机送来的某些特定字符或控制码能否被打印出来的方法。十六进制数倾印时，打印机把每

个接收到的代码都以十六进制数的形式打印出来并放在左边，右边对应印出这些十六进制数的ASCII码字符，对于不可打印的代码则以点打印出来。

• 介质类型：打印机介质类型是指打印机可以打印处理的纸张类型，通常分为普通打印纸、高光喷墨打印纸、光面相片纸、光泽打印纸、PVC喷墨打印纸、亚光喷墨打印纸、信纸等。

• 最大打印能力：是指打印机在固定时间内所能负担的最大打印量，一般定义为每月最多打印多少页。如果经常超过最大打印数量，打印机的使用寿命会大大缩短。

• 最大打印幅面：即打印机所能打印的最大纸张幅面，是衡量打印机输出图文页面大小的指标。

• 打印速度：通常打印速度的测试标准为A4标准打印纸，300dpi分辨率，5%覆盖率。激光打印机的速度是以pap或imp为计量单位的。ppm是英文Pages per Minute的缩写，意为“每分钟页数”；ipm是Images per Minute的缩写，意为“每分钟图像数”。

• 处理器速度：打印机的CPU管理打印机内部数据交换，打印语言编写出的打印代码转换为实际打印文字的速度直接取决于CPU的运行速度。

• 控制语言：控制语言是一个命令集，它告诉打印机如何组织被打印的文档。打印机主要有两类：一类是页面描述语言（PDL，Page Descriptional Language）；另一类是嵌入式语言，如ESCape Code Language。

• 接口传输速度：打印机接口的数据传输率和容量对打印速度有显著的影响。目前低端打印机最常使用的打印机接口主要有EPP并口和USB接口。

• 最高分辨率：是指在打印输出时横向和纵向两个方向上每英寸最多能够打印的点数，是衡量打印机质量的一项重要技术指标。通常以dpi（dot per inch，点/英寸）表示。

• 墨盒：墨盒是喷墨打印机中最重要的部件。就墨盒的结构来说，大体可以分为两种：墨水盒、喷头一体的墨盒和墨水盒、喷头分离的墨盒。市售喷墨打印机的墨盒目前多以墨水盒、喷头分离的墨盒为主。

• 喷墨方式：喷墨打印机按照喷墨方式分为连续式（Continuous）和随机式（On-demond）两大类。随机式喷墨打印机中的墨水只有在印字需要时才喷射，所以又称为按需式打印。它与连续式相比，结构简单，成本低，可靠性高。目前，随机式喷墨打印机主要有压电式和气泡式两种。

• 色饱和度：色饱和度是指输出在一个点（Dot）内彩色的充满程度，即通常所说的彩色覆盖比例。色饱和度对于不同类型打印机来说其标准不尽相同。色饱和度不仅与打印机的设计结构及工作模式有关，而且还与所使用的打印介质（纸张等）有一定关系。

• 灰度增强技术：一种提高单色打印机灰度质量的技术，在不改变打印机原有像素尺寸的情况下，将输出的灰度级（层次）提高。

• 彩色分辨率增强技术：该技术可在三个方面对彩色系列打印机的性能进行提

升:一是可使图像的边缘效果得到改善;二是能提高图像的灰阶质量;三是增加色彩级数。

· 输入数据缓冲区:为了提高打印机的速度,输入数据缓冲区足够大。目前,24针打印机的缓冲区一般在2～40KB左右,也有大至128KB的;喷墨打印机在10～64KB之间;激光打印机在1～8MB之间,有的可扩大到66MB。

· 无边距打印:该参数通常是照片打印机所特有的,它表示照片打印机是否有无边距打印效果,也就是说照片打印出来,是否没有一点白边,纸张全部区域都有照片内容。该参数是选购照片打印机的一个重要依据。

· 首页输出时间:该参数通常是激光打印机所特有的,它表示在发出打印操作命令后,打印机印出第一张所要花费的时间。通常,激光打印机在进行黑白打印时会在20秒之内完成第一张内容的输出工作。

· 打印噪音:该参数常见于针式打印机和喷墨打印机,它表示打印机处理打印纸张时发出的噪音大小。该参数一般用分贝作为衡量标准。

· 一拍直印、一线相连:该参数是数码照片打印机所特有的,它表示打印机能够直接打印来自数码相机存储介质中的内容。支持这种功能的打印机大多采用热升华打印技术,配合高质量的照片打印纸张,可以打印出极佳的图像效果。

· 打印色彩:该参数是彩色喷墨打印机特有的,它表示彩色喷墨打印机中包含多少种不同的墨盒色彩。该参数的数值越大,就表示打印机处理图像色彩的能力越强。

· 自动介质识别:该参数通常是喷墨打印机所特有的,它表示喷墨打印机能够根据打印介质的特性自动调整打印参数,以获得良好的打印效果。

· 喷嘴数目:喷墨打印机喷嘴的数量直接决定打印速度和打印分辨率。

· 最小墨滴:喷墨打印机的喷墨头能够喷射的最小墨滴尺寸,以pL为单位。最小墨滴是影响喷墨打印机打印质量的一个重要因素,喷射的墨滴越小,越容易实现更高的分辨率。

· 墨盒容量:也称为打印量,代表墨盒盛装的墨水的数量,一般以能够打印的页数来表示,容量越大意味着日后更换墨盒的频次越低。墨盒容量一般有黑色墨盒容量、彩色墨盒容量、照片墨盒容量三种,而采用各种颜色分离的分体墨盒,会将每一种颜色的墨盒单独标称。

· PictBridge:在一些面向照片应用的喷墨打印机上,有时会出现名为PictBridge的字样或标记。这是一种新的标准,如果数码相机和打印机均符合PictBridge,就可以直接从数码相机打印到打印机。在PictBridge协议的打印中,用户可以输出数码相机上显示的图像、照片索引,其附加功能可以实现打印图像的局部、打印多份照片、在照片上添加日期或是定制打印尺寸。

· 硒鼓:硒鼓是激光打印机中最关键的部件,也称为感光鼓。硒鼓一般由铝管和感光材料制成,普通的硒鼓表面一般有三层物质,而一些特别的硒鼓表面会有4～5层物质,其中第四、第五层被设计用来保护感光层,以此来延长硒鼓的使用寿命。

· 预热时间:预热时间是指激光打印机从接通电源到可以正常开始打印所需花

费的时间。该参数数值越小,就说明激光打印机反应比较灵敏,打印效率就越高。正常情况下,大多数激光打印机能够在30秒钟之内完成好预热任务。

• 拷贝数:对针式打印机而言,拷贝数是指在多层纸打印时所能打印的份数,常用原件加复印数表示。一般有1+3、1+4等。在打印票据和报表时,打印机需要根据规定打印“多联”,如商业中的发票联、记账联、存根联等,这便涉及打印机的拷贝能力。例如:如果拷贝数标识为1+3的话,则表示打印机能够用复写式打印纸最多同时打出“4联”。

• Condensed(缩小型):印出的字符为正常字符宽度的60%。

• CPI(Characters Per Inch):每英寸所含字符数,用以表示字符的大小和间距。

• CPL(Characters Per Line):每行中所含的字符个数,用来在横向方向表示字符的宽度与间距。

• CPS(Characters Per second):每秒所能打印的字符个数,用来表示打印机的打印速度。

DIP开关:DIP意为双列结构,它的形状如同双列直插式器件,如一个8位的DIP开关,它有双排8脚插针,这种开关在打印机中一般用来改变打印机的初始值。

• Double-Width(双倍宽度):打印出字符的宽度加倍。

• DPI(Dots Per Inch):每英寸所打印的点数(或线数),用来表示打印机打印分辨率。

• Draft(草图):这是一种用较少的点来打印字符、以获得较快打印速度的一种打印方式。

• Elite(艾利特):每英寸打印12个字符,有时也用12CPI表示。

• Emphasized(加强):每点重复打印两次,而且第二次打在第一次的稍右边,以得到加深字符颜色的目的。

• EPMACH(Epson Multi-Layer Actuator Head):爱普生公司开发的喷墨打印机多层压电打印头技术。

• ESC(Escape):打印机一般用该字符的ASCII码作为控制命令开始的特殊控制码。

• HP SmartFocus:惠普公司开发的智慧聚焦技术是一种软件算法,用于HP DeskJet喷墨打印机中,可自动对低品质影像进行分辨率提升,以打印出较为清晰锐利的影像。

• Italic(斜体):打印出的字体为斜体字符。

• Letter quality(仿信函质量):这是一种用较多的点来打印同一字符、以提高印字质量的打印方式,但打印速度较慢。

• LPI(Lines Per Inch):每英寸内所含的行数,用来表示在垂直方向字符的大小、间距。

• MDP(Micro Dry Process):微干式处理,是彭路得公司的一项专利技术,它最大的特点是用防水性干式油墨直接转印到输出介质上,以避免使用水性墨水出现的渗透、边缘扩散等现象。

· PCL(Printing Control Language):惠普公司开发的一种页面描述语言,可在Windows环境下将Windows位图格式转换成PCL格式的代码,这样打印机接收后由CPU解释并执行打印。

· PIC(Photo Ink Cartridge):即相片墨盒,是惠普公司研制的一种新技术,配合专用相纸和相片分辨率增强技术能可得到真正的相片级输出效果。

· Pica(派卡):每英寸打印10个字符,有时也用10CPI表示。

· PostScript语言:一种打印机专用控制语言,后来被相关国际组织指定为出版行业使用的标准页面描述语言,它能使打印机更准确地实现转换工作。

· Photo REt II:第二代照片色阶增强技术,是惠普公司为其新型喷墨打印机开发的一项专利技术。这种技术可使喷头喷射出非常细小的墨点,能在普通纸上产生清晰、明亮的效果。

· PPM(Papers Per Minute):每分钟打印的页数,是衡量打印机打印速度的重要参数。

· P-POP技术(Plain Paper Optimizer Printing):佳能公司开发的一种普通纸优化打印技术,该技术通过在黑色墨水中加入一种防止扩散的优化液,以使图像更清晰。

· Proportional(成比例打印):使每个被打印的字符的空间和该字符的宽度成比例。以最窄字符I与最宽字符M为例,打印机让I比M所占的空间小,从而印出更为美观的字符。

· SIC(Smart Image Compression Technology):智能图像压缩技术,是利盟公司的专利技术,可以对较大的图像文件进行压缩。

· SRGB(standard Red Green Blue):一种色彩语言协议,它提供一个标准方法来定义色彩,让电脑外设与应用软件对于色彩有一个共同的语言。SRGB协议由惠普及微软联合开发,目前已发展成为开放式的业界标准。随着数码影像的普及,色彩一致性的问题日益受到重视,将一个色彩语言协议纳入所有的输入输出设备和应用程序中,将有助于原色重现。

23.3 针式打印机

23.3.1 针式打印机工作原理

针式打印机的打印头由若干根钢针组成,依据打印针的数目又分为9针、16针、18针、24针、48针打印机等,打印针的排列方式主要有单列垂直、双列垂直、双列花型等。

针式打印机在组成上包括机械部分和控制电路。其中,机械部分由印字机构、字车机构、走纸机构和色带机构组成;控制电路则包括CPU、ROM、接口、打印针数据形成电路、打印针驱动电路等。

针式打印机的工作原理是这样的:主机送来的代码,经过打印机输入接口电路的处理后送至打印机的主控电路，在控制程序的控制下，产生字符或图形的编码，驱动打印头打印一列的点阵图形，同时字车横向运动，产生列间距或字间距，再打印下一列，逐列进行打印；一行打印完毕后，启动走纸机构进纸，产生行距，同时打印头回车换行，打印下一行；上述过程反复进行，直到打印完毕。

针式打印机的基本打印步骤是：启动字车→检查打印头是否进入打印区域→执行打印初始化→按照字符或图形编码驱动打印头打印一列→产生列间距→产生字间距→一行打印完毕，启动输纸电机驱动打印辊和打印纸输纸一行→换行(若是单向打印则回车)，为下一行打印做准备。针式打印机就是这样由监控过程控制打印电机完成打印作业的。

针式打印机的特长是复写拷贝和打印扇折式连续纸的能力。高速针式打印机也同样具有这方面的能力。目前高速针式打印机的复写能力一般为1+4～1+5层，较好的可以达到1+8层的复写拷贝能力

针式打印机有两种工作方式：文本方式(Text Mede)和位映像方式(Bit Image Print Mode)。

1. 文本方式

在文本方式下，打印机通过与计算机的接口从主机得到要打印的字符的A5CII码，并将这些A5CII码存放在打印机内的打印缓冲区中。主打印缓冲区填满后，打印机会向主机发送一个BU5Y(忙)信号，主机接到该信号后暂停发送数据，然后打印机开始打印。

在打印过程中，打印机内的CPU从打印缓冲区中取出待打印字符的ASCII码，经过计算得到该字符对应的字符点阵存储区的首地址。按地址从字符发生器中逐个取出每列的点阵码，驱动打印针撞击色带，在打印纸上形成字符。当缓冲区内的数据打印完成后，打印机再次开始接收主机送来的打印数据，开始新的打印过程。

如果需要打印的是图形或汉字(对于没有汉字字库的打印机来说)，则由主机提供图形的像素信号或汉字字型码，然后由打印机进行打印。

2. 位映像方式

在这种方式下，计算机送出的打印数据是控制打印针出针、收针的数据，所以程序设计人员可以直接编写程序来控制每根打印针，从而打印出图形、表格和汉字。

23.2.2 针式打印机常见故障及解决

1. 打印头故障

打印机最易出现的故障是打印头缺针，即某一根针或某几根针始终不能产生打印动作。具体表现为打印字符或图形时缺点，致使所打印内容中出现白线。打印头缺针的故障部位有三种可能：钢针断针或磨损、钢针对应的驱动线圈烧坏、钢针驱动线圈对应的三极管损坏。导致缺针故障的原因可能有：使用劣质色带盒或色带；色带安装不合理；长期打印蜡纸；大量使用制表符打印表格；操作者使用不当，使打印头与字辊之

间的间隙过小,打印针打在字辊上的力量过大;在打印过程中,人为地转动字辊;打印时强行撕纸,等等。

对于打印头故障,维修时应仔细检查、分步判断,找到准确的故障部位再进行维修。

2. 字车机构故障

打印头装在字车上由电机通过齿型皮带(或其他方式)传动使其沿滑轨左右移动,字车同时还带动色带的转动。字车滑轨多为单轨,也有双轨的。随着打印机工作时间的增长,滑轨可能出现轻度变形、变脏、磨损等问题。实际使用中,若经常出现打印结果行首错位的问题,通常是字车运行故障引起的。这是因为字车运行时,在第一行行首位置正确的情况下,由于字车不能返回到原始位置,导致第二行行首无法对准上行行首。如果故障原因是字车太脏,可用酒精清洗后擦干,再抹上少许仪表油即可;如果是滑轨磨损或变形,则必须要换新的滑轨。

另外,字车传动机构的轴承、齿轮损坏或齿轮上有脏物,也会造成字车的起始位置改变、运行时抖动等问题。可关闭电源开关,用手轻轻左右移动打印头,仔细观察字车传动机构,查看有无阻滞现象。

3. 色带不能转动

色带是通过打印机中的色带驱动轴带动色带盒中的齿轮传动的。这些齿轮大都是塑料制品,使用中齿轮会发生磨损,从而导致色带的运行出现异常。磨损严重时,甚至会发生色带轴不转动的情况。

4. 走纸机构故障

一般针式打印机都支持链轮走纸和摩擦胶辊走纸两种方式,以适应标准连续打印纸和普通纸的打印。走纸机构故障直接表现为打印机不走纸、卡纸或走纸歪斜,有时还能听到异常的噪声。例如,如果走纸机构产生"咔咔"声,则可能是传动齿轮磨损严重所导致的。对于摩擦胶辊变形所引起的走纸不畅或走纸歪斜,则需要更换摩擦胶辊。

23.2.3 针式打印机的一般维护

1. 定期清洗打印头

打印头是针式打印机中最关键的部件,由于它在工作中频繁地接触色带上的油墨、纸屑以及灰尘等,因而其前端的出针处很容易被这些脏物堵塞,不仅影响打印效果,严重时甚至会引起断针故障。打印头应定期清洁,通常可将打印头取下,用无水酒精或四氯化碳浸泡打印头,然后用小毛刷将污垢清洗干净即可。

2. 定期清洁和润滑字车机构

可经常用小毛刷或"皮老虎"来扫、吹除打印机内部散落的纸屑和灰尘,尤其是字车滑轨和所有传动齿轮系统更要保持清洁。字车滑轨太脏会导致使字车移动不畅,工作时间一长可能会使字车驱动电路发热严重直至烧坏。可用柔软的棉纱布轻轻地擦拭字车滑轨，擦干净之后再抹上少量的中、高级润滑油就行了。

3. 正确调整打印头和打印字辊之间的间隙

几乎所有的点阵打印机都有一个调整纸厚的开关，在打印不同厚度的纸时，一定要选择合适的调节杆位置。比如打印一层纸的时候，调节杆应置于1或2的位置上，当要打印2层纸的时候，调节杆应置于2或3的位置上，等等。调节杆的具体位置应根据打印机操作手册设定，应尽量遵循宁远勿近的原则。另外，对于新购置的打印机或新换的打印头来说，宜将纸厚开关调得大一些，因为新打印头和打印针还没有经过磨损，最好将调节杆置在3挡或4挡的位置上，待打印机使用过一段时间后再慢慢将调节杆置在最合适的位置上。

4. 及时更换打印色带

色带使用一段时间后颜色就会变浅，这时就需要及时更换色带。旧色带的纺织密度往往已在打印中被破坏了，严重的甚至出现起毛现象，如果继续使用很容易在打印过程中挂断打印针。

5. 合理使用打印蜡纸功能

针式打印机的特长之一是可以用来打印蜡纸，但这样做很容易损坏打印头，因为蜡纸上的油墨会渗入并堵塞打印头中的针孔，质量较差的蜡纸还会产生起毛而刮断打印针。为了解决此类问题，可以在打印时在蜡纸上覆盖一层薄纸以减轻蜡纸对打印头的污染。在打印蜡纸时，打印头间隙要调整得非常合适才行，因为间隙过小则会使打印强度过大，这样很容易造成蜡纸破损，而且也很容易造成断针，如果间隙过大则蜡纸上的字迹会很不清楚。如果经常打印蜡纸的话，清洗打印头次数更要多一些。

23.4 喷墨打印机

23.4.1 喷墨打印机工作原理

喷墨打印机在结构上包括机械和电路两大部分，其中机械部分包括墨盒（喷头）、清洗部分、运转机构、输纸机构和传感器等几个部分。喷墨打印机的工作原理与针式打印机基本相同，二者的本质区别在于打印头的结构。喷墨打印机的打印头由成百上千个直径极其微小（约几微米）的墨水喷孔组成，这些喷孔的数量直接决定了喷墨打印机的打印精度。每个喷孔内部都附有能产生振动或热量的执行单元，当打印头的控制电路接收到驱动信号后，即驱动这些执行单元产生振动，将通道内的墨水挤压喷出（或产生高温，加热通道内的墨水，产生气泡，将墨水喷出喷孔），喷出的墨水到达打印纸，即产生图形。

彩色喷墨打印机出现以后，墨水种类开始成为衡量色彩表现性能的重要指标，从四色、六色到现在的八色打印，彩色喷墨打印机打印图像或数码照片的质量不断提高。彩色喷墨打印机所使用的彩色墨盒是由几种纯净单一颜色组成。遵循印刷原理，四色喷墨采用CMYK分色模式，即洋红色、青色、黄色和黑色。而六色墨盒就是在原有的四色(CMYK)基础上再加上Lc(淡洋红)和淡青色(Lm)，即CMYKLcLm，其色彩表现力比4色更好。所谓八色打印主要应用在一些新款数码照片打印机上，即在六色的基础上又增加了深灰和浅灰两种中性墨水，让打印图案的颜色产生丰富的深浅变化，从而使得数码照片打印得到的直接色彩种类由120万种剧增7290万种。

喷墨打印机的运转机构负责实现打印位置定位，输纸机构提供纸张输送功能，二者必须良好地配合。传感器部分是为检查打印机各部件工作状况而设的，这些部件中以墨盒和喷头最为关键。墨盒和喷头有两种类型，一种是二合一的一体化结构，另一种是分离式结构，两种类型各有好处。清洗系统是喷头的维护装置。

早期的喷墨打印机和目前的大幅面喷墨打印机都采用的是连续喷墨技术，而当今流行的大多数喷墨打印机采用的是随机喷墨技术，这两者在原理上有很大区别。随机式喷墨系统中墨水只在打印需要时才喷射，它与连续式相比，结构简单、成本低，可靠性比较高，但受射流惯性的影响墨滴喷射速度低，为弥补这一缺陷，不少打印机采用了多喷嘴方法。目前，随机式喷墨打印机又分压电式和热喷式两大类。HP(惠普)、Canon(佳能)和Lexmark(利盟)公司是采用的是热喷式技术，而Epson(爱普生)使用的是压电喷墨式技术。

压电式喷墨技术是将许多小的压电陶瓷放置到喷墨打印机打印头的喷嘴附近，利用压电陶瓷在电压作用下会发生形变的原理，适时地把电压加到它的上面，使之产生伸缩从而将喷嘴中的墨汁喷出。通过控制电压即可有效调节墨滴的大小和喷射时间。

热喷式打印技术是20世纪70年代末受注射器原理的启发而发明的。热喷式技术在打印头喷嘴的管壁上设置了加热电极，用加热电极作为换能器。6～8μs宽度的短脉管作用于加热器件上，在加热器上产生蒸汽形成很小的气泡，气泡受热膨胀形成较大的压力，压迫墨滴喷出喷嘴，喷到纸上墨滴的多少可通过改变加热组件的温度来控制，从而达到打印图像的目的。然后，由于毛细管的作用，再把墨水从墨水盒中吸入喷嘴内，填满喷嘴，进入下一循环。所以这种喷墨打印机有时又被称为气泡打印机。

23.4.2 喷墨打印机常见故障及解决

1. 喷头位置安装不当

如果安装喷头时未能安装到位，将使喷头与底座上的电路板接触不良，造成喷头不能正常喷墨。解决的方法是取下打印喷头、重新安装。在安装时要先安装黑色喷头、再安装彩色喷头，注意安装到位。在安装过程中手不要触碰喷头和喷头底座上的铜触点，还应避免触碰撞墨水喷嘴，以防止喷嘴损坏。每次更换或重新安装打印头时，都必须将黑色打印头和彩色打印头校准，以保持黑色墨水和彩色墨水在同一行文字上或同一幅图像内一起使用时，能够保持对准。

2. 更换新墨盒后，打印机开机后面板上的“墨尽”灯长亮

正常情况下，墨水用完时“墨尽”灯才会亮。如果更换新墨盒后“墨尽”灯还亮，则

可能是墨盒未装好，或是在关机状态下自行拿下旧墨盒、更换上新的墨盒。因为重新更换墨盒后，打印机将对墨水输送系统进行充墨，而这一过程在关机状态下无法进行，使得打印机无法检测到更新后的墨盒。另外，有些打印机对墨水容量的计量是使用打印机内部的电子计数器来进行计数的(特别是在对彩色墨水使用量的统计上)，当该计数器达到一定值时，打印机判断墨水用尽。而在墨盒更换过程中，打印机将对其内部的电子计数器进行复位，从而确认安装了新的墨盒。

解决的方法是：在电源打开的情况下，将打印头移动到墨盒更换位置。将墨盒安装好后，让打印机进行充墨，待充墨过程结束后，故障现象即可消失。

3. 喷头软性堵头

软性堵头是指因各种原因造成的墨水在喷头中粘度变大所致的堵头。一般用原装墨水盒经过多次清洗就可恢复，但这种方法太浪费墨水。最简单的办法是利用手中的空墨盒来进行喷头的清洗。用空墨盒清洗前，先用针管将墨盒内残余墨水尽量抽出，然后加入专用的喷墨打印头清洗液。将加好清洗液的墨盒安装到打印机上，利用墨盒内残余墨水与清洗液混合的淡颜色进行打印测试，正常之后换上好墨盒就可以使用了。

4. 喷头硬性堵头

硬性堵头是指喷头内有化学凝固物或有杂质所造成的堵头。此害故障的排除比较困难，必须用人工的方法来处理。将喷头卸下后浸泡在专用的清洗液中，用反抽洗加压进行清洗，洗通之后用纯净水过净清洗液，晾干之后就可以安装使用了。只要硬物没有对喷头电极造成损坏，清洗后的喷头还是不错的。

5. 打印机清洗泵嘴故障

打印机清洗泵嘴是故障率较高的部件，也是造成堵头的主要因素之一。清洗泵嘴对打印机喷头的保护起着重要作用，喷头小车回位后，要由清洗泵嘴对喷头进行弱抽气处理，对喷头进行密封保护。在打印机安装新墨盒或喷嘴有断线时，机器下端的抽吸泵要通过清洗泵嘴对喷头进行抽气，但在实际使用中，清洗泵嘴的性能及气密性会因使用时间的延长、灰尘及墨水的残留凝固物增加而降低。

养护清洗泵嘴的方法是：将打印机的上盖卸下移开小车，用针管吸入纯净水对其进行冲洗，特别要对嘴内镶嵌的微孔垫片充分清洗。不要用乙醇或甲醇等有机溶液清洗，它们会成微孔垫片溶解变形。

6. 打印时一次送入多张打印纸

主要故障原因包括如下几种：

(1) 打印纸不符合要求，例如纸张粘在一起。解决办法是将粘在一起的打印纸分开，重新装入。

(2) 进纸盘中的纸装入的太多，解决办法是取出一些。

(3) 装入了厚度不同的打印纸，导致送厚纸的同时将薄纸一起带入。解决办法是取出打印纸,装入同一类型、重量、尺寸的打印纸。

7. 打印机不能拾取进纸匣中的纸张

主要故障原因包括如下几种:

(1) 进纸匣中的纸张没有贴着送纸器,应将打印纸向里推,贴住送纸器。

(2) 打印机的纸路堵塞,取出出纸匣,然后取出进纸匣的全部打印纸,重新安装出纸匣,并装入打印纸。

8. 打印机打印竖线不直,左右来回偏离

首先,打开打印机的面板盖,在打印机内部可以看一根较粗的金属横梁(即笔架),墨盒小车工作时在这根金属杆上来回移动。用干净的棉布或者纸巾将笔架清洁干净,然后将打印质量中的模式设置为最佳打印模式,再进行尝试。如果还是不行,则需要进行维修。

23.4.3 喷墨打印机一般维护

下面是一些在日常使用喷墨打印机过程中应注意的维护事项:

(1) 要确保打印机位于一个稳固的水平面上工作,不要在打印机顶端放置其他物品。打印机在打印时必须关闭前盖,以防止灰尘或其他坚硬的物品进入机内阻碍打印机小车的运动。对于采用并行打印口的打印机来说,禁止带电插拔打印线缆,这样会损坏打印机的打印口或计算机的并行口,严重时甚至会损伤计算机主板。如果打印输出不太清晰,有条纹或其他缺陷,可用打印机的自动清洗功能清洗打印头,但需要消耗少量墨水。若连续清洗几次之后打印效果仍不理想,可以考虑更换墨盒。

(2) 确保使用环境的清洁。使用环境灰尘太多,容易导致字车导轨润滑不良,使打印头的运动在打印过程中受阻,引起打印位置不准确或撞击机械框架造成死机。解决这个问题的方法是经常清洁字车导轨上的灰尘,并用缝纫机油对字车导轨进行润滑。

(3) 墨盒未使用完时,最好不要取下,以免造成墨水浪费或打印机对墨水的计量失误。

(4) 关机前,让打印头回到初始位置(打印机在暂停状态下,打印头自动回到初始位置)。有些打印机在关机前自动将打印头移到初始位置,有些打印机必须在关机确认处在暂停状态(即暂停灯或 PAUSE 灯亮)才可关机。这样做一是避免下次开机时打印机重新进行清洗打印头操作浪费墨水,二是使打印头在初始位置可受到保护罩的密封,使喷头不易堵塞。

(5) 部分喷墨打印机的打印头在初始位置处于机械锁定状态,此时注意不要用手强行移动打印头,否则将造成打印机机械部分的损坏。

(7) 更换墨盒时一定要按照操作手册中的步骤进行,特别注意要在电源打开的状态下进行。因为重新更换墨盒后,打印机将要检测到重新安装上的墨盒,并对墨水输送系统进行充墨,这一过程在关机状态下是无法进行的。另外,有些打印机对墨水容

量的计量是使用打印机内部的电子计数器来计数的(特别是在对彩色墨水使用量的统计上),当该计数器达到一定值时,打印机判断墨水用尽。而在墨盒更换过程中,打印机将对其内部的电子计数器进行复位,从而确认安装了新的墨盒。

23.5　激光打印机

23.5.1　激光打印机工作原理

激光打印机的基本工作原理为:利用激光打印机内的一个控制激光束的硒鼓,借着控制激光束的开启和关闭,当纸张在硒鼓间卷动时,上下起伏的激光束会在磁鼓上产生带电荷的图像区,此时打印机内部的碳粉会受到电荷的吸引而附着在纸上,形成文字或图形。由于碳粉属于固体,而激光光束有不受环境影响的特性,所以激光打印机可以长年保持印刷效果清晰细致,印在任何纸张上都可得到好的效果。

激光打印机的机械结构十分复杂,如图23.1所示。

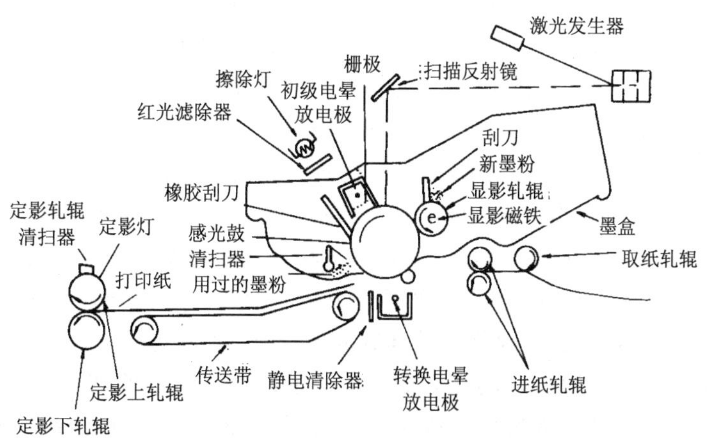

图23.1　激光打印机内部构造

激光打印机在控制电路的控制下,接收主机发送来的打印数据和控制命令,控制各机械部件有效配合完成打印的过程。首先,由激光器发射出激光束,经反射镜射入声光偏转调制器(激光扫描装置),与此同时,由计算机送来的二进制图文点阵信息,从接口送至字形发生器,形成所需字形的二进制脉冲信息,由同步器产生的信号控制9个高频振荡器,再经频率合成器及功率放大器加至声光调制器上,对由反射镜射入的激光束进行调制。调制后的光束射入多面转镜,再经广角聚焦镜把光束聚焦后射至光导鼓(硒鼓)表面上,使角速度扫描变成线速度扫描,完成整个扫描过程。

硒鼓表面先由充电极充电,使其获得一定电位,之后经载有图文映像信息的激光束的曝光,在硒鼓的表面形成静电潜像,经过磁刷显影器显影(显影装置),潜像即转变成可见的墨粉像,在经过转印区时,在转印电极的电场作用下,墨粉便转印到打印纸上,最后经预热板及高温热滚定影(粘合装置),即在纸上熔凝出文字及图像。同时,打印纸在取纸轧辊、进纸轧辊、传送带和出纸轧辊(纸张传送装置)的作用下,完成在激光打印机内部的旅行,形成信息载体后,被送出打印机。在打印下一页图文信息前,清洁辊把未转印走的墨粉清除,消电灯把鼓上残余电荷清除,再经清洁系统做彻底的清洁,即可进入新一轮工作周期。

23.5.2 激光打印机的一般维护

维修激光打印机是一项技术性很高的工作,需要相当多的经验和耐心,通常建议由专业的技术人员进行维修。近年来,随着激光打印机的普及应用,对激光打印机的故障排除已成为一个常见而重要的问题,由于许多单位没有专业的维修人员,普通工作人员在排除激光打印机故障时存在着许多误操作现象,有时不但没有排除故障,还会将好的配件损坏。

一般来说,在使用及维护激光打印机时要注意以下几点:

(1) 正确掌握检查和判断故障的方法,不能盲目拆解,以免扩大故障。随着高新技术在激光打印机中的不断应用和电子控制技术的提高,激光打印机的集成化程度越来越高、结构也越来越简单。但由于激光打印机的控制电路板采用了许多集成电路,给维修工作增加了难度和技术含量。另外,一般激光打印机随机资料都没有提供电路图纸,当有些集成芯片出现故障时无资料可查。

(2) 注意观测故障代码,根据提示检查相应部位。一般来说,中档以上的机型,只要主供电源工作正常,当出现故障时,都会在状态"显示屏"上显示出故障代码,供使用人员根据代码含义检查相应的故障部位。中档以下的机型多采用面板指示灯,表示工作状态及故障含义。还有些机型无面板指示灯,需要将随机提供的打印软件安装到计算机上并与之连接后,通过计算机屏幕显示当前的工作状态。

(3) 启动打印机的自检功能,来恢复顺序错误故障。激光打印机的电路设计相当完善,它采用了多级保护措施和顺序开关电路,因此一般情况下故障率很低。所以当激光打印机出现故障时,要先排除其他操作不当和材料不适合的问题,不要急于拆卸打印机。可先关闭总电源开关,待等打印机温度降下来后重新开机,以观察故障是否清除,如果故障现象依旧再进行检修。因为激光打印机很多的故障属于临时性错误而造成的,可以借助于重新启动打印机的自检测功能,来恢复顺序错误故障。

(4) 定期更换消耗性部件。激光打印机中硒鼓组件、定影组件、搓纸轮等许多部件均属于消耗部件,需定期更换。

23.5.3 激光打印机常见故障

(1) HP-Ⅲ P型激光打印机打印的稿件右边约有5mm宽的部分字符不牢固,用手一擦就掉。更换一个新的加热辊后,故障排除。

(2) HP Laser Jet 5L型激光打印机进纸时卡纸。打印进纸时卡纸的原因大多是由于搓纸机构工作不正常或打印纸质量不符合要求造成的。维修步骤如下:

- 打开打印机盖，取出硒鼓(感光鼓)，并用黑布包好。
- 向前推动纸张释放杆，将纸张的压力释放。
- 双手抓住卡住的纸张，向后方拉出。
- 重新装回硒鼓。

经以上步骤处理后，打印机工作恢复正常。

(3) HP Laser Jet 5L 型激光打印机出纸区卡纸。拆开打印机机盖，取出硒鼓，向前推动纸张释放杆，发现打印纸卡在高温定影辊的下方。估计故障的原因可能是纸张的质量太差或定影温度过高。维修步骤如下：

- 打开打印机中的暗扣，取出内存扩充盖及其组件。
- 用螺丝刀插入后盖的螺孔内使后盖脱离挂钩，取出后盖。
- 将压纸杆的定位杆向中间拨动，使其脱离定位孔，再旋转 90 度，取出压纸杆。
- 拧下机座上的两只固定螺丝，取下定影辊，取出卡住的纸。

按上述相反的步骤将打印机安装好后试机，打印机工作恢复正常。

(4) HP laser jet 6L 型激光打印机加电后错误指示灯亮。重新启动电脑与打印机，故障依旧，怀疑纸路传感器有故障。该打印机纸路共有 3 个传感器，第 1 个位于供纸盒外，第 2 个位于硒鼓的前部，第 3 个位于机器出纸处。经检查，第 1、第 3 两个传感器均正常，而第 2 个传感器的检测杆被机器外壳卡住，导致打印机误发出卡纸指令，造成故障。调整传感器检测杆后试机，打印机工作恢复正常。

(5) HP laser jet 6L 型激光打印机的打印文稿垂直方向的浓度变淡。从打印机中取出碳粉盒，并前后旋转摇动碳粉后，故障依旧。更换碳粉盒，故障现象依旧。经进一步检查，发现打印密度设定值设置不当。从控制面板调整打印密度设定值后试机，打印机工作恢复正常。

(6) HP1100 型激光打印机连续打印时丢失内容。经测试发现，连续打印文件时前面的页面能够正常打印，但后面的页面会丢失内容或者文字出现黑块甚至全黑或全白，而分页打印时却又正常。经分析，可能是由于该文件的页面描述信息量相对比较复杂，造成了打印机缓冲内存的不足。给打印机扩充内存后，即恢复正常的连续打印。

(7) 计算机发出打印指令后，Canon XBP 型激光打印机不能打印。导致激光打印机完全不能打印的故障原因比较多，主要有以下几点：

- 打印机处于休眠状态。
- 打印机与电脑之间的连接电缆接触不良。
- 打印机设置错误。
- 打印机端口设置错误。

经检查，在本故障中，打印机被设置为网络打印机，导致不能正常打印。将打印机设置为本地打印机后试机，打印机工作恢复正常。

(8) Canon XBP 型激光打印机打印文稿不干净。打印文稿不干净，说明清洁残粉的毛刷不良或装废粉的容器已满。更换同规格毛刷后试机，打印机工作恢复正常。

(9) EPSON EPL-5900L 型激光打印机打印时背景有灰度，即打印文稿底部正常情况下应为白色，但实际上呈明显灰色。此类故障的主要是原因是碳粉受潮。经更换碳粉后，故障现象消失。

(10) EPSON EPL-C8200 型激光打印机总报缺纸。即打印机纸匣中有纸，但电脑屏幕上却总是提示打印机缺纸。此类故障的原因可能有3方面：

· 打印机连接线或接口接触不良。
· 打印纸检测传感器工作不正常。
· 打印机驱动程序有错误。

更换一条同规格打印电缆并重新安装驱动程序后试机，故障现象依旧。经仔细检查，发现打印纸检测传感器已经损坏。更换同型号传感器后试机，打印机工作恢复正常。

23.6 数码照片打印机

所谓数码照片打印机，是指用户无需借助电脑，只要将数码相机与该类型的打印机连接，或将储存有数字相片的闪存卡放入该类打印机的相关插口上，就可以直接将数码照片打印出来的一种打印机。目前，数码照片打印机的生产厂商主要有 HP 和 EPSON。

HP 数码照片打印机的最大特点是采用了"富丽图"(PhotoREt)技术，能够在实现微小墨滴的基础上，向每个像素点喷上更多的墨滴，从而在不增加墨盒中墨水种类的情况下得到更多的色彩。比如说，传统的打印机是将蓝色和黄色墨点简单混合产生绿色效果，而富丽图技术中的色彩分层技术则将蓝色和黄色墨点进行精确的调和来形成绿色、紫色或其他色彩，大大提高了打印色彩的准确性和种类。

图 23.2 所示是一款体积小巧的便携式的数码相片打印机 HP130，重量仅 1.33kg，采用四色墨盒和 HP 第3代"富丽图"色彩分层技术，使用 HP 相纸最高可达 4800×1200dpi 的输出分辨率，可以打印出高质量的相片。不过，它最大只能打出 4R (102×152mm)的相片。

EPSON 照片打印机的最大优点是采用了全真数码影像技术(PRINT Image Matching，简称 PIM)。不过，该项技术是一项"系统工程"，它要求相连接的数码相机也必须支持该技术规范。目前，支持 PIM 技术规范的数码相机厂商有 SONY、OLIMPUS、CASIO、TOSHIBA、MINOLTA、RICOH、KYOCERA 等，而柯达、Canon 和许多国产数码相机还不支持这项技术规范。

EPSON 提供的 PhotoQuicker 专业图像打印软件全面支持 PIM 技术。这个软件提供了全新的无边距自动排版功能，可以轻松调整照片尺寸或旋转照片，甚至添加标题和词句。

图 23.3 所示是 EPSON STYLUS PHOTO 895 数码照片打印机，其最大优点是支持卷纸打印，还可直接打印长幅照片，操作起来更加方便快捷。不过，该打印机只有一个 CF 读卡口，在读卡能力上有所限制。

图 23.2　HP　photosmart 130

图 23.3　EPSONSTYLUS PHOTO 895

对于照片打印来说，六色墨水的配置已成为必需。在照片打印中，多数打印机厂商都在传统的 CMYK 四色的基础上增加了淡青色与淡洋红色，使墨水能够覆盖的色域更加宽广。

数码照片打印机对于会议、旅游等临时性应用是比较适用的，但并不适合于一般数码摄影爱好者，主要原因包括：

(1) 数码照片打印机打印照片的成本高，尤其是一次性投入过高。现在数码冲印店冲印一张照片的价格通常为 0.5～0.8 元，而且专业的数码冲印店冲印的照片质量绝对有保证。自己花几百元购买的打印机效果并不见得理想，除非购买千元以上的数码照片打印机，这样的投资显然不合算。

(2) 数码照片打印机打印照片速度慢。如果一次需要打印上百张照片，所花费的等待时间是绝对令人难人忍受的。如果再遇上照片色彩偏差等问题，则又需要花费更多的时间去调整。

(3) 数码相片打印操作复杂。数码相片打印不仅要配置打印机和打印相纸等耗材而且操作复杂，如果再遇上打印机卡纸、墨盒喷墨异常，则会花费额外的时间和耗材。

23.7　提高打印效率和效果的技巧

1. 修改缓存，改善后台打印性能

为了提高打印速度，Windows XP 系统常常会使用后台打印这种方式来打印文稿。在这种方式下，系统会将待打印的目标内容临时存储到硬盘中，再以硬盘为缓冲区将打印数据送到打印机中。在默认状态下，系统会把目标打印内容临时保存到硬盘的 C 分区中，这在打印容量较小的目标文档时基本上没有什么影响。但如果待打印的目标文档容量较大，那么 C 盘就必须腾出较多的空间来临时缓存这些待打印的内容，一旦 C 盘空间资源本身就非常有限的话，就很容易导致计算机系统运行缓慢、反应迟钝，甚至会影响打印机的正常打印操作。

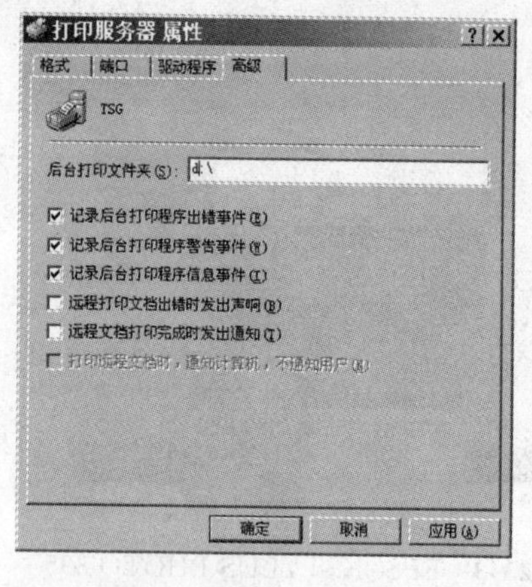

图 23.4 打印服务器属性

为了改善后台打印性能,可以通过修改后台打印缓存位置,让后台打印路径指向系统分区以外的磁盘分区。具体步骤为:在 Windows 桌面上选择"开始/设置/打印机和传真"命令,在随后出现的打印机列表窗口中,选中目标打印机图标,然后单击该窗口中的"文件"菜单项,从弹出的下拉菜单中执行"服务器属性"命令,进入"打印服务器属性"设置界面,单击该界面中的"高级"标签,结果如图 23.4 所示。在此界面中,直接将后台打印文件夹的新路径信息填写在"后台打印文件夹"文本框中,再单击一下"确定"按钮,最后将重新启动计算机系统,就能在一定程度上改善后台打印的性能。

2. 利用 Print 命令快速打印目标文档

Windows 系统内置了一个基于命令行方式的外部命令 Print,它被保存在系统默认路径 X:\Windows\system32 目录下。可以通过在系统运行对话框中执行 Print 命令直接进行打印。

绝大多数用户在打印材料时,往往都是通过文档编辑程序进行打印。其实,在一些特殊的场合下,使用 Print 命令来打印文件不仅操作步骤少,而且打印速度也快。例如,要想打印 D 盘下面的 aaa. txt 文件时,就没有必要先启动记事本程序,然后用该程序打开 aaa. txt 文件,最后再在文档编辑界面中选择"文件/打印"命令,去打印目标文档。可以直接在系统运行对话框中输入"Print d:\aaa. txt",然后单击"确定"按钮就可以打印了。

如果计算机系统中同时安装了多个打印机的话,也不需要进入打印机参数设置窗口,就能选定使用哪个打印机来打印当前指定的文件。例如,要是选用系统中已安装的名为 HP2000 的打印机来打印 D 盘的 aaa. txt 文件时,就可以在系统运行对话框中输入字符串命令"Print d:\aaa. txt /D:HP2000",然后单击"确定"按钮后就可以让 HP2000 开始打印指定文件了。

3. 发挥调节杆的作用

在长时间使用喷墨打印机的过程中,有时会出现随着工作时间的不断增长打印效果不断地下降的现象,尤其是在输出包含有图像的文稿时,图像表面的色泽也会越来越黯淡。

其实喷墨打印效果与打印纸张和打印喷头之间的距离有关,它们之间的距离越大,就会导致喷头喷出的墨水不能被纸张均匀吸收,从而导致打印效果下降。因此,如果打印纸张和打印喷头之间保持合适的距离,就会确保墨水能够被纸张表面均匀吸收。很显然,当喷墨打印机工作时间太长时,打印机的机械传动机构或多或少地会发生变形或松动现象,这种变形或松动会直接影响喷头和打印纸张表面的距离。

要想让喷墨打印效果恢复到以前正常状态的话,必须采取针对性的办法,来缩短打印喷头和打印纸张表面之间的距离。可以巧妙地借助喷墨打印机的调节杆,通过调节杆的移动来适当调节打印喷头和纸张表面之间的距离,使打印效果逐步恢复。由于打印喷头和打印纸张表面之间的距离不能太大也不能太小,这就要求在移动调节杆时,要移动一步测试一步,不要指望一次性就能调整到最佳距离。

4. 选用高质量的USB延长线

现在越来越多的打印机采用了USB接口。在实际使用过程中,有时需要采用USB延长线来增加信号线缆的连接长度。不过,低质量的USB延长线会使打印机工作情况变得不稳定。有许多打印故障与USB延长线有着直接或间接的关系,例如计算机系统有时能识别到打印机、有时却找不到打印机,或是打印机一会儿能够正常打印、一会儿又不能正常打印,等等。

为了防止在使用USB延长线加长打印线缆时发生打印故障,一定要先弄清楚自己的计算机及打印机的USB端口使用的是什么标准,然后选择符合标准而且质量可靠的USB延长线,比方说延长线摸上去一定要有适当的硬度,同时直径一定要粗,并确保延长线有一定的抗拉强度。

第 24 章　投影仪

投影仪是一种能够放大显示图像的投影装置，广泛应用于教学场所及会议演示。投影仪在结构上一般都包括：机箱、电源、光源（溴钨灯）、反光镜（球面）、聚光镜（新月透镜）、螺纹透镜（菲涅尔透镜）、放映镜及银幕等等。

基本上所有类型的投影仪显示图像的原理都是一样的：投影仪先将光线照射到图像显示元件上产生影像，然后通过镜头进行投影。投影仪的图像显示元件包括利用透光产生图像的透过型和利用反射光产生图像的反射型两种，但无论哪一种类型，投影过程都是将投影灯的光线分成红、绿、蓝三色，再合成出各种不同颜色的图像。

投影仪有多种分类方法，按投影方式分为直投式和背投式；按使用方式分为便携式、台式和固定安装式；按投影成像器件分为电子管式（CRT）、液晶式（LCD）和数码投影仪（DLP）。

24.1　投影仪关键技术

1. 投影仪的核心显示技术

投影仪的核心显示技术有 CRT、LCD、DLP、Laser、SXRD、LCOS 和 GLV 等。

(1) CRT。CRT 投影仪也叫三枪投影仪，利用 CRT 作为发光源和成像，其工作原理与 CRT 显示器相似。CRT 投影仪分辨率高、对比度好、色彩饱和度佳、对信号的兼容性强，其技术十分成熟，但 CRT 投影仪的亮度较低且操作比较复杂。目前 CRT 投影仪已基本退出市场。

(2) LCD。LCD(Liquid Crystal Display，液晶）显示技术是目前投影仪市场上的主导技术。LCD 投影仪的优点是色彩表现出色、亮度比较高，缺点是由于采用投射方式，光效率受到了一定影响，而且在投影图像中有像素化现象。LCD 投影仪在结构上分为液晶板和液晶光阀两种。常见的投影仪多为液晶板投影仪。

液晶板投影仪的工作原理利用了液晶的电光效应，通过电路控制液晶单元的透射率及反射率，产生不同灰度层次及多达上千万种色彩的靓丽图像。液晶板投影仪的光源采用专用大功率灯泡，发光能量远远高于利用荧光发光的 CRT 投影仪，所以液晶板投影仪的亮度和色彩饱和度都高于 CRT 投影仪。液晶板的面积大小决定着液晶板投影仪的结构和整体体积的大小，由于液晶板面积一般较小，所以它的投影仪光学系统能做得很小，使得整个投影仪也越来越小。液晶板投影仪体积较小、重量较轻，制造工艺较简单，亮度和对比度较高，分辨率适中，是目前应用最广泛的投影仪。目前，液晶板的尺寸多为1.32英寸(1英寸=2.54cm)、0.9英寸和0.7英寸,都可以支持SVGA和XGA的物理分辨率。现代液晶板投影仪大都采用3片式液晶板,用红、绿、蓝三块液晶板分别作为红、绿、蓝三色光的控制层,比单片式液晶板投影仪有更高的图像质量和更高的亮度。

液晶光阀投影仪采用CRT管和液晶光阀作为成像器件,是目前亮度、分辨率最高的投影仪,其亮度可达6000ANSI流明,分辨率可达2500×2000dpi,适用于环境光较强、观众较多的场合,如大规模的指挥中心、会议中心及娱乐场所,其缺点是价格高,体积大且光阀不容易维修。

(3) DLP。DLP(Digital Light Processor,数码光输出)技术是TI公司的专利技术。DLP投影仪采用反射光原理,将DMD(Digital Micromirror Device,数字微镜装置)粘贴在SRAM上,通过电极控制每片镜子的倾斜角度来切换光的反射方向。DMD由数十万片面积16×16μm、比头发断面还小的微镜片组成。

DLP投影仪采用数字技术,图像对比度、灰度等级(256～1024级)、色彩(2563～10243种)、图像信号噪声比、画面质量稳定等方面都非常出色。另外,由于反射式DMD器件的应用,构成DLP图像像素微镜面之间的距离很小,使得成像器件的透光率达到85%以上,产生的图像非常明亮、清晰度高。DLP投影仪的体积也非常小巧。DLP投影仪的缺点是色彩表现不够真实自然。

(4) 其他。Laser激光显示技术的原理是通过显示元件直接将激光投射到屏幕或墙上,因此它不存在LCD液晶板老化的问题,也不存在DLP的色轮问题,可以独立做到像火柴盒那么小,并内置于手机、PDA以及车载设备中,具有广阔的应用前景。

硅晶反射显示(Silicon X-tal Reflective Display,SXRD)、硅基液晶(Liquid Crystal On Silicon,LCOS)和GLV(Grating Light Valve)等都是影院级显示技术,它们最大的共同点是分辨率和对比度都很高,更多应用于数字影院等高端应用领域。

2. 强光感应技术(Day Light View,DLV)

早期的投影仪灯泡亮度不高,与室内光线不能形成较高的亮度比,无法在室内正常光线下显示高质量的画面。要解决该问题,需从两方面入手:一是提高光源的亮度,但高亮度导致散热量大,往往会影响液晶板的使用寿命;二是运用DLV强光感应技术。在DLV技术的支持下,投影视觉效果亮度感能够提高1.5倍,而且图像色彩饱满。

DLV投影仪顶部有一个环境光线传感器(ALS),可以自动感应室内光线强弱,从而提高投影仪在明亮房间里对色彩的感应度,并把因明亮环境而减弱的颜色分为6种基础色(红、绿、蓝、黄、青、紫红)分别加以精确控制。根据房间的光线自动识别并自动调整到最佳状态,保证强光下显示的画面质量和计算机上的画面质量相差无几,而且调整过程极快。

3. 色彩还原技术

色彩还原的能力是衡量投影仪优秀与否的重要标准,LCD投影仪与DLP投影仪相比色彩还原能力更强。由于DLP投影大都采用单片DMD方式,需要采用色轮来完成对色彩的分离和处理,单片DMD投影仪的色轮在同一时间内一次只能处理一种颜色,因此会带来部分亮度损失。同时,由于不同颜色光光谱波长的固有特性存在着差别,因而会产生不同的色彩还原,画面色彩往往表现出红色不够鲜艳的特点。

为使投影仪既具有足够的显示亮度,同时又能充分保证色彩的真实还原,DLP投影仪在设计上非常重视色轮技术的解决方案。比较典型的方案有明基的黄金色轮、东芝的旋彩轮和惠普的双色轮技术。

4. 对比度控制——光圈连动技术

对比度是投影仪所投影画面最亮与最暗区域之比,它主要体现在灰度层次和色彩层次上,一般来说对比度越大,图像越清晰醒目,色彩也越鲜明艳丽。对比度过小的画面会令人产生"灰蒙蒙"的感觉。与DLP投影仪相比,LCD产品虽然在色彩还原上具有优势,但对比度一直较低。LCD投影仪通过采用"新场景亮度连动调整光圈"技术,在明亮场景时光圈打开、黑暗场景时光圈关闭,能够提高动态对比度和黑色表现力。

5. 投影机的人性化使用技术

(1) 无线投影技术。无线投影是指投影仪通过标准的无线传输协议与局域网相连,从而实现在局域网内管理、控制、故障诊断等操作。目前无线网络投影仪主要下三种方式:一是内置无线网卡和简单的智能控制系统,通过安装在计算机上的专用无线网络管理软件来管理无线投影仪;二是采用专门的外置无线投影模块,使没有网络功能的投影仪产品实现无线网络功能;三是投影仪中除了内置无线网卡外,还配备一个功能相对比较完善的计算机系统,操作者无须使用专门的管理软件可直接使用Web浏览器访问投影仪。

当前大多数无线网络投影仪都具有无PC演示、支持移动存储设备的功能,可以实现无PC应用方案。在无线局域网络中,投影仪可以很方便地实现与计算机一对一、多对一以及一对多的连接投影功能。

(2) 智能投影技术。智能投影仪分为两大类:一是带读卡器的智能投影仪;二是网络智能投影仪。两者除了可以脱离PC机自行工作外,后者还可以直接进行互联网投影和智能PC连接。智能投影仪能够自动完成打开镜头盖、寻找信号、调整像素、调整投影角度、聚焦及梯形矫正等多种功能。

(3) 实时聚焦和直接关机技术。实时聚焦功能借助于投影仪前端的测距传感器,以及快速的处理芯片和灵敏精确的驱动马达,使投影仪可以自动适应与屏幕间的距离,无需人工调整和操作,投影仪便会迅速自动聚焦。直接关机技术的标称关机冷却时间一般为10s,用户可在关机后立刻拔掉电源而不会影响机器及部件的使用寿命。断电自我保护功能也与直接关机功能相关,即机器在演示过程中不会因为断电而受到损害。

6. 安全防护技术

投影仪是一种比较贵重的电子产品,因此很多投影仪厂商都推出了投影仪的保护技术。这些技术大体分为两类：一是预留锁孔，可加装防盗锁；二是设置密码，有启动保护密码、用户标识保护密码和定时保护密码三种类型。

24.2　投影仪安装和使用

1. 安　装

在安装方式上，投影仪分为桌式正投、吊顶正投、桌式背投和吊顶背投4种，其中以桌式正投和吊顶正投最为常用。

大多数场所的投影仪采用倒置吊装方式，安装时要注意投影仪与银幕的距离和角度。投影仪与银幕的最佳距离一般为1.5～2.5m。投影仪离银幕越近，放映时银幕上的图像亮度越亮，但图像越小；要在银幕上得到更大的图像，必须把投影仪远离银幕，但这样得到的图像就会暗淡。

张挂银幕时应注意：

(1) 银幕上边沿应与吊装投影仪镜头在同一水平线上，且投影仪镜头中心点与投影屏幕中心点在同一垂直线上。

(2) 银幕上方要适当向前倾斜。另外，投影仪的说明书中一般都有投射尺寸与距离的对应表，可供用户在现场实际确定参考。

2. 连　接

投影仪需要连接的线缆有电源线和信号线，信号线主要有计算机VGA、DVI线或视频线(复合、分量、S-视频等)。在安装过程中严禁带电插拔电缆，信号源与投影仪电源最好同时接地。

投影仪固定安装时，电源线与信号线尽量不平行走线，不可避免时应保持60cm以上的间距，以防止交流供电线路对图像信号产生干扰。

投影仪移动使用时，电源插座要可靠接地，与投影仪相连的设备要尽可能接在同一插座上，以避免不同插座之间出现的高电位差造成设备损坏。

投影仪固定吊装使用时，信号连接线一定要选择高质量的线材，如果信号源与投影仪之间有较大距离(超过20m)时，最好加装信号放大器，以避免因信号衰减造成图像模糊拖尾甚至抖动的现象。

3. 使　用

要想获得清晰、逼真的投影效果，不仅要正确安装、连接投影仪，还要正确设置投影仪的工作参数，并注意正确的操作方法。

(1) 营造合适的环境光线。投影效果受环境光线的影响很大，最好不要让投影仪工作在光线太强的环境中，否则会降低投影仪的显示效果。可以在房间中安装窗帘以遮挡室外光线，房间的墙壁、地板应使用不易反光的材料，因为这些细节都会影响图像的逼真度和清晰度。

(2) 按正确顺序开、关投影仪。开机时先接通其他设备的电源，最后打开投影仪电源，然后按下投影仪遥控器上的“启动”键进入工作状态。待延时10秒钟左右投影出光束后，再切换输入选择。投影仪的启动过程一般需要10秒左右，在此期间千万不要以为投影仪还没有启动而反复按压“启动”键，否则由此产生的浪涌电流将严重影响投影仪灯泡的使用寿命。

关机时先用遥控器（或控制面板）的“关机”键关闭电源，等投影仪内的散热风扇停止工作几分钟后，再切断总电源。另外，投影仪每次工作的持续时间不宜超过四小时，否则灯泡容易受到损坏。投影仪的连续开机时间间隔应在10分钟以上。

(3) 连接参数要匹配。投影仪常常要与其他设备配合使用实现各种不同用途，因此使用时应注意设备之间的连接与匹配。例如，具有XGA(1024×768)分辨率的投影仪与只有SVGA(800×600)分辨率的视频展台连接，其显示的分辨率肯定无法达到XGA。投影仪只有跟其他设备很好地连接配套，才能让整个显示系统发挥出较好的使用效果，且不会造成资源上的浪费。

(4) 调试投影画面的图像。如果投影的图像模糊不清，可转动竖杆上的镜头升降调节旋钮进行聚焦，调到图像清晰为止；改变放映镜头上反射镜的仰角，可以调节银幕上图像的高低；水平转动反射镜可调节图像左右位置；改变投影仪与银幕之间的距离，可以改变图像的大小；若银幕上的图像出现上宽下窄，可适当将银幕顶部向前倾斜；画面出现上窄下宽，可减小银幕倾斜度；若画面出现左右大小不等，可调整银幕与投影仪平行。

(5) 正确切换输出方式。投影仪与笔记本电脑连接好并接通电源后，要注意正确切换笔记本电脑的输出方式。日常使用过程中经常出现因切换输出方式不正确而造成不显影的现象。通常笔记本电脑有三种显示信号输出方式：一是默认方式，此时显示信号只输出到笔记本电脑屏幕上；二是在按下笔记本电脑Fn功能键的同时，按下带有显示器图标的按键，此时笔记本电脑的信号输出方式就会改变成输出到投影银幕上；三是第二种方式的基础上，再按一下显示器图标键，就可将信号同时输出到投影银幕和笔记本电脑屏幕上。

24.3 投影仪常见故障分析

投影仪内各部分元件比较精密，机内设置多种保护电路，若违反操作程序或设置不当，投影仪的保护电路就会工作，并会出现多种异常现象。碰到这种情况时，先关闭投影仪待3～5分钟后再重新接通投影仪，按正确的操作程序重新设置，故障一般均能排除。如果通过上述步骤故障仍不能排除，说明投影仪内有个别元件损坏，只能送专业维修部门维修。特别应当注意的是，只有具备专业维修水平的技术人员才能拆机维修，用户最好不要自己动手，否则会造成更大的损失。下面列举几种常见的投影故障。

1. 无法显示图像或图像显示不完全

【故障现象】 在确保投影仪电源线、信号线等连接正确的情况下，投影仪的灯泡和散热风扇也正常运作，但是没有把计算机中的画面投影出来或是有时投影画面显示不完全。

【故障维修】 因为投影仪的灯泡和散热风扇能正常运作，排除了投影仪故障的可能性，而计算机也能正常使用，因此也排除了计算机故障的可能。问题可能是在信号线或投影仪和计算机的设置上。

大多数投影仪用户使用笔记本电脑与之相连，一般无法投影可能是笔记本外部视频端口未被激活所导致的，此时只要按住笔记本电脑的 Fn 键，然后同时按下标识为 LCD/CRT 或显示器图标的对应功能键即可。当切换之后还是无法显示时，可能就是计算机输入分辨率的问题了，这时只要把计算机显示分辨率和刷新率调整到投影仪允许的范围内即可，同时还需要注意投影仪画面宽高比的设置。

有时投影画面虽然能显示，但只显示了电脑上一部分的图像，这时可能是电脑输出分辨率过高造成的，可适当降低电脑分辨率再进行投影。

如果经上述处理之后问题依然存在，则可能是 LCD 投影仪的液晶面板已经损坏，或是 DLP 投影仪中的 DMD 芯片已经损坏，需要送交专业人员维修。

2. 自动关机后无法开启

【故障现象】 投影仪在使用过程中突然自动关机，使用控制面板的按键或用遥控器都无法开机。过一段时间又可以正常开机运行，但工作半小时左右又出现了自动关机现象。

【故障维修】 该问题属于光学系统的故障，投影仪在使用过程中突然自动关机，如果排除了其他人为原因，那么投影仪很可能是处于热保护状态。当机内温度超过设定值时，温度传感器便会启动保护电路并立即切断灯源电路。在这个状态下，投影仪对外界的任何输入操作都不予响应。

首先检查投影仪的灯泡冷却风扇运作是否正常，排除散热风扇引起的故障。接下来仔细观察投影仪进风口的过滤网，过滤网积灰过多会严重影响投影仪的散热，可以把海绵滤网拆卸下来清洗，重新安装后再观察故障是否已经解决。若依然无法解决则可能是投影仪电路控制问题，需要请专业维修人员诊断。

通常投影仪只在进风口设置有过滤网，投影仪运转过程中会产生静电并导致容易吸附周围的粉尘，因此在灰尘较大环境下使用时，最好选用防尘措施较好的机型。同时，在清洁进风口的同时也应该注意出风口的清洁，出风口灰尘过多同样会影响散热效果。

3. 亮度下降、画面模糊

【故障现象】 投影画面出现暗黄色或色彩不鲜艳，或是画面模糊不清。

【故障维修】 出现这种情况很可能是投影灯泡已经老化，需要重新换灯泡。另外，投影仪画质下降还可能是信号源和投影仪之间的距离较大、信号线太长所导致，这时可在信号源后加装一个信号放大器。

当灯泡使用时间已经达到寿命极限时，应当更换新的灯泡。更换灯泡时需要注意，在更换了新灯泡之后必须重新设置灯泡的使用时间，否则新灯泡将按旧的时间计算，容易加速老化。

4. 画面偏色

【故障现象】 投影画面颜色明显偏绿、偏红或者偏其他颜色。

【故障维修】 投影仪出现偏色现象，首先可能是因为投影仪的色温调节、伽马调节等设置被更改了，一般可以试着恢复到出厂默认状态。若问题仍未能解决，则可能是VGA信号线的问题，可以查看连线接头处有无弯曲或折断的插针，以及插针是否松动。

如果信息线没有故障，则可能是投影仪内部传输某种颜色的连接线断裂，这时也需重新更换连接线。在排除上述情况后，若故障现象依旧，则可能是液晶板损坏所致。

第 25 章　静电复印机

静电复印技术最初由美国人卡尔逊在 1938 年研制成功。1945 年，采用卡尔逊新专利技术的第一台办公专用自动复印机问世。1959 年，复印机正式被市场所接受。到如今，复印机已成为全球一项庞大的产业，不断朝着小型化、数字化、彩色化、大幅面工程复印及多功能高性能化发展。

25.1　静电复印技术概述

25.1.1　卡尔逊法

卡尔逊法是最常用的静电复印法。卡尔逊静电复印法大致可分为充电、曝光、显影、转印、分离、定影、清洁及消电八个基本步骤

1. 充　电

充电就是将感光鼓置于暗处某一极性的电场中，使其表面均匀地带上一定极性和数量的静电荷，从而具有一定的表面电位。这一过程实际上是感光鼓的敏化过程，也就是使原来不具备感光性的感光鼓具有较好感光性的过程。卡尔逊法所使用的感光鼓主要由硒、硒合金、氧化锌及有机光电导材料等构成，一般是在导电基体上（如铝板或其他金属板）直接涂敷或蒸镀一薄层光电导材料。

2. 曝　光

曝光是利用感光鼓在暗处时电阻大（成绝缘体）、在明处时电阻小（成导体）的特性，对已充电的感光鼓用光像进行曝光，使得全光照区（原稿的反光产生）表面电荷因放电而消失、无光照区域（原稿的线条和墨迹部分）电荷依然保持，从而在感光鼓上形成表面电位随图像明暗变化而起伏的静电潜像过程。

3. 显　影

显影是用带电的色粉使感光鼓上的静电潜像转变成可见色粉图像的过程。显影色粉所带电荷的极性，与感光鼓表面静电潜像的电荷极性相反。显影时，在感光鼓表面静电潜像电场的作用下，色粉被吸附在感光鼓上。静电潜像电位越高的部分，吸附色粉的能力越强；静电潜像电位越低的部分，吸附色粉的能力越弱。这样就使得感光鼓表面不可见的静电潜像变成了可见的、与原稿浓淡一致的、不同灰度层次的色粉图像。在静电复印机中，色粉的带电通常是通过色粉与载体的摩擦来获得的。

4. 转　印

转印是用复印介质贴紧感光鼓,在复印介质的背面赋予与色粉图像相反极性的电荷,从而将感光鼓上已形成的色粉图像转印到复印介质上的过程。目前静电复印机中通常采用电晕装置对感光鼓上的色粉图像进行转印,当复印纸(或其他介质)与已显影的感光鼓表面接触时,在纸张背面使用电晕装置对其放电,该电晕的极性与充电电晕相同,而与色粉所带电荷的极性相反。由于转印电晕的电场力比感光鼓吸附色粉的电场力强得多,因此在静电引力的作用下,感光鼓上的色粉图像就被吸附到复印纸上,从而实现图像的转印。在静电复印机中为了易于转印和提高图像色粉的转印率,通常还采用预转印电极或预转印灯装置对感光鼓进行预转印处理。

5. 分　离

在转印过程中,复印纸由于静电的吸附作用,会紧紧地贴在感光鼓上,分离就是将紧贴在感光鼓表面的复印纸从感光鼓上剥落的过程,静电复印机中一般采用分离电晕(交、直流)、分离爪或分离带等方法来进行纸张与感光鼓的分离。

6. 定　影

定影是把复印纸上的不稳定、易抹掉的色粉图像固着的过程。目前的静电复印机多采用加热与加压相结合的方式,对热熔性色粉进行定影。定影装置加热的温度、时间及加压压力的大小,对色粉图像的粘附牢固度有一定的影响,特别是加热温度的控制是图像定影质量好坏的关键。

7. 清　洁

清洁即清除转印后还残留在感光鼓表面的色粉。由于多种技术原因,感光鼓表面的色粉图像的转印效率不可能达到100%,如果不及时清除残留的色粉,将会影响到后续复印品的质量。静电复印机中一般采用刮板、毛刷或清洁辊等装置对残留色粉进行清除。

8. 消　电

消电即消除感光鼓表面残余电荷的过程。由于充电时在感光鼓表面沉积的静电荷,并不因所吸附的色粉微粒转移而消失,如果不及时清除,将会影响后续复印过程。因此,在进行第二次复印前必须对感光鼓进行消电,使感光鼓表面电位恢复到原来状态。静电复印机中一般采用曝光装置来对感光鼓进行全面曝光,或用消电电晕装置对感光鼓进行反极性充电,以消除感光鼓上的残余电荷。

25.1.2 NP 静电复印法

NP 静电复印法是佳能公司在卡尔逊法基础上改进而来的一种新型静电复印方法。NP 静电复印法基本过程主要由前消电/前曝光、一次充电(主充电)、二次充电/图像曝光、全面曝光、显影、转印、分离、定影及清洁9个基本步骤组成。

NP 法静电复印的过程除了静潜像的形成和显影过程外,其他都与卡尔逊法基本相同。NP 法静电潜像由前消电/前曝光、一次充电、二次充电/图像曝光和全面曝光 4 个基本步骤组成。

1. 前消电/前曝光

前消电/前曝光是在第一次充电(主充电)前用负高压电晕放电来消除感光鼓表面由于前一次复印循环遗留的残余电荷,同时用荧光灯(前曝光灯)充分照射感光鼓(称为前曝光),以降低硫化镉光导层内部的电阻。前曝光的作用,一方面是使光导层的残余电荷可以充分地泄入大地,另一方面则是为以后再对感光鼓进行主充电时,能够均匀地注入一定数量和极性的电荷提供条件,以防止由于静电造成潜像电荷分布不良造成复印浓度不均和黑实心图像中出现白色斑点的现象。NP 法采用硫化镉分散体作为光电导层,这种材料在暗处放置一段时间后电阻率会大大增加,在这种情况下复印品会产生底灰。经过前消电/前曝光过程后,由于负高压电晕放电的影响,会使感光鼓表面略呈负电位。

2. 一次充电

NP 静电复印法通过在一次充电电晕器上加正极性直流高压进行正电晕放电,使感光鼓表面均匀充上一层正电荷,即形成一次电位。

3. 二次充电/图像曝光

二次充电/图像曝光是一个过程的两个方面。这一过程利用交流电晕器或反极性直流电晕器,对感光鼓表面充电电荷进行消电的同时对感光鼓进行图像曝光。二次充电的作用是中和感光鼓表面的正电荷,图像曝光则是为了在消电过程中使感光鼓表面形成与原稿明暗相对应的静电电荷分布。

4. 全面曝光

经过二次充电/图像曝光后,在硫化镉感光鼓的表面形成了表面电位相同、电荷密度不同的潜像,这种潜像是无法用传统静电显影方式来显影的。全面曝光就是利用曝光灯对感光鼓表面进行全面、充分及均匀的光照,使感光鼓明区和暗区形成明显的电位差,最终在感光鼓绝缘层表面上形成了表面电位随光学图像明暗变化的高反差静电潜像。

5. 显　影

NP 静电复印法使用单组分显影剂跳动显影。单组分显影剂中没有载体,基色粉粒子由磁性材料、炭黑和树脂等组成,具有磁性和绝缘性。绝缘性有助于色粉的转印,磁性便于用显影磁辊来运载色粉。显影时,色粉与旋转的显影磁辊相摩擦而带负电,并且在显影刮刀刃口的集束磁场作用下,在显影磁辊表面形成一层薄而均匀的色粉层。当具有静电潜像的感光鼓与显影磁辊上的色粉层接近时,在感光鼓表面静电潜像和显影磁辊交流偏压的作用下,使色粉在感光鼓与显影磁辊之间跳动显影。

6. 转印、分离、定影、清洁

NP 法的转印、分离、定影和清洁等过程与卡尔逊静电复印法完全一样。

25.2 静电复印机内部组成结构

静电复印机内部结构包括成像系统、曝光系统、供纸输纸系统、控制系统四部分，如图 25.1 所示。

(1) 成像系统。主要由感光体、充电装置、显影机构、转印/分离电晕器和光导体的清洁器等组成。

(2) 曝光系统。主要由原稿台、曝光灯及其部件、镜头及反光镜等部件组成。

(3) 供纸输纸系统。主要由搓纸机构、输纸传送机构、手送机构及定影机构等组成。

(4) 控制系统。主要由操作面板、控制电路、传感器、负载及电源等组成。

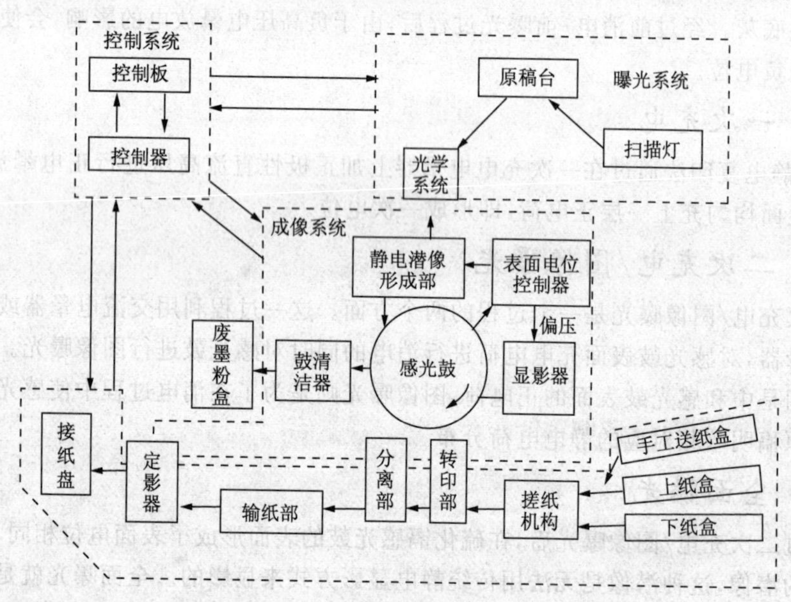

图 25.1 静电复印机内部结构

25.3 静电复印机的主要功能、特殊功能与附加功能

静电复印机的功能大致可分为三大类，即主要功能、特殊功能和附加功能。

1. 主要功能

(1) 图像密度控制。图像密度控制功能可以调整复印件图像浓度的深浅。并不是所有的原稿都是黑白分明、线条清晰，不同性能不同状态的原稿，对光线的吸收和反射是不一样的，复印出来的效果就会有差异，有时甚至相差很大。为了达到较理想的效果，可通过“图像密度控制”功能进行调整。图像密度控制通过调整曝光灯的亮度或显影偏压的大小，以达到控制图像密度的目的。图像密度控制又分为手动控制和自动控制两种。

(2) 缩放。缩放功能可以对原稿图像进行放大或缩小，复印出不同尺寸的复印件。复印机的缩放控制设置通常是在一定范围内的几个规格之间，如65%、93%、122%和141%等。

(3) 状态显示。状态显示功能是复印机工作过程中必不可少的功能。状态显示功能常用普通指示灯、发光二极管或各种图形符号显示器显示复印机的各种状态，如机器的预热状态、备用状态、工作运行状态等。此外，还可以显示各种故障代码、自检代码以及各种消耗品(如纸张、色粉及硅油等)的消耗量。这给复印机的操作、保养和检修带来很大的便利。

(4) 用纸规格选择。在实际使用中，经常要变换各种不同规格的复印用纸，如A3、A4、B4、A5、B5等等。手动选择用纸规格有两种方式：一是直接更换不同规格的纸盒；二是通过选纸键选择。如果机器具有自动纸张选择(APS)功能，则可由机器自动选纸。

(5) 复印量设置。复印量设置功能是复印机最基本的功能，其作用是设定复印件的数量。设定好所需的复印件数后，再按一下复印键就能一次连续地复印出来，而不用一张一张地按键复印。

2. 特殊功能

为了办公自动化的需要，一些复印机提供了不少特殊功能，拓宽了复印机的使用范围。常见的复印机特殊功能有：

(1) 双面复印。双面复印功能可以把原稿内容连续地复印在复印纸正反两面上。这种功能又分为半自动及全自动两种形式。

半自动双面复印是指复印纸复印完一面后，在机内自行翻转，配合输稿器连续完成另一面的复印。但这种形式的双面复印，其原稿需要人工翻转才能完成。

全自动双面复印的原稿输送是自动的，每印完一面内容后，原稿可以自动翻至另一面。这样，只要把若干张原稿放在自动输稿器的输入口，机器就能自动地完成复印纸、原稿的翻转工作，连续不断地进行复印工作，非常适合大量复印。另外，在全自动双面复印中，有的机器还可以把翻开的书或杂志上两页的内容，连续地复印在复印件的两个面上，以适应特殊状态的原稿复印。

(2) 彩印。彩色复印件能更真实地反映原稿丰富多彩的内容，使复印效果更趋理想。彩色复印常有单色、多色以及全色几种。

(3) 编辑。常见的编辑功能有“保留”和“删除”。所谓“保留”，就是指复印出原稿中指定的区域；而“删除”则是去掉原稿中不需要的部分，再经过适当的处理，例如套印，就能得到所需要的复印件。

(4) 中断插入复印。中断插入复印功能就是中断正在进行的复印工作，插入另一种急需印制的文件资料。复印完成后，可立即恢复原来正常复印时所选择的一切工作状态，如复印张数、纸盒用纸规格、图像浓度和缩放比率等等，继续刚才的复印工作，而不需重新选择各种复印状态。

3. 附加功能

这类功能是除主机具有的功能外，通过选购一些辅助设备而新增或增强的功能。

(1) 自动输稿(ADF)。购置自动输稿器就可达到自动输稿的目的。自动输稿器分为半自动和自动两种。

· 半自动输稿是指原稿需要人工插进输稿器，然后由输稿器带进原稿台，复印完成后，自动地把原稿送至接稿盘。如要进行双面复印，则需把原稿翻至另一面，再重复上述过程。

· 自动输稿器的送稿、翻稿都可自动进行，无需人工操作，对于大量复印效果非常显著。

(2) 自动分页。在复印多份拷贝时，如果希望按原稿页数顺序整理成单一的份数，可以利用自动分页器自动完成整理工作。如果没有分页功能，通常只好人工一份一份地按页数分放，费时费力且容易出错。

(3) 大容量纸盒。大容量纸盒是为特殊要求而设置的。这种大容量纸盒可装载1000张复印纸，增强了复印机的供纸能力，能充分保证复印工作的连续性。

(4) 匙计数器。匙计数器是一种外附的计数器。启用这种功能时，复印机只有插入匙计数器才能启动，并自动记录当次复印的张数，以便定期进行独立核算。

属于附加功能的还有自动裁纸、自动装订及外附定影器等，都不同程度地扩大了复印机的使用范围。

25.4 静电复印机基本操作

1. 复印操作

(1) 开机预热。现代复印机大多采用热压定影方式，正式复印前，应先打开总电源开关进行预热，这时机器操作面板上应显示预热等待信号。当预热信号消失或由红变绿时，表示机器预热完毕，可以进行复印。在预热过程中，要仔细听机器运转是否正常，如有异常声响，应立即关机检查。同时，也要观察操作面板上的各种显示是否正常，如有异常也应关机请维修人员检查修理。

(2) 选择复印纸尺寸。根据原稿的大小或需要缩小、放大的尺寸，选取合适的复印纸。一般通过按动纸盒选择键来完成。如果机器具有自动纸张选择功能(APS)，不必按动纸盒选择键，机器将根据检测原稿尺寸或操作者的要求自动选择纸盒。

(3) 放置原稿。原稿要放置在稿台玻璃的相应标线之内，且将需要复印的一面朝下。原稿的放置方向应与所选复印纸的方向一致，稿台盖板要尽量盖严，否则会因为漏光在复印件上出现黑边。

(4) 选择复印倍率。现代复印机大都具有变倍复印功能，操作者可根据需要充分利用这种功能，如选择等倍、放大或缩小等。如机器具有自动倍率选择功能(AMS)，在确定复印件尺寸后，机器将自动选择复印倍率。

(5) 调节复印品浓淡。复印前，先要根据原稿的浓淡，选择合适的浓淡等级。机器带有自动浓度选择功能和手动调节方式。自动浓度选择是由机器本身的自控系统控制，一般应优先采用自动方式，在自动方式不能满足要求的情况下，再利用手动调节方式。如果复印份数较多，操作者在没有充分把握的情况下，可先复印一份，适情况做些调整，然后再连续或大量复印。

(6) 拼凑复印。为了节约纸张，减少开支，可采用小张原稿拼凑复印的方法。例如两张原稿，只要其中的一部分，则可将其中的一张原稿中不要的部分用另一张原稿需要的部分代替(放在其上)，将两张稿一齐放在稿台玻璃上复印，这样就将两张原稿变成一张复制品。

(7) 双面复印。较高档的机器有自动双面复印功能。利用普通复印机进行人工正反面复印时，正反版面应对准，避免反正颠倒。

(8) 设定复印份数。在前几项设定结束后，可先试印，检查复印品的质量，如认为满意时，即可用数字键设定需要复印的份数。

(9) 复印。按下复印键，复印机开始自动复印出所设定数量的复印件。复印计数窗口按递减或递增方式显示复印量，直至复印结束，显示复位。

2. 辅助操作

(1) 纸的选择。静电复印机所用纸张重量一般在 65～85g/m^{2}之间(70g 纸使用较多)，纸张规格有 A3、A4、B4、B5、16K 及 8K 等，可根据需要进行选用。另外，纸张在保存时，宜存放在通风、干燥的地方，防止受潮，同时要放置平整。受潮变形不平整的纸不宜使用，否则容易出现卡纸或复印品质量较差现象。

(2) 纸的整理与装盒。复印纸在装入纸盒前应先检查纸张边缘有无毛边、破损等，如有就应及时清理并去除破损的纸张。同时，为避免纸张间因静电作用而粘连在一起，将纸张放入纸盒前，应将纸张抖松搓开，使每张纸间进入空气，然后整齐装入纸盒。有的机器使用的盒内前侧有两个小压角，装纸时必须把纸张按到压角下，以免出现进纸困难或一次进多张纸等现象。

(3) 色粉的补充。色粉是复印机的消耗材料之一，在实际工作中，要注意及时补充或更换粉盒(筒)。加粉前还应将色粉盒(筒)摇晃几下，以防止结块。另外，应注意使用本机专用的色粉，切不可随意代用。回收的废粉不宜再利用，以免影响复印效果或堵塞加粉通道等。

25.5 静电复印机常见故障排除

1. 卡　纸

卡纸是复印机在工作过程中经常出现的故障。一旦发生卡纸故障，复印机就会发出停机指令。以下按走纸的部件顺序，分析可能卡纸的原因。

(1) 对位辊磨损及驱动离合器损坏。对位辊是复印机纸张搓出纸盒后，带动纸张前进对位的硬橡胶辊，分别位于纸张的上下两侧。对位辊磨损后会使纸张前进速度减慢，纸张经常会卡在纸路中段。对位辊驱动离合器损坏会使对位辊无法旋转，纸张无法通过，出现这种情况应更换新的对位辊。

(2) 纸路传感器故障。纸路传感器多设在分离区和定影器出纸口等处，采用超声波或光电元器件对纸张的通过与否进行检测，如果传感器失灵就无法检测到纸张的通过情况。纸张在前进中，当碰触到传感器的小杠杆时，就阻断了超声波或光线，从而使传感器检测到纸张已通过，进而发出进行下一步程序的指令。如果小杠杆转动失灵，就会阻止纸张前进，从而造成卡纸故障。

(3) 分离爪磨损。长期使用的复印机，机器感光鼓或定影辊分离爪会严重磨损，从而导致卡纸。严重时，分离爪甚至无法将复印纸从感光鼓或定影辊上分离下来。此时，应用无水酒精清洗定影辊和分离爪上的墨粉，拆下磨钝的分离爪，并用细砂纸打磨锋利，这样一般能使复印机继续使用一段时间。如果不行，只有更换新的分离爪。

(4) 定影污染。定影辊是复印纸通过时的驱动辊。定影时，特别在润滑不良和清洁不良的情况下，受高温熔化的墨粉容易使定影辊表面污染，从而使复印纸粘在定影辊上。这时应检查辊上是否清洁、清洁刮板是否完好、硅油补充是否有效、定影辊清洁纸是否用完。若定影辊污染则用无水酒精清洗，并在其表面涂上少许硅油，严重时应更换毡垫或清洁纸。

(5) 出口挡板位移。经过上述部件后，复印纸通过出口挡板输出，完成一个复印程序。长期使用的复印机，出口挡板有时会发生位移或偏斜，阻止复印纸顺利输出，造成卡纸故障。这时应对出口挡板进行校正，使挡板平直、活动自如，卡纸现象就会消除。

2. 复印品全白

复印品全白又称图像全白，出现此现象时，首先要认真分析造成全白的几种可能性，然后以感光鼓(光电导体和硒鼓)为界进行分析。

首先开机看一看感光鼓是否有图像或文字，注意这时的操作只是进纸，不要让复印机出纸，这样可以进一步缩小故障的范围。如果感光鼓上无图像和文字，说明故障在感光鼓之前，要重点分析主高压和显影器有没有问题。假如没有主高压，可检查高压电极丝是否断了或没有插好。如果高压电极丝没有有问题，可用万用表测量有无信号传到高压发生器，如果有直流电压输入而无高压输出，说明高压发生器坏了；如果没有信号输入，就要向前找原因，一直找到主控电路板。

如果感光体上有图像文字，则可能是转印电极丝断了或没有插好，或是高压电源到转印电极之间的导线断了。

3. 复印品底灰大

复印品出现底灰时，要重点考虑与底灰直接有关系的各部件，如光学部分的镜头、反光镜、原稿台玻璃等，这些部件脏污，就会引起光路不清洁，从而造成底灰大。

其次要考虑载体是否长期使用、疲劳失效，以及载体与墨粉的比例是否合适，这些也是引起底灰的原因。

还要检查感光鼓是否疲劳或老化，如其光电特性下降了，在曝光时亮区有一部分电荷不能消失，因而它还具有吸附较少量墨粉的可能性，从而导致底灰。

最后还要检查主高压充电是否过强、曝光灯是否老化、清洁系统各部件是否都起清洁作用。另外，电源电压过低使曝光灯亮度降低，也会产生底灰。

4. 复印品图像浅

复印品图像浅又称图像密度低。造成图像浅的原因很多：主高压充电过低，会使感光鼓表面带电量低，曝光后暗区带电量低，因而吸附墨粉量少，造成图像浅；载体失效、吸附力差，也会造成图像浅；载体与墨粉比例失调，载体太多、墨粉太少也会造成图像浅；转印电极接触不良，感光体上的图像不能完全转印下来，也会造成图像浅。

另外，感光鼓疲劳或到了使用寿命，其性能变差也会引起图像浅；显影箱与感光鼓距离太远，影响感光鼓上的静电潜像吸附墨粉的能力，也会引起图像浅；曝光量太大，偏压太高，纸张受潮等原因都可能导致复印品图像浅。

5. 复印品有白条纹

复印品有白条纹时，要看条纹是否有规律性。如果白条纹是无规律性的，应检查充电电极是否松弛、充电电压是否偏低，显示器内有无异物、转印电极丝是否松弛，转印电极充电电压是否过低等。

如果是有规律的白条纹，则应检查充电电极丝是否被污染、反光镜上有无薄油点、显影磁刷上封或下封是否存有异物，光导体是否被划伤、转印电极丝是否被污染等。

6. 复印品有黑条纹

复印品上出现黑条纹时，也要看黑条纹是否有规律性。如果是有规律性的，应检查感光鼓是否被划伤，光导体清洁器的清洁刮板刃口有无缺损，是否有纸进入清洁器内，定影器的加热辊是否被污染等。如果黑条纹是无规律性的，则主要考虑光导体有无划伤、定影加热辊局部划伤或被污染。

7. 复印品图像虚

图像虚的复印品往往出现在使用时间太久或刚刚经过分解维修、排除故障的机器上。除了考虑可能引起图像虚的部件外，还要考虑在维修中拆装的部件有没有装反或装配不当。例如反光镜镜片装反、镜头安装距离不当等，都可能引起复印品图像虚。另外，感光鼓的光电特性降低、载体吸附墨粉的性能下降等都会引起复印图像虚。

第 26 章　一体化速印机

传统的专业印刷设备(如胶印机)中制版和印刷是分开的,较难掌握且不适合少量印刷;传统油印机的工作效率低且印刷精度不高。数码制版、自动印刷速印机简称一体化印刷机或一体化速印机,是 20 世纪 90 年代问世的高技术新型轻印刷设备,集制版、自动印刷于一体,操作步骤类似于复印机但使用成本接近油印机,操作简单、工作效率高,印刷的图文精细逼真,尤其适合复制大批量的文件,目前已成为办公自动化的重要设备之一。

目前的一体化速印机不仅可以进行原稿的扫描制版,同时还具有对原稿缩放印刷、拼接印刷、自动分纸控制等多种功能,有些型号的机器还内置了计算机打印接口,可作为一台超高速、大幅面,高精细的打印机来使用。

26.1　一体化速印机工作原理

一体化速印机通过数字扫描、热敏制版成像的方式进行工作,印刷速度通常在每分钟 100 张以上。一体化速印机的工作过程包括如下几个步骤。

(1) 卸废版纸。卸版机构把仍裹在印筒上的版纸排入废版纸盒。

(2) 原稿扫描。送进原稿后,通过镜头、反光镜、CCD 器件扫描原稿图像。

(3) 制蜡纸版。把扫描得到的数字化图像信号反映至热敏头,将版纸挂在印筒上进行制版。目前几乎所有的一体化速印机都是采用数码热敏头制版,具体又分为热熔解型和热交联型两类。

· 热熔解型的工作原理是利用激光熔去版纸上的图文部分,露出下面的亲油层,除去版上的残留物,就可准备上机印刷。它是一种非化学处理过程,较为环保,可在明室下工作。其版纸的耐印力约 5 万印左右。因其成本较低,被多数速印机所采用。

· 热交联型的工作原理是利用红外线使版纸图文部分的分子化合物发生交联反映,目的是使图文部分在碱性显影液中不被溶解。图文部分的性质很稳定,即使曝光后六个月,印版仍旧可用。这种方式的成本较高,多用于专业印刷领域。

(4) 送入印刷纸。通过搓纸轮和分离辊组成的中央供纸装置将纸送至印筒部分。

(5) 印刷。通过印筒纱网和版纸图像把油墨印在进纸部件送来的纸上。

(6) 接纸。用分离爪和气刀剥离印好的纸张并将这些纸送到接纸盘。

一体化速印机的工作方式有联机方式和脱机方式两种。脱机方式是利用设备本身对现成原稿进行制版印刷,联机方式则是通过联机卡把速印机与电脑系统构成一体化机,两者的主要区别在制版过程。

一体化速印机的性能指标主要有：

(1) 最高印刷速度。即一体化速印机每分钟能够最多印刷的张数，以 ppm(paper per minute，张/分)为单位(以 A4 纸为标准)。一体化速印机的印刷速度可以自动调节，有的型号可以提供多达 5 级变速(60、80、100、120 和 130ppm)的选择。用户在印刷时也可以选择中档值或是最小值来印刷，以提高印刷质量。

(2) 首页印刷时间。首页印刷时间是指一体化速印机从制版(即数字化刻制蜡纸)到输出第一张印刷品所花费的时间。目前主流产品的首页印刷时间都可以控制在 30 秒钟之内。

(3) 缩放比率。缩小比率和放大比率是指一体化速印机能够对原稿进行放大和缩小的比例范围，使用百分比(%)标识。一体化速印机的缩小和放大比率并非无级缩放，而是提供几个固定比率，例如 4 级缩小比率通常为 94%、87%、82%及 71%。

(4) 用纸尺寸。用纸尺寸是指一体化速印机能够接受的用来进行印刷的纸张的最大尺寸，它是选购一体化速印机的一个非常重要的技术指标。一般的机型都可以支持从最大 A3 幅面(297 mm×420 mm)到最小的名片格式(50 mm×90 mm)。

(5) 载纸量。载纸量是一体化速印机的供纸器最大可以存放的纸张数量。由于一体化速印机的印刷速度快、印刷量大，用纸量远远要大于复印机，因此它的供纸器容量要求要比较大，一般至少要在千张以上。

(6) 分辨率。分辨率是指一体化速印机的印制清晰度，用垂直分辨率和水平分辨率相乘来表示，以 dpi 为单位。大多数一体化速印机的分辨率为 300×400dpi。

26.2 一体化速印机常见故障及使用维护

26.2.1 一体化速印机常见故障排除

1. 升降台

(1) 升降台不动：机械卡死；无电源供给。

(2) 加纸指示灯亮但进纸台不下降：纸检测传感器损坏或接插件不良。

(3) 升降台的动作不正常：电机插头接触不良；升降电机变速箱里面的齿轮打坏；外界强光干扰。

2. 一级进纸区

(1) 搓纸轮不动，主电机转：进纸线圈损坏；扇形齿板制动器间隙过小。

(2) 搓纸轮不动，总是卡纸：纸张不合适，太潮、太厚、太光滑、太粗糙、静电多；搓纸辊压力太小；搓纸轮污染或磨损(寿命约二十万张左右)；上限传感器位置过低；搓纸辊损坏。

3. 二级进纸区

(1) 纸在上进纸辊和下进纸辊之间卡住或打滑：平行辊弹簧；进纸没送到位；进纸辊齿轮位置错。

(2) 纸歪斜或起皱：上下进纸辊不平行；纸张受潮。

4. 印刷区

纸停在滚筒下,不前进:压力辊压力不够;压力线圈没吸合、接插件松开、纸张检测臂间隙小及磁芯运动不灵活。

5. 分离区

(1) 纸卷在滚筒上:印刷内容太靠前;纸受潮,挺度不够;纸弯曲与滚筒旋转同向;印刷速度太快;分离爪间隙大,分离爪磨损。

(2) 纸被分离爪戳破,纸卡在滚筒下:印刷速度太快;分离爪间隙大。

(3) 纸在出纸区卡在滚筒下:出纸传感器污染;吸风单元没安装到位。

(4) 纸在分离区翻转,慢慢地出来:出纸齿轮或皮带磨损。

6. 出纸区

(1) 每印两张自动停机:出纸传感器污染。

(2) 纸在出纸区翻转:吸风风扇吸力不够,清洁吸风单元;外界气流影响。

7. 扫描区

(1) 卡稿:进稿皮带松动;搓稿辊或搓稿垫脏。

(2) 印件有黑点或黑线:扫描玻璃表面脏或有划痕。

8. 制版区

(1) 卡版:转向辊变形;转向辊里有异物阻挡;蜡纸受潮。

(2) 印件变形:写入辊脏。

9. 卸版区

卡版:卸版皮带松或断;卸版辊之间有异物;卸版开关损坏。

26.2.2 一体化速印机印刷质量问题及解决

(1) 印刷件偏淡:制版方式选择错误(例如对于文字选择了“图像”方式);原稿偏淡,可通过调整扫描浓度解决;长期放置不用的滚筒,可多印几张再看看效果。

(2) 印刷件偏黑:制版方式选择错误(例如对于图像选择了“文字”方式);扫描浓度调整不当。

(3) 印刷件上有竖向细白条或细白线:扫描头或打印头污染;补偿片污染;扫描头有损坏;打印头有损坏。

(4) 印刷件正中间有一条黑线:分离爪间隙太小,将蜡纸划破。

(5) 印刷件有几道横向白线:写入辊损坏。

(6) 印刷件中间有局部白斑:滚筒体蜡纸之间夹有纸片;滚筒有凹坑;油墨不均匀;蜡纸上沾有纸片;纱网有油污。

(7) 纸背污染:压力辊脏;印刷内容大于纸片面积;机器空转;双面印刷时,第一面还未干燥。

第7部分 其他办公信息设备

第27章　内部通播对讲设备

内部通播对讲系统主要用在内部办公、监控、收费站、学校、工厂、娱乐消费场所、停车场、大楼消防等需要对讲的场所。

27.1　内部对讲设备种类及组成

内部对讲设备根据信息传输方式可分为有线对讲设备和无线对讲设备，根据使用场所可分为医院护理对讲设备、监狱对讲设备、办公内部对讲设备、楼宇对讲设备、窗口对讲设备、银行对讲设备等，如图27.1所示。

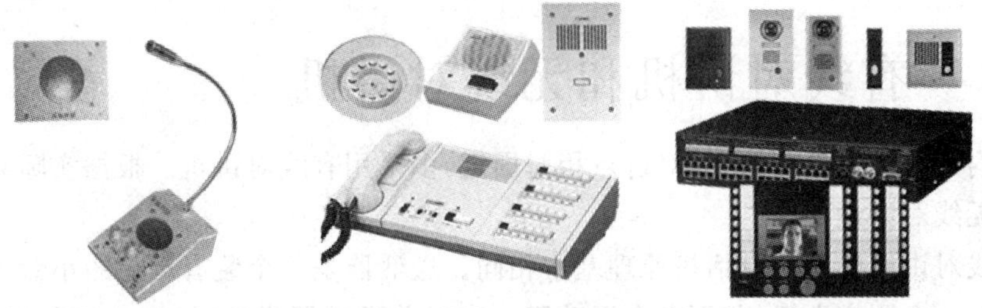

图27.1　窗口对讲设备(左)、办公内部对讲设备(中)和大型内部对讲设备(右)

在工作方式上，内部对讲设备一般分为主机和分机，如图27.2所示。一台主机可以连接多台分机，根据可连接分机的数量，分为三路、五路、十路、二十路、三十路甚至几百路。根据用户的需求，还有一些特殊机型，如一对一、二对六等。

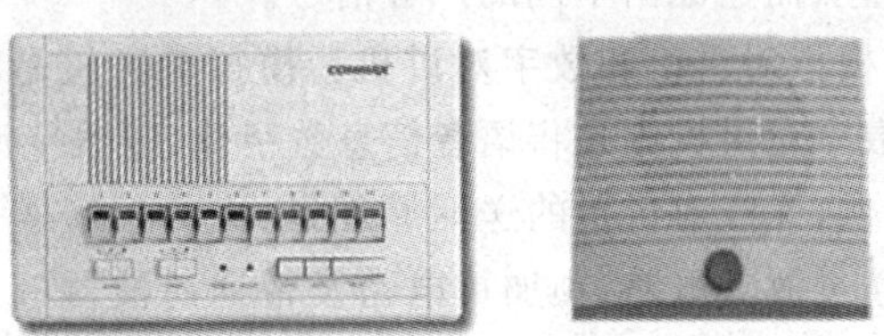

图27.2　内部对讲设备主机(左)和分机(右)

内部对讲设备主机有点像一个多路控制器。分机结构比较简单，主要包括一个通话按钮、一个扬声器和一个内置麦克风。

一个内部对讲系统，可以由几台主机和若干个分机组成，每台主机连接若干个分机，几台主机再互相连接在一起。这种方式又称为内部对讲设备多机连接，结构如图

27.3所示。

在功能上,对讲设备主机可检查分机是否在线(保密分机除外);能呼叫分机并和分机半双工对讲;有报警输出口,可外接话筒,并有录音输出接口。主机与分机间通常采用无极性的N+1芯线连接。对讲设备分机一般安装或布置在每个需要实现对讲的点,可对主机报警及对讲,与主机间采用无极性的两芯线连接,可外接不带话筒的紧急按钮。

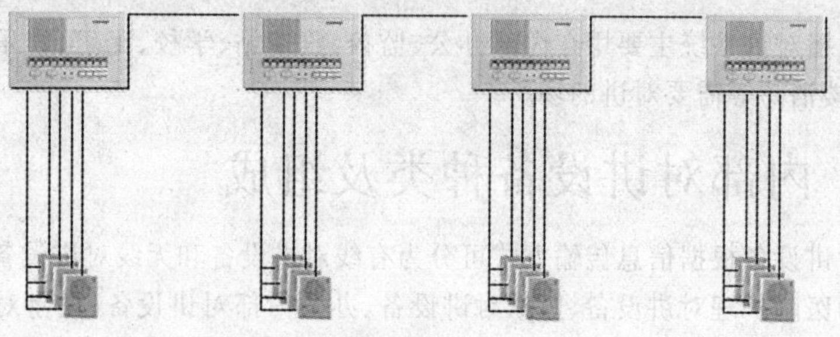

图27.3 内部对讲设备多机连接

27.2 有线对讲机和无线对讲机

在内部对讲设备中,由于对讲点相对固定,多采用有线对讲机。根据实际需要,也可采用无线对讲设备。

有线对讲机原理与电话机原理基本相同。送话器是一个装有碳粒的小盒子,小盒子后面有一个固定电极,前面有个振动膜。当对着送话器讲话时,振动膜随声音的大小变化产生幅度不等的振动,使碳粒时而压紧(电阻减小)、时而放松(电阻增大),从而使两个电极之间的电流也跟着变化,这就使声音大小的变化转换为电信号的强弱变化,即得到语音信号。受话器的主体是一个绕有线圈的永久磁铁,由送话方传来的话音电流通过线圈产生一个磁场,吸引磁铁前面的薄铁片产生振动,发出声音,振动的大小取决于电流的大小,从而还原出不同的声音信号。

无线对讲机分为模拟对讲机和数字对讲机。模拟对讲机是将语音信号调制到对讲机传输频率上,而数字对讲机则是将语音信息数字化,以数字编码形式传播。

以模拟对讲机为例,无线对讲机的送话原理是:人的话音通过麦克风转换成音频的电信号,音频信号通过放大电路、预加重电路及带通滤波器进入压控振荡器直接进行调制。锁相环和压控振荡器(VCO)产生发射的射频载波信号,经过缓冲放大、激励放大、功放,产生额定的射频功率,经过天线低通滤波器,抑制谐波成分,然后通过天线发射出去。

无线对讲机的信号接收部分一般采用二次变频超外差方式,从天线输入的信号经过收发转换电路和带通滤波器后进行射频放大,再经过带通滤波器,进入第一混频器,将来自射频的放大信号与来自锁相环频率合成器电路的第一本振信号在第一混频器处混频并生成第一中频信号。第一中频信号通过晶体滤波器进一步消除邻道的杂波信号。滤波后的第一中频信号进入中频处理芯片，与第二本振信号再次混频生成第二中频信号，第二中频信号通过一个陶瓷滤波器滤除无用杂散信号后，被放大和鉴频，产生音频信号。音频信号通过放大、带通滤波器、去加重等电路，进入音量控制电路和功率放大器放大，驱动扬声器还原出所需的语音信号。

27.3　楼宇可视对讲系统

楼宇可视对讲系统在对讲系统的基础上增加了影像传输功能，主要由门口主机、室内可视分机、不间断电源、电控锁、闭门器等部件构成。按应用规模的大小，楼宇可视对讲系统又可分为独户型、别墅型、大厦型、多幢大楼联网型。

楼宇可视对讲系统通常具有叫门、摄像、对讲、室内监视室外、室内遥控开锁、夜视等功能。住户在室内与访客进行对话的同时，可以在室内机显示器上清楚地看见来访者影像并通过开锁按钮控制铁门开启。另外，住户在楼外也可以通过感应卡、密码、钥匙、对讲等方式开启楼锁，从而达到阻止陌生人进入大楼的目的。楼宇可视对讲系统能对进出人员进行监视和录像，室内分机可以任意选择可视或不可视。还可以另外加装单户室外对讲门铃，便于楼内住户内部联系。

楼宇可视对讲系统各部分的功能特点简介如下。

1. 单元主机

又称门口主机、门口机、梯口机，或简称主机等。单元主机是楼宇对讲系统中的前端公用设备，作用是供访客输入欲访问的房号以及与该单元内用户通话对讲。也可供用户、管理员输入密码，实现密码开锁。单元主机可以增配内置、外置 ID/IC 卡门禁模块，从而供用户刷卡开锁。在视频系统方面，可选用黑白可视或彩色可视。

2. 楼层平台

又称楼层保护器、楼层解码器、楼层分线器、配线盒等。但是楼层保护器与楼层解码器是有差别的，楼层解码器在具有楼层保护器的所有功能外，还能为系统的用户终端(室内分机)设备解码，楼层保护器一般不具有解码功能。

在“标准 GA/T 72-2005”的相关规定中，对 28 个用户以下的对讲系统没有强制要求，允许厂商根据用户情况省略楼层保护器。省略楼层保护器的优点是降低了工程成本，加快了安装速度。缺点是用户终端设备没有楼层保护器的隔离保护功能，常常是一户问题、全系统瘫痪，故障率高，也增加了售后维护、检修的难度，缩短了楼宇对讲系统的使用寿命。使用楼层平台(保护器或楼层解码器)的工程综合成本与不使用楼层平台的综合成本差不多，不使用楼层平台是短期见利、长期亏损，使用楼层平台则是短期投入成本高、长期效益好。

3. 室内分机

简称分机、室内机，或称用户终端设备。室内分机主要供用户行使楼宇对讲系统的功能，是楼宇对讲系统中最具亲和力和影响力的部分。室内分机以外观精美，操作简单者为佳。室内分机一般的功能包括联网呼叫、遥控开锁、双向对讲,还可根据需要增加户户通功能(任意两个用户可互相通话对讲)、与安防报警器探头联动功能(如外接红外、门磁、烟感、煤气等)、免打扰功能(当设置为免打扰时,该用户的访客呼叫将被转移到管理中心处,但是,管理中心处可以随时呼通设置免打扰的用户)、信息接收功能(主要是接受管理中心发布的管理信息)、集成电话机功能(将电话与对讲系统的室内分机集成在一台机上)等。室内分机按功能一般可分为非可视室内分机、黑白可视室内分机、彩色可视室内分机、多功能室内分机等。

4. 系统电源

简称电源或电源箱,主要功能是给楼宇对讲系统提供电源。一般的楼宇对讲系统采用集中供电模式,多台室内分机公用一套电源。电源以具有过载、过流、过压、充放电保护功能者为优,一般分为12V、18V两类,也可以按电源的功率来分,一般的楼宇对讲厂家出厂电源均不带电池。

以上四种设备是楼宇对讲系统最基本的设备。严格一点来说,在降低成本的情况下,也可以只有单元主机、室内分机和电源三种设备。

如果需要联网的话,还需要增加管理中心机和围墙机这两种设备。

(1) 管理中心机。简称管理机或管理主机,主要功能是接收单元主机、室内分机的呼叫,接收各联动报警探测器的报警求助。管理人员可以通过管理机呼叫与之相连的单元主机、室内分机,可以通过管理机监视与之相连接的单元主机门前图像。自2005年后,部分企业省略了管理中心机,设计了管理软件,直接将管理功能集成到计算机中。

(2) 围墙机。又称小区入口机、大门口机等,主要功能与单元主机相似,但容量比单元主机大,可以呼叫联网系统内任一用户,并与被访问呼叫的用户通话对讲,实现遥控开锁等功能。围墙机主要应用在小区入口、多单元栋楼口等处,也可以用来替代单元主机。

第 28 章　闭路电视监控系统

28.1　闭路电视监控系统简介

闭路电视监控系统(CCTV)是安全防范体系领域中的代表性产品,是一种先进的、防范能力较强的综合系统,它通过遥控摄像机及其辅助设备(镜头、云台等),直接观察被监视场所的各种情况,同时还可以进行同步录像。闭路电视监控系统还可以与防盗报警系统等其他安全技术防范体系联动运行,或通过选用特殊设备如红外线摄像机等,以实现各种特殊功能。

闭路监控系统不仅能以一个人监控多个摄像机的方式节约人力资源,还可以在人无法直接观察的场合,实时、真实地反映被监视控制对象的画面。根据国家有关技术规范,闭路监控系统应设置安防摄像机、电视监视器、录像机(或硬盘录像机)和画面处理器等,使用户能随时调看任意一个画面、遥控操作任一台摄像机等。

闭路监控系统主要组成部分包括:产生图像的摄像机或成像装置、图像的传输与控制设备、图像的处理与显示设备。闭路电视监控系统涉及的主要技术指标包括:摄像机的清晰度、系统的传输带宽、视频信号的信噪比、电视信号的制式、摄像机达到较高画质和操作的功能以及系统各部分的环境适应程度,等等。

闭路电视监控系统的用途相当广泛,是当今最为有效的安防设施之一。它可应用于医院的监护室观察若干病人的病情;可用于交通中心,监测高速路、港口或地铁的交通流量;用于学校,保障学生体育运动的安全;用于商业中心、银行、储存仓库的监督和管理;以及在危险的环境中的监控,等等。

28.1.1　模拟闭路电视监控系统

模拟闭路电视监控系统是早期使用的电视监控系统,系统主机多为矩阵切换主机,显示终端为模拟监视器或由其组成的电视墙,操作员主要通过矩阵主机的键盘实现对现场摄像探头的控制。

模拟闭路电视监控系统的视频图像为模拟信号输入,不经过压缩,直接存储到录像带上,占用大量的录像带且不易传输和保存。在录像带上反复进退查找确定某时刻的画面内容需要耗费很多时间,检索难度大、偶然性强,不易查找录像资料。模拟闭路电视监控系统需要的外部设备也比较多,如监视器、录像机、编码器/解码器、视频转换器、图像分割器、矩阵等,众多设备的协调运作操作起来比较复杂,维修及保养比较繁琐,导致整个系统的可靠性较低。

28.1.2 数字闭路电视监控系统

随着计算机技术的发展,闭路电视系统也发生了变化。以摄录数字数据、传输数字信号为标志的数字闭路电视监控系统出现了。在数字型系统中,不需要再配置矩阵控制主机,只需配置足够数量的视频服务器,即可采集所有现场图像信号,并实现实时录像与网络传输,它同传统的模拟闭路电视监控系统相比有着许多优势。

数字闭路电视监控系统是以 PC 机为基础的硬件数字压缩监控系统,其特点包括:可随计算机的不断升级而升级,再发展潜力巨大;全自动或通过报警触发器启动并以数字化方式录入所有摄像机所捕获的图像内容;可以循环扫描每部摄像机(黑白或彩色),扫描各摄像机的间隔时间软件可调;像素分辨率软件可调;报警后可切换为单路或某几路高速录像,并在软件预先设置的时间后切换回平时的循环扫描方式;捕获存储最高速度超过 18 幅/秒(单路);可通过电脑监视器来详查事情发生过程,能够立刻再现所有存储的图像,并通过系统图像处理功能对画面进行处理以便识别,也可通过打印机打印出来,或通过网络将图像实时传送到所需要的地方;可将视频图像存储在计算机硬盘上,无终止缓冲技术使计算机硬盘自动循环,月复一月、年复一年的无休止使用;具有视频移动报警功能,当有人进入监视区域时,系统自动开启,进行报警、录像;数字闭路电视监控系统可方便地查看任何时间地点的存储图像,根据时间、日期、摄像机编号的不同分别回放检索;具有软硬件加密及密码保护功能,只有输入正确的用户名和密码才能进入系统,安全性可靠性高。

28.2 闭路电视监控系统组成

闭路电视监控系统的组成可以分为摄像部分、传输部分、监控部分、图像处理和记录部分四个部分。每个部分又有诸多种类的设备或部件。图 28.1 描述了一个闭路电视监控系统的基本构成。

1. 摄像机

摄像机是获取图像信号的设备,主要有传统的模拟摄像机和新兴的数码摄像机。在闭路电视监控系统中,摄像机的性能指标主要有照度、清晰度和信噪比等。

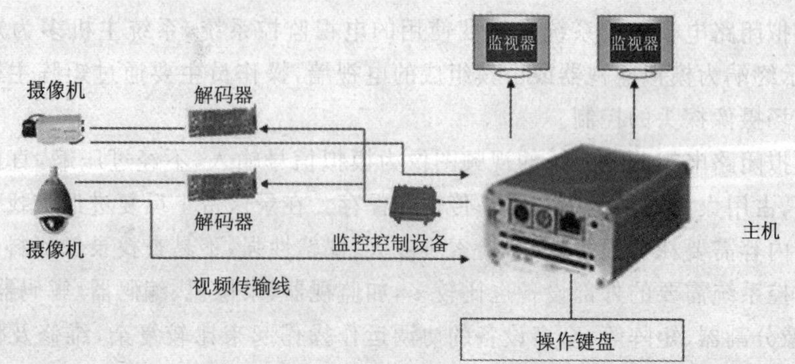

图 28.1 闭路电视监控系统基本构成

(1) 照度：也称灵敏度，是衡量摄像机在什么光照强度的情况下，可以输出正常图像信号的指标，一般有“正常照度”和“最低照度”两种。“正常照度”是指摄像机能输出满意的图像信号时所需要的照度，“最低照度”是指摄像机必须在这个照度以上才能正常使用。当现场照度低于摄像机的最低照度时，就需要加装照明装置或红外装置。照度一般以“勒克斯”(lx)为单位，该单位是指距离一个光强为 1 坎德拉的光源，在 1m 处接受的照明强度。

(2) 清晰度：一般用水平清晰度来表示。电视监控系统所使用的摄像机一般要求清晰度在 350 线以上。普通模拟摄像机的清晰度一般在 300 线左右，数码摄像机通常在 500 线左右。

(3) 信噪比：信噪比是摄像机图像信号与噪声信号之比。电视监控系统中的摄像机一般要求信噪比在 46dB 以上。

随着技术的发展，一些具有特殊功能或效果的摄像机纷纷出现，如超强光抑制摄像机、红外摄像机、激光摄像机等，具体可根据监控场所的情况和所要达到的效果选用。

2. 云　台

云台是承载摄像机进行水平和垂直转动的装置，水平转动的角度一般为 350°，垂直转动则有±45°、±35°、±75°等等。一般水平达到 360°，垂直达到±90°可视为无摄像死角。

云台分为室内云台和室外云台两类。室内云台承重约为 1.5～7kg，一般没有防雨雪装置；室外云台承重大约为 7～50kg，一般备有防雨雪装置。

室内和室外云台一般都配有防护罩。防护罩是保证摄像机在有灰尘、雨雪、高低温、电磁干扰等情况下，仍能正常使用的防护装置。室内防护罩的功能主要是防尘、防盗，室外防护罩则还有调节温度、防水、防风等功能，有些还装有雨刷，以保证在雨天也能正常摄录。

3. 监视器

监视器有多种分类方法。按性能和质量的级别来分，可分为广播级监视器、专业级监视器和普通监视器。广播级监视器的性能质量最好，其视频通道频宽可达 10MHz 以上，分辨率在 800 线以上，一般用在电视台等有广播功能的场合；专业级监视器性能质量稍逊，视频通道频宽在 10MHz 以下，分辨率在 600 线左右，一般用于监控中心及编导等行业；普通监视器分辨率一般在 250～400 线之间，用于电视监控系统，价格较为便宜。

监视器的选择，应满足系统总体功能和总体技术指标的要求，特别是应满足长时间连续工作的要求。

4. 控制器

控制部分是整个闭路电视监控系统的指挥中心。控制部分的主要设备是总控制台(有些系统还设有副控制台)，总控制台的主要功能有：图像信号的校正与补偿、视频信号放大与分配、图像信号的切换与记录、摄像机及其辅助部件(如镜头、云台、防护罩等)的控制(遥控)等等。在上述几项功能中,对图像质量影响最大的是放大与分配、校正与补偿、图像信号的切换三部分。在某些摄像机距离控制中心很近或对整个系统指标要求不高的情况下,在总控制台中往往不设校正与补偿部分。但对某些距离较远的情况或由于传输方式的要求等原因,校正与补偿是非常重要的。因为图像信号经过传输之后,往往其幅频特性(由于不同频率成分到达总控制台时,衰减是不同的,因而造成图像信号不同频率成分的幅度不同,此称为幅频特性)、相频特性(不同频率的图像信号通过传输部分后产生的相移不同,此称为相频特性)无法绝对保证指标的要求,所以在控制台上要对传输过来的图像信号进行幅频和相频的校正与补偿。经过校正与补偿的图像信号,再经过分配和放大,进入视频切换部分,然后送到监视器上。总控制台的另一个重要作用是对摄像机、镜头、云台、防护罩等进行遥控,以完成对被监视的场所全面、详细的监视或跟踪监视。总控制台设有录像机,可以随时把发生情况的被监视场所的图像记录下来,以便事后备查或作为重要依据。目前,有些控制台上还设有一台或两台"长延时录像机",这种录像机可用一盘60分钟带长的录像带记录长达几天时间的图像信号,这样就可以对某些非常重要的被监视场所的图像连续记录,而不必使用大量的录像带。还有的总控制台上设有"多画面分割器",如四画面、九画面、十六画面等等,通过这个设备可以在一台监视器上同时显示出四个、九个、十六个摄像机送来的各个被监视场所的画面,并用一台常规录像机或长延时录像机进行记录。另外,在总控制台上还设有时间及地址的字符发生器,可以把年、月、日、时、分、秒都显示出来,并把被监视场所的地址、名称显示出来,并可记录在录像机中,以便日后备查。

上述这些功能的设置可根据系统的要求而定,不一定都采用。目前生产的总控制台,在控制功能上,控制摄像机的台数上往往都做成积木式的,可根据要求进行组合。

总控制台对摄像机及其辅助设备(如镜头、云台、防护罩等)的控制一般采用总线方式,把控制信号送给各摄像机附近的"终端解码箱",在终端解码箱上将总控制台送来的编码控制信号解出,成为控制动作的命令信号,再去控制摄像机及其辅助设备的各种动作(如镜头的变倍、云台的转动等)。在某些摄像机距离控制中心很近的情况下,为节省开支,也可采用由控制台直接送出控制动作的命令信号——"开、关"信号。

5. 视频切换器

视音频切换器是选择视频图像信号的设备。它可以将几路视频信号加在它的输入端,通过对它的控制,可以选择输出任何一路视频信号。选用视频切换器要考虑的指标有四个:切换比例、隔离度、微分增益与微分相位、输入与输出电平。

(1) 切换比例是指切换器的输入路数及切换后输出的路数。如果是矩阵形式的视频切换器,可通过编码任意选择切换比例。

(2) 隔离度是衡量多路视频信号输入到切换器上时,各路视频信号之间以及它们与切换后输出的信号之间隔离的程度,一般以分贝(db)为单位。这个指标越高越好,目前可做到80dB以上。

(3) 微分增益(DG)是指被切换后输出的视频信号与切换前的信号在幅度上的失真程度;微分相位(DP)是指被切换后输出的视频信号与切换前的信号在相位上的失

真。这两个指标越小越好，一般电视监控系统中要求 DG≤8%，DP≤8°。

(4) 输入电平是指视频切换器输入端对输入信号电压幅度的要求，一般在 0.8～1.2 V 之间；输出电平是指视频切换器输出端输出电压的幅度标准，一般为 1～1.2V。

视频切换器是整个系统控制中心主控台上的一个关键设备。目前视频切换器一般做成矩阵形式以及积木式，16 路输入、8 路输出是最为常见的标准产品。

6. 画面分割器

画面分割器就是采用图像压缩和数字化处理的方法，把几个画面按同样的比例压缩在一个监视器上。分割方式常有 4 画面、9 画面及 16 画面。使用多画面分割器可在一台监视器上同时观看多路摄像机信号，而且还可以用一台录像机同时录制多路视频信号。有些较好的多画面分割器还具有单路回放功能，即能选择同时录下的多路信号视频信号的任意一路在监视器上满屏播放。

28.3 多媒体监控系统

"多媒体"是指能够同时获取、处理、编辑、存储和展示两个以上不同类型信息媒体的技术，这些信息媒体包括文字、声音、图形、图像、动画、视频等。多媒体监控系统是以多媒体计算机为核心，融合多媒体技术、通信技术，电视技术、传感技术、自动控制技术等，实现多方位、多功能、综合性的监视系统。

一个完整的多媒体监控系统的组成如图 28.2 所示。多媒体监控系统主机包含了视频矩阵切换卡、音频矩阵切换卡、通信控制卡、图像采集卡、声卡、网络通信卡和 Modem 卡等板卡。

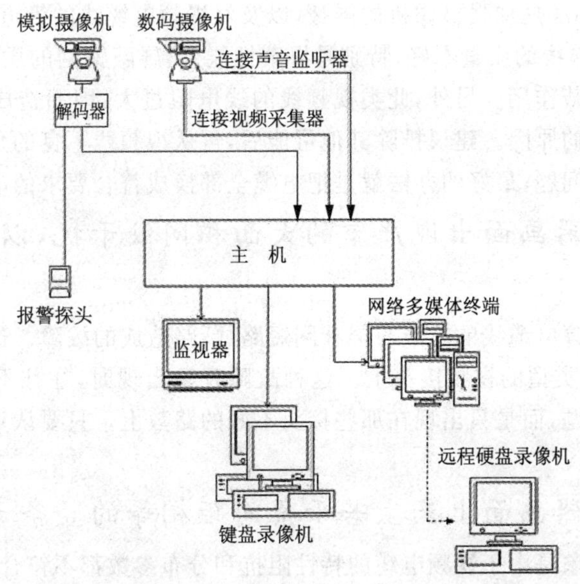

图 28.2　多媒体监控系统组成

多媒体系统监控软件的突出优点是能够对图像进行无级放大、缩小;局部放大、缩小;亮度、色度和对比度的调节;图像柔化处理和轮廓增强处理等。如系统配置监听器,则可以同步听到监控区域的声音。

28.4 闭路电视监控系统常见故障与维护

1. 监视器画面上出现一条黑杠或白杠,并且或向上或向下慢慢滚动

故障的可能原因有两种:电源或地环路。要分清是电源的问题还是地环路的问题,可在控制主机上就近只接入一路电源没有问题的摄像机输出信号,如果在监视器上没有出现干扰现象,则说明控制主机无问题。接下来可用一台便携式监视器就近接在前端摄像机的视频输出端,并逐个检查每台摄像机。如有,则进行处理;如无,则干扰是由地环路等其他原因造成的。

2. 监视器上出现木纹干扰

这种故障现象的原因大致有如下几种:

(1) 由于供电系统的电源不"洁净"而引起的。这里所说的电源不"洁净",是指在正常的电源(50周的正弦波)上叠加有干扰信号,这种干扰信号多来自电网中使用可控硅的设备。特别是大电流、高压电的可控硅设备,对电网的污染非常严重,从而导致了同一电网中的电源不"洁净"。对于这种情况,可以在整个系统中采用净化电源或在线UPS供电来解决问题。

(2) 系统附近有较强的干扰源。这可以通过调查和了解加以判断。如果属于这种原因,解决的办法是加强摄像机的屏蔽,以及对视频电缆线的管道进行接地处理等。

(3) 视频传输线的质量不好,特别是屏蔽性能差,屏蔽铜网的质量不好,或屏蔽网过稀而起不到屏蔽作用。另外,此类视频线的线电阻过大,因而造成信号产生较大衰减也是加重故障的原因。建议排除其他可能后,再从视频线不良的角度去考虑。如果的确是电缆质量问题,最好的办法就是把电缆全部换成符合要求的电缆。

3. 监视器画面出现严重的大面积网纹干扰,以至图像全部被破坏

这是由于视频电缆线的芯线与屏蔽网短路、断路造成的故障。这种故障多出现在BNC接头或其他类型的视频接头上。这种故障现象出现时,往往不会是整个系统的各路信号均出问题,而是只出现在那些接头不好的路数上。只要认真逐个检查这些接头,就可以解决。

4. 监视器画面上产生若干条间距相等的竖条干扰

这种干扰现象是由于视频电缆的特性阻抗和分布参数都不符合要求所引起的,一般可通过"始端串接电阻"或"终端并接电阻"的方法去解决。另外,值得注意的是,在视频传输距离很短时(一般为150m以内),使用上述阻抗失配和分布参数过大的视频

电缆不一定会出现类似干扰现象。解决问题的根本方法是在选购视频电缆时要确保质量,必要时应对电缆进行抽样检测。

5. 监视器上画面上产生若干条细条纹干扰

这种干扰现象的原因多数是由于在传输系统、系统前端或中心控制室附近有较强的、频率较高的空间辐射源。解决办法是在系统建立时应尽量设法避开或远离辐射源,如果确实无法避开辐射源,应对前端及中心设备加强屏蔽,对传输线和管路采用钢管并良好接地。

6. 云台故障

云台故障是闭路监控系统较常见的故障,通常表现为云台在使用后不久就运转不灵或根本不能转动。这种情况的出现除去产品质量的因素外,一般是由以下一些原因造成的:

(1) 只允许将摄像机正装的云台,在使用时采用了吊装的方式。在这种情况下,吊装方式导致了云台运转负荷加大,故使用不久就会导致云台的转动机构损坏。

(2) 摄像机及其防护罩等总重量超过云台的承重。特别是室外使用的云台,往往防护罩的重量过大,从而导致云台转不动(特别垂直方向转不动)的问题。另外,室外云台也经常会因环境温度过高、过低或防水、防冻措施不良而出现故障甚至损坏。

7. 距离过远时,操作键盘无法通过解码器对摄像机(包括镜头)和云台进行遥控

这主要是因为距离过远时控制信号衰减太大,使得解码器接收到的控制信号太弱。解决办法是在一定的距离上加装中继盒以放大整形控制信号。

8. 监视器图像对比度太小、图像淡

这种现象如果不是控制机及监视器本身的问题,故障原因就是传输距离过远或视频传输线衰减太大,解决的办法是加入线路放大和补偿装置。

9. 图像清晰度不高、细节部分丢失、严重时出现彩色信号丢失或饱和度过小

这是由于图像信号的高频端损失过大、3MHz以上频率的信号基本丢失造成的。具体原因可能有:传输距离过远,而中间又无放大补偿装置;视频传输电缆分布电容过大;传输环节中在传输线的芯线与屏蔽线间出现了集中分布的等效电容等。

10. 色调失真

这种情况在远距离视频基带传输方式下最容易出现,主要故障原因是由传输线引起的信号高频段相移过大,可通过加装相位补偿器来解决。

11. 操作键盘失灵

在确定连线无问题时,此类故障一般是由操作键盘“死机”造成的,通常可通过“整机复位”等方式来解决“死机”问题。如无法解决,则可能是键盘本身损坏。

12. 主机对图像的切换不干净

这种故障现象的具体表现为选切后的画面上叠加有其他画面的干扰，或有其他图像的行同步信号的干扰。导致此类故障的主要原因是主机或矩阵切换开关质量不良，达不到图像间隔离度的要求所造成的。

13. 数字硬盘录像机不能启动

许多硬件或软件故障都可能导致数字硬盘录像机不能启动，如主机电源开关失灵、主机电源损坏、主机主板或CPU损坏、主系统硬盘引导区损坏或者硬盘本身故障、主机操作系统被破坏，等等。需要根据实际情况认真分析、逐个排查。

14. 数字硬盘录像机死机(现场监看的图像定格不动或图像上叠加的时间信息不走)

可从以下几方面排查此类故障：检查操作系统或监控软件是否被破坏，可重新安装系统或监控软件；检查主机内硬盘是否有坏道，可对硬盘进行修复或更换硬盘；检查主机内电源功率是否足够，可更换大功率电源；检查主机内是否硬盘太多、发热量太大，可增加散热装置；检查主机视频卡是否发热过大，可增加散热装置或更换视频卡。

15. 白天摄像很清楚，但晚上红外打开后，屏幕上有蛛网式的条纹

这种情况可能有三种原因：

(1) 镜前的确有蛛网，打扫干净就可以了。

(2) 晚上打开红外后所需供电量加大，摄像机和红外供电不足，可为每个摄像机单独供电来解决问题。

(3) 摄像机出现质量问题，需联系厂商维修。

第 29 章　考勤设备

考勤设备现在已成为人们日常办公的常用设备，它可以使管理者掌握下属到达工作地的时间。早期的考勤设备主要是纸卡式考勤机，一般没有门禁功能。现在比较流行的是磁卡式考勤机以及指纹考勤机、眼虹考勤机（虹膜考勤机）等考勤设备。许多现代考勤设备同门禁系统相结合，用于控制工作场所的电子门的开关。按照基本工作原理，考勤机主要分三类：机电式、刷卡式和人体特征式。

29.1　机电式考勤机

机电式考勤机即俗称的“打卡机”，内置打印设备，可以直接打印出原始考勤记录。机电式打卡机又分为机械打卡机和电子打卡机两类。

机械打卡机是早期的考勤设备，外形像一个闹钟，如图29.1所示。打卡时可自动吸卡、退卡，同时兼有万年历及外接输出电铃等功能。外部有一个插卡口，内部有小型针式打印机，大多安装有电池，可停电打卡。机械打卡机的主要优点是结实、耐用，缺点是精确度不高、不打卡时有噪音、需要手动进卡。

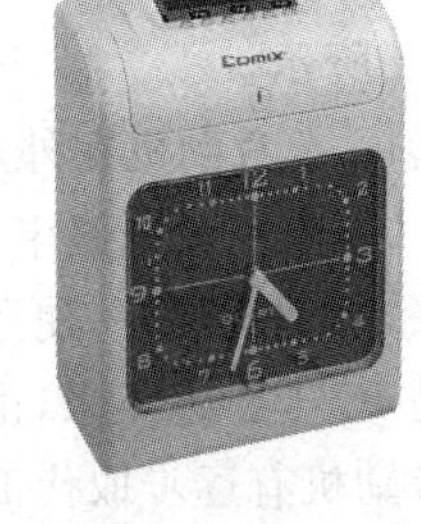

图 29.1　机械式打卡机

电子打卡机同机械打卡机主要区别在于电子打卡机使用的是电子表，其主要优点是不打卡时无噪音，并且体积较小。

可以将机电式打卡机看作一种有计时功能的打印机。它可以把纸卡插入考勤机的时间等信息打印到纸卡上，从而确定操作者到达工作场所的时间。

随着技术的发展，打卡式考勤漏洞越来越多。除了经常出现代打卡现象外，有些操作者甚至可以在自己家里用打印机往纸卡上打印考勤信息。另外，使用打卡式考勤机对人事部门来说工作量太过繁重，工作人员越多，人事部门要统计的数据量就越大。因此，机电式考勤机正逐渐被更先进的方法所取代。

29.2　刷卡式考勤机

刷卡式考勤机是目前使用比较广泛的考勤机，以各种信息卡作为存储介质，主要有条码卡、接触式磁卡、IC卡、非接触感应卡（射频卡）等。使用时一般配以相应的管理软件，与计算机连接汇总原始数据，最后通过打印机打出报表，查询方式比较方便。一般适合单位人员较多、作息时间比较有规律的单位使用。许多单位甚至实现了一卡通,将考勤卡与电话、售饭系统相连。

刷卡式考勤机按使用方式可分为接触式考勤机和感应式考勤机,按存储数据的内容可分为ID卡考勤机和IC卡考勤机。

接触式考勤机比感应式考勤机多了一个读卡口,使用时需要把卡插入读卡器进行读写。感应式IC、ID卡(员工卡)内部封装有特定频率感应线圈和芯片,且惟一对应一个号码(卡号),感应IC、ID卡终端机是用来感应接收来自感应IC、ID卡上的数字信号并存储的设备。IC、ID卡终端机可以通过电脑进行设置,实现不同的功能。当员工持感应IC、ID卡在终端机感应区晃动后,相应的卡号和刷卡时间就被立即记录并存储在终端机里,需要时可通过适当的通信方式与电脑连接,将数据传送至电脑,然后通过各种不同的应用软件处理和统计,实现用户所需的考勤、门禁等应用管理报表和结果。感应式考勤机是现在刷卡式考勤机的主流技术。

图 29.2 ID卡考勤机

目前市场上的刷卡考勤机以ID卡考勤机居多,它采用ID卡(Identification Card,身份识别卡)进行身份认证,每个员工发一张ID卡,上下班时只要对着考勤机"刷"一下就可以轻松完成考勤登记。ID卡一般使用磁性物质作为信息载体,存储容量较小,用电磁转换方式读写数据,保密性一般,抗干扰性较差,成本较低。ID卡考勤机的外观如图29.2所示。

IC卡考勤机在外观上和ID卡考勤机并没有太大的区别。IC卡(Integrated Circuit Card,集成电路卡)使用EEPROM作为信息载体,信息存储量大,电可擦写,保密性好,抗干扰性好,使用方便,但成本较高。人们日常使用的IC电话卡、公交一卡通等都是IC卡。近年来,由于IC卡考勤机功能丰富,随着IC卡生产成本的不断降低,IC卡考勤机有逐步取代ID卡考勤机的趋势。

29.3 人体特征式考勤机

人体特征式考勤机是生物识别技术和图像处理技术相结合的产物,利用人的个体差异(如指纹、虹膜、声音及面容等)来对操作者进行识别。现在应用较多的是指纹考勤机,也有部分虹膜考勤机和声音考勤机。这些考勤机的优点是统计结果精确,由他人代打卡较难,缺点是会因人体的病变等因素出现无法识别操作者的情况,同时成本比较高。

29.3.1 指纹考勤机

在所有用于生物识别的人体特征中,指纹特征是最早被发现和应用的。在19世纪末、20世纪初,科学研究发现了指纹的两个重要特征:一是惟一性,即两个不同指纹纹脊的式样不同;二是不变性,即指纹纹脊的式样终生不变。由此揭开了指纹技术研究和应用的序幕。尽管指纹只是人体皮肤的一小部分,但用于识别的数据量相当大,对这些数据进行比对已不是简单的相等或不相等的问题,需要开发有效的模糊匹配算法。目前指纹技术识别算法的可靠性正在不断提高。

指纹识别需要对指纹的总体特征和局部特征进行验证。总体特征是指那些用人眼直接就可观察到的特征，包括纹形、模式区、核心点、三角点和纹数等。局部特征是指指纹上具有某种特征的节点，又称为细节特征或特征点。两枚指纹经常会具有相同的总体特征，但它们的细节特征却不可能完全相同。指纹纹路并不是连续、平滑笔直的，而是经常出现中断、分叉或转折，这些断点、分叉点和转折点就是"特征点"，其中最典型的是终结点和分叉点，其他还包括分歧点、孤立点、环点、短纹等。特征点的参数包括：方向（节点可以朝着一定的方向）、曲率（描述纹路方向改变的速度）、位置。英国科学家 E. R. Herry 认为：在考虑局部特征的情况下，只要比对时有 13 个特征点重合，就可以确认是同一个指纹。

用于指纹识别的指纹传感器主要有 3 大类：光学传感器、硅晶体传感器和超声传感器。20 世纪 70 年代出现了依据光的全反射原理开发的光学指纹传感器，迄今这种传感器的体积已被缩小到 7.5cm×2.5cm×2.5cm。光学指纹传感器的原理是：光线照到压有指纹的玻璃表面，反射光线由 CCD 获得，通过反射光的强度及分布获得压在玻璃表面指纹的嵴和峪的深度等，从而得到指纹信息。硅晶体传感器是依靠微型晶体的平面特征，通过多种技术来绘制指纹图像，具体包括电容指纹传感器、温度指纹感应传感器等。超声传感器利用超声波扫描指纹的表面，从而获取指纹图像。

指纹考勤机的外观如图 29.3 所示。使用起来很简单，使用者只需将手指（一般使用右手的食指）放在图像采集区稍停片刻即可。指纹考勤机的使用注意事项包括：

(1) 使用前要到管理部门登记指纹档案。在登记指纹时，应选择质量较好的指纹（褶皱少、不起皮、指纹清晰、清洁），尽量使手指接触指纹采集区域面积大一些，登记完成后做一下比对测试。

图 29.3　指纹考勤机

(2) 使用指纹考勤机前应保证手指的清洁，不要沾油污、沾水，手指脏、爆皮、干燥、过凉也会导致考勤机无法识别。如果因手指爆皮引起多次识别不成功，可向管理部门申请使用密码考勤方式。

(3) 使用时将手指摆正，尽量大面积接触指纹采集窗，轻轻按压，看显示屏提示信息，提示考勤成功时再移开手指。

(4) 如果提示不正确或显示屏没反应，可将手指拿开，再重新按压。不要将手指一直放在指纹采集窗上。

(5) 不要用力按压指纹采集窗，不要用指甲或其他硬物划伤指纹采集窗。

指纹考勤机的常见故障及解决方法如下：

(1) 能正常下载指纹及密码数据，但读取门禁记录时却提示失败或中途出错。这种情况可能与数据线、转换器或计算机的 COM 口有关，或者尝试降低门禁机与计算机的通信波特率，如设为 19200 或 9600，再进行读取。

(2) 考勤机不能正常通信。可检查通信端口设置是否正确、计算机的通信端口波特率与考勤机的波特率设置值是否相同、考勤机电源是否连接、考勤机已连接但是否开机、连接的终端机号是否正确等。

(3) 考勤机打开后一直反复显示"请重按(离开)手指"。可检查指纹采集头的连线是否松动,以及检查采集头表面是否清洁、是否有划痕。如不清洁或有划痕时会使采集头误认为表面有按手指,但又无法通过验证。可以使用不干胶胶布粘贴采集头表面的脏物。

(4) 考勤机通电启动后无法进入考勤界面。可检查指纹头排线是否插好,或检查指纹头有无损坏。

29.3.2 眼虹考勤机

人眼的虹膜与手指纹一样,都是具有惟一性的。基于这种认定,英国剑桥大学的约翰·多曼博士发明了虹膜身份测定技术。简单地说,虹膜测定技术是将虹膜的外观特征转化为虹膜密码,再储存在模板内备作确认。

虹膜在人眼的位置如图 29.4 所示。一个虹膜大约有 266 个单位的读取点,而其他传统生物特征识别技术只有 13~16 个单位,因此虹膜测定比其他生物特征识别技术更加精确。另外,虹膜不会像指纹那样经常出现磨损,使用起来十分方便。现在,英、美等国已开始把虹膜识别技术用于银行提款机,通过安装在提款机前的虹膜测定相机,银行能在极短的时间内确认操作者的身份。

与指纹考勤机相比,眼虹考勤机具有更高的惟一性、终身不变性、生物活性、识别准确性和防伪性,同进识别速度也更快。眼虹考勤机在现阶段基本杜绝了代打卡的可能性。但虹膜设备现在还是太过昂贵,通常只用在安全性要求比较高的场所。图29.5 所示是一款立式眼虹考勤机。

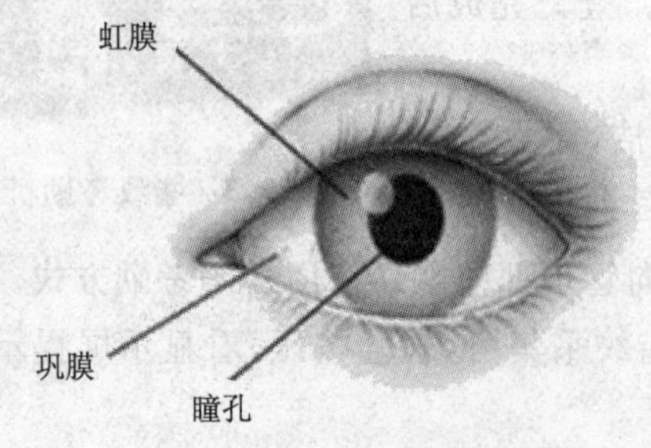

图 29.4 虹膜所在位置

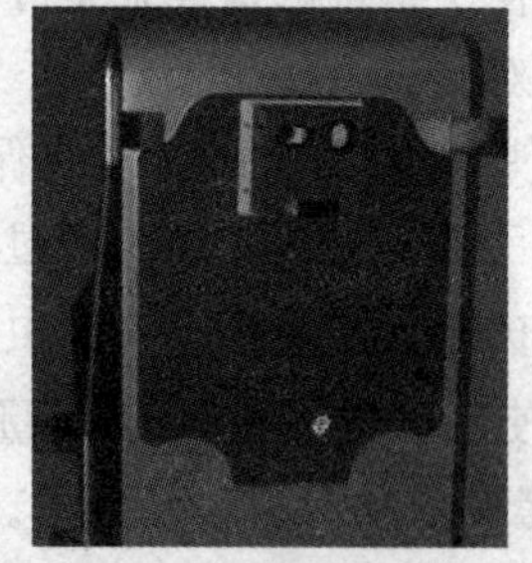

图 29.5 眼虹考勤机

虹膜识别的过程通常包括虹膜图像获取、图像预处理、虹膜特征提取和识别、特征匹配四个阶段。

虹膜图像获取是指使用特定的数字摄像器材对人的整个眼部进行拍摄,并将拍摄到的图像通过图像采集卡传输到计算机中存储。虹膜图像的获取是虹膜识别的第一步,同时也是比较困难的步骤,需要光、机、电技术的综合应用。因为人眼的面积小,如果要满足识别算法的图像分辨率要求就必须提高光学系统的放大倍数，从而导致虹膜成像的景深较小，所以现有的虹膜识别系统需要用户停在合适位置，同时眼睛凝视镜头。

图像预处理是指对拍摄到的眼部图像进行图像平滑、边缘检测、图像分离、虹膜定位、虹膜图像归一化、图像增强等等操作。虹膜图像归一化的目的是将虹膜图像的大小调整到固定的尺寸。到目前为止，虹膜纹理随光照变化的精确数学模型还没有得到。因此，从事虹膜识别的研究者主要采用映射的方法对虹膜图像进行归一化。如果能够对虹膜纹理随光照强度变化的过程建立数学模型或者近似模拟这个过程，将会对虹膜识别系统性能的提高有很大帮助。

特征提取是指通过一定的算法从分离出的虹膜图像中提取出特征点，并对其进行编码。目前主流的虹膜特征提取和识别方法可分为八大类：

(1) 基于图像的方法。将虹膜图像看成二维的数量场，由像素灰度值构成联合分布，用图像矩阵之间的相关性来度量相似度。

(2) 基于相位的方法。这种方法认为，图像中的重要细节如点、线、边缘等"事件"的位置信息，大多包含在相位中，所以在特征提取时舍弃反映光照强度和对比度的幅值信息。

(3) 基于奇异点的方法。这种方法将虹膜图像中的奇异点分为过零点和极值点两种。

(4) 基于多通道纹理滤波统计特征的方法。这种方法将虹膜图像看成二维纹理，在频域中的不同尺度和方向上会有区分性强的统计特征可供识别，这也是纹理分析中常用的方法。

(5) 基于频域分解系数的方法。将虹膜图像看成是由很多不同频率和方向的基组成，通过分析图像在每个基投影值的大小分布可深入认识图像中具有规律性的信息。

(6) 基于虹膜信号形状特征的方法。虹膜信号形状特征包括两方面的信息：一是虹膜曲面凹凸起伏的二维形状信息，二是沿着虹膜圆周的一维形状信息。

(7) 基于方向特征的方法。方向(Direction)或者朝向(Orientation)是一个相对值，对光照、对比度变化的鲁棒性较强，而且可以描述局部灰度特征，是一种比较适合虹膜图像特征表达的形式。

(8) 基于子空间的方法。这种方法需要在较大规模的训练数据集上根据定义的最优准则找到若干个最优基，然后将原始图像在最优基上的投影系数作为降维的图像特征。

特征匹配是指根据当前采集的虹膜图像进行特征提取得到的特征编码与数据库中事先存储的虹膜图像特征编码进行比对、验证，从而达到识别的目的。

第 30 章　车载电子装置

汽车工业的长足进步在很大程度上受益于电子技术(特别是计算机、集成电路技术)的发展。自 20 世纪 90 年代以来,汽车电子技术进入了其发展的第三个阶段,也是对汽车工业的发展最有价值、最有贡献的阶段——以优化“人-汽车-环境”的整体关系为目的的阶段。

现代汽车电子产品分为两大类:一类是车载电子装置,例如车载电话、车载 DVD 等,它们和汽车本身的性能没有直接关系,属于汽车的附加部分;另一类是汽车电子控制系统,例如电子燃油喷射系统、制动防抱死控制系统(ABS)、电子控制悬架系统等,它们直接影响着汽车的性能。本章主要介绍一些常用的车载电子装置。

给汽车加装各种电子设备不仅是新款汽车与车后市场的必然趋势,也是现代办公手段的延伸。随着人们对移动办公、安全驾驶和车内娱乐需求的增长,车载电子装置在人们生活中所占的比重越来越大。

30.1　车载电话

许多国家的道路交通法规都禁止在驾驶中使用移动电话。因为驾驶者一边拿着手机一边驾驶是极为危险的行为,常常会引起交通意外。车载电话是兼顾行车安全且又方便时尚的产品,在欧美等发达国家和地区已成为轿车的标准配置,应用非常广泛。

现有车载电话主要有两大类:第一类包括高级轿车原车车载电话、蓝牙车载电话、“车哥大”等高档车载电话,这些产品无须驾驶者使用前连接、接听效果好、使用方便,但价格普遍较高;第二类是价格较低、连接使用不太方便、接听效果不太好的音响车载电话、呼叫转移车载电话等。

车载电话的通信原理与普通移动电话(手机)相同,但根据车中环境的特殊性,也有它的特点:

(1) 车载电话要求接收信号性能比一般商用手机高,配合专用车载天线后,能够在屏蔽性和电磁干扰较大的车厢内依然保持优良的通话效果。

(2) 为了充分保证行车安全,车载电话大多提供免提通话、车内音响自动切换、语音提示等功能。来电接听或拨打手机时无须观看屏幕,原车音响喇叭会发出语音提示。

(3) 车载电话的键盘一般更易单手播号,有相当宽大、字符易认的显示屏。

(4) 为了便于在行车过程中记录有关信息,有些车载电话还专门设置了录音功能,只要按下录音键,就可分段录下电话或车内的声音信息。

(5) 出于安全的考虑,有些车载电话还附加了网络遥控功能。车主可以通过预先设定的电话(最多可设 5 个)对车辆实施 GSM 网络范围内的远程遥控。功能包括:遥控开启空调、声光报警、追踪定位、切断油/电路等。

(6) 蓝牙车载电话系统可通过蓝牙方式无线访问记录在 SIM 卡中的手机号码、用户 ID、电话服务公司及电话本等信息,自动登录 GSM 网络。当用户携带手机下车或操作手机键盘时,则可当作普通手机使用。

图 30.1 所示是车载电话的代表性产品——诺基亚 810。诺基亚 810 车载电话适用于 GSM 900/1800,支持 HSCSD(高速电路交换数据)和 GPRS 网络环境下的话音通信和高速数据传输,集成了蓝牙技术和话音识别能力。诺基亚 810 车载电话的关键功能是全新的 Navi 导航轮,它能按顺时针或逆时针方向转动,以便用户快速获得所需要的功能、名字和数字。

图 30.1 诺基亚 810 车载电话

30.2 车载 GPS 导航系统

GPS(Global Position System,全球定位系统)导航系统最初是为军事目的而建立的,现如今在民用方面得到了极大的发展。

车载 GPS 导航仪可以 24 小时不间断地接收卫星发送的数据参数,使驾车者随时了解自己的三维位置、三维方向、运动速度和时间信息,再配合电子地图数据,随时掌握自己目前的方位与目的地之间的情况。除了购买 GPS 设备和电子地图的费用外,使用 GPS 导航是无需付费的。

近年来,车载 GPS 导航仪持续热卖,一方面是因为油价不断攀升,卫星导航设备能通过有效规划行车线缩短行车所需时间,帮助驾驶者减少油费支出;另一方面,随着国内道路和经验的发展,自驾车出行逐渐成为一种时尚。

GPS 导航系统由三部分构成:一是地面控制部分,包括主控站、地面天线、监测站及通信辅助系统；二是空间部分，包括分布在6个轨道平面上的24颗卫星；三是用户装置部分，包括GPS接收机和卫星天线。车载GPS终端通过内部的卫星信号接收机对卫星信号进行捕获，并计算出自身的位置（经度、纬度、高度）、时间和运动状态（速度、航向）。

车载GPS导航系统的具体功能一般包括：

(1) 导航功能。使用者在车载GPS导航系统上任意标注两点后，导航系统便会自动根据当前的位置，为车主设计最佳路线。

(2) 转向语音提示功能。车辆在遇到前方路口或者转弯时，车载GPS语音系统会自动提示用户转向，同时还能提供全程语音提示，让驾车者无需查看显示界面就能实现导航的全过程。

(3) 增加兴趣点功能。对于电子地图上没有的一些目标点，如果驾驶者感兴趣或者认为有必要，可以将该点或者新路线添加到地图中。这些新增的兴趣点与地图上原有的目标点在功能上完全一样，均可套用电子地图查阅等功能。

(4) 定位。通过接收卫星信号，GPS可以准确地判断其所在的位置，误差小于10m。同时，GPS还可以取代传统的指南针，用以显示方向，取代传统的高度计，用以显示海拔高度等信息。

(5) 测速。通过GPS对卫星信号的接收计算，可以测算出行驶的具体速度，比一般的里程表准确很多。

(6) 显示航迹。GPS带有航迹记录功能，可以帮助驾驶者记录车辆行驶经过的路线，甚至能显示两个车道的区别。这样，不论驾驶者到哪里，都无须担心回程的路线。

(7) 追踪防盗功能。当装有GPS防盗系统的汽车失窃后，可以通过技术手段很快查明被盗汽车的具体位置。

30.3 车载影音系统

早期的车载影音系统只有FM收音机，在之后的一段时间中也只增加了播放卡带（磁带）的功能。随着数码技术的发展，现在的车载影音系统种类和功能都十分丰富。以下简要介绍一些主流的车载影音设备。

1. 车载音响伴侣

通过车载音响伴侣（即车用音频接入器），可以把各类便携式音乐播放设备（MP3播放器、便携式CD机、随身听等）的音频输出到车载音响系统中进行播放。

车载音响伴侣一般以车载点烟器（DC12V/50mA）为电源，使用步骤如下：

(1) 把车载音响伴侣的插头插入汽车的点烟器插孔。

(2) 把车载音响伴侣的音频输入插头插入到MP3播放器或便携式CD机的耳机插孔。

(3) 打开MP3播放器或便携式CD机，将音量调节到较大范围。

(4) 把汽车的FM收音机的频率设定为车载音响伴侣标识的频率，或让FM收音机自动搜索到该频率，即可收听音乐。

2. 车载电视

目前车载电视的功能已由提供简单的VCD播放提升到DVD音响视觉效果，早先的CRT显示器已被更轻薄的液晶显示器替代，有些车载电视还与卫星导航系统融为一体。如果加装附有天线的汽车电视调谐器，还可以直接收看电视节目。

大多数车载电视都被安装在前座的头枕背部，供后座乘客观看。

3. 车载DVD

车载DVD目前已逐渐成为车载影音系统的核心。作为与汽车配套的车载电子产品，车载DVD比普通家用DVD在技术上有更高的要求，必须兼顾运动防震、防高温、防寒、与车内环境协调等问题。车载专用DVD机芯能够在－10℃至50℃正常工作，而且同时采用电子抗震与机械抗震(超级DDSS抗震系统)相结合的双模式抗震技术。所谓电子抗震系统，就是预先几秒读取碟片信息并存入缓存，当播放器受到强烈震动时，激光头要进入保护性停止状态，此时缓存中预存的影音信息自动释放，令欣赏者感觉不到有停顿现象。